Paul Kirchhof

BEHERZTE FREIHEIT

Paul Kirchhof

BEHERZTE FREIHEIT

HERDER

FREIBURG · BASEL · WIEN

Satz: Carsten Klein, Torgau
Herstellung: CPI books GmbH, Leck

Printed in Germany

ISBN Print: 978-3-451-38178-2
ISBN E-Book: 978-3-451-81140-1

Inhalt

Ein einführendes Wort

Wir fühlen uns frei, sind stolz auf unsere Freiheit und wehren uns sensibel gegen jede Bedrohung der freien Gesellschaft. Doch wenn wir müde, enttäuscht oder krank sind, wenn sich eine Stimmung von Angst, Unsicherheit oder Bedrohung verbreitet, gelingt es uns nicht immer, entschlossen und tatendurstig dieser Entwicklung entgegen zu treten. Beherzte Freiheit will errungen sein. Sie ist nicht jedermanns Sache. Menschen müssen immer wieder auf die Idee der Freiheit eingestimmt, können aber auch umgestimmt werden. Die Werbung sucht sie zu veranlassen, auch etwas zu kaufen, was sie nicht brauchen. Parteistrategen wollen ihnen eine bestimmte politische Auffassung unmerklich vermitteln. Die »sozialen« Medien führen sie in Echokammern, in denen verstärkt das widerhallt, was sie schon immer empfunden, gewusst und gedacht haben. In diesem Umfeld bewahrt der Mensch Freiheit nur bei hinreichender Gelassenheit. Er gewinnt Distanz zu sich, seinem Ehrgeiz, seinem Erwerbsstreben und Machtwillen, entfaltet ein Selbstbewusstsein, unterscheidet zwischen Muße und Gedankenlosigkeit. Er gewinnt Ausgeglichenheit, die vor dem Charakterfehler bewahrt, »keinen Gefallen an sich selbst zu haben« (Seneca). Der Gelassene traut sich etwas zu, denkt und handelt beherzt, tritt bedacht und zeitbewusst in eine Welt, in der er auch einmal von sich selbst und allen Dingen lassen, eigene Interessen preisgeben kann, die Frage nach dem Warum nicht beantworten muß. Gelassenheit gibt Halt in existenziellen Krisen, richtete den Enttäuschten auf, öffnet in schier ausweglos erscheinenden Lagen einen Weg. Am Ende dieses Weges drängt Gelassenheit zu beherztem Handeln.

Traditionell beansprucht der Mensch Freiheitsrechte, um sich gegen willkürliche Verhaftung und übermäßige Steuern, gegen Feudalstrukturen und Verachtung zu wehren. Das Freiheitsanliegen weist die Obrigkeit in

Distanz und unterbindet deren Willkür durch Recht. Doch heute legt der Staat das Instrumentarium des Rechts oft aus der Hand und führt den Bürger fast unmerklich als wohlwollender Partner in staatlich erwünschte Verhaltensweisen. Er nutzt den »goldenen Zügel«, um mit Verlockungen und Drohungen zu lenken. Er bietet bei einer umweltfreundlichen Bauweise eine Subvention an, erhöht die Steuern für Genussmittel und schädliche Gebrauchsgüter. Der Bürger folgt den staatlichen Finanzanreizen, verliert Distanz zum Staat und Bürgerstolz. Der Staat setzt auch Fakten, die der Bürger als unausweichlich erlebt. Er erschließt eine Region und vernachlässigt die andere. Er lässt einer Wirtschaftsbranche ihre Freiheit und bedrängt die andere mit bürokratischen Auflagen. Er schafft Forschungseinrichtungen für den technischen Fortschritt, vernachlässigt aber das entsprechende Fortschreiten in Recht, Ethik und Kulturerfahrung.

Zunehmend spricht der Staat den Menschen nicht mehr individuell an, sondern steuert ihn als Teil eines Kollektivs – der Konsumenten, der Anleger, der Alterskohorten, der Sozialversicherten. Er verändert die Bedingungen für Geld und Kredit, so dass der Sparer keine Zinsen mehr erhält, die Aktienkurse aber steigen. Er richtet den Markt allein auf »Gewinnoptimierung« aus, drängt alle Beteiligten zu einem stetigen Wachstum, und damit in die Maßstablosigkeit und Maßlosigkeit. »Mechanismen« gefestigter Gewohnheiten werden zu Systemen der Globalsteuerung ausgestaltet, in denen der Mensch als lenkbares Objekt behandelt wird. Der Einzelne wehrt sich nicht, sondern fühlt sich wohl versorgt und wohlmeinend umarmt. Doch er sollte gelegentlich aus diesem System heraustreten, den Freiheitsverlust eines in diesem Mechanismus eingebetteten Bürgers kritisch bedenken und ihm beherzt entgegentreten.

Freiheit braucht Sicherheit. Diese Staatsaufgabe steht vor neuen, freiheitssensiblen Fragen, wenn die Menschen durch suizidbereite Terroristen bedroht werden, die das Recht mit seinen herkömmlichen Mitteln, selbst mit der Androhung der Todesstrafe, nicht erreicht. Die Sicherheit im Geld, Fundament unserer Wirtschaft, wird durch die Überforderung des Staates, die überhöhte Staatsverschuldung, substanziell gefährdet. Die Staatsgrenze markiert den Raum für Freiheit und Sicherheit der Staatsbürger, bestimmt aber auch das Ziel, in dem sich Menschen, die in ihrem Heimatland verfolgt werden, Zuflucht erhoffen. Die eigene Sicherheit gerät in eine weitere Abhängigkeit von der Sicherheit in der Welt.

Freiheit ist stets ein Wagnis, das der Freie verantwortet. Er steht mit seiner Person und seinem Namen für das, was er tut. Diese verantwortliche Freiheit wird von privaten Mächten gefährdet. »Soziale Medien« gestatten den Menschen, aus der Anonymität heraus einen Lehrer, einen Richter oder einen Konkurrenten mit Hass und Häme zu überschütten, ohne dafür zur Verantwortung gezogen werden zu können. Wer sein Geld in einem Fonds anlegt, erfährt nicht, ob er seinen Kapitalgewinn durch die Produktion von Weizen oder von Waffen erzielt. In anonymen Kapitalgesellschaften gibt es kaum noch verantwortliche Unternehmer, nur noch »leitende Angestellte«, die selbst dann nicht persönlich haften, wenn sie fehlerhafte Produkte liefern oder trotz Schlechtleistungen Boni empfangen.

In einer Demokratie wird das Gesetz in öffentlicher Debatte beschlossen. Jeder weiß, wer das Gesetz verantwortet und in Zukunft vielleicht auch wieder ändert. Der Algorithmus hingegen ist die Regel aus der Maschine, die ihre Herkunft verschweigt und im Anspruch auf »Künstliche Intelligenz« keinen Widerspruch duldet, dem Nutzer nur noch eine formatierte Freiheit erschließt. Das Gesetz droht durch die Maschine verdrängt zu werden.

Wenn die Technik der Gegenwart mit ihren Computern, Robotern und Drohnen unser Alltagsleben grundlegend verändert, wird dies vielfach als Bedrohung empfunden. Diese Verunsicherung müssen wir ernst nehmen. Doch bietet diese Technik auch eine faszinierende Chance zur Überwindung unserer strikt auf Erwerbsarbeit ausgerichteten Lebensweise. Die Griechen und Römer haben ihre Freiheit als Freiheit von der »banausischen« Arbeit des Handwerks und des Handels verstanden. Wir sehen diese Idee nicht als Vorbild, bereiten uns aber auf eine neue Freiheit vor, in der die Erwerbsarbeit an Bedeutung verliert, der Mensch für Familie, Freundschaft, Kultur, Ehrenamt und Gemeinwohl frei ist.

Freiheit braucht Vertrauen. Ein Leben in Freiheit wird nur gelingen, wenn der Mensch anständig handelt, der Kaufmann ehrbar wirtschaftet, Erklärungen nach bestem Wissen und Gewissen abgegeben werden. Freiheit von Fremdherrschaft und Herrschaft über sich selbst sind Teil desselben Gedankens. Die Fähigkeit zur Freiheit stützt sich auf Begabung und Charakter, wird in Familie, Schule und einer uns leitenden Kultur entfaltet, muss aber vor allem durch innere Qualifikation zur Freiheit errungen und erneuert werden. Der Mensch bildet sein Gewissen – die selbstkritische

Vergewisserung über eigenes Verhalten und dessen Wirkungen. Er handelt beherzt – mit Mut und Gelassenheit. Er sucht in »Gegenseitigkeit« das Verständnis beim anderen, findet so auch Gefallen an sich selbst. Er unterscheidet zwischen dem Willen des Gesetzgebers und gesetzlicher Willkür. Er weiß, dass mit wachsendem Wissen die Unruhe zunimmt. Er kann mit Ungewissem leben, das Unbegreifbare ertragen.

Freiheit entfaltet sich in Vernunft und Rationalität, aber auch im Fühlen und Empfinden, im künstlerischen Gestalten und Spielen, in Lieben, Hoffen, Glauben, auch in einer Welt leichten Sinnes. Deshalb lebt der Mensch seine Freiheit mit all seinen Fähigkeiten. Er ist in Vernunft angespannt, in Unvernunft entspannt. Er erfährt die Welt in der Subjektivität seiner Sinne. Kamille im Botanischen Garten ist ein Heilkraut, im Rosenbeet ein Unkraut. Die Ordnung eines Wettbewerbs in Wirtschaft, Sport und Politik folgt teilrationalen Eigensystemen, aus denen sich der freie Mensch zu lösen vermag. Die Verfassung bietet dem Menschen Freiheitsrechte, berechtigt ihn mit seinem Verstand und seinem Willen, seinen Tugenden und Schwächen, bindet ihn in einer Rechtsordnung, die dem anderen Menschen gleiche Rechte gibt und die Rechtsgemeinschaft mit Aufgaben betraut und mit Befugnissen ausstattet.

Das Grundgesetz gibt als die Verfassung unseres Landes der Freiheit Maß und Maßstab, nimmt die Erfahrung der Französischen Revolution auf, die aus der Stimmung von »Freiheit, Gleichheit, Brüderlichkeit« das Recht von »Freiheit, Gleichheit, Sicherheit« gemacht hat. Der Staat ist freiheitsverpflichtet, nicht freiheitsberechtigt. Er darf in den Schulen Kindern nicht seine Freiheitsvorstellungen aufdrängen, sondern bringt deren eigene Freiheit zur Entfaltung. In seinen Kultureinrichtungen bietet er Entfaltungsräume für Kunst und Bildung, für sportliche Fitness und Fairness an. In großen Fragen des Lebens – Glauben und Weltanschauungen – schweigt der Staat und überlässt es anderen, diese Grundsatzfragen des Menschlichen individuell und öffentlich zu beantworten. Staat und Gesellschaft ergänzen sich. Soweit Freiheit herrscht, ist der einzelne Mensch mächtig, der Staat ohnmächtig.

Dieses Buch will den Menschen in seiner Vernunft und seiner Logik, aber auch in seinen Sinnen und Empfindungen ansprechen. Es wird zählen und erzählen. Freiheit ist unantastbar und unveräußerlich, vielfach auch unzählbar.

I.

Freiheit von Fremdbestimmung und Herrschaft über sich selbst

1. Beherzt denken

Die verheerenden Wirkungen des Siebenjährigen Krieges[1] waren nach dreißig Jahren noch spürbar. Die Ideale von »Freiheit, Gleichheit, Brüderlichkeit« der Französischen Revolution erstickten am Gegensatz von »Bruder« und »Vaterlandsverräter«, hatten zu Guillotine, Diktatur und Krieg geführt. Da erscheint Immanuel Kants Schrift »Zum ewigen Frieden«.[2] Der Wille zum Frieden war allgemeine Hoffnung.[3] Ewiger Friede aber blieb unerreichbarer Menschheitstraum. Doch Kant dachte radikal und kategorisch. Seine Schrift machte diesen Frieden zur Utopie – unmöglich mit einem Hauch von Hoffnung. Die Idee des Weltfriedens ist letztlich darauf angelegt, lang ersehnt und doch unverhofft verwirklicht zu werden.

Kant denkt beherzt: Er löst sich zielstrebig und selbstbewusst von herkömmlichen Kriegserfahrungen und Friedensverträgen, entwickelt eine dem Menschen zugetane Freiheitsidee, die alle Menschen in einer Form weltweiten friedlichen Zusammenhalts einen will. Er vertraut der Vernunft des Menschen, ermutigt jeden Menschen, sich seines Verstandes ohne Leitung eines anderen zu bedienen, erwartet von jedem Menschen Entschlusskraft und Selbstbewusstsein, um der Gewohnheit, der Bequemlichkeit und Ängstlichkeit zu entrinnen und der Natur des Menschen nach seinem Verstand zu folgen. Kant denkt sich aus der Enge seiner Gegenwart heraus in eine bessere Zukunft, in der alle Menschen als Glieder einer Gesellschaft frei sind, sie sich der Verbindlichkeit einer einzigen gemeinsamen Gesetzgebung unterwerfen und nach dem Gesetz der Gleichheit in einer für alle Staatsbürger gestifteten Verfassung leben.[4]

Wie die Menschen in einem »Gesellschaftsvertrag« ihre wilde – gesetzlose – Freiheit aufgeben und einen Staat gründen, sich öffentlichen Gesetzen unterwerfen und so den Frieden für ein Leben in Freiheit und Gleichheit finden, so fordert Kant einen weltweiten Friedensvertrag, der aber, da die souveränen Staaten keine Herrschaft über sich dulden, eher einem permanenten Staatenkongress nahekommt.[5] Es sei Pflicht, zugleich »gegründete Hoffnung«, »den Zustand eines öffentlichen Rechts, obgleich nur in einer ins Unendliche fortschreitenden Annäherung, wirklich zu machen«: den ewigen Frieden, der keine leere Idee sei, sondern eine Aufgabe, die, »nach und nach aufgelöst, ihrem Ziele beständig näher kommt«.[6]

In diese Zeit, die durch mehr Vernunft allgemeinen Frieden und individuelle Freiheit sichern will, gibt Adam Smith einen gleichermaßen beherzten, aber grundsätzlich anderen Impuls: die Freiheit aus gegenseitiger Wertschätzung.[7] Wenn der eigene Bruder auf der Folterbank liegt, treten wir in unserer Fantasie gleichsam in seinen Körper ein, nehmen seine Qualen in uns auf, tauschen mit dem Leidenden in der Fantasie den Platz. Wenn wir ein Buch schon so oft gelesen haben, dass wir kein Vergnügen mehr empfinden, es nochmals zu lesen, macht es uns aber Freude, dieses Buch einem Gefährten vorzulesen, nehmen wir so an der Überraschung und Bewunderung teil, die das Buch naturgemäß in ihm erweckt. Wir »teilen« Freud und Leid mit anderen, wollen dem Glücklichen unsere Glückwünsche aussprechen, den Betrübten unseres Beileids versichern. Wir blicken in den Spiegel ihrer Mienen und ihres Betragens, um ihren Tadel und ihren Beifall zu erleben, ihre Beurteilung unseres Charakters und unseres Verhaltens zu erfahren, um die Wirkung unseres Auftretens auf sie zu beobachten. Diese Sympathie, die Fähigkeit, das Schicksal des anderen mit seinen Augen zu sehen und die Sicht des anderen auf das eigene Schicksal zu verspüren, schafft so viel Übereinstimmung unter den Menschen, als für die Harmonie der Gesellschaft ausreichend ist.[8]

Wenn die Menschen sich immer wieder wechselseitig mit den Augen des anderen sehen, entsteht jener »kühle Gleichmut«, der vor Unbedachtsamkeit, Zorn und Krieg bewahrt. Wenn wir uns in Gesellschaft eines Freundes mit dessen Sympathie betrachtet sehen, entsteht eine gewisse Ruhe und Gelassenheit, »wird unser Herz besänftigt und beruhigt«. In dieser Ruhe entwickelt der Mensch ein mitfühlendes Herz für den anderen, will aber auch selbst liebenswert erscheinen. Die für Frieden und allgemeine Freiheit notwendige Harmonie der Empfindungen bringt der Mensch allerdings nur hervor, wenn er die Tugenden der Selbstbeherrschung, der Selbstverleugnung, der Herrschaft über seine Affekte entwickelt. Neben das Gesetz der Nächstenliebe tritt das »Gebot der Natur, uns selbst nur so zu lieben, wie wir unseren Nächsten lieben, oder, was auf das Gleiche herauskommt, wie unser Nächster fähig ist, uns zu lieben«.[9] Diese Freiheit ist die Freiheit der Begegnung, der Anteilnahme, des Blicks in den Spiegel der Gesellschaft und des Gesprächs, der Herrschaft über sich selbst, der Gelassenheit.

Freiheit ist ein Ideal. Der Mensch soll selbstbestimmt, unbedrängt von fremden Mächten, sein Leben gestalten und sein Handeln verantworten.

Dieses Ideal greift über das in der Wirklichkeit Mögliche hinaus, setzt ein Ziel, das stetig verfolgt, aber nie gänzlich erreicht wird. Die Freiheit wird den Menschen nicht vor Krankheit und Gebrechlichkeit bewahren, nicht Krieg und Hunger fernhalten, nicht gegen Hass und Häme abschirmen. Doch gibt das Freiheitsideal dem Menschen täglich den Impuls, sich seiner selbst und seiner Verantwortung anzunehmen.

Dieses Ideal des freiheitsfähigen und freiheitsbereiten Menschen formt die Freiheitsidee, die dem Menschen Rechte gibt. Die Freiheitsidee drängt das Freiheitsideal in die Verbindlichkeit, überlässt damit dem Berechtigten die Einschätzung, wie er sein Leben gestalten will. Er verantwortet die gegenwärtigen und die langfristigen Folgen seiner Entscheidungen. Wer sich heute berauscht, hat ein Erlebnis, morgen aber einen Kater. Wer heute einen überhöhten Kredit aufnimmt, gewinnt Liquidität, riskiert aber, später zahlungsunfähig zu werden. Wer heute hohe Emissionen seines Betriebes verursacht, verbilligt seine Produktion, zerstört aber morgen die rechtlichen und tatsächlichen Grundlagen seines Betriebes. Wer heute durch Werbung, Präsentation und Selbstdarstellung die Menschen täuscht, gewinnt vorübergehend Aufmerksamkeit und Nachfragebereitschaft, verliert aber morgen seine Glaubwürdigkeit. Dieses zu sehen und daraus Folgerungen zu ziehen, ist Freiheit.

Im Alltag gewinnt der Mensch Freiheit, wenn er seinem Denken ein Ideal, seinem Handeln eine Idee gibt. Er fragt nach dem Wesentlichen und richtet seinen Blick über Einzelgeschehnisse hinaus auf Struktur und Sinn. Würden wir eine Stadt nur als die Summe von Häusern, Straßen, Menschen und einem Fluss definieren, entginge uns, was sie für das Leben der Bürger bedeutet. Ohne gediegene Alltagsversorgung würden wir in der Stadt verhungern, ohne Straßenverkehrsordnung im Stau zusammenbrechen, ohne die Herrschaft des Rechts von Gewalttätigkeit, Raub und Mord bedrängt werden. Die Stadt ist die Realität der Straßen und Häuser, vor allem aber die praktizierte Idee eines guten Gemeinwesens.

Wenn sich auf dem Sportplatz zwei Mannschaften versammeln, elf im roten und elf im blauen Trikot, und zwischen ihnen ein Ball liegt, entwickelt sich noch nicht ein sportlicher Wettkampf, der den Körper trainiert und die Sinne begeistert. Die Sportler brauchen eine Spielidee, nach der sie in Fairness kämpfen wollen, möglichst auch einen Schiedsrichter, der die Sportregeln unmittelbar einfordert.

Wir zerlegen unser Leben nicht in Einzelteile, verfallen nicht in quälende Selbstanalyse, sondern fügen unser Leben zusammen, geben ihm Sinn und Ziel. Würden wir das Leben nur als Abfolge von Schlafen und Wachen, von Essen und Trinken, von Bewegung und Stillstand, von Arbeit und Ruhezeit verstehen, wäre unser Dasein schlicht und öde. Der Mensch braucht ein Ideal: Wie will er sich in seinem Erleben, seinem Denken, seinen Zugehörigkeiten entwickeln? An welchem Werk will er mitwirken? Zu welchen Festen will er einladen, zu welcher Kultur beitragen? Der freie Mensch denkt über die sichtbare Welt hinaus, fragt nicht nur nach den Kausalitäten der Natur und dem Kalkül des Wirtschaftlichen, sondern folgt den nicht sichtbaren, nicht körperlich greifbaren Impulsen seines Handelns: Er hofft, vertraut, liebt, sucht nach Gerechtigkeit. So gewinnt er innere Ruhe, fällt weder anderen noch sich zur Last.

Wer den Lebenslauf eines anderen beobachtet, macht die Erfahrung, dass die Begabungen, Lebenschancen und Freiheitserfolge unter den Menschen verschieden sind. Jeder ist im Vergleich zum anderen in einer Sichtweise bessergestellt. Der andere ist jünger, sportlicher, schöner, begabter, gebildeter, reicher, scheint in Beruf, in Ehe und Familie, in Haus und Freundeskreis bevorzugt. Diese Unterschiede sind Folge der Individualität und der Freiheit des Menschen. Der Mensch wird sie verringern, aber nicht ausgleichen können. Er wird in seiner Lebensbilanz kein Gleichgewicht erreichen, wohl aber einen Ausgangspunkt individueller Zufriedenheit finden, die das, was ist, so sein lässt, wie es ist. Dieses Zulassen von dem, was ist, das Ablassen von dem, was unerreichbar ist, nennen wir Gelassenheit. Der Gelassene beherrscht sich und sein Leben, gewinnt dadurch Freiheit und Lebensmut.

Eine existenzielle Gelassenheit braucht der Mensch, wenn er durch einen Schicksalsschlag erschüttert, in seinem elementaren Lebensglück enttäuscht ist. Wer Krankheit und Tod erlebt, durch enttäuschte Liebe das Glück von Ehe und Familie schwinden sieht, durch einen Examensmisserfolg den Zugang zu dem erhofften Beruf versperrt findet, Rache oder Hass erduldet, braucht Lebensmut, um Leiden und Leidenschaft zu mindern. Das klassische Beispiel für eine in Gelassenheit mündende Freiheit bietet der zum Tod verurteilte Sokrates. Er nahm den Giftbecher, erklärte im Gespräch mit seinen verzweifelten Freunden, dass seine Seele nun aus dem Käfig des Leibes befreit und auf dem Weg zum reinen Wissen sei. Er hatte sich vom Irdischen gelöst und sah seiner Zukunft jenseits des Irdischen entgegen.[10] Wir werden und sollen diese sokratische Gelöstheit nicht erreichen, weil wir am Leben hängen, ein Unrechtsurteil nicht klaglos hinnehmen, die Selbst- und Weltabgewandtheit nicht zum Prinzip einer freiheitlichen Gesellschaft machen wollen. Wir setzen auf die beherzt gegen Obrigkeit und Umfeld wirkende Freiheit. Doch ein Stück sokratischer Gelassenheit braucht jeder Mensch. Er lebt in unberechenbaren Risiken und erfährt die Begrenztheit seiner körperlichen und geistigen Fähigkeiten täglich. Er sieht sich als selbstbestimmtes Individuum mit Freiheitsmut, aber auch als einen Menschen, der das Schicksal aller Menschen in ihrer Zeitlichkeit, Bedingtheit, Fremdbestimmtheit teilt und in freier Gelassenheit bewältigt.

Die Menschen sind täglich gemeinsamen Einflüssen, Bedrohungen und Gefahren ausgesetzt. Kriege und Umweltkatastrophen zerstören Lebensgrundlagen. Weltweit tätige Unternehmen bestimmen, was wir essen, wie wir uns kleiden, welche Techniken wir in Verkehr und Kommunikation nutzen, was wir wissen und wollen sollen. Dabei beanspruchen ökonomische Gewalten eine entgrenzte Freiheit. Rechtsstaaten werden von den Leistungserwartungen ihrer Bürger überfordert, weichen deshalb in die Staatsverschuldung aus, die der Gegenwart mehr gibt, als ihr gebührt, die nachfolgende Generation unmäßig belastet. Moderne Gesellschaften drängen die Menschen im Bemühen um Erwerb und Wirtschaftswachstum aus den Familien in die Erwerbsstätten, entwurzeln auch Arbeitsuchende und nehmen ihnen ein Stück ihrer Heimat.

Diese Bedrängnisse sind oft noch nicht gegenwärtig, kaum bewusst, in Wohlstand und Freiheitsgarantie nur sanft spürbar. Doch sie kommen näher und belasten auch den Menschen, der in öffentlicher Sicherheit und individueller Freiheit lebt. Er braucht einen wachen Geist, um diese Gefahren und Bedrohungen zu erkennen und an der Gegenwehr mit seinen Kräften mitzuwirken. Er versteht sich nicht als ohnmächtiges Mitglied einer Schicksalsgemeinschaft, sondern als verantwortlicher Mitgestalter einer freiheitsmutigen Gesellschaft. Er mag das Weltgeschehen den Weltmächten und Weltorganisationen überlassen, leistet aber in seinem Staat und seiner Gemeinde einen demokratischen Beitrag zu Frieden, Recht und Werteordnung. Er lässt ein Mosaiksteinchen von Weltfrieden und Weltgerechtigkeit vor seiner Haustür glänzen. Dieser Mut vor Ort gestaltet das Mosaik einer freien Gesellschaft.

2. Freiheit und Staat

Die Entwicklung des menschlichen Zusammenlebens zum Staat wird vom Verständnis des Menschen über seine Freiheits- und Friedensfähigkeit bestimmt. Bekämpfen sich die Menschen, muss eine öffentliche Hand herrschen und Sicherheit gewährleisten.[11] Wird der Herrscher zur Bedrohung individueller Freiheit, entwickeln die Menschen ein Regierungssystem der Gewaltenteilung.[12] Traut der Staat den Menschen zu, ihre Konflikte letztlich ohne Gewalt – ohne Faust und Fehde – zu lösen, organisiert er eine Gerichtsbarkeit, die in allein sprachlicher Auseinandersetzung Streit schlichtet und Frieden schafft. Wir kämpfen mit Worten, nicht mit Waffen. Der Weg zur Freiheit wird stets bestimmt von beherzten Idealen und Ideen. Menschen entwickeln hinreichend Mut, Charisma und Sympathie für andere Menschen, um Unterdrückung zu überwinden, Ketten zu sprengen, im Aufruf zu mehr Freiheit zu begeistern. Dieser Blick auf den anderen führt zum Recht. Erst wenn Menschen sich verstehen, werden zwischenmenschliche Beziehungen verbindlich geregelt.

a. Von der Freiheit der Wölfe zur Freiheit der Vernünftigen

Das Anliegen der Freiheit wehrt eine Bedrohung durch andere Menschen, durch Naturgewalten, durch Unterwerfung oder durch existenzielle Not ab. Diese Freiheit kämpft um den freiheitlichen Staat.[13] Solange die Menschen sich wie Wölfe untereinander in einem ständigen Kriegszustand bekämpfen, braucht der schutzsuchende Mensch einen Staat, der seine Untertanen vorbehaltlos beherrscht und ihnen dadurch die erhoffte Sicherheit bietet. Zweck des Staates ist die Selbsterhaltung des Menschen, seine Organisationsform die absolute Herrschaft dessen, der diese Sicherheit gewährt.[14] Doch der absolute Herrscher kann seinerseits Krieg gegen seine Untertanen führen, sie unterdrücken, entrechten und töten. Deshalb zielt die Freiheit nicht nur auf den Schutz des einen Wolfes vor dem anderen, sondern garantiert das Recht, dass auch die Obrigkeit einem Menschen nicht das ihm Eigene – sein Leben, seine Freiheit und sein Vermögen – nehmen und ihm keinen Schaden zufügen darf.[15] In dieser Berechtigung sind alle Menschen im Staat gleich und von der Obrigkeit unabhängig.

Diese Freiheit tritt aus einer Geborgenheit im Kollektiv[16] heraus und stützt sich auf die Idee des selbstbestimmten, zur Freiheit fähigen Menschen. Die Griechen und Römer fühlten sich Göttern unterworfen, die streiten, zürnen und rächen, vor denen sich der Mensch fürchtet. Er war nicht frei. Demgegenüber verehrt das Christentum einen Gott, der dem Menschen unmittelbar begegnet und ihn erleuchtet. Damit beginnt eine Kultur, die den Menschen lehrt, sich für die Erleuchtung zu öffnen, selbstbewusst, frei zu werden. Der Mensch übt sich in Freiheitsmut, prüft seine Lebensführung anhaltend in Selbstbeobachtungen, schult seinen Willen zur Herrschaft über sich selbst, sucht in sozialer Fürsorge und Gemeinwohlprogramme die Welt zu verändern und beansprucht für diesen Auftrag Universalität. Erst der Verzicht ermöglicht Freiheit. In der Aufklärung wird dann aus der Erleuchtung durch Glauben eine Erleuchtung durch Vernunft. Beide Erleuchtungen führen den Menschen zu sich selbst – die christliche eher zur Selbstlosigkeit, die Aufklärung eher zur Selbstverwirklichung.

Freiheitsgarantien klingen immer zusammen mit Freiheitsfähigkeit und Freiheitsverantwortung. Die innere Freiheit in Sittlichkeit, das Handeln nach verallgemeinerungsfähigen Maßstäben,[17] erwächst in der Moderne aus Vernunft. Der Staat wird zur Selbstorganisation der in vernünftiger Freiheit Gleichen.[18] Das Grundgesetz versteht die Freiheit des mit Würde begabten Menschen nicht als Freiheit eines »isolierten und selbstherrlichen«, sondern als die eines »gemeinschaftsbezogenen und gemeinschaftsgebundenen« Individuums,[19] das im demokratischen Verfahren auf den Staat lenkend und legitimierend einwirkt. Der Mensch ist frei, aber selbstdiszipliniert. Er regelt seine eigenen Angelegenheiten selbstbestimmt, ist aber in seinen Staat rechtlich eingebunden, mit der ihn umgebenden Gesellschaft alltäglich verbunden. Er bietet dem Staat ein Stück Vernünftigkeit des Denkens und Wollens, ist dann aber dem Recht dieses Staates unterworfen. Die Sicherheit im Recht schafft eine rechtlich gesicherte Distanz zwischen Bürger und Obrigkeit. Diese Freiheit verheißt ein Leben in gelassener Eigenständigkeit.

b. Der Staat als Garant und Gegner der Freiheit

Die Freiheit zur Selbstgestaltung des eigenen Lebens hat je nach Lebenssituation und persönlichen Zielsetzungen einen unterschiedlichen Inhalt. Als die Deutschen 1945 hungerten, nicht wussten, ob sie den nächsten Winter überleben und ob Krankheiten und Seuchen sie vernichten werden, begehrten sie Befreiung aus existenzieller Not. Sie kämpften für die Normalität einer Mahlzeit, eines Mantels, eines Dachs über dem Kopf. Vorher waren sie ständig von einer Geheimen Staatspolizei und von Bombenangriffen bedroht, sehnten sich nach einer Freiheit von Angst. Sind diese elementaren Bedürfnisse befriedigt, beginnt der Kampf um politische Freiheiten, der sich gegen Tyrannei und Sklaverei wendet, eine Freiheit von Unterdrückung fordert. Ist diese gesellschaftliche Freiheit erreicht, sucht der Freie individuell Einfluss auf das Gemeinwesen zu gewinnen, beansprucht das Recht, zu wählen und gewählt werden zu können, also die mitgestaltende Freiheit im Staat. Diese Freiheit im Staat ist Freiheit in besonderer Verantwortung. Wer sich als Kandidat um ein staatliches Amt bewirbt, beansprucht die Freiheit, Macht auszuüben, oder die Freiheit, sich auszuzeichnen, Ruhm und Ehre zu erringen. Diese klassische Alternative von schlechter und guter Regierung regelt der Verfassungsstaat mit der Idee des »Amtes«. Der Amtsträger ist der Freiheit der anderen verpflichtet, bei Ausübung des Amtes nicht selbst freiheitsberechtigt.

In einer rechtlich eng strukturierten, vernetzten und wirtschaftsbestimmten Welt gewinnt die Freiheit, für sich zu sein, besonderes Gewicht. Der Freie will zeitweilig nicht beobachtet sein, weder vom Staat noch von digitalen Mächten. Er möchte sich eine Privatsphäre der Vertraulichkeit, der eigenen Wohnung und der Selbstdarstellung bewahren. Er will über Inhalt, Adressaten und Zeitpunkt seiner Äußerungen und Verlautbarungen selbst bestimmen, nicht zu Äußerungen gedrängt, nicht abgehört werden, seine Daten bei der Nutzung technischer Medien nicht aufgezeichnet wissen. Dieser Freiraum des Privatlebens, der selbstbestimmten Begegnungen, des Geheimnisses schützt gegen Eingriffe staatlicher und wirtschaftlicher Macht. In der Gegenwart mächtiger Weltunternehmen, steuernder digitaler Systeme und allpräsenter Medien wachsen die Gefahren einer Freiheitsbedrohung auch durch freiheitsberechtigte Mächte. Freiheit steht gegen Freiheit. Der Staat muss erneut den Freien gegen Dritte schützen. Er ist Garant der Freiheit, bleibt dabei aber auch in der Rolle eines potenziellen Gegners der Freiheit.

3. Die innere Kraft zur Freiheit

a. Freiheit als Wagnis

Unsere Verfassung versteht den Menschen als freie, selbstbestimmte Person, die ihr Leben eigenverantwortlich in die Hand nimmt, ihre Lebensbedingungen selbstbewusst zum Guten gestaltet. Der Bürger sucht zusammen mit Mitbürgern sein Gemeinwohl im gemeinsamen Freiheitserfolg, gehört einer lebenswerten, ihr Glück suchenden Gesellschaft an. Dabei ist Freiheit stets Wagnis. Der Freie kommt täglich an Wegscheiden, bei denen er sich für den Weg geradeaus, rechts oder links entscheiden muss. Er wählt einen Beruf, schließt eine Ehe, wird Vater oder Mutter, baut ein Haus. Er entscheidet aber auch die alltäglichen Fragen, ob er eine Zeitung lesen oder das Fernsehprogramm nutzen, einen Weg zu Fuß gehen oder das Auto nehmen, abends ein Glas Wein oder ein Bier trinken soll. Später wird er nur selten wissen, ob er eine bessere Entscheidung hätte treffen können. Selbst am Ende eines Arbeitslebens, das durch die Entscheidung für den Beruf eines Arztes, eines Lehrers oder Handwerkers bestimmt wurde, ist er nicht sicher, ob sein Weg der richtige war. Die freie Entscheidung ist nicht immer richtig, folgt ohnehin selten den Kategorien Richtig oder Falsch, entspricht aber dem Willen des Entscheidenden. Würde er sein Leben der grüblerischen Selbstvergewisserung über den gewählten Lebensweg widmen, tauschte er Freiheitsmut gegen Freiheitsängstlichkeit, Entschlossenheit gegen Zögerlichkeit, Selbstgewissheit gegen Unsicherheit, Freiheit gegen Antriebslosigkeit. Er hat den Beruf selbst gewählt. Die Entscheidung ist seine eigene, deshalb gut. Freiheit würde den Menschen überfordern, wenn er nicht Entschiedenes als Vergangenes hinter sich lässt, Gegenwärtigem selbstbewusst begegnet, Zukünftiges erhofft, aber nicht mit verlässlicher Gewissheit voraussehen will. Freiheit braucht beherzte Gelassenheit.

b. Freiheitsrecht und Freiheitsethos

Der Rechtsstaat unterscheidet strikt zwischen Recht und Ethos,[20] garantiert nur Rechte, erzwingt nur die Erfüllung von Rechtspflichten, setzt aber eine eigenverantwortliche Freiheit, eine Selbstbescheidung des Freien nach außerrechtlichen Prinzipien von Anstand und Redlichkeit, Vertrauenswürdigkeit und Menschlichkeit voraus. Das Freiheitsrecht sichert Ungebundenheit, baut aber auf Freiheitsfähigkeit und Freiheitsmut.

Je mehr der Mensch sich selbst beherrscht, er als »redlicher Bürger« handelt, als »ehrbarer Kaufmann« wirtschaftet, er Erklärungen »nach bestem Wissen und Gewissen« abgibt,[21] er in selbstkritischer Selbstbeobachtung sich und seinen Willen entwickelt, desto weiter kann das Recht den Freiheitsrahmen ziehen.[22] Der Staat darf und will innerhalb der Rechtsordnung Prinzipien nicht zu definitiven Regeln konkretisieren, Wertungen nicht vollständig selbst vornehmen. Er überlässt viele Wertungen dem Menschen und seinem Gewissen. Das Recht wendet sich immer mehr von Regeln ab, die Gebote der »Sittlichkeit« einfordern. Es sucht konkrete Rechtsgüter zu schützen. Einen Wendepunkt markiert das Strafrechtsreformgesetz 1973, das eine Straftatengruppe »Verbrechen und Vergehen wider die Sittlichkeit« durch »Straftaten gegen die sexuelle Selbstbestimmung«[23] ersetzte. Doch öffnet das gegenwärtige Recht weiterhin Fenster zur Ethik, insbesondere beim Verbot sittenwidriger Geschäfte, bei dem Erfordernis eines lauteren Wettbewerbs oder dem Verbot einer gewerblichen Betätigung, die gegen die guten Sitten verstößt.[24] Diese Vorschriften erlauben grundsätzlich ein Handeln, begrenzen dieses aber, wenn Redlichkeit und Anstand grob missachtet werden.

Wenn der Mensch die Gleichheit vor dem Steuergesetz durch Steuergestaltungen zu unterlaufen sucht, der Bürger rücksichtslos am Straßenverkehr teilnimmt, er amtliche Erklärungen und vertragliche Einwilligungserklärungen unbesehen und unverantwortet unterschreibt, sucht der Gesetzgeber die fehlende Freiheitsfähigkeit durch Rechtsbindungen zu kompensieren. Steuerliche Detailregelungen, eine Flut von Straßenverkehrsregeln und ein Schilderwald, Kaskaden von Informations- und Aufklärungspflichten, Nachweis- und Aufbewahrungspflichten, ein ständig erweitertes Informations- und Datenschutzrecht, Haftung und Strafbarkeit verengen den Raum der Freiheit. Je weniger die Regeln von Ehrbarkeit und

Anstand das menschliche Verhalten bestimmen, desto mehr wird der Gesetzgeber die Freiheitsberechtigten mit einer Fülle von Normen beengen, die Normen durch eine allseits präsente Polizei durchsetzen, Freiheit ohne Ehrbarkeit durch Regulierung und Kontrolle ersticken.

Die Garantie der Freiheit ist Sache des Staates, die ethische Befähigung zur Freiheit Aufgabe der freien Gesellschaft. Diese Unterscheidung ist Gebot der Freiheitlichkeit, weil der Staat die Freiheit als Recht zu definieren und zu gewährleisten hat, die Freiheitswahrnehmung aber nicht moralisierend lenken soll. Dennoch bleibt die Erziehung und Befähigung zur Freiheit gemeinsame Aufgabe von Staat und Gesellschaft. Der Staat wird in seinen Kinderbetreuungseinrichtungen, seinen Schulen und Ausbildungsstätten die Bereitschaft und Kraft zur Freiheit wecken, dabei die Erziehungsziele der Eltern unterstützen. Er wird Wissenschaft und Kunst fördern, wenn sie menschliches Können und menschliches Dürfen freiheitsbewusst entfalten. Er erwartet vom freien Menschen Fitness und Fairness, bietet dafür Sportstätten an. Er unterstützt in sozialen Einrichtungen Selbstlosigkeit, in geselligen Einrichtungen Gemeinschaftssinn und Gemeinschaftserleben. Dabei wird der Staat sich stets auf die Ermutigung zur Freiheit beschränken, nicht mutwillig Inhalt und Ziel des Mutes vorgeben.

Die Bereitschaft, sein Leben eigenverantwortlich zu gestalten und dabei stets Anstand und Ehrbarkeit zu wahren, erfordert beherzten Mut. Eigenverantwortlichkeit drängt zur Gegenwehr gegen allpräsente Fremdbestimmung, fordert den eigenen Weg, der vom Boulevard der Allgemeinheit wegführt, erwartet ein Selbstbewusstsein, das der Macht von Unrecht, Dreistigkeit und Unterdrückung die Stirn bietet. Dieser Freiheitsmut stellt hohe Ansprüche, weil er mit dem Gleichmut dessen verbunden sein soll, der nicht unbeirrt auf sein Ziel zustürmt, sondern mit Augenmaß gewährleistet, dass sein Kampf um die Freiheit nicht andere verletzt und die Eigeninteressen nicht überzeichnet. Freiheitsmut setzt auf entschlossene Gestaltung des eigenen Lebens, die beherzte Korrektur der individuellen Verhaltensmaßstäbe und auf eine gelassene Beurteilung der eigenen Ziele.

c. Verstand und Unvernunft

In der Antike, im Mittelalter und am Beginn der Neuzeit forderte Freiheit vor allem den Mut, den eigenen Verstand zu gebrauchen.[25] Mit Vernunft werde die Natur beherrscht, Frieden gesichert, Herrschaft gemäßigt, eine Gleichheit der Lebensverhältnisse für alle erstrebt. Heute in Zeiten dominanter teilrationaler Eigensysteme – der ökonomischen, technischen und sozialen Vernunft – müssen wir für eine ganzheitliche Freiheit kämpfen, die Folgen wettbewerblichen Gewinnstrebens, algorithmischer Folgerichtigkeit und sozialer Erwartungen in Frage stellen. Freiheit schützt Vernunft, gewährt aber auch das Recht, unvernünftig sein zu dürfen. Der Mensch folgt nicht nur Vernunft und Logik. Er will auch lachen und lieben, tanzen und musizieren, staunen und sich verzaubern lassen. Er will spielen. Er will träumen. Er wird sich aufregen und empören, begeistert und enttäuscht sein, vertrauen, hoffen, lieben. Er will frei gehen und sich gehen lassen. Er will auch einmal leichten Sinnes sein und mit seinem leichtsinnigen Tun einen Platz im Recht finden. Deshalb sichert das Recht nicht Logik, sondern Freiheit, ist auch offen für Billigkeit, für Treu und Glauben, für Dispens und Begnadigung im Einzelfall, für individuelles Gewissen.

Deswegen verstehen wir, dass die Mutter dem verlorenen Sohn das zehnte Mal verzeiht, der Extremsportler erneut zu einem riskanten Flug ansetzt, die Zuschauer den Fußballstar bejubeln. Dieses ist zwar nicht vernünftig, aber menschlich. Selbst streng rechtsgebundene, aus Vernunftgründen gerechtfertigte Rechtsentscheidungen öffnen sich für das Menschliche. Der Bundespräsident darf einen Straftäter begnadigen.[26] Das Bundesverfassungsgericht öffnet dem zu lebenslänglicher Freiheitsstrafe verurteilten Mörder, von dem keine weiteren Verbrechen zu erwarten sind, nach 15 Jahren ein Fenster zur Freiheit.[27] Das Finanzamt erlässt der in Not geratenen Witwe die Erbschaftsteuerschuld. Ein reines Vernunftrecht wäre nicht human, wäre inhuman. Deswegen fordert der Gleichheitssatz stets eine »am Gerechtigkeitsgedanken orientierte Betrachtungsweise«.[28] Diese Gerechtigkeit verlangt Menschlichkeit, für den betroffenen Menschen eine Entscheidung nach seiner Individualität und Besonderheit. Das Gesetz bewährt sich letztlich in der Betroffenheit des einzelnen Menschen. Den Menschen trifft die allgemeine Regel gleich. Er ist aber in individueller Betroffenheit zur Freiheit berechtigt.

4. Freiheit und Grenzen

a. Freiheit als begrenztes Recht

Freiheit ist ein Recht. Rechte sind definiert, also begrenzt. Individuelle Freiheit wird als Eigenverantwortlichkeit zugewiesen und als eigener Freiraum erschlossen. Das Recht teilt die Erdoberfläche in viele Einzelgrundstücke, um diese Fläche jeweils einem Eigentümer zuzuweisen. Dieser pflegt sein Haus und seinen Garten auf seinem Grundstück sorgfältig, nutzt den öffentlichen Park aber nachlässig. Der Unternehmer schafft Ordnung auf seinem Betriebsgelände, kümmert sich nicht um das Gelände des Konkurrenten. Der Autor bestimmt den Inhalt seines Buches, ist für das fremde Buch nicht verantwortlich.

Bei den individuellen Freiheitsrechten definiert – begrenzt – das Recht persönliche Freiräume. Es schützt die Privatsphäre in den Grenzen der eigenen Wohnung, die Berufsfreiheit im Rahmen der rechtlich nachgewiesenen beruflichen Qualifikation, die Bewegungsfreiheit in den technischen und rechtlichen Grenzen der öffentlichen Wege und Straßen. Das Freiheitsrecht garantiert Selbstbestimmung, schützt den Menschen vor dem Übergriff, der Fremdbestimmung durch den anderen. Freiheitliche Verantwortungsbereiche sind Markierungen für ein friedliches Nebeneinanderleben.

Rechte müssen definiert sein, um handhabbar zu werden. Zeitweise galten die Tatbestände »Kunst« oder »Wissenschaft« um der Freiheit willen als undefinierbar. Jede Definition schreibe den Jetztzustand fest, hindere also die freiheitliche Fortentwicklung. Doch bald wird bewusst, dass eine undefinierte Freiheit rechtlich leerläuft. Wenn Künstler Subventionen beanspruchen, die der »Kunst« vorbehalten sind, Wissenschaftler ein Labor fordern, das nur für die »Wissenschaft« zur Verfügung steht, kann der Rechtsstaat diesen Ansprüchen nur genügen, wenn die Berechtigten der »Kunst« und »Wissenschaft« tatbestandlich greifbar und von Nichtberechtigten unterscheidbar sind. Die Verfassung gewährt nicht Freiheiten, sondern Freiheitsrechte. Die Grenze bleibt Bedingung der rechtlichen Ordnung für Frieden und Freiheit.

b. Freiheit und Staatsgrenzen

Der Staat bestimmt seinen Einflussbereich nach seinen Grenzen, ist für fremdes Hoheitsgebiet nicht zuständig. Gäbe es keine ersichtliche Staatsgrenze, die der Staat auch einmal schließen dürfte, fände der Aggressor bei einem militärischen Angriff auf diesen Staat keinen Haltepunkt. Der Diktator, der seine Grenze überschreitet, um jenseits seines Herrschaftsbereichs Gebiete zu erobern, träfe auf keine rechtlichen Warnsignale. Das Staatsvolk entwickelt seine Kultur in seinem Gebiet. Der Staatsangehörige hat die Gewissheit, im Gebiet seines Staates leben und in dieses jederzeit einreisen zu dürfen, dort grundsätzlich vor Auslieferungen sicher zu sein.[29] Hätten wir keine Staatsgrenzen, verlöre auch der Asylsuchende und jeder Flüchtling den Schutz gegen die ihn verfolgende Staatsgewalt. Die Grenze gewährt Zuflucht.

Wie einst die steinzeitlichen Jäger und Sammler und die prähistorischen Hirtennomaden haben auch die heutigen Nomadenvölker, die in kaum besiedelten Gebieten umherziehen, keinen Streit wegen Besitz und Eigentum. Die wenigen Habseligkeiten werden bei der Wanderung von Ort zu Ort von den Familienmitgliedern oder von Lasttieren getragen. Das Vieh gehört der Sippe gemeinsam. Die tatsächliche Verschiedenheit unter den Menschen ist rechtlich unerheblich. Diese Rechtsordnung kann sehr einfach sein. Doch wenn ein Stamm beginnt, Weideplätze ausschließlich für seine Herde und Jagdreviere für seine Jäger zu beanspruchen, erhebt der sesshaft werdende Mensch Anspruch auf Eigentum, Gebietshoheit, Ausschließlichkeitsrechte.[30] Das Recht muss nunmehr zwischen den Ansprüchen jedes Menschen auf Selbstbestimmung, seiner Zugehörigkeit zu einer Friedens- und Ordnungsgemeinschaft und den anderen, konkurrierenden staatlichen Gemeinschaften ausgleichen.

Je mehr Menschen auf dieser Welt leben, je weiter die Herrschaftsansprüche der mächtigen Staaten reichen, je öfter der Mensch Geborgenheit in einem Staat und Schutz gegen den anderen Staat sucht, desto mehr ist der Traum vom herrschaftsfreien Leben ausgeträumt.[31] Herrenlose Gebiete gibt es nicht mehr. Selbst das Meer ist nicht herrenlos, sondern gehört allen Staaten gemeinsam. Während vor dem 19. Jahrhundert die Seemächte einen Herrschaftsanspruch auch auf die Ozeane erhoben – Venedig über die Adria, England über die Nordsee, Portugal über den Indischen Ozean,

Spanien über den Stillen Ozean und den Golf von Mexico –, beanspruchen die Staaten heute nur noch Macht über das Küstenmeer vor ihrem Staatsgebiet mit 3, 12, 24, selbst 250 Seemeilen Reichweite mit je nach Reichweite verringerten Rechten. Lediglich der Tiefseeboden, die den Erdball umgebende Lufthülle und der Weltraum scheinen noch den Status eines »gemeinsamen Erbes der Menschheit« bewahren zu können.[32]

Freiheit wird durch den Staat in dem umgrenzten Raum seines Staatsgebietes garantiert und durchgesetzt.[33] Die Definition von Staatsgebiet und Staatsvolk bestimmt auch die Demokratie, in der die Staatsangehörigen sich inneren und äußeren Frieden versprechen und Freiheit gewährleisten. Diese demokratische Gemeinschaft wird von politischen Gemeinsamkeiten, verfassungsrechtlichen Garantien und mitgliedschaftlicher Zusammengehörigkeit so geprägt, dass alle Menschen sich ihrer Freiheit in dieser Demokratie sicher sein dürfen.

Freiheitliche Staaten sind offen für das Völkerrecht, das ein gemeinsames Recht unter Staaten regelt. Es vertritt insbesondere in der Friedensgarantie und den universalen Menschenrechten Prinzipien, die von zwischenstaatlichen Organisationen formuliert und staatsübergreifend für verbindlich erklärt werden. Auch sie sind aber darauf angelegt, von den Staaten mitgetragen und im jeweiligen Staatsgebiet durchgesetzt zu werden. Die Staatsgrenze ist damit nicht mehr Trennlinie und Unterscheidungsprinzip, sondern Ausgangspunkt für Zusammenarbeit, Grundlage für ein weltweites Gemeinschaftsrecht der Freiheit.

c. Flucht und Zuflucht

Die Aufgabe der Grenze, zu ordnen und zu kontrollieren, sichert gegenwärtig insbesondere eine geordnete Zuwanderung. An der deutschen Grenze hat der Deutsche einen Anspruch auf Einreise und ein Bleiberecht. Der Nichtdeutsche hat dieses Recht grundsätzlich nicht. Diese rechtliche Unterscheidung folgt dem Demokratieprinzip, das den Staatsbürgern in ihrem Gebiet Existenz, freiheitliche Entfaltung und politische Mitwirkung sichert, den Zugang anderer zu diesem Staatsgebiet von der Aufnahmebereitschaft der Staatsbürger abhängig macht, kulturelle Eigenheiten und Prinzipien des friedlichen Zusammenlebens geordnet für andere Kulturen und Lebenssichten öffnet. Diese Grenze begründet für die Flüchtenden, die in ihrem Heimatstaat der Verfolgung und Not entronnen sind und nun in Europa Zuflucht suchen, eine besondere menschliche Härte. Der rechtliche Ausgleich zwischen einer rechtlich kontrollierten Zuwanderung zum Schutz des demokratischen Rechtsstaates und der menschlichen Hilfe für den Flüchtenden in Not fordert die Politik in Deutschland und Europa gegenwärtig zu einer Bewährungsprobe von Verfassungsstruktur und rechtlichen Grundwerten heraus.

Die Aussagen des Rechts auch für einen Menschen in existenzieller Notlage sind im Grundsatz klar: Die Idee der universalen Menschenrechte spricht dem Menschen, allein weil er Mensch ist, ein Recht auf Existenz und Leben in Würde zu. Jeder Mensch soll auf dieser Welt einen Platz finden, an dem er sein Leben in Freiheit entfalten und ein Stück Heimat gewinnen kann.

Diese Rechte beanspruchen Universalität, haben sich aber weltweit noch nicht durchgesetzt. Das Völkerrecht sagt nicht, wo der Flüchtende eine neue Heimat findet. Die Genfer Flüchtlingskonvention[34] begründet keine Rechtspflicht des Staates, einem Flüchtenden Asyl zu gewähren, verbietet aber dem Staat, einen Flüchtling in ein Verfolgerland zurückzuschicken.[35] Dieser Asylschutz beschränkt sich darauf, die Zurückweisung, Ausweisung und Abschiebung zu verbieten, wenn sie eine unmittelbare Verfolgung oder Gefährdung zur Folge hat. Auch die Allgemeine Erklärung der Menschenrechte[36] verpflichtet die Staaten nicht, einem Verfolgten Asyl zu gewähren.[37] In der Rechts- und Wertegemeinschaft der Europäischen Union erklären einige Staaten, keine Flüchtlinge aufnehmen zu wollen. Andere Staaten begrenzen die Zahl der Einreiseberechtigten. Deutschland pflegt den Gedanken der Willkommenskultur, folgt aber inzwischen auch der Einsicht, dass ein Staat allein gegenüber der großen Zahl der Flüchtenden an die Grenzen seiner Aufnahmefähigkeit, auch der Aufnahmebereitschaft des eigenen Staatsvolkes stößt.

Innerhalb der Europäischen Union bestimmt die Dublin-III-Verordnung[38] die Zuständigkeit eines Mitgliedstaates für die Durchführung des Asylverfahrens, nicht aber das Land, das dem Asylbewerber letztlich Aufnahme gewähren muss. Grundsätzlich ist das Land für ein Asylverfahren zuständig, in dem der Flüchtling zum ersten Mal den Boden eines EU-Landes betreten hat.[39] Diese Regelungen geben dem Flüchtenden nur ein Recht auf vorläufige Aufnahme zur Durchführung des Aufnahmeverfahrens. Das Europarecht schweigt zu der Frage, welcher Staat innerhalb der Europäischen Union dem Flüchtenden letztlich eine Heimat geben muss.[40] Die aktuelle Debatte in Deutschland über Flucht und Zuflucht führt die Freiheitshoffnung der Verzweifelten und die freiheitliche Selbstbestimmung der Bürger in ihrem Staat nicht hinreichend zusammen. Viele Bürger fühlen sich von ihren Repräsentanten in Parlament und Regierung nicht verstanden und vertreten. Die öffentliche Debatte weicht teilweise in Vereinfachungen, auch in Aggressivität aus, die der Not der Verfolgten und Hungernden nicht gerecht wird, aber auch der gemeinschaftlichen Verantwortlichkeit der europäischen und westlichen Hochkulturen nicht genügt. Doch ist man sich einig, dass jeder Mensch eine Existenz unter angemessenen Lebensbedingungen beanspruchen darf. Keiner würde Flüchtende vor einer geschlossenen Grenze verhungern, verdursten oder erfrieren lassen. Die Frage aber, wer letztlich verpflichtet ist, einem Flüchtenden Zuflucht und Heimat zu gewähren, lässt das Recht offen. In einer Zeit, in der die Vereinten Nationen zu isolierten Nationen zu werden drohen, die europäische Solidarität zu einer Finanzverteilungsgemeinschaft zu verkümmern scheint, fehlt dem Zufluchtsanspruch der Verpflichtete. Die Staaten schieben die Verantwortlichkeit dieser Humanitätsfrage an andere Staaten weiter. Die Europäische Union ist konzeptlos und entscheidungsschwach. Die amerikanische Regierung errichtet Mauern. Die unverzichtbaren Ideale der Jedermannswürde, der Europäischen Friedens- und Wertegemeinschaft, der Vereinten Nationen, des grenzüberschreitenden Wirtschaftens, Reisens, Begegnens und Tauschens scheinen ernstlich gefährdet. 25 Jahre nach dem Fall von Mauer und Eisernem Vorhang in Mitteleuropa scheint die Errichtung von Mauern wieder zu einem Instrument der Politik zu werden. Die Ratlosigkeit ist greifbar.

Soweit Flüchtende Deutschland erreicht haben, aber nicht bleibeberechtigt sind, dürfen sie grundsätzlich abgeschoben werden. Doch die Erwartung, durch schnelle Abschiebung werde sich die Zahl der Flüchtenden bald verringern, scheitert an der Abschiebungspraxis.

Fast alle Flüchtenden erreichen Deutschland auf dem Landweg aus einem sicheren Drittstaat, haben dort also schon Zuflucht finden können und können sich deshalb auf einen Asylanspruch in Deutschland nicht berufen.[41] Das Grundgesetz sagt ausdrücklich, dass sich auf das Asylrecht nicht berufen kann, »wer aus einem Mitgliedstaat der Europäischen Gemeinschaften einreist«. Die Verfassung erwartet also von allen Mitgliedstaaten die menschenrechtliche Solidarität, einem Asylberechtigten, der ihr Gebiet erreicht, Asyl zu gewähren, damit aber auch eine weitere Zuflucht zu erübrigen. Doch diese Deutschland umgebenden Nachbarstaaten verweigern oft die Wiederaufnahme des Flüchtenden. Gleiches gilt für den Erstaufnahmestaat. Deshalb stellt sich die Frage, ob eine Abschiebung in den Herkunftsstaat des Flüchtenden möglich ist. Doch der entscheidende Beamte und später auch der Richter wissen oft nicht, woher der Flüchtende kommt, wenn er keine Papiere bei sich trägt, auch seinen Herkunfts- und damit seinen Abschiebeort nicht nennt und möglicherweise auch durch seine Sprache keine Hinweise auf seine Herkunft gibt. Wenn aber der Herkunftsort unbekannt bleibt, fehlt das Abschiebungsziel. Kennen die deutschen Organe den Herkunftsort, müssen sie weiter prüfen, ob der Betroffene in seinem Heimatstaat politisch verfolgt wird, an Leib und Leben gefährdet ist, so dass er nicht zurückgeführt werden darf.[42] Liegen die Voraussetzungen einer Abschiebung vor, kann der Betroffene nur abgeschoben werden, wenn das Heimatland aufnahmebereit ist. Das Völkerrecht zwingt grundsätzlich keinen Aufnahmestaat, den Rückkehrer auch tatsächlich in seine Heimat zurückkehren zu lassen. Ist der abgewiesene Bewerber dann tatsächlich in sein Heimatland abgeschoben worden, wird er in der Regel dort wieder frei ausreisen dürfen, später also wieder Zugang nach Deutschland suchen. An der deutschen Grenze allerdings trifft er auf ein Rückkehrverbot. Dieses muss tatsächlich vollzogen werden.

In diesem menschlichen und rechtlichen Dilemma wird sich die Europäische Union als eine Rechtsgemeinschaft, die »aus dem kulturellen, religiösen und humanistischen Erbe Europas« schöpft,[43] zu bewähren haben. Sie wird zu bestimmen haben, in welchem Mitgliedstaat der Flüchtende vorläufig oder endgültig Zuflucht finden soll.[44] Würden sich einige Mitgliedstaaten weigern, Flüchtlinge aufzunehmen, müsste die Solidarität der Union als Werte- und Finanzgemeinschaft wirksam werden. Wer in der Flüchtlingsfrage die Erfüllung von Unionserwartungen verweigert, darf in den europäischen Finanzsystemen weitere Leistungen nicht erwarten. Wenn diese Gegenseitigkeit europarechtlich strikt durchgesetzt wird, wird sich die nüchterne, aber menschliche Einsicht bestätigen, dass der Partner gesprächs- und verständigungsbereit wird, wenn der Verlust von Finanzmitteln droht.

Solange diese Europäische Humanitätsgemeinschaft noch nicht wirkt, wird der deutsche Staat, der Hauptziel der Migranten ist, seine Grenzen streng kontrollieren, dabei auch Erschwerungen von grenzüberschreitendem Wirtschaften, Reisen und Begegnen in Kauf nehmen müssen. Soweit Migranten einreisen dürfen, wird der freiheitliche Staat sie zunächst auf die freiheitlichen Lebensbedingungen in Deutschland vorbereiten müssen. Viele stammen aus Kriegsgebieten, haben einen Überlebenskampf gelernt und geübt, der für eine freiheitliche Lebensordnung schlechthin nicht taugt. Viele sind das Zusammenleben von Mann und Frau als Herrschaftsverhältnis gewohnt, das eine Gleichheit in Achtung, Anerkennung und Würde nicht kennt. Ihnen sind unsere Formen des Begegnens, der Kleidung, des öffentlichen Lebens und Feierns fremd. Sie müssen sich mit diesen Lebensbedingungen erst noch vertraut machen. Der Deutsche ist in eine freiheitliche Rechtsordnung hineingeboren, der Migrant muss sich erst noch in diese Ordnung hineinlernen. Deswegen darf der Rechtsstaat die Migranten nicht mit Überschreitung der Grenze in unsere Freiheit entlassen, sondern muss sie in unsere Lebensweise hineinführen. Auch hier sind räumliche Beschränkungen, Kontrollen, Beaufsichtigungen schmerzlich, aber notwendig.

d. Aufbau freiheitsgerechter Lebensbedingungen

Die langfristige humane Lösung kann nur in einer Grundsatzpolitik der Staatengemeinschaft liegen, die zunächst in den Heimatstaaten Frieden schafft, dann den Flüchtenden einen Anreiz gibt, freiwillig in ihre Heimat zurückzukehren. Wenn dieses Ziel nicht bloße Hoffnung bleiben, sondern friedenstiftende Realität werden soll, brauchen die Staaten viel Geld, viele vor Ort mitwirkende Menschen, zukunftsweisende Kooperationen zwischen Heimatstaaten und helfenden Staaten. Zur Finanzierung dieser großen Aufgabe bietet sich eine Finanztransaktionssteuer[45] an, die alle Umsätze des Finanzmarktes mit einem Prozent Steuern auf den Umsatz belastet. Mit einer solchen Steuer würde eine Gerechtigkeitslücke geschlossen. Bisher werden alle Umsätze, in Deutschland im Regelfall mit 19 Prozent, zulasten des Konsumenten besteuert. Die Finanzumsätze sind aber von jeder Umsatzsteuer ausgenommen. Die Steuer auf die Finanzumsätze ließe sich leicht und kosteneffizient erheben, weil sie bei den Geschäften des Finanzmarktes computertechnisch einbehalten werden könnte. Die Steuer ist fast unausweichlich,[46] wenn die Veranstalter und Vermittler der Finanzumsätze für die Steuer haften. Die Finanztransaktionssteuer wäre auch ertragreich, weil der Finanzmarkt Milliardenumsätze erzielt.[47] Das Aufkommen aus dieser Steuer sollte strikt für den Rückkehrwiederaufbau reserviert werden. Es wäre wenig hilfreich, dieses Geld schlicht in die Krisengebiete zu schicken. Solange dort Waffen die Lebensbedingungen zerstören, kann ein Wiederaufbau nicht beginnen. Wenn nicht gewährleistet ist, dass diese Gelder unmittelbar zum Bau von Schulen und Straßen, Häusern und Krankenhäusern, Unternehmen und Kultureinrichtungen verwendet werden, darf kein Cent eingesetzt werden. Wenn aber Ärzte und Ingenieure, Straßenbauer und Lehrer, erprobte junge Unternehmer dort als Gründungshelfer wirken, sie den Flüchtenden erstrebenswert erscheinende Lebensbedingungen aufbauen, dabei mit den Rückkehrern am gemeinsamen Wiederaufbau zusammenwirken, werden Flüchtlings-, Wiederaufbau- und Friedenspolitik zusammengeführt. Vorhandene politische Systeme, die zu Diktatur und Verfolgung, zu Korruption und Günstlingswirtschaft neigen, müssen mit der Autorität des Völkerrechts und, wenn erforderlich, dessen Zwangsmitteln in ihre Schranken gewiesen werden. Auf dieser Grundlage von Humanität, modernen Lebens- und Bildungsstrukturen, einem verheißungsvollen Gesundheits- und Rechtswesen werden Wirtschaftsunternehmen gegründet, die erst einfache, später anspruchsvolle Güter – vom Nachen bis zum Auto – produzieren. So entstehen Arbeitsplätze und Löhne. Der Staat nimmt Steuern ein. Gute politische und wirtschaftliche Beziehungen zwischen dem Heimatstaat und dem Helferstaat beginnen. Diese Flüchtlingspolitik realisiert eine Leitidee der Kultur und Menschlichkeit.

Diese Idee kann anfangs sicherlich nur auf holprigem Wege verwirklicht werden. Doch dieser Weg erschließt auch uns eine neue Kultur. Das gegenwärtige Unbehagen, die weltweite Ratlosigkeit gegenüber der derzeitigen Flüchtlingsrealität zersplittert unsere Gesellschaft, treibt das Denken und später das Handeln in eine Radikalität, die Mutlosigkeit und Vordergründigkeit einer Flüchtlingspolitik ohne gestaltende Leitidee rügt und eine Schwäche von Demokratie und letztlich von Freiheit beanstandet. Wenn wir für den Neuaufbau der Heimat von Verfolgten und Hungernden kämpfen, gewinnen wir für uns ein Stück kultureller Identität, befestigen die Ideen unseres Rechts von Würde und Freiheit. Wir bauen langfristig an einem Konzept von Frieden und Prosperität, kultivieren vielleicht sogar eine Menschlichkeit von Helfen und Danken. Das ist die Welt der Freiheit. Der Versuch lohnt.

5. Reichtum des Armen und Armut des Reichen

Jeder Zufluchtsuchende erinnert uns, dass wirtschaftlicher Erfolg, insbesondere ein regelmäßiges Einkommen, Grundlage individueller Freiheit ist. Eigentum gibt Gelassenheit, ermöglicht Freiheit. Doch Reichtum ist nicht Freiheit. Der Mensch weiß seit Jahrtausenden, dass der Reichtum des Lebens nicht in Besitz und Gütern besteht.[48] Reichtum hängt auch von Familie und Freunden, von Begegnungen und Inspirationen mit anderen, von mitmenschlicher Wertschätzung und Zusammenarbeit, vom Gelingen eines Werkes, von der Freude an Gemeinschaft, Musik und Sport, von Zufriedenheit und Hoffnung ab. Viele Menschen mit großem Vermögen und wachsendem Einkommen sind einsam. Völker leben in Armut und wissen dennoch ein ereignisreiches, oft heiteres Zusammenleben zu gestalten. Die respektvolle Anrede, die Zuwendung, gemeinschaftsbildende Rituale und Lebensformen schaffen Lebensfreude. Wer sich an Stimmen, Mimik, Gestik, Symbol und Rhythmus freut, erlebt Glück, das unbezahlbar ist.

Unser Alltag zeigt, dass die Maßstäbe der Menschlichkeit, der Kultur und des Wirtschaftens grundverschieden sind. Die Humanität zielt auf elementare Gemeinsamkeiten, bietet jedermann Chancengleichheit zur Entfaltung in Freiheit, grenzt ein und nicht aus, sichert jedermann ein Existenzminimum, entwickelt Häuslichkeit und Gastlichkeit. Die Kultur spricht ihre Formensprache, sucht Verständnis und Beifall der Angesprochenen, kann und soll in diesem Anliegen nicht in Euro bemessen und entgolten werden. Die Wirtschaft handelt nach dem Prinzip der Gewinnmaximierung, definiert die Menschen als Konkurrenten in einem Wettbewerb, der die Wettbewerber in Sieger und Besiegte teilt. Der Wettbewerber verteilt Leistungen nicht nach Bedarf, sondern nach Zahlungsbereitschaft, will den Konkurrenten feindlich übernehmen.

Diese unterschiedlichen Denk- und Handlungsmaximen schließen sich weitgehend aus. Wenn Freundschaftsdienste kommerzialisiert werden, entfremdet dieser Motivwechsel die Beteiligten voneinander. Wird der Freizeitsport zum Profisport, verändern sich die Maßstäbe des Handelns. Wenn ein Beamter für eine Amtshandlung einen Vorteil fordert oder annimmt, wird aus dem Leistungstausch ein Straftatbestand. Viele beruflich erfolgreiche Menschen leiden darunter, dass sie das Wachstum ihres Vermögens zu ständigen Auseinandersetzungen mit Beratern und Banken zwingt. Sie sehen sich weniger von Freunden und mehr von Konkurrenten umgeben, die nach Teilhabe an ihrem Vermögen trachten. Mancher hat im intensiven Erwerbsstreben seine Gesundheit gefährdet, seine Ehe zerstört, seinen Freundes- und Erlebnisbereich verkümmern lassen. Der Gelassene stellt sich rechtzeitig die Frage, wann ein Weniger an Einkommen für ihn ein Mehr an Lebensglück sei. Das ist selbstbewusst, mutig und beherzt. Das ist Freiheit.

6. Geregelte, gelenkte und selbstbestimmte Freiheit

a. Gesetz, Anreiz, Eigenmotiv

Freiheit ereignet sich stets im Rahmen der verbindlichen Gesetze. Das Gesetz schafft Frieden und eine Lebensordnung, in der allein Freiheit möglich ist. Es bindet den Freien in Verboten und Geboten, die sprachlich verbindlich bestimmt sind und damit Grenzen der Freiheitsbeschränkung benennen. Diese sind auch vom Staat zu achten.

Das Gesetz regelt, wann der Mensch frei und wann er gebunden ist. Du sollst nicht töten. Du musst mit sechs Jahren die Schule besuchen. Du musst Steuern zahlen. Du darfst einen anderen nicht schädigen. Du hast bei einem Unfall Hilfe zu leisten. Du hast die Würde des anderen, die Grenze zum Nachbarn, den Auftrag deines Berufs zu achten. Du bist für deine Kinder verantwortlich. Freiheit ist nicht die Beliebigkeit, die den Mitmenschen den eigenen Willen aufdrängt, sondern ein Recht, das die selbstbestimmte Entfaltung des eigenen Lebens in einer Gemeinschaft des Friedens und der Freiheit für jedermann erlaubt und erwartet. Freiheit gewährt niemals Herrschaft über andere.

Doch der Staat spricht den Bürger nicht nur in einer verbindlichen Regel an, die dem Adressaten in der Sprache der Vernunft, bewusst und rechtlich zugemessen, eine Anordnung erteilt. Er verzichtet oft auf die verbindliche Regel und wählt das auf Kooperation angelegte Instrument von Anreiz und Verlockung, gibt menschlichem Erwerbsstreben einen Impuls. Während der Verfassungsstaat herkömmlich den Freiheitsrahmen setzt und die Bürger ihre Freiheitsmotive entwickeln, regiert der Staat nun über Motive. Er verhängt bei einer hohen Schadstoffbelastung in Innenstädten nur selten ein Fahrverbot, schafft aber finanzielle Anreize zum Kauf schadstoffarmer Fahrzeuge. Er verbietet nicht den Alkoholkonsum, sondern erhöht die Steuern auf Alkohol. Er verpflichtet den Unternehmer nicht, neue Arbeitsplätze zu schaffen, sondern bietet ihm eine Subvention zur Erweiterung seines Betriebes an.

Der Staat setzt auch Anreize, wenn er Institutionen schafft und diese zur Nutzung anbietet. Er eröffnet eine Musikschule und regt damit das Erlernen eines Instrumentes an. Er errichtet eine Sportstätte, fördert dadurch die sportliche Betätigung. Er eröffnet eine Oper oder eine digitale Bibliothek, erweitert damit das Kulturleben. Er schützt Feiertage oder bestätigt Bräuche wie zu Silvester oder Fasching, fördert damit Feste und Feiern. Er pflegt Erinnerungen – wie am Tag der Deutschen Einheit – oder befördert das Vergessen – wie bei der Umbenennung von Straßennamen.

Dieses Staatshandeln kann freiheitsgerechter, rücksichtsvoller, unauffälliger und schonender wirken. Doch der Staat büßt dabei auch die Eigenheit der in Bewusstheit und sprachlicher Disziplin überbrachten Vorschrift, der kontrollierbaren und revidierbaren Anordnung, der vom einzelnen Amtsträger verantworteten Entscheidung ein. Der Bürger scheint lenkbar, käuflich, verführbar.

Staat und mächtige Gruppen setzen zunehmend auch »Mechanismen« ins Werk, durch die Menschengruppen gesteuert werden sollen, in die der Einzelne nahezu wehrlos eingegliedert ist.[49] Der Mensch ist nicht mehr Einzelperson, sondern Rechengröße in einer Gruppe der Konsumenten, der Produzenten, des Patientengutes, des Bildungspotenzials, einer Alterskohorte oder des Finanzmarktes. Die Aufmerksamkeit gilt der Steuerungskraft des Steuernden und der Steuerbarkeit des betroffenen Kollektivs, nicht dem Rechtssubjekt und seiner Belastbarkeit. Insbesondere ökonomisches Denken steuert Wirkungszusammenhänge nach Effizienz. Globalsteuerung und Wirtschaftslenkung geben Impulse, denen jedermann folgt, die nicht individuell zugemessen werden. Allgemeine Umverteilungskonzepte[50] stellen die freiheitlich hergestellten Verschiedenheiten in Frage, suchen die Folgen individueller Freiheit des Berufstätigen, der Familie oder des Wissenschaftlers zu überwinden und bedürfen deshalb besonderer Rechtfertigung. Die Steuerungstechnik verspricht sich ein gutes, gelingendes Zusammenleben weniger vom freiheitlichen Handeln des Einzelnen und mehr von der Struktur eines Lebensbereichs, dessen »man« sich bedient. Werbung verheißt, menschliches Verhalten auf den Weg des Auftraggebers zu lenken. Eine technische Datenerhebung erkundet den Bedarf und befriedigt diesen festgestellten, vom Betroffenen nicht bekundeten Bedarf. Der Algorithmus übernimmt die Funktion des Gesetzes. Er beansprucht, aus Wissen und Erfahrung die »richtige Lösung« entwickelt zu haben, erscheint nicht mehr als Instrument der programmierenden Menschen, sondern wird zu einer objektiven – über »Künstliche Intelligenz« verfügenden – Bestimmungsgröße. Beherzte Freiheit wehrt sich nicht nur gegen den staatlichen Befehl, sondern auch gegen das staatlich aufgedrängte Motiv und die Herabwürdigung des Menschen zum Steuerungsobjekt.

b. Individuelle Freiheit und gesamtwirtschaftliche Daten

Im Wirtschaftsleben bestimmen heute abstrakte Regeln die Gewinnmaximierung ohne Haltepunkt, die Verschuldung ohne Grenzen, die Lenkung und Steuerung des Freien ohne Hemmungen. Der Akteur verändert Strukturen, ohne sich der individuellen Wirkungen seines Handelns zu vergewissern. So entsteht eine immer größere Kluft zwischen wirtschaftlicher Realität und freiheitsrechtlichem Anspruch. Schon im Ausgangspunkt ist eine Wirtschaft, die ihren Gewinn ständig zu »maximieren« sucht,[51] eine Gefahr für die Freiheit, weil sie die dem Menschen und dem Recht eigene Selbstbegrenzung leugnet. Der Mensch kann in seiner Begrenztheit seine Freiheit nur annähernd gut, niemals optimal wahrnehmen. Das Recht setzt seiner Freiheit Grenzen, um die gleiche Freiheit anderer zu schützen. Eine Gewinn»optimierung«, die auch dann einen höheren Gewinn verlangt, wenn dieser nicht verdient ist, nimmt dem anderen das, was er verdient hätte. Sie verfehlt die dem Recht eigene Rationalität des Maßes. Offen bleibt auch die Frage, ob die Ballung von Finanzkraft und wirtschaftlicher Macht gerade bei den erfolgreichsten Unternehmen deren Bemühen um ein Mehr rechtfertigt oder ob eine strukturelle Kartellbildung die

Gleichheit aller in Freiheit gefährdet. Die Binnenrationalität des Marktes widerlegt sich selbst, wenn das Gewinnstreben von heute das von morgen erstickt. Freiheit heißt, sich Unterschiede verdienen zu dürfen, rechtfertigt aber nicht jedes Einkommen, das nicht selbst erzielt wird, sondern von anderen – Arbeitnehmern, Maschinen oder der Börse – erzielt worden ist. Die aktuelle Entwicklung des Wirtschaftswesens zu einem global gesteuerten Markt beunruhigt noch mehr. Der Mensch wird nicht mehr als das freie Individuum verstanden, das in unternehmerischer Verantwortung Erfindungen entwickelt, neue Produkte anbietet, Organisationsstrukturen verbessert, zusätzliche Märkte erschließt. Der Mensch wird als ein gesamtwirtschaftlich steuerbares Objekt gesehen, das man durch Anreize lenken, durch Geld kaufen, durch digitale Daten manipulieren kann. Wirtschaftsstrategen behaupten, das menschliche Verhalten so steuern und dann mathematisch so vorausberechnen zu können, dass nicht der individuelle Unternehmerwille, sondern das obrigkeitlich gesetzte Planziel erreicht wird. Der Mensch ist nicht mehr freie Persönlichkeit, sondern Teil einer Gruppe von Investoren oder Konsumenten, von Versicherungsnehmern oder Patientengut, des Nachfrage- oder des Kaufpotenzials, des Inlands- oder des Auslandsmarktes.

Technische Strukturen algorithmischer Steuerung machen den Menschen zudem zum Informationsträger, auf den die Organisatoren dieses Wissenssystems anonym zugreifen, den sie dann aber mit ihrem Wissen bewusst ansprechen oder in ihr Machtkonzept einbinden können. Der Computer bestimmt durch seine Vorauswahl die für uns erreichbaren Informationen und die uns zugänglichen Wissensspeicher. Er füllt unseren Kühlschrank mit Lebensmitteln, lenkt unser Auto, bietet für unsere Wahlentscheidung einen »Wahl-O-Mat« an und sucht bei der Wahl des Ehepartners Kandidaten und sortiert diese bis zur Empfehlung eines einzelnen Menschen vor. Gegen diese Entwicklung werden wir entschieden für den Erhalt persönlicher Freiheitsrechte kämpfen. Die Digitalunternehmen müssen das Entstehen ihrer automatisierten Entscheidungen sichtbar machen. Sie dürfen den Menschen nur zur bewussten Hingabe von Wissen und nur zur bewussten Entgegennahme von Informationen und Verhaltensimpulsen veranlassen. Die Schulen sollten die Schüler mit den modernen Datentechniken vertraut machen, aber auch über die persönlichkeits- und lebensbestimmende Bedeutung der Freiheit, ihre philosophischen Gründe und Grenzen, ihre verfassungsrechtliche Garantie und ihre praktische

Handhabung unterrichten. Auch der Verzicht auf Digitalisierung schafft Freiheit. Vor allem aber muss das Freiheitsprinzip gewährleisten, dass die Macht des Digitalen nicht bei wenigen Großunternehmen gebündelt und die technisch vermeidbare Anonymität nicht zum Geschäftsprinzip wird. Unsere Erwerbs- und Lebensverhältnisse sind so zu gestalten, dass der Einzelne wesentliche Phasen seines Tages und seines Lebens fern des Digitalen in Familie und Natur verbringen kann, er Zeit für Sport und Kultur, für den geruhsam auswählenden Kauf seiner Kleider, seiner Bücher, seiner Lebensmittel findet, er seine Informationen und sein Wissen bewusst frei wählen kann, er auch immer wieder einmal selbstgesteuert, nicht nur fremdgesteuert entscheiden und vielleicht auch fahren kann.

c. Der goldene Zügel: das anstrengungslose Einkommen

Wenn Staat und Wirtschaft den freien Menschen weniger als das Subjekt verstehen, das mit seinem Willen sein wirtschaftliches Handeln und im Zusammenwirken der Freien die Gesamtwirtschaft bestimmt, sie den Menschen vielmehr als Objekt machtbewusster Steuerung behandeln, machen sie sich den Menschen dadurch gefügig, dass sie sein Erwerbsstreben zu ihren Zwecken nutzen. Der Mensch strebt ständig nach höherem Einkommen, fragt auch nach staatlichen Zuwendungen und Subventionen, nach einem anstrengungslosen Einkommen. Dadurch entwickelt sich ein gigantisches System staatlich angebotener Finanzverlockungen. Der Staat bietet dem Bürger an, seine Vorhaben beim Hausbau, bei der Firmengründung, bei der Verbesserung des Umweltschutzes, bei Schaffung neuer Arbeitsplätze, bei Bildungs- und Gesundheitseinrichtungen mitzufinanzieren. Er gewährt steuerliche Verschonungen, wenn der Bürger ein abgasarmes Fahrzeug erwirbt oder sein Haus mit Solarzellen heizt. Er droht zusätzliche Lasten an, wenn er Dieselfahrzeuge weiterhin benutzt, veraltete Heiz- oder Entwässerungsanlagen in Anspruch nimmt, wenn er Alkohol trinkt, Tabakwaren erwirbt, gesteigerte Gesundheitsrisiken eingeht. Aus dem freien Menschen, der in den klar umschriebenen Grenzen des Gesetzes seine Freiheit wahrnimmt, wird der durch Geldangebote verführbare Mensch.

Der Rechtsstaat und die Wirtschaft legen so das Instrumentarium des Rechts beiseite und wählen den goldenen Zügel, der dem Menschen ein anstrengungsloses Einkommen verspricht, wenn er sich willig dem staatlichen Lenkungsplan fügt. Der Bürger investiert nicht mehr in den Schiffsbau, weil ihm diese Investition ertragreich erscheint,[52] sondern weil der Staat ihm diese Investition aus Steuermitteln honoriert. Der Staat bindet mit dem Angebot einer Mitfinanzierung private Finanzkraft, die der Eigentümer sonst nach freier Entscheidung anderweitig einsetzen würde, und beansprucht sie für den Schiffsbau, in den der Investor ohne die staatliche Lenkung nicht investieren würde. Diese staatliche Lenkung entfaltet nicht individuelle Freiheit, sondern erstickt sie. In beherzter Gegenwehr wird der Freie gegen die Verlockungen und Verführungen, also gegen sich und dann gegen Staat und Wirtschaft seine Freiheit zurückgewinnen müssen.

Das Angebot von Subventionen ist zum wichtigsten Instrument geworden, um unternehmerische Entscheidungen zu steuern. Die Subvention gibt Geld, ermöglicht damit Freiheit. Sie lenkt und verführt den Empfänger aber auch, verengt damit Freiheit. Der Staat nutzt den Erwerbstrieb des Menschen, bietet ihm einen Geldvorteil an, wenn er sich mit seinem Verhalten in ein staatlich erwünschtes Handlungsprogramm einfügt. Der Mensch empfängt Geld nicht im wirtschaftlichen Tausch als Preis für eine erbrachte Leistung, sondern für ein staatlich definiertes Wohlverhalten. Jede Subvention trägt den Hang zum Privileg in sich. Könnte der Staat heute 80 Millionen Euro verteilen und gäbe jedem der 80 Millionen Bürger einen Euro, bliebe diese Zuwendung schlechthin wirkungslos. Gibt er aber 80 Bürgern je eine Million Euro, so wird er den Empfänger wirkungsvoll und verlässlich lenken.

Bietet der Staat dem Bürger Subventionen an, bindet er die Verwendung dieser Gelder an bestimmte Zwecke. Der Unternehmer erhält staatliche Geldzuwendungen, wenn er Arbeitsplätze schafft, umweltschonende Produktionsmittel und Produkte wählt, in strukturschwachen Gebieten Investitionen tätigt, in Forschung und Entwicklung seine Wirtschaftsmethoden erneuert. Die Subvention »kauft« dem Empfänger ein Stück seiner Freiheit »ab«. Drängt sie ihn, etwas ökonomisch Vernünftiges zu tun, den Umweltschutz, die Kulturförderung oder den Wohnungsbau zu finanzieren, ginge der Subventionsempfänger grundsätzlich auch von sich aus diesen Weg der Vernunft. Er nimmt das ihm gebotene Geld mit, wird aber kaum gelenkt. Drängt die Subvention den Begünstigten hingegen, etwas Unerwünschtes zu tun, den Schiffsbau im Ausland, den Hotelbau als

»Abschreibungsmodell« oder Filme ohne kulturellen Wert zu finanzieren, so vernichtet die Subvention Produktivität und erschwert einen marktgerechten Wandel der wirtschaftlichen Strukturen.[53] Der Unternehmer sucht staatliche Zahlungen und steuerliche Entlastungen zu erheischen, vernachlässigt seine Kernaufgabe, neue Produkte zu entwickeln, bessere Arbeitskräfte zu gewinnen, einen weiteren Markt zu erschließen. Deshalb fordert das Gesetz[54], Subventionen stetig abzubauen. Dieses Freiheitskonzept wird allerdings gegenwärtig nicht erfüllt.

Soweit eine Subvention gerechtfertigt ist, sollte der Staat sie durch Zuwendung eines bestimmten Geldbetrags gewähren, dem Empfänger nicht Steuervorteile anbieten. Zahlt der Staat eine Leistungssubvention, nennt er die Höhe der Subvention in einem schriftlichen Bescheid und regelt dort auch die Auflagen, die der Subventionsempfänger zu erfüllen hat. Bei der Steuervergünstigung hingegen bedient sich der Steuerpflichtige selbst und es fehlt die jährliche Bewilligung von Staatsausgaben und deren Finanzierung. Der Subventionsempfänger erfüllt den steuerlichen Begünstigungstatbestand und empfängt allein deshalb die Zuwendung. Der Staat weiß nicht, wie viele Steuerpflichtige sich in welcher Höhe entlasten. Die Subvention wird nicht jährlich parlamentarisch im Rahmen der Haushaltsgesetzgebung überprüft, sondern einmal im Steuergesetz beschlossen, wirkt dann für Jahrzehnte fort, ohne dass ein Parlament die weitere Berechtigung der Subvention prüfen und den jährlichen Steuerausfall berechnen würde. Aus der individuellen Bewilligung eines bestimmten Geldbetrages wird eine grob geschätzte Zuwendung. Die Subvention und der dadurch bedingte staatliche Einnahmeausfall bleiben rechtsstaatlich ungenau und parlamentarisch wage. Der haushaltsrechtliche Schutz des freien Bürgers gegen überhöhte Staatsausgaben und Steuern entfällt.

Die meisten Steuersubventionen werden durch die Einkommensteuer überbracht. Der Steuerpflichtige darf sein Einkommen um den Betrag mindern, den er für den Wohnungsbau, den Schiffsbau, für die Solartechnik oder für umweltschonende Produktionstechniken und Konsumverhalten eingesetzt hat. Die Einkommensteuer aber steigt progressiv. Der Steuertarif wächst von 14 auf 45 %. Deshalb wird der Gutverdienende um einen progressiv steigenden Geldbetrag entlastet, erhält für jeden steuerlich verschonten Euro eine hohe Subvention – 45 Cent pro Euro. Der Geringverdienende erhält eine geringe Subvention – 14 Cent oder 0 % pro

Euro. Eine solche mit steigendem Einkommen progressiv wachsende Subvention ist ersichtlich gleichheitswidrig. Sie ist jedoch steuerlicher Alltag. Wir haben uns an die Ungleichheit gewöhnt. Zudem erreichen steuerliche Lenkungsanreize nur den Steuerpflichtigen. Eine Ökosteuer beeinflusst den Kraftfahrer, nicht den Fahrradfahrer, der mit seinem Mountainbike die Natur in den Wäldern und Bergen stört. Der Minderbemittelte, der keine direkten Steuern zahlt, bleibt außerhalb des steuerlichen Lenkungsprogramms. Der Gutverdienende hingegen hat die Wahl, entweder den Steuerbetrag zu zahlen, also dem steuerlichen Lenkungsanreiz auszuweichen und so seine Freiheit zu bewahren, oder aber sich in das steuerlich überbrachte Lenkungsprogramm einzufügen und so Steuern zu sparen. Wenn die Subventionsangebote vom Adressaten nicht angenommen werden – sie sind unverbindlich –, scheitert das Lenkungsprogramm. Die Steuerlenkung ist nur für staatliche Vorhaben geeignet, die auch scheitern dürfen.

Staatliche Subventionen sollten deshalb den Unternehmer nur in einer schwierigen Gründungs- oder Übergangsphase unterstützen oder eine privatwirtschaftlich nicht erreichbare Grundversorgung sichern. In der Regel finanziert der Unternehmer sein Unternehmen selbst. Unternehmerische Entscheidungen sollten nicht von Staatsbediensteten gelenkt werden, die dafür nicht geschult sind, für das unternehmerische Ergebnis auch keine Verantwortung tragen. Dennoch ist die Finanzwirklichkeit heute von dem Willen der Staatsorgane geprägt, dem Bürger Geld anzubieten, und von der Erwartung des Bürgers, möglichst mehr Geld vom Staat zu erhalten. Dieser gemeinsame Wunsch nach einem staatlich gewährten, anstrengungslosen Einkommen gerät gegenwärtig zur Sucht. Der Kampf gegen diese Sucht hat zwei Gegner: den Süchtigen und den Staat. Wir müssen die Freiheit vom Staat und die Herrschaft über uns selbst zurückgewinnen. Dann wird es gelingen, das Volumen der Subventionen stetig abzubauen und dementsprechend Steuern zu senken.

d. Nähe und Distanz von Staat und Wirtschaft

Bei diesen Erneuerungen des Rechts muss der Staat seine Handlungsfähigkeit durch hinreichende Distanz zu den Betroffenen bewahren. Das ist gegenüber der Wirtschaft schwer. Staat und Wirtschaft sind gemeinsam bemüht, das private Erwerbsstreben zum Erfolg zu führen. Wirtschaftliche Prosperität ist Ausdruck gelingender Berufs- und Eigentümerfreiheit, Quelle von Gewinn und Steuerertrag, eine der Kernhoffnungen einer freien Gesellschaft. Deshalb sucht der Staat ein Einvernehmen mit der Wirtschaft. Diese Zusammenarbeit verwischt derzeit allerdings gelegentlich die Struktur von Gesetzgeber und Gesetzesbetroffenen. Der Gesetzgeber spricht Umweltziele und die Methoden zur Zielerreichung mit der umweltbelastenden Industrie ab.[55] Er bereitet die Gesetzgebung in vorbereitenden Absprachen,[56] wie beim »Atomkonsens«,[57] unter Verbandseinfluss vor. Wirtschaft und Staat vereinbaren einen Ausbildungspakt, um ein bereits eingeleitetes Gesetzgebungsverfahren zu stoppen.[58] UMTS-Lizenzen sind nicht nach Qualifikation und technischer Leistungskraft, sondern nach Höchstgebot versteigert worden.[59] Im Finanzmarkt- und Wirtschaftsrecht wurden fachspezialisierte Anwaltskanzleien mit der Erarbeitung von Gesetzesentwürfen beauftragt.[60] Diese Absprachen lassen Verantwortungsstrukturen verschwimmen. Legitimation wird geschwächt. Der einzelne Abgeordnete ist fremdbestimmt oder völlig von der Willensbildung ausgeschlossen. Die Freiheit im Rahmen allgemeiner Gesetze ist schon beim Entstehen des Gesetzes gefährdet.

7. Freiheit als Gemeinschaftskultur und individueller Auftrag

Unsere Gegenwart stellt somit neue Anforderungen an die individuelle Freiheit. Das Erfordernis einer beherzten Wahrnehmung der Freiheit gilt gerade für den heutigen Staat, der mit dem »goldenen Zügel« regiert, den Menschen global zu steuern sucht, in der Frage von Flucht und Zuflucht noch kein Maß gefunden hat. Freiheit wehrt sich gegen Fremdbestimmung durch willkürliche Macht, durch Naturgewalten oder existenzielle Not, setzt dabei voraus, dass der Mensch seine Freiheit mutig und human wahrnimmt, er auch Herrschaft über sich selbst gewinnt. In einem Verfassungsstaat ist er frei, muss aber auch dort die Kunst entwickeln, frei zu sein. Der Freie muss seine Freiheit als verantwortliche Freiheit handhaben, sie als Wagnis verstehen, die Grenzen eines Rechts auf Selbstbestimmung selbstbewusst anerkennen. Freiheit setzt Entschlossenheit und Zielstrebigkeit, aber auch innere Ausgeglichenheit, Gleichmut und Gelassenheit voraus. Sie erwartet in einer Demokratie, dass alle Bürger die Mächtigen durch Wahl auf Zeit bestimmen, den parlamentarischen Repräsentanten die Gesetzgebung unter kritischer Beobachtung anvertrauen, sich an der öffentlichen Debatte beteiligen.

In unserer Gegenwartsordnung einer gesetzlich eng geregelten, staatlich und gesamtwirtschaftlich gelenkten Freiheit ist die individuelle Selbstbestimmung gefährdet. Dem muss der freie Bürger insbesondere im Subventionswesen entschieden entgegentreten, sich bewusst machen, dass eine Subvention ihn lenkt, ihm Freiheit nimmt, ein Subventionsverzicht Steuersenkungen zur Folge haben kann und ihm damit mehr Freiheit belässt. Der Staat muss dem Bürger ein Stück seiner Freiheit zurückgeben. Die Wirtschaft hat der Freiheit des Einzelnen zu dienen. Der Freiheitsberechtigte erwartet einen Staat, der im Nehmen und Geben maßvoll ist, dem Menschen Freiheit gibt, nicht Freiheit nimmt.

II.

Gelassenheit befreit

1. Der Tanz auf dem Seil

Der erste Schritt ist Staunen, der zweite Gelassenheit, der dritte Mut zur Freiheit.

Der Mensch beobachtet, wie die Vögel fliegen, mit Leichtigkeit in den Himmel aufsteigen und sich wieder herabfallen lassen. Sie bewegen sich in alle Himmelsrichtungen und sehen die Welt aus der Vogelperspektive. Der Mensch bewundert diese Kunst. Er staunt. Doch dann macht er sich bewusst, dass er die Welt zwar nicht von oben herab sehen, wohl aber in seinem Denken an die Vergangenheit erinnern und aus Erfahrung in die Zukunft voraussehen kann. Er kann sprechen und die Welt in Begriffen begreifen. Er kann Gesetzmäßigkeiten der Natur und Gesetze menschlichen Verhaltens erkennen und so Herrschaft über die Welt und sich gewinnen. Das macht ihn gelassen. In diesem in sich ruhenden Selbstbewusstsein wächst der Mut zur Freiheit.

Der Mensch versucht, ein Stück Leichtigkeit der Vögel zu gewinnen und auf einem Seil zu tanzen.[1] Die ersten Versuche scheitern. Doch er steigt immer wieder beherzt auf und fällt immer wieder herab. Er lässt sich nicht entmutigen. Ihm gelingen die ersten Schritte, er lernt, das Schwanken des Seiles auszugleichen, dessen Bewegungen durch ein Voranschreiten und die Gegenbewegung auszupendeln, einen Sturz durch einen sicheren Schritt nach vorn zu vermeiden. Er erfährt, dass ein Stillstand auf dem Seil gefährlicher ist als ein Fortschreiten. Er nutzt seine Arme als ergänzenden Navigator, um zwischen rechts und links die Mitte zu wahren, gewinnt Sicherheit auf dem Seil. Diese erlaubt ihm nicht die Schwerelosigkeit des Fliegens, macht ihm aber nach Anstrengung und Übung einen Tanz einen Meter über dem Erdboden möglich.

Wenn der Seiltänzer die Sicherheit seines Tanzes gewonnen hat, seine Bewegung oberhalb des Erdbodens ihm selbstverständlich geworden ist, stellt er seine Tanzkunst täglich zur Schau, lässt sein Publikum staunen. Seine Zuschauer sind bald so fasziniert, dass sie unwillkürlich seine Drehungen und Wendungen nachahmen und ihren Körper so zu balancieren suchen, wie es der Seiltänzer tut.[2] Nicht das Verharren auf dem Erdboden beeindruckt, sondern die beherzte Tat.

Freiheit erlebt die Welt, begegnet den Menschen, ist von Struktur und Kultur der Umwelt abhängig. Freiheit antwortet auf die Wirklichkeit, in der ein Berechtigter lebt. Sie ist nur in Kulturen möglich, die eine individuelle Freiheitsbereitschaft und Freiheitsfähigkeit begründen. Freiheit muss in der konkreten Ordnung, in der sie gelten will, gelebt, von den Staatsbürgern verstanden und als eigenes Anliegen aufgenommen werden. Die Freiheit hängt von Frieden und von der Sicherheit ab, dass die Menschen das Lebensnotwendige erwerben können, ihre Kinder gut erziehen, die Kranken heilen und die Bedürftigen betreuen.

2. Idealisierte Freiheit: Selbstlosigkeit und Selbstvergessenheit

Der Mensch der Gegenwart beansprucht Freiheit, um sich gegen staatliche Willkür und Gewalt abzuschirmen, um von gesellschaftlichen Mächten – seinem Arbeitgeber, seinem Vermieter, dem Großkonzern – unabhängig zu sein. Er nutzt seine Freiheit, um sich und seine Familie selbst zu unterhalten und für Wechselfälle des Lebens vorsorgen zu können. Er erwartet staatlichen Schutz, um gegen Bedrohungen und Nachstellungen – durch den Feind, das Verbrechen, den missgünstigen Konkurrenten – gewappnet zu sein. Diese Freiheit ist eine Freiheit von etwas, von Unterdrückung, Bedrohung, Schicksalsschlägen, Angst. Sie ist aber vor allem eine Freiheit für etwas, die Selbstgestaltung seines Lebens.

In der deutschen Rechtsgeschichte war Freiheit zunächst ein Privileg einzelner Stände vor anderen Gruppen. Der Freie war sozial besser gestellt als der andere.[3] Diese Freiheit war für die Berechtigten Vorrecht, für die anderen Anreiz. Die unfreien Dienstleute konnten aufsteigen, die Edelfreien allerdings auch absteigen.[4] Die Regel »Stadtluft macht frei«[5] versicherte dem hinzugezogenen Unfreien, nach Jahr und Tag in den Genuss der städtischen Freiheit zu gelangen. Aus der gegenläufigen – bäuerlichen – Perspektive lautet dieselbe Regel: »Kein Huhn fliegt über die Mauer.« Das Huhn, Gegenstand von Abgabe oder Zins, steht für Abhängigkeit, für Unfreiheit.[6] Frei ist der Mensch, der sich selbst zu eigen ist, »dem sein Hals selbst gehört«[7], der nicht im Besitz eines anderen, nicht in Leibeigenschaft steht.[8] Diese Freiheit hat eine gleiche Sprachwurzel wie »Friede« und »Freund«, in dem der Mensch unter Gleichgestellten »geliebt, geschont, beschützt« wird.[9]

Das Mittelalter suchte zeitweilig Freiheit in Distanz zu Menschen und Welt, die Freiheit eines Menschen »ohne eigenschaft«. Er lebt »ohne Leibeigenschaft«[10], aber auch »ohne Eigentum«. Er entscheidet sich für die persönliche Armut, wie sie in dem Gelöbnis von Ordensgemeinschaften auch heute üblich ist. Diese Freiheit scheint uns eine eher vergangene Freiheit, gewinnt aber als reine Idee Aktualität auch für unser heutiges Ringen um Freiheit. Sie sucht die innere Unabhängigkeit von Erwerbsstreben, Einkommen und Vermögen, pflegt eine in Charakter und Ethos angelegte Freiheit. Das geltende Recht schützt eine solche innere Freiheit, erwartet aber nicht, der Freiheitsberechtigte möge diese Haltung selbstbestimmt in die Gesellschaft einbringen. Die Weltsicht, in der Reichtum belanglos ist, befreit zu geistiger Unabhängigkeit, Grundsätzlichkeit, gedanklicher Weite. Im Mönchtum war sie verbunden mit der Pflicht zur Arbeit (ora et labora), die eine ökonomische und kulturelle Autonomie der Klöster sicherte. Dieser Mensch »ohne eigenschaft« strengt sich bei der Erwerbsarbeit an, ist nicht vor Enttäuschung in wirtschaftlichen Misserfolgen geschützt, wohl aber von der Mühe entlastet, eigenes individuelles Vermögen zu erwerben, zu pflegen und zu mehren. Die Freiheit in Distanz zum schnöden Mammon legt heute nicht einen Verzicht auf Erwerb und Vermögen nahe, sondern sucht das Streben nach Gewinn zu mäßigen.

Eine weitere Stufe der Freiheit erreicht der Mensch, wenn er die »zeitlichen Dinge« wie Schmerz, Leid, Mühsal überwunden hat, in lauterer Abgeschiedenheit nichts begehrt, sich durch nichts betrügen lässt und in der überzeitlichen Widmung seines Lebens alle Sorgen vergisst.[11] Der Mensch in diesem Grad der Gelassenheit kehrt sich ab von privilegierten Räumen wie Kirche oder Klosterzellen und deren ökonomischer Sicherheit (Ortlosigkeit der Abgeschiedenheit),[12] bleibt in Distanz zu allen Praktiken von Riten und regelbestimmtem Alltagsleben.[13] Diese Abgeschiedenheit ist Rückkehr zum menschlichen Ursprung, nicht Hinwendung zum Ziel, entfaltet ein allen Menschen zugängliches Selbstbewusstsein, ist selbstvergessen.[14] Dabei ist den Mystikern in der Negation des Irdischen auch die Schönheit der Welt bewusst. Bernhard von Clairvaux[15] charakterisiert – wohl auch bedauernd[16] – die Mönche als diejenigen, die sich von allen schönen Dingen abwenden. Mönchtum bleibt die – noble – Ausnahme.

Meister Eckhart vertritt ein Menschenbild, das sich von der materiellen Welt gänzlich löst. Er erwartet eine Lauterkeit und Vollkommenheit, die sich von allen irdischen Zwängen und menschlichen Sorgen entfernt. Diese Ungebundenheit und Sorglosigkeit entrückt den Menschen der Welt. Der freiheitliche Staat aber setzt auf den Menschen, der sich beherzt für Familie und Wirtschaft, für das öffentliche Leben und den Staat einsetzt. Freiheitsrechte definieren – begrenzen – Regeln für das äußere Verhalten in der Welt, überlassen die innere Freiheit dem menschlichen Gewissen. Unsere Verfassung nimmt in ihren Freiheitsgarantien die vorrechtliche Erwartung auf, dass die Menschen in Familie, Bildung, Kultur, Wirtschaft und Staat das Gemeinschaftsleben prägen. Diese Selbstbefähigung zur Freiheit führt in der Normalität nicht zu völliger Selbstlosigkeit, nicht zum Verzicht auf den eigenen Willen, nicht zur Abkehr von Erwerbsleben und Wirtschaftsgütern. Der Mensch lebt nicht in Wortlosigkeit, sondern in seiner Nachbarschaft, seiner politischen Gemeinde, seiner Landschaft. Er lebt nicht in Zeitlosigkeit, sondern in seiner Zeit mit ihren Prägungen durch Sprache, Musik, politische Debatte, Verfassungssystem und Wirtschaftsordnung. In einer Gesellschaft, in der Menschen selbstbewusst ihre Ziele benennen und verfolgen, dabei ähnliche Verhaltensweisen voneinander erwarten, kann der Mensch kaum selbstlos sein. Er wird sich am Erwerbsleben beteiligen und damit die soziale Marktwirtschaft, den Finanz- und Steuerstaat in seiner Freiheitlichkeit zur Blüte bringen. Die Menschen bleiben in ihrer Mehrheit nicht »ohne eigenschaft«, sondern gründen Familien, pflegen Kunst und Wissenschaft, beteiligen sich an Wahlen.

3. Distanz zum Alltäglichen und Harmonie unter Freunden

Wenn Freiheit erkämpft ist und im Verfassungsstaat als gesichertes Recht gewährleistet wird, kann mancher mit seiner Freiheit nicht viel anfangen. In Eigenverantwortung zu entscheiden, kann überfordern. Der Ängstliche scheut sich, über den Kauf eines Hauses zu entscheiden. Er traut sich nicht zu, das Rektorenamt in einer Schule zu übernehmen. Er zögert vor der beglückenden, aber lebenslänglichen Bindung in Familie und Ehe. Er verharrt in engen Vorräumen der Freiheit, wagt nicht den Schritt durch die Tür zur großen Freiheit – des verantwortlichen Berufs, der eigenen Familie, des selbst geplanten Hauses. Das Leben in guter Ordnung, in Gehorsam nach einem festgefügten Plan, in Gedankenlosigkeit und Unverantwortlichkeit scheint leichter. Freiheit braucht aber den Menschen, der sich seiner selbst sicher ist, der sich etwas zutraut, der beherzt denkt und handelt, deshalb sein Leben gelassen meistern wird. Gelassenheit ist die Fähigkeit, ausgeglichen die Menschen und die Welt zu beobachten, in Freiheit maßvoll zu entscheiden, in seinen Erwartungen und Hoffnungen hochgemut zu denken. Der Gelassene tritt bedacht und zeitbewusst in eine Welt, in der er auch einmal von sich selbst und allen Dingen lassen, eigene Interessen preisgeben, »ohne Warum« denken und handeln kann.[17] Diese Gelassenheit entzieht sich dem Sog des Alltäglichen, beantwortet Überfluss mit Askese, distanziert sich vom medialen Lärm und von politischer Aufgeregtheit. Gelassenheit öffnet den Menschen für die Suche nach dem Sinn des Lebens, lässt ihn sich selbst verstehen und den Mitmenschen mehr Verständnis entgegenbringen, schafft Distanz zum Leben und ermutigt zur Gegenwehr gegen dessen Gefahren – den feindlichen Angriff, das verletzende Wort, die berufliche Enttäuschung, die Zerstörung von Nähe, Freundschaft, Liebe. Diese Gelassenheit ist in der Geschichte von Religion und Askese oft Weltflucht, hat das Leben von Eremiten und Mönchen geprägt, wird so zum Zentralbegriff spätmittelalterlicher Frömmigkeit.[18] Heute ist die Gelassenheit eine Form der Seelenruhe, die der Mensch durch zeitweiligen Rückzug aus dem Alltag, aber auch in der Harmonie einer Gemeinschaft von Familie und Freunden gewinnt. Er verlangsamt den Rhythmus seines Lebens, denkt über dessen Ziel und Gefahren nach, sucht Ehrgeiz, Machthunger, Erwerbstrieb zu mäßigen. Dieses gelingt ihm heute insbesondere in der Gemeinschaft mit anderen Menschen, die ihm im Denken und Werten nahestehen, die sich gegenseitig mit Sympathie begegnen,[19] freundschaftlich an Glück und Erfolg, auch an Unglück und Unrecht des anderen teilnehmen. Das Bewusstsein, beim anderen Verständnis und Anerkennung zu finden, in Not und Bedrängnis begleitet und ermutigt zu werden, in gemeinsamen Erfahrungen und Lebenssichten ähnliche Ziele zu verfolgen, gibt innere Ausgeglichenheit, Sicherheit in allgemeinen Maßstäben, Selbstbewusstsein und Entscheidungskraft. Diese »Ausgeglichenheit der Seele«, so sagt Seneca[20], bewahrt vor dem Charakterfehler, »keinen Gefallen an sich selbst zu haben«.

Gelassenheit schärft Maßstäbe und Urteilskraft bei den Grundsatzentscheidungen des Lebens, pflegt die Tugend der Herrschaft über sich selbst, begründet immer wieder auch ein Quäntchen Alltagsglück. So fahre ich jeden Morgen am Neckarufer entlang zur Arbeit. Dabei reihen sich die Autos in langsamer Fahrt aneinander und werden von Radfahrern überholt. Eines Tages überholt mich eine junge Radfahrerin, schwenkt, um dem Gegenverkehr auszuweichen, kurz vor meinem Fahrzeug so abrupt nach rechts ein, dass sie zu stürzen droht, kann sich aber gerade noch an meinem Fahrzeug abstützen. Ich öffne das Seitenfenster, frage, ob alles in Ordnung sei, und sie antwortet, alles bestens, danke. Seitdem winken wir uns, wenn wir uns morgens im Vorbeifahren sehen, kurz zu:»Schön, dass es Ihnen gut geht!«. Dies ist ein kleines Stückchen der Harmonie, aus der Gelassenheit in Gegenseitigkeit erwächst.

Orte der Gelassenheit sind der vertraute Kreis von Menschen, die in Sympathie zusammen sind, aber auch Kathedralen und Kapellen, der Wald und ein Berggipfel, der Garten, die eigene Bibliothek, auch der Konzertsaal oder das Kunstmuseum. Gelassenheit braucht einen Ort, der beruhigt, in dem der Mensch sich der ihm zugedachten inneren Freiheit widmet, sich vom Kampf um das Alltagsleben, um seinen Gesellschaftsstatus, um die gesicherte Zukunft löst. Er lebt in Harmonie[21] oder tritt vorübergehend aus der ihn umgebenden Gesellschaft heraus.

4. Gelassenheit in Jugend und Alter

Die Zeit der Gelassenheit scheint das Älterwerden.[22] Das Kind sucht durch Beobachten und Nachahmen seinen Platz in der Familie und seinen Gruppen. Der Jugendliche will seiner Generation zugehören, inmitten sein. Er entdeckt die wachsenden Fähigkeiten seines Denkens und Verstehens, seiner Körperkraft, seiner Argumentations- und Überzeugungskunst, seiner Chance, in seiner Gruppe aufzurücken. So bleibt er im Rudel, beginnt aber auch, sich innerlich zu entfernen, überlegt, ob er die Umdrehung der Erde aufhalten und in die Gegenrichtung umkehren könne. Er fängt an, Vorstufen der Gelassenheit zu üben. Wenn der Mensch dann in die Phase der beruflichen und studentischen Qualifikationen kommt, mehrt er seine Fähigkeiten, findet seinen Platz in Weltlichkeit und Gesellschaft.

Distanz zur Welt ist seine Sache nicht. Er pflegt menschliche Begegnung, hofft auf Güter und Reichtum. In der Gründungsphase für Familie und Beruf wird er in allen seinen Kräften von diesem doppelten Auftrag in Anspruch genommen. Er nutzt in dieser »Rush Hour« die ihm gebotenen Möglichkeiten, sich ein berufliches Fundament zu schaffen und einen Partner fürs Leben zu gewinnen, sieht sich aber auch im Wettbewerb um diese Chancen und deren Realisierung aufs Äußerste gefordert. Im Übergang vom Können zur Tat sucht er Ruhepunkte, Geruhsamkeiten, die Anspruch, Bewährungsproben, Wettstreit und Aufstieg unterbrechen, ihm ein Innehalten erlauben, um Kräfte zu sammeln. Gelegentlich prüft er die Richtigkeit seiner Zielsetzungen. Vielleicht sind die Ehe und die Gründung von Familie beherzter Ausdruck lebensnaher Gelassenheit: Einheit in der Zweiheit und Familiengemeinschaft bieten eine sichere Basis, sich aus der Turbulenz zur Selbstgewissheit zu entwickeln. Der Mensch ist in der Gründerzeit auf dem besten Weg zur Gelassenheit. Seine Fähigkeit zur Freiheit wächst.

Mit zunehmendem Alter erfährt der Mensch, dass sich der Raum seiner Freiheit verändert. Er hat erprobt, wie man mit Gefahren und Rückschlägen umgeht. Er fühlt sich mehr und mehr von der Aufgabe entlastet, zu arbeiten und sich im Berufsleben weiterzuentwickeln, Ansehen, Einfluss und Geltung zu mehren. So gewinnt er Zeit, das zu tun, was er lange aufgeschoben hatte: alte Freunde besuchen, neue finden; Grundsatzfragen neu bedenken, unbekannte Regionen der Welt erkunden.

Der Mensch genießt Selbstverständlichkeiten. Er freut sich, dass seine Fähigkeiten im Alltagsleben andauern. Wenn er früher etwas nicht konnte – über eine schwankende Brücke balancieren, am Marathonlauf teilnehmen, beim Schützenfest den Vogel abschießen –, hat er gelernt, geübt und trainiert, um das zu können, was ihm bislang nicht möglich war. Nunmehr überlässt er manche Vorhaben anderen. Er bewältigt nicht Sportziele und Trainingsvorgaben, sondern rückt diese zeitgemäß zurecht. Im Beruf pflegt er die Kunst, andere gewähren zu lassen. In seinem Telefonregister tauchen Adressen von Ärzten auf.

Wichtiger ist, bewusst die verbleibende – glücklicherweise ungewisse – Zeit zum Leben zu nutzen. Der Mensch wird seine Erfahrungen anderen, insbesondere jungen Menschen, mitteilen. Er teilt mit ihnen ein Stück seiner Biographie – große Erlebnisse, berührende und bedrückende

Erfahrungen, Fehler und deren Vermeidbarkeit. Er spricht über gewonnene Gewissheiten und offene Wissensfragen, händigt damit dem Gesprächspartner ein Stück seiner Lebenssicht und seines Lebenssinns aus. Er erinnert an gelungene und misslungene Versuche, bedenkt mit anderen, wie er in den verschiedenen Erfahrungen seines Lebens Heiterkeit bewahrt hat. Dabei leben die Menschen leichter, die ihrem Leben gemeinsam mit einem anderen Menschen – insbesondere dem Ehepartner – seinen Sinn geben. In dieser Gemeinsamkeit liegt ein Schlüssel, lange jung zu bleiben.[23] Ehepartner altern leichter und weniger, weil sie gemeinsame Erfahrungen fortsetzen, guten Gewohnheiten folgen, in wohlwollender Liebe einander stützen. Das Eheversprechen zu einem gemeinsamen Leben in guten und schlechten Zeiten, bis der Tod uns scheidet, ist wohl eine der weisesten Lebensphilosophien und Lebenshilfen überhaupt. Die Vertrautheit der eigenen Wohnung, die Begegnung mit der Familie, mit Freunden, in Sport und Kultur, die Sicherheit in der Nachbarschaft geben dem Leben eine Form, die den Menschen trägt, ihm Zuversicht vermittelt. Der sorgsam gedeckte Tisch, die Gemeinsamkeit von Lektüre und Theaterbesuch, das Musizieren und das Erleben großer Orchester- und Opernmusik erneuern den Tagesablauf. In Heidelberg heißt das Musikfestival doppeldeutig »Heidelberger Frühling«.

Die Kunst, sich nicht gegen den Fluss seines Lebens zu stemmen, sondern ihn fließen zu lassen und auf ihm eine heitere, gelassene Bootsfahrt zu machen, hängt wesentlich davon ab, ob wir über uns und die Menschen gut denken, die Welt gutheißen, über uns selbst hinauszudenken wagen. Die Botschaften aller großen Weltreligionen sagen, die Seele sei unsterblich. Der Mensch weiß, dass die Seele Teil seines Ichs ist, sie nicht altert und nicht zu Staub wird. Bei der Frage, was ihr Schicksal ist, entfalten sich kreative, alle Kulturen jung haltende Zweifel.

5. Aufmerksam für das Ungewisse

Die mittelalterliche Gelassenheit suchte die innere Gelöstheit so zu steigern, dass der Mensch geistig aus seiner Zeit heraustrat und auch jede Gebundenheit in einem Ort verließ.[24] Der Mensch sollte jedes eigene Wollen, jedes eigene Anliegen, jeden Zweck seines Wirkens hinter sich lassen.

Aber auch die mittelalterliche »Ortlosigkeit«, Abgeschiedenheit, nimmt den Menschen nicht fiktiv aus jedem geografischen Raum heraus, sondern meint die Haltung, stets aufmerksam für seine Bestimmung zu sein.[25] Diese Wegweisung weist nicht alles Irdische von sich,[26] sieht den innerlich freien Menschen durchaus im Rahmen der sich entwickelnden Städte, beobachtet ihn, wie er an der beginnenden Mobilität der damaligen Gesellschaft teilhat, erwartet von ihm intellektuelle Teilnahme an der Auseinandersetzung mit den gegenläufigen Strömungen im damaligen Streit über Kirche und Papsttum. Heute erscheint der Mensch gelassen, der sich und seine Umgebung so annimmt, wie sie ist, der sich zutraut, die ihm im Leben gestellten Aufgaben zu meistern, der sich darauf besinnt, sein Leben in Kultur, Familie, Erwerb und Staat zu führen. In diesem Anerkennen dessen, was ist, bleibt der Mensch in Raum und Zeit, sucht allerdings Orte und Augenblicke der Unaufgeregtheit, der Ungebundenheit, auch des Alleinseins und der Distanz.

Der Rhein, der als Fluss in der Landschaft sichtbar wird, gewinnt auf seinem Weg von Graubünden bis in die Niederlande sein eigenes Gesicht und verdient seinen Namen, verliert sich aber, wenn er ins Meer mündet. Dieses Wasser ruht sich im Meer aus, hat seine Mühe aufgegeben, wird namenlos.[27] So gewinnt der Mensch, solange er seine »eigenschaft« verliert, die Haltung der Abgeschiedenheit[28] unter den Menschen. Gelassenheit ist die Durchlässigkeit für das Meer unseres Erlebens und Erfahrens allein in der Allgemeinheit sinnstiftender Kultur.

Auch dieser Idealtyp des Menschen »ohne eigenschaft« ist von seinen sinnlichen Erfahrungen geprägt. Der Mensch kann nur sinnlich erfahren. Wenn die Naturwissenschaften auf »Schwarze Löcher« oder einen »Urknall« verweisen, deuten diese Stichworte die Grenzen der Erfahrbarkeit an, erweitern aber nicht den Horizont unseres Begreifens. Wer die menschlichen Fähigkeiten der Vernunft, basierend auf sinnlicher Alltagserfahrung, durch Daten- und Rechentechniken über unsere Wahrnehmungsfähigkeit hinaus in den Makrokosmos ausdehnen will, erschließt eine Form modellierenden Denkens, die aber anschauliches Begreifen und Wissen nicht erlaubt. Bereits Kant hat vor »Fehlanwendungen« der menschlichen Vernunft gewarnt. Unsere Fähigkeit, zu denken und zu folgern, dürfe nicht auf Sachverhalte verallgemeinert werden, die sich unserer sinnlichen Erfahrung und damit unserem Denken entzögen. Das

Universum sei unfassbar für unsere Vorstellungskraft, die auf sinnlicher Erfahrung beruht. Die Gebrüder Grimm erzählen ein Märchen, in dem ein Junge gefragt wird, wie lange eine Ewigkeit dauert. Seine Antwort: Wenn ein Vögelchen seinen Schnabel alle hundert Jahre an einem Berg wetzt, ist die erste Sekunde der Ewigkeit verstrichen, die es braucht, um den Berg abzutragen.[29] Bei aller Freude an Erfahrung und Vernunft müssen wir auch das Unfassbare, das nicht Erfahrbare, das Universale, die Ewigkeit ertragen.

Das Unsichtbare kann nicht sichtbar gemacht, das Unaussprechliche nicht ausgesprochen, das Unbegreifbare nicht in Bildern begriffen werden. Es gehört zur menschlichen Vernunft, es beim Staunen, beim Erahnen, beim Empfinden und Ertasten zu belassen. Wenn ein Naturwissenschaftler die Welt in Gesetzmäßigkeiten der Erfahrung, der Kausalität, der experimentellen Bestätigung begreift, beobachtet er auch die Unerklärlichkeit von Unordnung und Widerspruch, von Zufall und Folgerichtigkeit, von Zerfall und neuer Blüte. Das drängt ihn, über seine Empirie hinaus zu denken. Er wird nicht erklären können, wie mit der Geburt ein zum Denken und Verstehen, zu Poesie und Musizieren, zum Hoffen und Glauben fähiges Lebewesen entsteht. Ein Mensch, der sprechen und sich ein Bild von der Welt machen, hoffen und träumen, sich erinnern und in die Zukunft vorausdenken kann, hat das, was wir Freiheit, Unabhängigkeit von Kausalitäten, nennen.

Wir brauchen ein Denken, das die eigenen Grenzen kennt, sie aber im Ungewissen lässt. Wir sind innerlich bereit, uns auf das Ungewisse einzulassen. Vielleicht macht uns diese Selbstvergessenheit glücklich. Einzelne Menschen können das den Menschen Übersteigende bei einem Sonnenaufgang erleben, im Unterbrechen des Alltäglichen durch eine Stunde der Muße, bei dem Blick in das Gesicht eines Kindes, bei einem geglückten Wort oder in der Hingabe an die Kunst. In den kleinen Misshelligkeiten des Lebens erfahren wir ein schlichtes Herausbrechen aus dem Gewohnten durch eine unerwartet helfende Hand, ein verständiges und mitempfindendes Lächeln, in der Wärme einer Umarmung, in der Herzlichkeit eines Gesprächs. Mittelalterliche Mystik und moderne Methoden der Mitmenschlichkeit sind Versuche des Sichselbstübersteigens, des Ausbrechens aus Bedingtheit und Endlichkeit im Verlangsamen des Lebens, des beglückenden Augenblicks.

Diese Gelassenheit, die der Mensch in Distanz zum Weltlichen und in der Selbstüberwindung gewinnt, erleben wir in Text und Melodie von Mozarts *Lied der Freiheit*[30]:

>*» Weh dem! Der ist ein armer Wicht,*
>*erkennt die goldne Freiheit nicht,*
>*… Wer unter eines Mädchens Hand*
>*Sich als ein Sklave schmiegt,*
>*Und von der Liebe festgebannt,*
>*In schnöden Fesseln liegt,*
>*… Wer sich um Fürstengunst und Rang*
>*Mit säurem Schweiss bemüht,*
>*Und eingespannt sein Leben lang,*
>*Am Pflug des Staates zieht;*
>*… Wer um ein schimmerndes Metall*
>*Dem bösen Mammon dient,*
>*Und seiner vollen Säcke Zahl*
>*Nur zu vermehren sinnt.«*

Mystik, Musik, Poesie führen zur Gelassenheit.

6. Muße

Muße ist der Zustand des Menschen, im dem sich Gelassenheit sammelt. Der Mensch sitzt in seinem Garten, atmet im Rhythmus der Natur, streckt zur Entspannung seine Beine aus, schüttelt seine alltäglichen Pflichten, Konventionen, Fragen, Erwartungen ab, stellt sich ein Glas Wein und ein Stück Schwarzbrot – einladend, nicht verlockend – auf den Tisch. Er verweilt. Er schaut in die Wolken. Er hat sich und seinen Tag, seine Anliegen hinter sich gelassen, seine Ziele losgelassen, seinen Willen entlassen. Aus Beobachten wird Betrachten, aus Denken Bedachtsamkeit. Die Frage nach dem Warum stellt er nicht. Das Woher und Wohin bleibt offen. Er vergisst sich, sein Hier und Heute, ist aber bei sich selbst. Er erwartet nichts und schuldet nichts. Ob eine Erinnerung, ein Einfall, eine Idee auf ihn zukommt, ist offen, unerwartet und unerheblich. So nimmt er sich und seiner Umwelt Bedeutung, lässt sein gegenwärtiges Wirken belanglos sein. Die eigene Absichtslosigkeit ist bereit für einen Hauch von Schwerelosigkeit und Zeitvergessen.

a. Einstimmung auf Aufgaben in Staat und Gesellschaft

Im antiken Griechenland war die Muße – im Gegensatz zur politischen, militärischen und wirtschaftlichen Praxis – Voraussetzung für erfolgreiches staatspolitisches Handeln. Der freie Bürger und die Aristokratie entwarfen Handlungspläne und Strategien für ihr zukünftiges Handeln, gingen dank ihrer Mußestunden wohlvorbereitet, abwägend und überzeugend an ihre jeweiligen Aufgaben.[31] Später war für den Adel Muße die Einstimmung auf militärische und politische Aufgaben. Der Klerus suchte einen Ausgleich zwischen der absichts- und eigenschaftslosen Muße und dem Dienst an Gott und dem Menschen.[32]

Doch Muße ist nicht nur Ungebundenheit, Unbeschwertheit, Offenheit für Kunst und Religion, sondern wird teilweise auch als träger Müßiggang verstanden. Dieser Zeitvertreib ist dem Bürger von Athen wie dem mittelalterlichen Ritter nicht erlaubt. Er ist auf den Kampf um die Ehre verpflichtet. Trägheit verweichlicht, raubt dem Trägen gesellschaftliches Ansehen. Laster und Lotterleben, die Untugend der Untätigkeit widersprechen der Tugend der Tätigkeit. Untätigkeit kann das Denken und Ergründen weiten, aber auch als Weg zur Selbstbezüglichkeit, zur Unverantwortlichkeit gelebt werden.[33]

b. Muße und Müßiggang

Das protestantisch geprägte Bürgertum, insbesondere die Kaufmannschaft, überhöhte die Arbeit durch ein Pflichtethos zum »Beruf«.[34] Die Muße wurde eher zum Müßiggang.[35] Der Müßige verweigerte einen Beitrag zum Gelingen der Erwerbsgesellschaft.[36] Mit der Industrialisierung veränderte sich der Gedanke der Muße grundlegend. Freizeit wurde zu einer Kernforderung gegen Zwang und Ausbeutung der Arbeiterschaft. Die Bergleute und Industriearbeiter nutzten diese Freiheit von der Arbeit in Kleingärtnerei,

Brieftaubenzucht und Kartenspiel. Das Ideal der absichtslosen Freiheit
wich der Zerstreuung und später der Freizeitindustrie.[37]
Anfang des 20. Jahrhunderts suchten die »feinen Leute« demonstrativ
Formen des ersichtlichen Nicht-arbeiten-Müssens, des Konsums und der
Zerstreuung um ihrer selbst willen.[38] Man flanierte, traf sich in Schaube-
zirken der besseren Gesellschaft, erfreute sich an Kunst und Musik und der
eigenen Teilhabe an dieser Kultur. Diese Muße war eine Form der Selbstdarstellung, auf Sehen und Gesehenwerden angelegt, absichtsvoll zur Erholung und zur Kontrolle der eigenen Neigungen und Affekte eingesetzt.[39]
Der Mensch sinnierte nicht mehr über die Frage: »Was ist der Mensch?« –
ihn faszinierte die Frage: »Wer bin ich?« Die Muße wurde nicht ohne Raum
und Zeit genossen, sondern suchte die ihr eigenen Orte und Tageszeiten,
in denen der Mensch sich von der Unruhe des Alltags abwenden, sich aber
auch einer neuen Zielorientierung widmen konnte.

c. Spielerische Muße

Das moderne Bürgertum entzieht sich seiner Arbeitswelt zeitweise in Ge-
genwelten. Es meidet belastende Außeneinflüsse beim gemeinsamen Diskutieren in Salons, im Ruheraum einer Bibliothek, beim Spaziergang in der
»freien Natur« oder in der Sauna. Es pflegt die aktive Muße in Streichquar-
tett und Blaskapelle, lebt und genießt in Biergärten und Gartenhäusern, in
Chören und bei Hausmusik, in Zirkeln des kreativen Gestaltens und der
Selbstfindung. Muße erlaubt jetzt Geselligkeit und Heiterkeit, wird hörbar,
ist auf Begegnung mit anderen angewiesen, entfaltet Wünsche und Hoffnungen, fordert die Sinne und beansprucht die Körperlichkeit. Muße nähert sich dem Spielerischen, dem sportlichen und musikalischen Wettbewerb, der Sinnsuche in Selbstforderung und Selbstbewährung.

d. Arbeit und Muße

Die Grenzen zwischen Arbeit und Muße, auch die zwischen Muße und
Müßiggang werden nicht nur durch die Unbeschwertheit, Ungebundenheit und Ziellosigkeit eines Tuns bestimmt, sondern ebenso durch dessen

Widmung: Wer seinem Genius folgt, der Sprachgemeinschaft mit seiner Sprache dient,[40] für den empfangenen Text der Bibel dankt,[41] schafft gemeinschaftsgebunden kulturelle Werte, erhebt sich aber über die Zwänge der Arbeit und die Gefahren der Ungebundenheit durch ein Ideal, das ihn antreibt und befreit.[42] Heute sehen wir die Muße eher im Wechselspiel von Arbeit und Freizeit. Wir nehmen uns ungezählte Zeit an einem nicht vermessenen Ort, an dem wir ohne Plan, nicht rechtfertigungsbedürftig, unbeeinflusst empfinden, erleben, denken, zu uns selbst finden. Diese Haltung verharrt im Unbestimmten und im Ungefähren.

Gegenwärtig sichert die berufliche Erwerbstätigkeit die ökonomische Grundlage individueller Freiheit. Der berufliche Erfolg prägt Lebensstandard und Ansehen der Menschen. Im Rahmen der Grundrechte ist die Garantie der Berufsfreiheit eine »wertentscheidende Grundsatznorm, die auf die gesamte Rechtsordnung ausstrahlt«[43]. In dieser Welt, in der die Erwerbstätigkeit Einkommen, Freiheit und Status sichert, dient die Muße meist der Erholung von der Arbeit und für die Arbeit.

Freizeit ist Erholungszeit, die auch zweckfreie, ungebundene Besinnung erlaubt. Heute setzt der Leitgedanke der Muße ein Gegensignal gegen die Verengung des schöpferischen Menschen auf das Arbeits- und Erwerbsleben, aber auch gegen eine Fortsetzung dieser Zeit- und Leistungsgebundenheit in der Freizeit. Muße meint eine Freizeitgestaltung, die einer Selbstbesinnung, einer Humanität um ihrer selbst willen, einer von Zwecken und Leistungspflicht befreiten Kreativität und Gestaltungsfähigkeit dient. Dann wird Freizeit zur Freiheit.

7. Gelassenheit stärkt Freiheit

Eine freiheitliche Verfassung überlässt somit die Gestaltung des Lebens den Freiheitsberechtigten, erwartet von diesen, dass sie zur Freiheit begabt und bereit sind. Sie brauchen vor allem auch die Fähigkeit, die Dinge und Geschehnisse so zu lassen, wie sie sind, können Ziele und Anliegen hinter sich lassen. Der Freie braucht Gelassenheit. Er wird sich zeitweilig aus dem Alltäglichen zurückziehen, zwischen Wesentlichem und Unwesentlichem unterscheiden, Distanz zu den Aufgeregtheiten von Politik, Wettbewerb und Mode wahren. Er sammelt in Mußestunden Gelassenheit und wird sich dann selbst vergessen, sich selbstlos anderen widmen. In einer Gesellschaft verlässlicher Freiheit gewinnt der Mensch vor allem Gelassenheit, wenn er in Einklang mit den ihn umgebenden Menschen lebt, mit Sympathie anderen Menschen begegnet, ein gegenseitiges Wertschätzen, Verstehen, Anerkennen, Helfen erfährt. Diese Zuwendung zum Nächsten und ebenso zu sich ist Bedingung des Friedens und allgemeiner Freiheit. Gelassenheit ist die Freiheitsbereitschaft, aus der beherztes Handeln erwächst.

Die Kraft der Freiheitsidee in der Entwicklung zum Verfassungsstaat

1. Der Philosoph arbeitet auf Papier, die Zarin auf menschlicher Haut

Der Freie hat das Recht, etwas besser zu machen als zuvor, einer Entwicklung seine Vorstellung vom Besseren entgegenzustellen. Dabei mag er zum Ideal, zur Theorie, zum elementaren Umbruch neigen, weiß dieses vorwärtsdrängende Denken jedoch in der Frage zu mäßigen, was in der Welt möglich und den beteiligten Menschen zuzumuten ist.

Dieses Zusammenwirken von idealistischem Denken und realitätsgerechtem Handeln wird in Gesprächen zwischen Denis Diderot und Katharina II. von Russland ersichtlich, zu denen die für ihr Land verantwortliche Zarin den die französische Aufklärung wesentlich prägenden Philosophen und Erneuerer gebeten hatte.

Vom 8. Oktober 1773 bis zum 5. März 1774 begegneten sich Denis Diderot und Katharina II. regelmäßig in St. Petersburg zum Disput über die richtige Staatsverfassung.[1] Diderot hielt jede Alleinherrschaft, auch »die willkürliche Regierung eines guten, starken, gerechten und aufgeklärten Herrschers für das Schlimmste, was einer freien Nation zustoßen könne«. Katharina hörte »mit dem größten Vergnügen« dem »brillanten Geist« Diderot zu, wandte aber ein, dass man mit dessen »erhabenen Grundsätzen« »schöne Bücher machen«, aber »in der Praxis wenig bewirken« könne. In all ihren Reformprojekten sei ihr der Unterschied zwischen dem bewusst, »der nur auf dem Papier« arbeitet, »und Papier erduldet alles«. Die Zarin aber sei »eine arme Kaiserin und arbeite auf der menschlichen Haut, die ganz anders reizbar und empfindlich« sei. Diderot repräsentiere eine entwickelte bürgerliche Gesellschaft, die den französischen Staat unter Mitwirkung seiner Bürger durch Aufklärung radikal von unten, individualistisch reformieren wolle. Das Ziel der Zarin hingegen sei, ihr noch entwicklungsbedürftiges Land von oben, allein vom Herrscher ausgehend, zu erneuern. Katharina erwartet Reformen nicht vom Bürger und Menschen, sondern widmet sich dem »Vaterland«, das auf die »höchste Stufe der Wohlfahrt, des Ruhms, der Glückseligkeit und der Ruhe« zu erheben sei. Dabei ist »Vaterland« weniger der Staat im modernen Sinne, sondern die rechtlich geordnete Gesellschaft, die ihr Glück in der Gemeinschaft sucht. Letzter Zweck dieser politischen Gemeinschaft sei die aristotelische Vorstellung vom »guten Leben«, die nur gemeinschaftlich von einer Elite verwirklicht werden könne. Zugleich begründe diese Gesellschaft die Macht des Staates, die von der Steuerkraft seiner Untertanen und damit von deren wirtschaftlichem Wohlstand abhängt.[2] Katharina und Diderot denken von der Gelassenheit zur beherzten Tat. Sie begegnen den Menschen und der Welt aufmerksam, einfühlsam, verständig, sind sich dabei ihrer selbst sicher, entwickeln verlässliche Maßstäbe für ihr Handeln und ihr Urteilen. Sie setzen sich Ziele, die verallgemeinerungsfähig sind, also auch der Gemeinschaft nützen, wissen zwischen Änderbarem und Unabänderlichem zu unterscheiden. Jeder fühlt sich für die Entwicklung seiner Gesellschaft und seines Umfeldes mitverantwortlich.

Diese Bereitschaft zur Tat ist die Haltung, die der Freie bei Wahrnehmung seiner Freiheit im Alltag und bei den für sein Leben wegweisenden Entscheidungen braucht. Sie bewährt sich für die Gemeinschaft insbesondere in existenziellen Krisen und politischen Umbrüchen.

Bei Kriegen, Seuchen, Hungersnöten und moralisch-religiösen Umbrüchen sucht der Mensch Halt in Lebenssichten, die eine Gegenwart entwirren, im Kampfgetümmel Ruhe verheißen, bei Ratlosigkeit und Ausweglosigkeit Wege zu einem Leben in Sicherheit, Unbeschwertheit, vielleicht sogar in Heiterkeit weisen. Dazu braucht der Mensch einen unerschütterlichen, einen wohlgemuten Geist,[3] der sein Handeln leitet. Seneca, einer der bedeutendsten stoischen Philosophen der Antike, lehrt, dass nicht Zaudern und Zagen das menschliche Leben beherrschen dürfe, nicht Schicksalsverdrossenheit und Jammern über den Zeitgeist, dass vielmehr ein der Muße gewidmetes Leben »stets von dem Willen beseelt« sein müsse, »den Einzelnen wie der Allgemeinheit durch sein Talent, sein Wort, seinen Rat zu nutzen«. Nicht allein der nütze »dem Staat, der dem Volk Kandidaten für die verschiedenen Ämter vorstellt, den Angeklagten verteidigt und über Krieg und Frieden sein Urteil abgibt, vielmehr auch der, der der Jugend ins Gewissen redet, der bei einem großen Mangel an guten Lehrern den Seelen Tüchtigkeit einpflanzt, der die, die hinter Geld und Genuss herrennen, packt und davon zurückhält«.[4] Dieses Vertrauen auf individuelle Freiheitskraft und beherzten Freiheitsmut erwartet, dass eine Schar Verantwortlicher die Geschicke von Staat und Gesellschaft in die Hand nimmt und in eine freiheitliche Zukunft führen kann.

Die Geschichte lehrt, dass Aufstieg, Blüte und Niedergang von Staaten und Verfassungen, von Herrschaftsstrukturen und Herrschern auch von sozialer Realität, Hungersnot, Lebensangst, Unterdrückung und Hoffnungslosigkeit abhängen. Doch stets wird ersichtlich werden, dass nach Zerstörung und Vernichtung der Wiederaufbau nur gelingt, wenn die Menschen eine ausgeprägte und mutige Freiheitsidee haben, wenn sie durch den Entwurf einer neuen Verfassung den Aufbau eines freiheitlichen Rechtsstaates vorbereiten und sie individuell die Kraft zur beherzten Freiheit erlernt und entwickelt haben.

2. Gelassene Freiheit in der Antike

a. Sokratische Mäßigung

Im 4. Jahrhundert vor Christus haben die Makedonenkönige Philipp und Alexander der Große die griechische Stadt, die polis, als eigenständige politische Gemeinschaft durch einen monarchisch regierten Flächenstaat ersetzt. Nach Alexanders Tod belasteten langjährige kriegerische Auseinandersetzungen unter den Generälen, die Diadochenkämpfe, das öffentliche Leben.[5] In dieser Situation der Angst um Leben, Hab und Gut wird die sokratische Philosophie zur Leitschnur für den rechten Umgang mit Not und Tod. Sie tröstet die um Tote Trauernden, ermutigt die vom Staat Enttäuschten. Die am Gemeinwesen Verzweifelten richtet sie auf und hält den Reichen, die um ihr Vermögen fürchten,»ihre gefährliche Habsucht und ihre zu späte Reue vor«. Denen, die in die Fußstapfen von Sokrates treten wollen, gibt er»ein großes Vorbild, als er sich unter den 30 Tyrannen als freier Mann bewegt«.[6] Der Mensch ist hier nicht Polis-Bürger, der – wie Aristoteles sagt[7] – als»Gemeinschaftswesen« eine Gelassenheit für die Tätigkeit in der Polis entwickelt, sondern pflegt als Individuum ein Beisichselbstsein, das als Selbstlosigkeit, als Mäßigung, als philosophisches Nachdenken über das Leben, die Sitten und die guten und schlechten Dinge auch zum Dienst in der Gemeinschaft qualifiziert.[8]

Die größte Quelle menschlicher Sorgen sieht Sokrates in dem Geld. »Denn wenn du alles andere, das uns ängstigt – Todesfälle, Krankheiten, Befürchtungen, Sehnsüchte, das Ertragen von Schmerzen und Mühen –, mit den Widerwärtigkeiten vergleichen solltest, die uns unser Geld bereitet, dann fällt dieser Teil schwer ins Gewicht.« Es sei leichter, keinen Besitz zu haben, als ihn zu verlieren. Die Reichen würden Verluste keineswegs gefasster hinnehmen als die Armen.»Du wirst die Leute in fröhlicherer Stimmung sehen, denen das Glück niemals zugelächelt, als die, von denen es sich abgewandt hat.« Es sei für Kahlköpfige ebenso lästig wie für Leute mit einem guten Haarwuchs, sich Haare ausreißen zu lassen.[9]

b. Epikureische Ausgeglichenheit

In den politischen Turbulenzen entstehen zwei neue Philosophenschulen, die das Individuum ansprechen, dem einzelnen Menschen Seelenruhe und individuelles Glück verheißen. Epikur sieht das höchste für den Menschen erreichbare Glück in der Lust, das größte Übel im Schmerz. Lust meint dabei nicht Ungehemmtheit, nicht Prassen und Völlerei, sondern Schmerzlosigkeit, den Zustand vollkommener seelischer Ausgeglichenheit. Diese wird nicht in der Abgeschiedenheit, sondern in der Gemeinschaft des philosophischen Gesprächs erreicht.»Philosophie ist die Tätigkeit, die durch Argumentation und Diskussion das glückselige Leben schafft.«[10] Der Gelassene führt ein maßvolles, asketisches Leben mit Freunden und gewinnt so Geborgenheit und Sicherheit, innere Ruhe. Herkömmliche Vorstellungen von Glück, die auf Güter wie Ansehen, politische Ämter, Besitz und Reichtum hoffen, führen nur zur Unruhe und stören die Ausgeglichenheit. Der Philosoph heilt den Menschen von Leidenschaften.»Wie auch die Medizin keinen Nutzen hat, wenn sie nicht die Krankheiten aus dem Körper verbannt, so hat auch die Philosophie keinerlei Nutzen, wenn sie nicht die Leidenschaft aus der Seele vertreibt.«[11]

Die Menschen der damaligen Zeit waren vor allem beunruhigt von Naturerscheinungen, von Donner und Blitz, Vulkanausbrüchen und Überschwemmungen, die Ängste hervorriefen und geheimnisvolle Deutungen und Andeutungen zur Folge hatten. Hier lehrt Epikur, dass alle Naturerscheinungen auf natürliche Ursachen zurückgeführt werden könnten, dass hinter diesem Geschehen nicht undurchschaubare Mächte stünden. Wer sich auf Epikurs Lehren einlässt, wird frei von Ängsten und Vorurteilen. Seine eigene Vernunft befreit.[12] Vernunft, Gemeinschaftsverantwortung und Austausch bestimmen das Handeln.

c. Stoische Gelassenheit

Auch die stoische Philosophie sieht das höchste Glück des Menschen in der Ruhe des Gemüts, der Gelassenheit.[13] Diese erreicht der Mensch dadurch, dass er im Einklang mit der vernünftigen Natur lebt. Der Mensch ist von Vernunft geleitet, kann sich dank dieser Vernünftigkeit von allen Emotionen freimachen und so seelische Ausgeglichenheit gewinnen. Er unterscheidet zwischen gut und schlecht, nicht zwischen vorteilhaften und nachteiligen Dingen. Besitz, Macht, Ehre sind unwesentlich, äußeren Einflüssen ausgesetzt, treiben deshalb denjenigen, der sich an diese Dinge klammert, in ständige Sorge, entfernen ihn von der Gelassenheit. »Mir schnürt es das Herz zu, wenn ich irgendeinen aufwendig angezogenen Pagen sehe … Eine Schar hübscher Sklaven, dann auch ein Haus, dessen Fußboden schon eine Kostbarkeit ist, das in allen Winkeln vor Reichtum strotzt … Dazu die ganze Schar der Schnorrer, die immer da sind, wenn ein Vermögen ruiniert wird … Wenn ich aus der Zurückgezogenheit meiner bescheidenen Lebensführung komme, hat mich diese luxuriöse Prachtentfaltung umgossen und von allen Seiten zugedröhnt.«[14]

Stoische Ruhe gewinnt der Mensch vor allem durch logische Auseinandersetzung mit den äußeren Dingen, der den Menschen umgebenden Natur. Jede seelische Unruhe entstammt einem fehlerhaften Verständnis der Welt.[15] Auch Todesfurcht, das größte Übel, das menschlichem Glück im Wege stehe, könne überwunden werden. Der Mensch löse sich nach dem Tode auf und werde wieder Teil der ihn umgebenden Natur. In diesem Bemühen begegnen sich epikureische und stoische Lehre.

Lesen wir diese Texte in der Gegenwart, in der Aufgeregtheit und Hektik, die Geschäftsmodell einiger Medien und des Finanzmarktes sind, so nennen die alten Bücher Gegner der Freiheit, zu denen der Freie um seiner Gelassenheit willen Distanz wahren sollte.

d. Rom: Gelassenheit im Recht

Im antiken Rom des ersten Jahrhunderts vor und nach Christus erlebten die Menschen eine Umbruchzeit ähnlich der in Griechenland im 4. Jahrhundert v. Chr. Die republikanische Verfassung, gestützt auf die Macht

des Senats, brach in den Bürgerkriegen zusammen. Die Monarchie wurde
die neue Regierungsform, die unter Augustus eine Friedens- und Blütezeit
erlebte, dann aber durch die Unberechenbarkeit, Härte und Willkür seiner Nachfolger – insbesondere Caligula und Nero – zur Despotie wurde.
In diesen Bedrängnissen und Wirren fanden die philosophischen Gedanken der Griechen in Rom lebendigen Wiederhall. Die Römer nahmen die
individualisierende Gelassenheit als persönliche Tugend und politischen
Impuls auf, formten auf dieser Grundlage insbesondere Grundgedanken
des Rechts, der Gewaltenteilung, der Bindung und Verantwortlichkeit des
Herrschers. Sie entwickelten auch die Freiheitsidee eines vertragsbestimm-
ten Privatrechts, die für Jahrhunderte Vorbild werden sollte.[16]
    Der Gedanke der persönlichen Gelassenheit – der Unerschütterlich-
keit des beherzten politischen Gestaltungswillens, der sachlichen Natur-
beobachtung, der Selbstsicherheit und Selbstdisziplin, der Zukunftsverant-
wortlichkeit – wird später, mehr als tausend Jahre nach dem Untergang
Roms, erneut beschworen, wenn diese Tugenden verloren gehen und durch
diesen Verlust der Untergang Roms – damals Modell einer Allgemeinen
Staatslehre – erklärt wird.[17]

3. Das Wiederaufleben der autonomen Persönlichkeit

Frei ist, wer in Wechselfällen und Umbrüchen unerschütterlich und unaufgeregt bleibt, wer sich seiner Maßstäbe sicher ist und selbstbewusst Er-
neuerungskraft und Reformfreude entfaltet. Gelassenheit wehrt sich nicht
gegen das Neue, sondern vergleicht den Istzustand mit dem Reformvorha-
ben. Im Übergang vom Mittelalter zur Neuzeit soll die antike Welt »wieder
aufleben« und auf die neue Welt der Renaissance einwirken.[18] Das Mittelalter geht in das »hellere« Zeitalter der Aufklärung über. Die Renaissance
sucht eine weltliche Kultur auszubilden. Die Reformation will das Verhältnis des einzelnen Menschen zu Gott »zurückformen«[19] und erneuern. Die
Aufklärung geht das Wagnis der individuellen Vernunft ein, die den Menschen befreit und das Denken in Wissenschaft und Gesellschaft aus den
Fesseln des Herkömmlichen löst. Doch bleibt diesen Epochenwechseln[20]

gemeinsam, dass die Reformbewegungen aus ihrer Herkunft aufbrechen und ausbrechen wollen. Renaissance und Reformation knüpfen bewusst und erwartungsvoll an die Vergangenheit an. Die Aufklärung zielt eher auf den Bruch mit der Vergangenheit. Der Mensch gewinnt Selbstbewusstsein, Selbstsicherheit, Mut in sich selbst.

a. Wiedergeburt des Schöpferischen, Aufbruch des idealisierenden Menschen

Im Umbruch vom Mittelalter zur Neuzeit bemüht sich die Renaissance, die »Wiedergeburt des antiken Geistes« zu organisieren. Der Humanismus, die wesentliche Geistesbewegung der Renaissance, sucht das Bildungsideal und Selbstverständnis des dank seiner Bildung in sich ruhenden, unerschütterlichen, gemeinschaftsverantwortlichen Menschen für ihre Gegenwart zu erschließen und sich von theologischen Gebundenheiten und einer kraft Geburt vermittelten Ständeordnung zu befreien. Bildung und Freiheit sollen die schöpferische Kraft und das Mitgefühl des einzelnen Menschen zur Entfaltung bringen. Erasmus von Rotterdam betont den freien Willen des Menschen, der an der naturgegebenen Entfaltung seiner Bildung und Freiheit mitarbeiten kann.[21] Der Humanismus ist eine umfassende, alle Lebensbereiche der Renaissance durchdringende Bildungsbewegung, bleibt aber Anliegen einer Elite der Gebildeten.[22]

Die Renaissance will eine mystisch-geistige Formensprache des Mittelalters durch weltlich mathematisch-wissenschaftliche Klarheit ablösen. In der Kunst sucht sie künstlerische Vollkommenheit, Harmonie und Wirklichkeitsnähe zu erreichen. Künstler wie Leonardo da Vinci und Albrecht Dürer knüpfen an antike Kunsterfahrungen der Perspektive und Geometrie an, wollen diese Vorbilder wiederbeleben, vor allem aber auf ihnen aufbauen und sie schließlich überragen. Der nackte menschliche Körper wurde in der Malerei und der bildenden Kunst wie in der Antike zum Ausdruck natürlicher Schönheit, körperlicher Vollkommenheit, idealisierter Proportionen, auch zum Symbol der Unschuld. Michelangelo beginnt, mit seiner »maniera moderna« die Hochkultur der künstlerischen Antike zu überwinden, bleibt aber – und das ist eine wichtige Botschaft für die

Gegenwart – in Aussage und Form der Antike verbunden und im Christentum verwurzelt.

b. Die »reine Lehre« unmittelbarer Gottesbeziehung

Alle Epochen kennen kirchliche Erneuerungsbewegungen, die eine unmittelbare Beziehung des Einzelnen zu Gott herstellen und die kirchliche Organisation lockern. Schon im 13. Jahrhundert betonten der Sachsenspiegel[23] und der Schwabenspiegel[24], dass die Gleichheit aller Menschen vor Gott nur durch menschlichen Zwang und durch Unrecht in eine Ungleichheit verkehrt, die Unfreiheit durch unrechtmäßige menschliche Gewalt entstanden sei. Nachdem die Kirche sich in Weltlichkeiten und Erwerbsstreben verirrt, sich von ihren eigenen Idealen entfernt hat, stellte der Humanismus wirkungsvoll die herkömmliche, ständisch geprägte Gesellschaftsordnung in Frage. Cusanus[25] nahm die christlichen Ideale auf und setzte auf die bestimmende Macht der Bildung. Die Weltreligionen trafen immer feindlicher aufeinander.[26] Die Entwicklung der Naturwissenschaften und der Künste faszinierte das Denken der Menschen. Ein ausgleichendes Denken suchte Gegensätze, Widersprüche, auch Feindschaften in gemeinsamen Werten zu überwinden, wollte damit die streitenden Parteien in Frieden und Eintracht aller Religionen und Völker zusammenführen, betonte ihre gemeinsame Suche nach demselben einen Gott, die sich in einer Vielzahl unterschiedlicher Riten und Gebräuche ausdrücken möge.[27] In diesem Toleranzkonzept fordert Cusanus ein ökumenisches Denken.[28] Dieses müsse beherztes Denken sein, das auf die Tat drängt.[29] Er empfiehlt insbesondere grundlegende Reformen der Hospitäler, der Klöster, des Ablasshandels, der kirchlichen Ämter, der Frömmigkeitsübungen und der Pfründe.[30]

Die spätere Reformation suchte ebenfalls die Kirche zu erneuern, nicht zu spalten, setzte aber mehr auf den einzelnen Menschen, der »durch sich selbst bestimmt ist, frei zu sein«[31]. Diese »reine christliche Lehre« soll die religiösen Grundlagen der frühen Christenheit wieder herstellen, insbesondere Verflachungen und Kommerzialisierungen – die Ablässe – abschaffen,[32] löst sich dann vom Papsttum und weist den Landesfürsten Landesgewalt zu. Diese Reformation will nicht das Christentum in verschiedene

Konfessionen spalten, sondern die Kirche reformieren, zurückformen.[33] Die Erneuerung soll aktuelle Fehlentwicklungen – die Käuflichkeit der Gnade durch gute Werke oder durch Ablass, die besondere Würdigkeit von menschlichem Leben und Priestertum – überwinden und ein einfaches, für jedermann zugängliches und sprachlich verstehbares Kirchenleben eröffnen: allein durch die Schrift, allein durch Gnade, allein durch Glauben. Mit der Wiederherstellung der unmittelbaren Gottesbeziehung des Einzelnen treten die Mittler des Religiösen, die Heiligen und Priester, mit ihrer Autorität zurück.[34]

Die Reformation braucht das maßstabgebende Gewissen[35] und rückt den Einzelnen in seiner Freiheit und Verantwortlichkeit in die Mitte des Rechts.[36] Diese Gewissenslehre bereitet die Eigenständigkeit und Eigenverantwortlichkeit des Individuums, die Aufklärung und den Kantischen Kategorischen Imperativ als »das gute Gewissen«[37] vor. Gemeinsam ist der Reformation und der Aufklärung insbesondere das Bemühen, Feudalstrukturen zu überwinden, Ständeordnungen aufzubrechen, den Menschen von althergebrachten kirchlichen Bindungen zu befreien. Das neue Denken kann sich dank der Buchdruckerkunst in der damaligen Welt schnell verbreiten, ist für Lesekundige allgemein zugänglich, gewinnt in den sich von den kirchlichen Herrschern emanzipierenden Fürsten Mitstreiter, die eine an Freiheit orientierte Philosophie und Theologie für ihre neue politische, ökonomische und soziale Ordnung nutzen. Der gebildete Mensch gewinnt Sicherheit und Besonnenheit weniger in seiner Zugehörigkeit zu einer Gruppe und mehr in sich selbst.

c. Vernunftbestimmter Neuanfang

Die Aufklärung bündelt eine Entwicklung, die in den humanistischen Idealen von Einzelpersönlichkeit und Menschlichkeit, im wissenschaftlichen Weltbild der frühen Neuzeit ihre Wurzeln hat. Die Menschen emanzipieren sich von traditioneller Kirchlichkeit, suchen die Eigenständigkeit der Städte und eines Bürgertums und folgen einem wachsenden Fortschrittsglauben. Die Aufklärung, das »Zeitalter der Vernunft«, das »Zeitalter der Kritik«, die »Erleuchtung«, erklärt den bisherigen Menschen für selbstverschuldet unmündig und führt ihn aus seinem »Unvermögen, sich seines

Verstandes ohne Leitung eines anderen zu bedienen«. »Habe Mut, dich deines eigenen Verstandes zu bedienen!« ist der Wahlspruch der Aufklärung.[38] Dieser Leitgedanke stützt sich auf Horaz (»sapere aude«)[39], klingt schon in Zeiten der Lehensherrschaft deutlich an (zu Beginn des Rechts waren »alle die Leute frei«[40]) und wird von Thomas von Aquin neu entfaltet (»das uns von Gott eingestiftete Licht des Verstandes, durch das wir erkennen, was zu tun und was zu meiden ist«[41]). Der »aufgeklärte« Mensch sieht sich weniger in der Geschichte gebunden, sondern ordnet sich die Geschichte nach der Logik seiner zielbestimmten Vernunft[42] unter. Die Aufklärung verzichtet auf Rückbesinnungs- und Erneuerungsmotive, grenzt sich bewusst von allen bisherigen Staats- und Gesellschaftsformen ab, sucht die Zäsur eines vernunftbestimmten Neuanfangs.

Adam Smith[43] findet die Maßstäbe für das moralische Verhalten der Menschen, das richtige Urteilen und tugendhafte Handeln in der Natur des Menschen. Im Gegensatz zum philosophischen Rationalismus sieht er die Grundlagen moralischen Lebens in der Fähigkeit des Menschen, »an dem Schicksal anderer Anteil zu nehmen und im Bemühen um gegenseitige Wertschätzung dem anderen zu begegnen«.[44] Die Gesellschaft wird für den Einzelnen zum Spiegel seiner eigenen Individualität. Sein Verhalten sucht und erfährt eine Anerkennung und Wertung durch andere Menschen. So entwickelt der kultivierte, seine Antriebe ausbalancierende Mensch seine Persönlichkeit, ein tiefverwurzeltes Gefühl für die Gerechtigkeit, einen Maßstab, wonach der Mensch sich nicht nur an der eigenen Besserstellung erfreut, sondern auch Gefallen daran findet, dass es den anderen gut geht. Der Mensch ist auf Gemeinschaft und Kooperation, auf gesellschaftliche Harmonie angelegt. Arbeitsteilung und Tausch sind urmenschliche Neigungen, um Probleme zu lösen.[45]

Die Auseinandersetzung der Aufklärer mit der zeitgenössischen Ständeordnung des Feudalismus bestimmt wesentlich das Freiheitsdenken. Eine nach dem geburtsständischen Prinzip gegliederte Ständegesellschaft weist jedem Menschen kraft Geburt einen ihm von Gott zugedachten Rang zu, den er »gottgefällig« wahrnimmt, wenn er die daran gebundenen Verpflichtungen erfüllt und sich standesgemäß verhält. Die Verstädterung des Lebens, die Bildung eines Bürgertums und die Überwindung einer feudalen Gesellschaftsordnung nimmt der alten Ordnung ihre gestaltende Kraft. Problem und Reformauftrag ist die Ungleichheit der Menschen.

Rousseau[46] entwickelt eine Naturgeschichte der Menschheit, die zur stetigen Vervollkommnung fähig sei, aber auch die Gefahr ihres Verfalls in sich berge. Die Menschen seien gleich in der Fähigkeit, sich zu vervollkommnen, in der sozialen Wirklichkeit jedoch ungleich. Daraus folgt der Auftrag zur intellektuellen und sozialen Angleichung. Aus der Vernunft des Einzelnen erwächst der Mut zur sozialen Erneuerung. Diese selbstbewusste, kraft Vernunft beherzte Zäsur zum Hergebrachten stärkt den Mut zur Freiheit. Zunächst wehrt sich der Mensch gegen geistige Verengungen und soziale, politische Beschränkungen. Er greift auf idealisierte Prinzipien der Antike zurück und gibt diese der Gegenwart zum Maßstab. Sodann löst sich der Mensch von den Vorbildern, entwickelt, auf diese aufbauend, Ideen der Individualität, der Verinnerlichung, des schöpferischen Gestaltens in Kunst und Wissenschaft. Die weite wissenschaftliche Erfahrung, die neue Weltsicht, die Befreiung aus Ständen und Bevormundungen, die Wiederentdeckung des individuellen Gewissens und der Eigenständigkeit des Verstandesdenkens begründen nunmehr eine Freiheit originär in der Einzelpersönlichkeit. Der Freie findet zu sich selbst, genießt seine Originalität, nutzt politische und künstlerische Gestaltungsmacht, folgt unerschütterlich seiner Vernunft, bricht in diesem Selbstbewusstsein mit Traditionen, herkömmlichen Institutionen, Ängstigungen und Einschüchterungen. Aus bisherigen Lehren werden Irrlehren, aus Vorbildern Warnbilder, aus Fesseln Befreiungen. Der Mensch entwickelt in Selbstbewusstsein und Unerschütterlichkeit Freiheiten, Eigenverantwortlichkeit, Freiheitsrechte, politisch-soziale Freiheitsvoraussetzungen. Unsere Neuzeit kämpft für eine Freiheit, die in jedem Menschen ruht. An ihm liegt es, aus diesem Ruhen persönliche und aktuelle Freiheitsaktivitäten zu entwickeln.

d. Der späte Blick auf den Untergang Roms

Wenn der aufgeklärte Mensch auf die Entwicklung der Staaten blickt, entdeckt er in der Geschichte des »Untergangs Roms« eine Zeit des staatlichen Niedergangs, aber auch eine Wurzel des modernen Europas.[47] Wir sehen mit den Augen des 18. und 19. Jahrhunderts, aber auch unserer Gegenwart, dass die Entwicklung eines Staates von der Qualifikation der handelnden Menschen mit ihrem politischen Willen, aber auch der Entwicklung ihres

Charakters geprägt wird. Dabei sind die »Römer« stets eine kleine Elite. Romulus, der Gründer der Stadt, erlaubte den Bürgern nur zwei Betätigungen: Landbau und Krieg. Handel und Handwerk betrachtete der römische Bürger als Sklavenbeschäftigung. Für die Römer bot nur das Kriegshandwerk einen Weg, um zu den Magistraturen und Ehren aufzusteigen.[48]

Montesquieu beschreibt in seinem Buch über den Niedergang Roms die Gründe, die in seinen Augen den Verfall des Römischen Reiches verursacht haben.[49] Die Ausdehnung des Römischen Reiches zum Weltreich habe dazu geführt, dass die Soldaten mit Überschreiten der Alpen oder des Meeres nach und nach die Bindung an die römische Republik verloren hätten, der Herrscher in Rom dann nicht mehr wissen konnte, ob der Heerführer in einer Provinz sein Feldherr oder sein Feind war.[50] Nachdem die Völker Italiens Bürger der Stadt Rom geworden waren, bildete die zerrissene Stadt keine Einheit mehr, hatte nicht mehr dieselben Magistrate, dieselben Stadtmauern, dieselben Götter, dieselben Tempel und dieselben Begräbnisstätten. »Die römische Gesinnung bestand nicht mehr.«

Der zweite Verfallsgrund liege darin, dass die Gesetze mit dem Größerwerden des Römischen Reiches ihre Gestaltungskraft verloren hätten. Die römischen Gesetze seien in der Lage gewesen, »ein großes Volk hervorzubringen, jedoch nicht, ein solches zu regieren«. Es bestehe ein großer Unterschied zwischen Gesetzen, »die bewirken, dass ein Volk sich zum Herren über andere aufwirft, und solchen, die seine Macht erhalten, wenn es die Herrschaft errungen hat«. Rom sei es stets gelungen, Unternehmungen zu führen, die eine planmäßige und feste Führung erforderten. Doch Rom »verlor seine Freiheit, weil es sein Werk zu früh vollendete«.

Die Vergrößerung des Staates vermehre auch die Privatvermögen. Diese führten zu Luxus und Verschwendung, die es noch nie gegeben hatte. Mit Gütern, die das Maß eines durchschnittlichen Privatvermögens überstiegen, sei es schwer, ein guter Bürger zu sein. Mit der Sehnsucht nach einem großen Vermögen sei man zu jedem Anschlag auf Recht und gute Ordnung bereit. So wuchs eine Generation von Römern heran, die durch Reichtum verdorben wurden, aber auch von Römern, die weder Eigentum hatten noch dulden wollten, dass andere ein solches besaßen.

Einen weiteren Verfallsgrund sieht Montesquieu im Sittenverfall der Römer. Dieser Verfall habe vor allem die Verlässlichkeit von Markt und Tausch, die Gediegenheit der dort gegebenen Versprechen und Eide geschwächt. Diese Tugenden seien kraftlos geworden, und dadurch sei der Zusammenhalt Roms in Redlichkeit zerstört worden.

Bei der Frage, warum das Römische Reich letztlich niedergeworfen wurde, berichtet Montesquieu zunächst über die Erklärungen der Christen und der Heiden, die diesen Niedergang erlebten. Die Christen behaupteten, Diokletian habe das Reich durch Ernennung von drei weiteren Mitkaisern zugrunde gerichtet, die jeder für sich einen ebenso großen Aufwand wie er betrieben hätten, insbesondere ein ebenso großes Heer unterhalten wollten, so dass die Zahl der Geldempfänger nicht mehr der Zahl der Geldgeber angemessen gewesen sei. Die Lasten seien so groß geworden, dass die Äcker von den Bauern aufgegeben wurden und sich in Wälder verwandelten. Die Nichtchristen hingegen wiesen die Schuld am Niedergang dem neuen Kult des Christentums und dem Sturz der alten Altäre zu, so wie man ehedem in der Blütezeit Roms die Überschwemmungen des Tiber und alle übrigen Naturkatastrophen dem Zorn der Götter zugeschrieben hatte. Übermaß und Ungebundenheit hätten so in den Niedergang geführt.

Im Ergebnis aber sei Rom – so sagt Montesquieu – daran gescheitert, dass es die es bedrängenden Mächte nicht teilen konnte, sondern gleichzeitig von allen Völkern angegriffen worden sei.[51] Während Rom in der Frühzeit alle Machtgebilde, die sein Misstrauen erregten, geteilt hatte, hatte es später seine Streitkräfte, insbesondere auch seine Flotte, in verschiedene Himmelsrichtungen ausgerichtet und sich so wehrlos gemacht. Die Ausdehnung der Mauern erschwerte die Verteidigung. Rom konnte mit Leichtigkeit ausgehungert werden. Die Stadt in der Ebene konnte man leicht stürmen. »Rom wurde vernichtet, als alle Völker es zu gleicher Zeit angriffen und von allen Seiten eindrangen.«[52]

Jacob Burckhardt[53] vertritt – mehr noch als Montesquieu die Entwicklung von Reich und Staatskultur als »Soldatensache« ansehend – die Auffassung, in der Natur habe der Untergang nur »äußere Gründe: Erdkatastrophen, klimatische Katastrophen, Überwucherung schwächerer Spezies durch frechere, edlere durch gemeinere«. In der Geschichte werde der Untergang stets »vorbereitet durch innere Abnahme, durch Ausleben. Dann erst kann ein äußerer Anstoß allem ein Ende machen.« Die Krise des Römischen Reiches – die Rücksichtslosigkeit der Kriegskaiser – sei nicht zu verhindern gewesen, weil sie »auf dem Drang jugendlicher Völker von großer Fruchtbarkeit nach dem Besitz südlicher, menschenarm gewordener

Länder beruhte; es war eine Art physiologischer Ausgleichung, die sich zum Teil blind vollzog«. Erst die Völkerwanderung sei die wahre Krise Roms gewesen. Der Krisencharakter zeige sich in der »Verschmelzung einer neuen materiellen Kraft mit einer alten, welche aber in einer geistigen Metamorphose, aus einem Staat zu einer Kirche geworden, weiterlebt«.

Auch die Ausbreitung einer neuen Religion sei unwiderstehlich gewesen. Burckhardt verweist auch auf die Byzantiner, die sich grundlegend hätten ändern müssen, »um jenem Fanatismus zu widerstehen, welcher dem Getöteten das Paradies und dem Sieger den Genuss der Herrschaft über die Welt versprach«. Dagegen hätte die Reformation in hohem Grade gemildert werden können durch eine Reform des Klerus und eine mäßige, völlig in den Händen der Stände bleibende Reduktion der Kirchengüter. Heinrich VIII. und die Gegenreformation hätten bewiesen, was überhaupt möglich gewesen wäre.

Schon viel schwerer wäre 1789 in Frankreich die Gewalttat zu vermeiden gewesen, weil in den Gebildeten eine Utopie und in den Massen Hass und Rachsucht lebendig gewesen seien. Kasten wie der alte französische Adel seien absolut nicht lenkbar gewesen, »selbst bei klarer Einsicht des Abgrundes in vielen einzelnen«. Am Ende liege in den Menschen ein Drang zu periodisch großer Veränderung. Es gehe »die Ansteckung mit elektrischer Schnelle über hunderte von Meilen und über Bevölkerungen der verschiedensten Art, die einander sonst kaum kennen«. Die Botschaft gehe durch die Luft, und alle verstünden sich plötzlich in einem dumpfen »Es muss anders werden.«[54]

In unserer Zeit sieht man in der Spätantike eher einen Wandel, der das Ende der Antike markiert, und zugleich einen Anfang, der ins Mittelalter und in die Neuzeit führt.[55] Der Historiker beobachtet nicht eine Untergangsphase, die an einem geschichtlichen Nullpunkt endet, sondern sieht einen kühnen kulturellen Entwicklungsbogen, der »von der Blütezeit der Antike über die Spätantike ins Mittelalter und in die Neuzeit« führt. Die europäische Sprache, Architektur, Literatur, Kunst und Philosophie, Staatstheorie und insbesondere die Rechtsstaatlichkeit haben ihre Wurzeln auch in der Antike, so dass wir »in materieller, aber auch in ideeller Hinsicht ... auf den Fundamenten der Antike« leben. Sucht man dieses entwicklungsbestimmte Verständnis von der politischen Auflösung des Imperium Romanum und der Machtübernahme durch die Germanen in der Sicht gegenwärtiger Fragestellungen zusammenzufassen, werden fünf Gründe für diese Entwicklung erkennbar:[56]

1. Mit der Ausdehnung des Reiches wurde der Zusammenhalt des Römischen Reiches immer schwächer.
2. Der Aufstieg des Christentums ließ die alte Religion und deren Institutionen und Ordnungsprinzipien verfallen.
3. Die Abholzung der Wälder und die Ausbeutung der Natur erschöpften die natürlichen Lebensgrundlagen der Menschen; die Zahl der Bevölkerung ging zurück, ihre Gesundheit und ihre Fortpflanzungsfähigkeit zerfielen.
4. Der Staat und die Führungsschicht waren der wachsenden Aufgabe des größer werdenden Reiches, aber auch dem Widerstand gegen Verweichlichung, Korruption und Dünkel nicht gewachsen.
5. Die Ausbreitung der Germanen traf auf den inneren Verfall von Kultur, Recht und Kampfeskraft und wurde damit zur entscheidenden Ursache für den Untergang Roms. Der innere Verfall ist der wesentliche Faktor für den Niedergang Roms.[57]

In diesen Gründen erleben wir, wie sehr das Denken der Menschen die Entwicklung ihrer Lebensbedingungen bestimmt. Die innere Mitte des Menschen ist die innere Mitte ihres Gemeinwesens. Das Ringen um die Fähigkeit des Menschen zur Freiheit ist auch das Ringen um den freiheitlichen Staat, der auf den freien Menschen vertraut. Je mehr der einzelne Mensch sich in Großstrukturen des Reiches, der Eroberung und der Beutezüge verliert, desto weniger fühlen die Menschen sich angesprochen und zugehörig. Sie werden unzufrieden, dann Gegner.

Der Beobachter dieses Verfalls eines Imperiums erkennt, dass Rom seinen Gebiets- und Rechtsanspruch überdehnt, den Unterschieden in Reichtum und Ständen nicht eine Kultur des Maßes entgegengesetzt, den Verfall der Freiheitsfähigkeit – der Sitten – zugelassen hat, von der Völkerwanderung und der Ausbreitung einer anderen Religion überrascht worden ist. Damit drängen sich beunruhigende Parallelen zur Gegenwart auf. Die Europäische Union sucht sich ständig weiter auszudehnen, hat aber nicht die Kraft, diese Erweiterung ihres Hoheitsbereichs durch eine kraftvolle Idee des Europäischen und einen selbstverständlichen Verbindlichkeitsanspruch des Rechts zu formen. Die Begehrlichkeiten der Mitgliedstaaten und des Finanzmarktes sind schier grenzenlos. Die Gegenwehr der Union erschöpft sich in Gesten und Beschwichtigungen. Die Schwächung der verantwortlichen Freiheit, der Verfall der Prinzipien einer sozialen Marktwirtschaft und eines lauteren Wettbewerbs werden selbst bei Zugriff von Spekulanten auf die Staatskassen nicht bekämpft und öffentlich kritisiert. Die Völkerwanderung und die Ausbreitung des Islam veranlassen Streit und ziehen Risse in die Gemeinschaft, die nicht zu einer gemeinsamen Antwort eines weltoffenen Hoheitsträgers findet. Der Untergang Roms war ein einmaliger Niedergang. Er lehrt jedoch, vergleichbare Krisenbefunde zu erkennen und daraus gegenwärtig Folgerungen zu ziehen für Ausdehnung und rechtlichen Zusammenhalt, für das Friedensprinzip bei einem neuartigen Aufeinandertreffen von Religionen, für die Bedeutung der Kinder als Grundlage der eigenen Kultur, für Völkerwanderung und politische Stabilität der Aufnahmestaaten. Geschichte wiederholt sich nicht. Doch der Mensch lebt aus den Erfahrungen der Vergangenheit.

4. Diktat der Vernunft und Hoffnung auf vernünftige Freiheit

Wenn das Denken nach Vernunft, die Verantwortlichkeit in Humanität, das Leben in Einklang mit der Natur die Menschen bestimmt, scheint der Weg zu einer Erneuerung des Gemeinwesens in Freiheit geebnet. Die Idee fand insbesondere in Frankreich verbreiteten politischen Widerhall, hat aber die Repräsentanten des alten Feudalsystems nicht überzeugt. Ihr Widerstand war entschieden, hat den Erneuerern die Gelassenheit geraubt. Sie stürzten sich deshalb in eine Revolution, die letztlich zu Terror, Guillotine, Diktatur und Krieg führte, die Revolutionäre weitgehend selbst vernichtete. Deutschland blickte anfangs mit Faszination, dann mit Befremden und schließlich mit Empörung nach Paris. Die Freiheitsidee brachte nicht das befreiende Gesetz, sondern Anarchie und Chaos. Schiller[58] sagt durch Karl Moor, es sei absurd zu wähnen, »die Welt durch Gräuel zu verschönern und die Gesetze durch Gesetzlosigkeit aufrechtzuerhalten«.[59] Die Freiheitsträume des Marquis Posa, dem rein von seinen Ideen und Idealen

gelenkten Politiker, scheitern an der Überhöhung seiner Ideale. Die enthu-
siastische Vorstellung von Tugend und Glück fördert die Neigung, willkürlich wie ein selbstsüchtiger Despot mit der Freiheit der Individuen umzu-
gehen.[60] Die Vernunftidee, das Ideal der Freiheit, kann durch Abstraktion
und Überhöhung in Unterdrückung, Verächtlichkeit, Terror umschlagen.
Marquis Posa liebt nicht den Menschen, sondern die »Menschheit«.[61] Der
Blick auf den Einzelnen, auf seine Freiheit geht verloren. »Das Edle einer
Gesinnung und die Verantwortung für die Folgen eigenen Handelns« sind
in der Freiheit vorgezeichnet, geraten aber in der Abstraktion der Freiheit
zu einem bloßen Prinzip aus dem Blick.[62] Schiller lehnt nach den Erfahrungen mit der Französischen Revolution die »Schwärmerei für die Menschheit« rigoros ab, fordert eine Anteilnahme an »dem Menschen, der dir im
eigenen Leben begegnet«.[63]

Vor allem aber lehren die Erfahrungen des 18. und 19. Jahrhunderts,
dass Politik und Gesetzgebung nicht allein vernunftgeleitet ihr Ziel erreichen. Der Mensch findet nur durch seine sinnlich-konkrete Begegnung
mit der Welt, seine humane Auseinandersetzung mit dem Menschen, seine Gebundenheit in der Natur den Weg zur Vernunft. Er folgt nicht einem
Diktat der Vernunft, sondern erlebt eine Welt voll von Widersprüchen und
einen Menschen mit Herz und Verstand. Wenn allein die Vernunft dem
Menschen das Maß gäbe, sagt Schiller, wolle er »auf ewig von den Musen
Abschied nehmen und dem herrlichsten aller Kunstwerke, der Monarchie
der Vernunft, alle meine Tätigkeit widmen. Aber dieses Faktum ist es eben,
was ich zu bezweifeln wage«.[64]

Goethe ist von den Gräueln der Französischen Revolution so beeindruckt, dass er dieses Geschehen nicht als Drama unter Menschen darstellt,
sondern die Fabel von Reineke Fuchs wählt, in der er die Schwächen der
Menschen in Tieren darstellt. Er blickt »in den Hof- und Regentenspiegel«,
in dem sich »das Menschengeschlecht in seiner ungeheuchelten Tierheit
ganz natürlich vorträgt«. Alles geht dort, »wo nicht musterhaft, doch heiter
zu und nirgends fühlt sich der gute Humor gestört«.[65] Die Zukunftsbilanz
dieser Beobachtungen und Darstellungen der Revolution durch die Kunst
ist zwiespältig. Die Freiheitsdramen enden meist in Tod und Hoffnungslosigkeit. Doch die Freiheit behält ihre Kraft als Lebens- und Hoffnungsprin-
zip, gibt jedem das Recht, seinem Leben Sinn und Ziel zu geben.[66] »Der
Mensch ist frei geschaffen, ist frei und würd' er in Ketten geboren«.[67]

Die allgemeine Begeisterung für diese Freiheit und den »Freiheits-
dichter« Schiller schien grenzenlos, überdauerte die nachfolgenden Enttäuschungen über Freiheitsreformen in Deutschland, erreichte im Schil-
ler-Jahr 1859 – nach dem Scheitern der Paulskirchenverfassung – einen
Höhepunkt. Der Freiheitsgedanke veranlasste ein trotziges »Dennoch«,
entwickelte sich von der Durchhalteparole zum Stichwort der Zuversicht,
wurde verfassungsrechtlich letztlich zu einem Hoffnungs- und Erneu-
erungsprinzip mit Wirkungen bis in die Gegenwart.[68] Das Grundgesetz
wählte die 1949 gerade hundertjährige Paulskirchenverfassung zum Vorbild[69] und stützt seine Konzeption freiheitlicher Demokratie auf ein »Wert-
und Anspruchssystem der Menschenwürde und Freiheit«[70], die von jedem
einzelnen Betroffenen durch Verfassungsbeschwerde geltend gemacht werden kann.[71]

5. Das Fanal einer neuen Zeit in Deutschland

Die Hoffnung auf einen freiheitlich demokratischen Staat in Deutschland entwickelte sich – genährt durch die Erfahrungen in den USA und
in Frankreich – unter der obrigkeitlichen Beobachtung des von Österreich
und Preußen bestimmten Deutschen Bundes mit 39 souveränen Fürsten
und freien Städten eher in der Welt des Geistes als in einer kraftvollen politischen Realität.[72] Dadurch trat die Frage nach Bedeutung und Wirkungen der Freiheit deutlicher in das historische Bewusstsein. Die »ungeheure
Bewegung der Gesellschaft und des Geistes«[73] veranlasste eine nicht kriegerische, allerdings keineswegs stets friedliche Entwicklung des Denkens
und der politischen Absichten, die letztlich zu einem »Fanal einer neuen
Zeit« wurde.[74] Das Kongress-Europa 1815, im Geist von Metternich geprägt, genügte den neuen Erwartungen an das Gemeinwesen nicht mehr.
Das altständische, monarchische Regime trifft auf die Repräsentations-
und Mitbestimmungsforderungen der Landstände. Der Anspruch der Kirchen begegnet einem immer stärker werdenden Materialismus. Die technische Entwicklung von der Postkutsche zur Eisenbahn, vom Segelschiff
zum Dampfschiff, von den reitenden Boten zum Telegraphen förderte ein
Bewusstsein, dass die Welt neu zu entdecken und neu zu gestalten sei.[75] Damit steht die Freiheit, die aus Erfahrung, erprobten Werten und bewährtem

Recht die Zukunft gestalten will, vor der Alternative, für Kontinuität oder Zäsur, für Loyalität oder Widerstand Partei nehmen zu müssen. Das studentische Wartburgfest (1817), das Hambacher Fest (1832), der Streit um die Göttinger Sieben (1837) und die politisch gescheiterte, inhaltlich aber wirkmächtige Frankfurter Paulskirchenverfassung (1847/48) drängten Intellektuelle in ein Schicksal, in dem sie – gewollt oder ungewollt – Erneuerung, Reform oder Revolution höchstpersönlich verantworten mussten. Wenn eine Epoche zu Ende geht, ihre Vertrautheit und Sicherheit den Menschen fehlt, wird Freiheit zum Bekenntnis.

a. »So viel Anfang war nie«

Seit dem Wartburgfest 1817 beobachtete die Obrigkeit im deutschen Bund[76] argwöhnisch die »demagogischen Umtriebe« der akademischen Jugend, der Schriftsteller und Künstler, der Advokaten und Journalisten. Die Landtage der Verfassungsstaaten beschlossen 1830/31 Gesetze über die »Polizey der Presse«, die aus der Sicht Wiens nicht im Einklang mit den Gesetzen des Bundes standen.[77] Die deutschen Großmächte wollten ihre Macht im Bund demonstrieren und forderten insbesondere die Aufhebung des badischen Preßgesetzes. Die konstitutionellen Staaten hingegen widersetzten sich diesem Beschluss und beanspruchten, ihre Verfassungsurkunden hätten Vorrang vor der Wiener Schlussakte.[78] An Pfingsten 1832 versammelten sich 20.000–30.000 Menschen friedlich und festlich auf der Schlossruine der Kästenburg bei Hambach in der Pfalz. Äußerer Anlass war die Feier des Jahrestages der Bayerischen Verfassung von 1818. Ziel der Versammlung aber war, gestützt auf die Macht der öffentlichen Meinung, unter dem Zeichen von Schwarz-Rot-Gold für freiheitliche Bürgerrechte und die politische Einheit Deutschlands einzutreten.[79] Der 1830 gegründete »Preß- und Vaterlandsverein« war die erste vereinsmäßig organisierte Partei in Deutschland.[80] Sie forderte, die deutsche Nationaleinheit müsse unter einer demokratisch-republikanischen Verfassung wieder hergestellt werden. Mittel des Kampfes sei die freie Presse. Das »Fest der Hoffnung«[81] war als friedliche Versammlung und als geistiger politischer Impuls gedacht und so auch durchgeführt worden. »Auf, ihr deutschen Männer und Jünglinge jeden Standes, welchen der heilige Funke des Vaterlands und der

Freiheit die Brust durchglüht, strömet herbei! Deutsche Frauen und Jung-frauen, deren politische Missachtung in der europäischen Ordnung ein Fehler und ein Flecken ist, schmücket und belebet die Versammlung durch eure Gegenwart! Kommet Alle herbei zu friedlicher Besprechung, inniger Erkennung, entschlossener Verbrüderung.«[82] Philipp Jakob Siebenpfeiffer, einer der Hauptredner des Festes, beschwor den Tag, an dem »die Zollstö-cke und die Schlagbäume, wo alle Hoheitszeichen der Trennung und Hem-mung und Bedrückung verschwinden, sammt den Constitutiönchen«. Er vertraue der Volkssouveränität und erwarte die Erneuerung von der Kraft des Volkes: »Das deutsche Volk, wenn die Fürsten nicht ihren Wolkenthron verlassen und Bürger werden, wird in einem Moment erhabener Begeiste-rung allein vollenden das Werk«. Der zweite Hauptredner, Johann Georg August Wirth, forderte »ein Bündnis der Patrioten zum Zwecke der Beleh-rung des gesamten deutschen Volkes über die Art und Weise der notwendi-gen Reform Deutschlands«.

Die Mehrheit der Teilnehmer setzte auf eine »legale Revolution«, woll-te ihre Revolution – wie in England, anders als in Frankreich – »gesetzlich durchführen«. Die Hambacher Versammlung hielt sich »für nicht kompe-tent«, im Namen des Volkes etwas zu beschließen, sondern setzte auf Kraft und Impuls der öffentlichen Rede und der dadurch veranlassten Debat-te.[83] »So viel Anfang war nie.«[84] Doch Fürst Metternich und die für die Pfalz zuständige bayrische Obrigkeit werteten die Hambacher Versamm-lung als »Alarmzeichen«, als Beginn eines Aufruhrs, dem kein weiterer »le-galer« Tummelplatz zu eröffnen sei. Österreich und Preußen verständigten sich auf gemeinsame Maßnahmen im Bundestag am 28. Juni 1832 in sechs Artikeln, die das landständische Petitionsrecht beschränkten, das Recht der Juristischen Fakultäten zur Verfassungsauslegung, das einzelstaatliche Recht der Mittel- und Steuerverweigerung für die Erfüllung von Bundes-aufgaben, das Gesetzgebungsrecht sowie das Recht auf Rede- und Berichts-freiheit einschränkten.

Eine Überwachungskommission zur »Demagogenverfolgung« sollte die öffentliche Ordnung wiederherstellen. Großbritannien und Frankreich ver-standen sich als Garantiemächte des Deutschen Bundes und protestierten in Wien und Berlin gegen die »sechs Artikel«, die eine Einmischung in die inneren Angelegenheiten der Mitglieder seien.[85] Die Bundesmaßnahmen wurden zwar nicht in vollem Umfang umgesetzt. Die Verfassungsstaaten nutzten ihr Recht, über die Form der Veröffentlichung des Bundesbeschlusses selbst zu entscheiden. Doch ein strenges Militär- und Polizeiregiment stellte die durch Tumulte an verschiedenen Orten gestörte allgemeine Ruhe und die wochenlang gelähmte Verwaltung wieder her. Manchem Hambacher Wortführer gelang die Flucht nach Frankreich und in die Schweiz. Andere kamen vor Gericht. Wirth und Siebenpfeiffer standen mit sechs weiteren Angeklagten wegen Hochverrats vor einem außerordentlichen Assisenhof in der Festungsvorstadt Landau. Die Geschworenen sprachen sie frei. Dieses Urteil bewahrte die meisten der Freigesprochenen allerdings nicht vor empfindlichen Strafen der Zuchtpolizei- und Appellationsgerichte. Für die Mehrzahl der verurteilten Männer von Hambach bedeutete die Strafe zusätzlich den wirtschaftlichen Ruin.[86]

Heinrich Heine beurteilte das Hambacher Fest in seiner Friedlichkeit und seinem Verzicht auf revolutionäre Aktionen spöttisch: »Die Entscheidung lautete: ›Man sei nicht kompetent‹. Oh Schilda, mein Vaterland … ihr könnt ruhig schlafen … ihr großen Königskinder, … ihr habt nichts zu riskieren, die deutsche Revolution ist noch weit von euch entfernt, gut Ding will Weile und die Frage der Kompetenz ist noch nicht entschieden.«[87] Doch der öffentlich bekundete Wille, Deutschland zu reformieren, wurde zu einem Bekenntnis zur Reorganisation Europas, »eine große gemeinschaftliche Angelegenheit aller Völker unseres Weltteils«.[88] Das Fest wurde zu einem leidenschaftlichen Ausbruch neuen Lebensgefühls in Bürgertum, Bauernschaft und Studentenschaft, war ein »volkstümliches Bekenntnis zur Freiheit und zum deutschen Nationalstaat«, fand »als burschikos-jugendfrohes Ereignis« bei den Teilnehmern und in der deutschen Öffentlichkeit einen Widerhall, der weniger in seinen Programmsätzen als in der Demonstration weit in die Zukunft wirkte. Die Initiatoren und Vordenker der Freiheit haben Gedankenkonzepte und politische Erfahrungen in England, Frankreich, USA und Polen aufgenommen, diese in Hambach bedacht und friedlich, beherzt und entschieden einem reformfreudigen beginnenden Bürgertum vermittelt und damit zu einer politischen Entwicklung beigetragen, die noch Jahrzehnte nachwirkte. Diese Kultur maßvoller Erneuerung bewahrte die Akteure allerdings nicht vor persönlich erlebter Tragik. Sie waren zwischen fürstliche Obrigkeit und demokratischen Aufbruch geraten. Die Obrigkeit hatte noch die Kraft der Verfolgung, der demokratische Aufbruch noch nicht die Kraft zum Schutz.

b. Die Kraft einer Nation ohne Staat

Wenn Freiheit die Kunst ist, im Umbruch friedlich, maßstabssicher, nachhaltig alte Institutionen und Werte in neue umzuformen, so ist die Paulskirchenverfassung 1848 ein Beleg für freiheitliche, nachhaltig wirkende Verfassungspolitik. Die Nationalversammlung war eine Versammlung des Bildungsbürgertums.[89] Dieses Parlament neigte nicht zu jakobinischen Revolutionen, eher zu einem historisch-konstitutionellen als zu einem parlamentarisch-demokratischen Denken.[90] Es stand vor der überfordernden Aufgabe, aus der »Nation ohne Staat«[91] einen Staat zu bilden, eine Verfassung mit einem Grundrechtekatalog zu erlassen, ein neu zu bestimmendes Staatsgebiet und Reichsorgane zu schaffen, dabei eine abklingende altfeudale Gesellschaftsordnung zu beenden.[92] An allen vier Aufgaben ist die Paulskirche letztlich durch den Sieg der Gegenrevolutionen in Österreich und Preußen, an der ungelösten Frage von erblichem Königtum und letztverantwortlichem Parlament, auch an Zeitbedrängnissen gescheitert.[93] Die Hoffnungen auf einen ersten deutschen Verfassungsstaat wurden förmlich beendet, als König Friedrich Wilhelm IV. von Preußen die ihm von der Nationalversammlung angetragene Kaiserwürde am 3. April 1849 ablehnte. Bereits in einem Brief vom Dezember 1848 hatte der König eine mit dem »Ludergeruch der Revolution« behaftete Krone als einen »imaginären Reif, aus Dreck und Letten gebacken«, bezeichnet. Ein Hohenzoller nehme eine Krone nur an, die den »Stempel Gottes« trage, durch selbst »von Gottes Gnaden« Regierende – die Hohenzollern – verliehen werde.[94] Die Aussage ist klar, die Formulierung ersichtlich in persönlicher Verletztheit gewählt. Die Gestaltungskraft des Arguments, parlamentarische Debatten und die Kraft der Presse wirkten bereits, reichten aber noch nicht aus, um die traditionellen Konflikte zusammenzuführen oder zu überwinden.

Dennoch hatte die Paulskirchenverfassung nachhaltig Erfolg. Die Bismarck'sche Reichsverfassung stand in vielen Teilen – insbesondere in den Gegenständen der Reichsgesetzgebung und der Ausführungszuständigkeit der Einzelstaaten, auch der Wahlgrundsätze – auf dem »Unterbau« der Paulskirchenverfassung.[95] Die 1917 vorgelegten Reformvorschläge zur Bismarck-Verfassung von Hugo Preuß[96] folgten dem Gedanken, dass das, »was damals nicht möglich war … heute notwendig sei«. Bei der Beratung zur Weimarer Reichsverfassung 1919 wurde die Bismarck-Verfassung zwar als Modell verworfen, die Paulskirchenverfassung aber als erster deutscher Versuch einer nationalen Grundrechtedemokratie zum Vorbild gewählt.[97]

Das Grundgesetz enthält viele Elemente der Paulskirchenverfassung – die Entscheidung für den Bundesstaat, für die Rechtsstaatlichkeit, für Leitgedanken der Demokratie. Bei der Regelung der Grundrechte greift das Grundgesetz bis in einzelne Formulierungen auf die Frankfurter Grundrechte zurück.[98] 1949 war die damals hundertjährige Paulskirchenverfassung, ihre Sprache, ihre Urkundlichkeit, auch die Beharrlichkeit ihrer Ideen, dem deutschen Verfassunggeber Anlass, gerade nach dem Scheitern des Rechts auf diese verfassungspolitischen Ideale zurückzugreifen. Zwar hatte die bürgerliche Enttäuschung über das Scheitern der Paulskirchenverfassung 1849 zur Folge, dass sich viele »auch von jeglichem weltfremden Idealismus« abwandten, sich den »Grundsätzen der Realpolitik« mit seinem machtstaatlichen Denken zuwandten und damit der politisch desillusionierten Zeit »ein schillerndes Schlagwort für Jedermann« lieferten.[99] Diese Abkehr ist verständliche Reaktion und Resignation. Doch die Hoffnung des Menschen sucht gerade in der Krise nach neuen Wegen, die in bessere Zeiten führen, greift deshalb auf historische Texte und bewusstseinsbildende Geschichtsschreibung zurück. Der Neubeginn sucht Perspektiven zum Besseren, verspricht ein besseres Recht.

c. Erlösung im Untergang

Doch das 19. Jahrhundert kennt auch den Menschen ohne Hoffnung, der in eine Leere fällt. Dieses Leitmotiv war zeitweilig von den dramatischen Gedanken einer Erlösung durch Untergang bestimmt.

Der Enttäuschung über das Scheitern der freiheitlich-demokratischen Verfassungsinitiativen folgte keineswegs stets ein beharrlicher Aufbruch zu neuen Reformen, sondern vielfach auch eine bittere, teilweise verzweifelte Abkehr. In den Jahren 1850–1855 verließen über 700.000 Emigranten das Land.[100] In Kunst und Wissenschaft wurde die Hoffnung auf das Bessere, das Streben auch nach dem Unerreichbaren schwächer.

Der Fall in eine Leere wird dramatisch inszeniert. Die Seele sehnt sich aus einer Welt menschlichen Leidens hinweg in etwas anderes, Undefiniertes. Erlösung findet der Mensch oft in der Verneinung des Willens, in einer besonderen Askese, in der Kontemplation und im Hören vollkommener Musik. Er gewinnt Gelassenheit durch »gänzliche Willenlosigkeit«.[101] Rettung erlebt der Mensch bei vollständigem Erlöschen aller Individualität, die von der damaligen Welt im indischen Denken mit seiner Vorstellung des Nirwana gefunden wurde.[102] Auch der Kreuzestod wird zu einem Symbol für die Willensverneinung.[103] In Richard Wagners »Ring« begeht Brünnhilde Selbstmord und befreit durch die Annahme ihres Schicksals sich und die Welt aus dem endlosen Kreislauf von Wiedergeburt, Verlangen und Tod.[104]

Diese pessimistische Suche nach Erlösung aus dieser Welt prägte das Denken von Arthur Schopenhauer, der die buddhistische Lehre der Entsagung in die europäische Philosophie hineintrug, sich gegen die Aufklärung mit ihrem »falschen Optimismus eines leeren Vernunft- und Fortschrittsglaubens« wandte. Die Menschen seien mit der Illusion des »Willens als Vorstellung« infiziert, dem Bestreben, die Welt zu verändern, hätten dabei aber die selbstverleugnende Askese und die Distanz gegenüber der Welt des Fleisches vernachlässigt.[105] In der Kontemplation entrinnt der Mensch »den Zwängen der Nützlichkeit«.[106] Der Wille führt in ein Streben ohne Ende. Ist ein Wunsch erfüllt, so stellt sich der Wunsch in neuer Gestalt ein. »Wo nicht, so folgt Öde, Leere, Langeweile.«[107] Schopenhauer vermittelte ein Lebensgefühl,[108] das den Menschen all die Nichtigkeiten und Vergeblichkeiten des Daseins in der Welt der Natur vor Augen führt, im unaufhörlichen Wirken des Willens in der Welt bewusst macht, dass alles Leben leidend ist.[109] Am Ende dieser Lebensgeschichte als Leidensgeschichte steht der Tod. Das menschliche Glück besteht darin, sich selbst hinter sich zu lassen.

Friedrich Nietzsche bewunderte in jungen Jahren den mit Ruhm und Genius auftrumpfenden Wagner. Er sah in den Enttäuschungen aus der Revolution von 1848 mit ihren Freiheitsidealen die verhängnisvolle Trennung von Bürgern und Gemeinschaft und verstand den Industriekapitalismus wie auch dessen sozialistische Alternative als materialistische Wege in den Niedergang. Herrschen sei jetzt »Schachern und Markten um Macht – mit dem Gesindel«. Die traditionelle Ordnung sei zusammengebrochen. Der gemeine Mann komme auf den Gedanken, auch er sollte die Chance haben, den Staat zu führen. Demokratie, Nationalismus und Sozialismus seien verstetigte Ausdruckformen einer sinnleeren, verkommenen

Moderne. Doch könne eine neue Revolution die europäische Zivilisation retten, wenn sie eine neue Elite bilde, die von Männern wie Wagner geführt werde.

Schon der junge Nietzsche war stark beeinflusst von Jacob Burckhardt, der anfangs ein Verfechter des deutschen liberalen Nationalismus gewesen war. Der Misserfolg von 1848 hatte ihn jedoch veranlasst, derartige Revolutionen und die gewaltsame Reaktion des Mittelstandes als »Aufstieg einer modernen Barbarei« zu verstehen. In historischen Studien, insbesondere der zum Untergang des Römischen Reiches, führte er aus, dass eine übermäßige und rücksichtslose Überforderung des Römischen Reiches die antike Welt zerstört hätte. Einen ähnlichen Umbruch erlebe seinerzeit – so meinte Burckhardt – die europäische Zivilisation. Die demokratischen Massen überforderten den Staat, der »alles Mögliche können, aber nichts mehr dürfen« solle, damit soziale und ökonomische Nivellierungen veranlasse. Er bringe eine wertlose Massenkultur hervor, die intellektuelle Maßstäbe verliere. Sie destabilisiere die soziale Ordnung mit ihrem traditionellen, organischen Gleichgewicht von Institutionen und Idealen. So werde die Demokratie der Diktatur weichen. Der moderne Mensch wolle Regeln brechen. Doch die wahre Freiheit bestehe darin, mit ihnen zu leben.[110]

Diese Propheten des Niedergangs beklagen einen Kulturverlust, haben kein Vertrauen in die neuen Strukturen von Staat, Religion und Kultur, wollen aber mit ihren Szenarien des Untergangs diesen nicht befördern, sondern dramatisierend vor ihm warnen. Sie analysieren mit Scharfsinn, aber ohne Hoffnung. Sie treffen ihre Voraussagen mit Dramatik, aber ohne Zuversicht. Sie fordern von ihrem Publikum Umkehr ohne Ziel. Doch vielleicht finden sie in der Musik, jedenfalls in Wagners Musikdrama als Gesamtkunstwerk, eine Art Ersatzreligion, die vom Leid der Welt befreien will und kann.[111] Wenn ein Mensch ohne Hoffnung sich selbst zu zerstören droht, kann die Musik ihm Rettung bringen,[112] die Kontemplation ihm helfen, seinen Willen hinter sich zu lassen und zur Gelassenheit zu finden. Eine philosophische Negation der Gegenwart kündigt eine »neue Revolution« an, die nicht in die Barbarei von Zerstörung und Vernichtung führt, sondern eine Geisteselite bilden will.

6. Freiheit in staatlicher Einheit

a. Die Reichsverfassung vom 16. April 1871

In der zweiten Hälfte des 19. Jahrhunderts gelang in Deutschland nach langen vergeblichen Bemühungen der bürgerliche Nationalstaat, der in der Einheit eines unitarischen Bundesstaates Bedingungen für mehr Freiheit der Bürger schuf.[113] Die Reichsverfassung vom 16. April 1871[114] begründete den »Staat einer Nation«, der in der Verfassung das Fundament einer um staatliche Selbstverwirklichung ringenden Nation gefunden hat.[115] Diese zwischen den »Verbündeten Regierungen« und dem Reichstag als Repräsentanten der Nation vereinbarte Verfassung schuf eine dreigliedrige Herrschaftsordnung, in der das Kaisertum, der Bundesrat als Föderativgewalt und der Reichstag als Repräsentant der Gewalt des wählenden Volkes die Nation einte. Diese Form entsprach dem Anliegen und Bekenntnis der Zeit zur nationalen Einheit, zur persönlichen Freiheit und zum staatsbürgerlichen Mitentscheidungsrecht nach den damals herrschenden Vorstellungen einer Demokratie.[116] Die Verfassung von 1871 hätte in ihrem Bemühen um nationale Einheit, um einen Einheit stiftenden und wahrenden Rechtsstaat, um Kultureinheit sowie wirtschaftlichen und sozialen Fortschritt den Weg zu einer sich weiter entfaltenden Freiheitsverfassung ebnen können, wäre sie nicht am Ersten Weltkrieg und seinen Folgen zerbrochen.

b. Die Weimarer Verfassung

Die Verfassung des Deutschen Reiches vom 11. August 1919[117] ist ein Dokument des Wiederaufbaus und der Fortentwicklung einer auf Freiheit angelegten Rechtsstaatlichkeit, die in ihrem Kern hätte wegweisend sein können,[118] aber von vornherein in der von der deutschnationalen Opposition und der Nazipropaganda geschaffenen Atmosphäre keinen funktionsfähigen Verfassungsstaat begründen konnte. Die Demokratie der Weimarer Verfassung kam – so der Beobachter Theodor Heuss[119] – »nicht recht in Gang«, weil die Demokratie in Deutschland nicht erobert worden ist, sie deshalb »keine eigene Legende, keine Geschäftserfahrung« und wohl auch zu viel optimistischen Glauben an die Fairness der politischen Gruppen hatte. Dem Weimarer Staat fehlten Parteien, die gemeinsam eine kraftvolle Demokratie aufbauen konnten, denen das damalige Volk durchaus die Mehrheit der Stimmen gegeben hätte.[120]

Die Weimarer Reichsverfassung hatte insbesondere die Aufgabe, einen zu Recht und Freiheit fähigen Staat wiederherzustellen. Dazu fehlten die äußeren und inneren Voraussetzungen. Die »Weimarer Verhältnisse« gelten als Warnsignal für eine Verfassung mit grundsätzlich einsichtigen Ideen, die aber keine politische Realität vorfindet, in der sie gestaltend hätte wirken können.

Wenn wir heute in der Erfahrung der Erfolgsgeschichte der Bonner Republik nach dem Zweiten Weltkrieg, der Integrationsgeschichte der Europäischen Union mit einer veränderten Staatlichkeit und der friedlichen Wiedervereinigung Deutschlands 1989 auf die Weimarer Reichsverfassung blicken, sind für die Freiheitsgeschichte vor allem die Unterschiede zwischen dem heutigen Deutschland und Weimar bedeutsam.

Die Weimarer Verfassung[121] ist unter Kriegsumständen[122] und dem Diktat des Versailler Friedens entstanden.[123] Heute leben wir als anerkanntes Mitglied der Völkerrechtsgemeinschaft in einem gemeinsam getragenen Geflecht von Friedensvereinbarungen. Damals fanden die politischen Parteien, aber auch Gutsherren, Großindustrie, Bildungsbürgertum und Arbeiterschaft nicht zu verfassungspolitisch einenden Gemeinsamkeiten in der Frage von Republik oder Monarchie, von Kapitalismus und Sozialismus, dem Auftrag zu einer Werteordnung oder einer wertneutralen Verfassung.[124] Heute haben die Erfahrungen mit dem Grundgesetz ein gemeinsames Verfassungsverständnis so fundiert, dass die Maßstäbe, Institutionen und Werte des Grundgesetzes gelebt und verteidigt werden. Damals erlebten die Menschen eine ständige Wirtschaftskrise ohne Besserungsaussicht – die Ruhrkrise mit der Hyperinflation, die Agrarkrise mit Zusammenbrüchen vieler landwirtschaftlicher Betriebe, die Weltwirtschaftskrise mit Massenarbeitslosigkeit, Verlust der Selbständigkeit in vielen mittelständischen Betrieben und allgemeiner Zukunftsangst.[125] Heute leben wir in einem wirtschaftlichen Wohlstand, der in Europa einmalig ist und dank der Gediegenheit der Betriebe, der Arbeitnehmer, der Kapitalausstattung, von Forschung und Entwicklung, von Marktgeschick eine weitere gute Zukunft verspricht. In den 14 Jahren der Weimarer Republik gab es 22 unterschiedliche Reichskabinette, zwölf Reichskanzler, Koalitionen mit bis zu sieben Parteien, die meist wenig mehr als ein halbes Jahr regierten. In acht Reichstagen saßen zwischen neun und vierzehn Parteien, darunter viele Kleinstparteien und Flügelparteien, die gegen den neuen Staat kämpften.[126]

Heute leben wir in einer Verfassung, deren Vorzüge der einzelne Bürger erfährt, deren Offenheit der Bürger in demokratischen Wahlen und individueller Freiheitswahrnehmung beansprucht, deren Europa- und Völkerrechtsoffenheit politisch anerkannt ist, deren Staatsform als autonomer Rechtsstaat im Staatsvolk begrüßt, in der Staatstheorie jedenfalls überwiegend bestätigt wird.

7. Der Nationalsozialismus

Mit der nationalsozialistischen Herrschaft verfielen Rechtsstaatlichkeit und Freiheit abrupt. Die allpräsente Maxime des Totalitären kannte nur noch eine Partei, einen Führer, sprengte in Auschwitz das Vorstellbare jeder Menschlichkeit und Staatlichkeit. Die plötzliche Herrschaft der NSDAP und Hitlers ist kaum zu verstehen, hat aber Gründe in dem allgemeinen Verfall der Verfassungsvoraussetzungen.[127] Die traditionellen Verfassungswerte verloren an Kraft und wurden ins Gegenteil gewendet. Die wirtschaftliche Not forderte grundlegende Änderungen. Eine zur uniformen Gleichheit neigende Gesellschaft begünstigte die Führerherrschaft. Kollektive Fortschrittshoffnungen und die Unfähigkeit zu Ausgleich und Konsens erleichterten eine totalitäre Machtergreifung. Viele Menschen gerieten immer mehr in den Sog staatlicher Steuerungs-, Verteilungs- und Verwaltungsmacht, suchten die Nähe des Staates und folgten einer unkritischen Staatsrechtfertigung. Die individuelle und demokratische Schwäche zur beherzten Freiheit stärkte eine autoritäre Herrschaft, die Staatsgewalt entgrenzt und Freiheitsrechte leugnet. Eine durch Ideologie und damals moderne Propagandamittel begründete Einschüchterung und Ängstigung trieb Menschen auf die Seite der Herrschenden, auch der Gewalttätigen. Die Zeit des Nationalsozialismus zeigt, wie Freiheit scheitern kann, fordert den Gegenentwurf des Grundgesetzes.

8. Aus schier auswegloser Lage zu Wertordnung und Wirtschaftswunder

Das Jahr 1945 bringt Deutschland das Ende des Unrechts, des Schreckens, der Vernichtung, der täglichen Lebensangst der Menschen. Die Menschen beginnen den Wiederaufbau mit einem starken Willen zu Recht und Verfassung, wollen Deutschland friedlich erneuern, Sicherheit und Gelassenheit zurückgewinnen. Doch die Ausgangslage bietet wenig Hoffnung. Der Krieg ist verloren, Deutschland völkerrechtlich geächtet. Die Männer sind im Krieg gefallen oder in Gefangenschaft, die Häuser und Fabriken zerstört. Ein Ministerpräsident schrieb 1947: »Das deutsche Volk ist physisch und seelisch nicht mehr fähig, einen neuen Winter mit Hunger und Frieren im Wohnungselend zerstörter Großstädte, in wirtschaftlicher Auszehrung und in politischer Hoffnungslosigkeit abzuwarten.«[128]

Doch die Menschen bauten ihre Städte mit Schaufeln, Schubkarren und Loren wieder auf. Sie begannen in Versammlungssälen ohne Dach und Heizung Verfassungstexte zu entwerfen. 1946 sind die ersten neuen Verfassungen in Bayern und in Hessen in Kraft getreten.[129] Not und Erneuerungswille entfalten Hilfsbereitschaft, Wertebewusstsein, Pflichterfüllung. Jeder wusste, dass der eine den gleichen Kampf kämpfte wie der andere, dass alle den Kampf unter denselben dramatischen Voraussetzungen führten. Das Ziel der gemeinsamen Hoffnung einte. Als sich dann die anfangs schier auswegslose Lage zur gestaltbaren Aufgabe wandelte, wuchsen die Kräfte, entwickelten sich Arbeitsteilung und Zusammenhalt, entstand Zuversicht. Das Grundgesetz trat als »Wertordnung« in Geltung.[130] Diese Grundordnung steht menschenrechtlich im Dienst des Menschen,[131] demokratisch insbesondere im Dienst der Staatsbürger. Auf dieser Grundlage wuchs im allgemeinen, gegen existenzielle Not aufbegrehnden Willen das »Wirtschaftswunder«. Der Kampf gegen staatliche Willkür wurde in der Forderung »Alle Menschen sind vor dem Gesetz gleich« erfolgreich. Der Staat braucht für jede gesetzliche Unterscheidung einen »vernünftigen oder sonstwie einleuchtenden Grund«.[132] Dieser Maßstab des »vernünftigen Grundes« fordert in der kühnen Tradition der Aufklärung, der Staat möge nach Logik und Vernunft handeln, sich an rationaler Erfahrung und Berechenbarkeit ausrichten. Der »einleuchtende Grund« rechtfertigt staatliches Handeln aus Menschlichkeit, Humanität, Billigkeit. Die Menschen handeln nicht nur rational, sondern auch nach Gefühlen und Neigungen, Hoffnungen und Ängsten, Gebräuchen, familiärer, kultureller und berufstypischer Prägung. Deshalb steht am Anfang des Grundgesetzes die unantastbare Würde jedes Menschen. Zunächst geht es um die Gleichheit in der Würde, erst danach um Gleichheit in der Freiheit. Das ist das Erfolgskonzept, dem wir Verfassungsstaat, Hochkultur, wirtschaftliche Prosperität, inneren und äußeren Frieden verdanken.

Theodor Heuss sagte auch für das Grundgesetz – nunmehr als Mitglied des Parlamentarischen Rates –, dass die Demokratie in Deutschland 1949 wieder nicht erobert, nunmehr von den Besatzungsmächten angeordnet und zugemessen worden sei.[133] Er forderte deshalb für die Verfassunggeber eine Gesinnung, die Hölderlin mit dem Wort »heilige Nüchternheit« bezeichnet habe.[134] Doch das Grundgesetz ist als provisorische Verfassung konzipiert, darauf angelegt, einen wiedervereinigten Staat zu schaffen und dann zur Grundlage einer endgültigen Verfassung zu werden. Diese Verfassung ist dem Staatsvolk also zur Eroberung aufgegeben. Das deutsche Volk hat sich das Grundgesetz 1989 mit dem Fall der Mauer eindrucksvoll zu eigen gemacht, sich seine Verfassung »erobert«.

Gerade in Umbruchzeiten wie 1945 und 1989 stößt der Freiheitssatz in seinem Hoffnungsgehalt das Nachdenken über künftige Lebensmöglichkeiten immer wieder an. Er fordert den gedanklichen Vorgriff auf die Zukunft, den politischen Erneuerungswillen zum Besseren. Die Jedermannsfreiheit kann bisherige Strukturen in Frage stellen, an vormalige Rechtskulturen erinnern, neue Ordnungen schaffen und festigen. Immer klingt auch eine Hoffnung mit, die etwas Utopisches hat, aber Energien freisetzt.[135] Die Menschen wollten 1945 und 1989 mit aller ihrer Erneuerungsenergie und höchst begrenzter politischer Macht zu der Rechtskultur zurückkehren, die auch Erkenntnisquellen für Recht jenseits des geschriebenen Gesetzes kennt, in der Rechtstradition seit langem jede Obrigkeit an Maßstäbe des Gerechten[136] bindet. Ein ausschließlich im Willen des Gesetzgebers begründetes Recht wird heute als »Willkür« zurückgewiesen.

Diese Entwicklung unseres Verfassungsstaates kann zur Grundlage wachsender politischer und rechtlicher Freiheit werden. Unser öffentliches Leben findet im Grundgesetz seinen Maßstab. Unsere Gesellschaft ist in stetiger freiheitlicher und demokratischer Erneuerung der Zukunft aufgeschlossen. Deutschland handelt als Mitglied der Europäischen Union und der Völkerrechtsgemeinschaft besonders weltoffen. Wir leben auch wirtschaftlich, wissenschaftlich, kulturell und klimatisch auf der Sonnenseite des Erdballs. Dieses Bewusstsein schafft Gelassenheit, in der wir unsere Gegenwartsprobleme angehen können.

Gleichmütige Verantwortlichkeit prägt auch unseren Staat. Mit der Kapitulation der deutschen Wehrmacht am 8. Mai 1945 und der Übernahme der obersten Gewalt in Deutschland durch die vier Alliierten bestand der deutsche Staat als staatliche Einheit wie als Völkerrechtssubjekt fort.[137] Mit der Schaffung des Grundgesetzes sollte der deutsche Staat lediglich »neu organisiert« werden.[138] Damit bewahren die Deutschen ihre Einheit als Staatsvolk und bestätigen die Verantwortung für vergangenes Unrecht. Der Staat bleibt Völkerrechtssubjekt, wird durch frühere völkerrechtliche Verträge und Mitgliedschaften in internationalen Organisationen gebunden. Diese Kontinuität begleitet den deutschen Staat als Mitglied der Europäischen Union und internationaler Organisationen, begründet in stetiger Verfassungsstaatlichkeit seine Verlässlichkeit und seine Entwicklung. Er ist zugehörig, in seinen Aufgaben selbstbewusst, in Erfolgen bescheiden, in der Verantwortlichkeit sensibel. Er nähert sich einer Kultur gelassener Freiheit.

9. Der Rechtsstaat wagt allgemeines Freiheitsvertrauen

Mit dem Erfolg unserer Großeltern und Eltern wird die Gleichheit sicherer, die Freiheit verheißungsvoll. Demokratische Wahlen und parlamentarische Mehrheiten organisieren eine für Wechsel und Neuerung offene politische Entwicklung. Der Gewählte gewinnt Macht auf Zeit. Der innere und äußere Frieden wird täglich erlebt. Die Wissenschaft blüht. Die Wirtschaft wächst. Die Kultur sucht eigene Wege. In dieser Gegenwart treten die Fragen nach den Grundwerten von Gesellschaft und Staat in den Hintergrund. Das pragmatische Erleben von Fortschritt und Erfolg dominiert. Manchen sind die Regeln einer Werteordnung, von Ethos und Moral, von Verantwortung und Anstand sogar lästig, weil sie politischen Ehrgeiz, Gewinnstreben und den Wunsch nach Selbstbestimmung stören.

Freiheit scheint dem recht zu geben, der nach der Maxime handelt: »Ich tue alles, was nicht verboten ist.«

Eine Freiheit ohne innere Bindung aber gefährdet die Verfassungsgemeinschaft, die Gemeinschaft in Ethos und Recht. Für die Freiheit ist es kein Fortschritt, wenn der Erfolgreiche mehr Gewinne macht, als er verdient. Im wirtschaftlichen Wettbewerb ist wesentlich, dass der Unternehmer durch gute Leistungen reich wird, bei schlechten Leistungen sein Einkommen nicht mehrt. Freiheit erwartet, dass im sportlichen Wettkampf der Beste die Goldmedaille erringt und nicht Betrüger den Wettbewerb verzerren. Im politischen Wettbewerb soll der das Mandat erringen, der in Person und Programm die Wähler überzeugt und Vertrauen gewonnen hat, nicht aber derjenige, der durch Fehlinformationen, durch Verletzung des Konkurrenten oder gar durch Korruption sich einen Vorteil verschafft hat. Eine Ordnung ohne Werte ist wertlos. Eine Freiheit, die nicht im inneren Wertbewusstsein ausgeübt wird, nimmt dem Freiheitsprinzip Überzeugungskraft. Reiner Pragmatismus bleibt vordergründig, zerbricht an seiner Wertlosigkeit.

Der Staat geht das große Wagnis der Freiheit ein. Beim Aufbruch zur Demokratie in Hambach waren sich die damals im Willen zur Freiheit versammelten Advokaten und Entdecker der »Preßfreiheit«, Studenten, Handwerker, Professoren und Arbeiter ihrer Freiheitsverantwortung bewusst. Sie forderten Freiheit, um ihre neuen Ideen der Lebens- und Gemeinschaftsgestaltung persönlich zu verwirklichen, den neuen Staat nach ihren Werten zu gestalten. Unter Geltung des Grundgesetzes stellt sich die Frage, ob der aus allen religiösen und weltanschaulichen Bindungen gelöste Staat als legitim und wertvoll anerkannt wird und ob der Staat seinerseits ohne religiös-moralische Vorgaben allein auf Grundlage profaner Pragmatik bestandsfähig ist.[139] Der freiheitliche Staat braucht innere Stabilisierungskräfte, die von den freien Bürgern ausgehen, Homogenität verbürgen und den Staat tragen.[140] Der Staat vertraut dem Gewissen seiner Bürger, die in einer selbstkritischen Geschichtsschreibung über ihr eigenes Denken und Tun verallgemeinerungsfähige Maßstäbe entwickeln.

Ein freiheitlicher Staat wird auf Dauer nur bestehen, wenn sich die Freiheit, die er seinen Bürgern gewährt, »aus der moralischen Substanz des Einzelnen und der Homogenität der Gesellschaft« steuert.[141] Der Staat kann diese inneren Regulierungskräfte nicht mit den Mitteln des Rechtszwangs und des autoritativen Gebotes zu garantieren suchen. Er würde sonst seine

Freiheitlichkeit aufgeben und »in jenen Totalitätsanspruch zurückfallen, aus dem er in den konfessionellen Bürgerkriegen herausgeführt hat«[142]. Der Verfassungsstaat wagt Freiheit im Vertrauen auf die Freien.

Heute stimmen Staat und Gesellschaft überein, dass der freiheitliche Staat auf die gesellschaftlichen Kräfte von Religion und Weltanschauung, von Kunst und Kultur, von Philosophie, Geschichte und Rechtswissenschaft angewiesen ist. Die Maßstäbe von Ethos, Redlichkeit, Ehrlichkeit, Ehrbarkeit und Solidarität aber soll die freie Gesellschaft bestimmen. Der Staat steht der Gesellschaft nicht als etwas Fremdes, Feindliches gegenüber, sondern bietet die Chance der Freiheit, die zu erhalten und zu realisieren auch die Aufgabe der Gesellschaft ist. Heute dürfte es Vorbehalte gegen die Realität des weltlichen Staates kaum noch geben. Die Angewiesenheit dieses Staates auch auf geistig inspirierende Kräfte bleibt aber Thema einer aktuellen Debatte.

Das Ethos in der Demokratie baut auf die Unterscheidung zwischen Staat und Gesellschaft, zwischen Grundrechten und Grundwerten. Die Grundrechte gewährleisten nicht bestimmte Auffassungen, Überzeugungen, Werthaltungen, nicht einen bestimmten Glauben oder ein bestimmtes Bekenntnis, schützen aber die Freiheit, Auffassungen, Überzeugungen, Glauben zu haben, dafür einzutreten und nach diesen Maßstäben zu handeln. »Mit der Gewährleistung der Grundrechte für den einzelnen Menschen oder auch für Gruppen eröffnet das Grundgesetz die Möglichkeit, Grundwerte zu verwirklichen.«[143] Der demokratische Staat findet Werthaltungen und sittliche Grundhaltungen in der Gesellschaft vor, muss bei seinem Handeln dort anknüpfen. Er lebt von ihm vorgegebenen Werten und Werthaltungen. Das Recht könne »nur begrenzt in ein Spannungsverhältnis zum tatsächlich in der Gesellschaft vorhandenen Ethos treten. Andernfalls würde es das Rechtsbewusstsein nicht mehr treffen und würde nicht mehr akzeptiert werden.«[144]

Die Rechtsordnung setzt auf das Ethos, nach dem die Menschen tatsächlich leben, ohne aber die diesen Werten zugrundeliegenden religiösen und weltanschaulichen Vorstellungen verbindlich zu machen. Der Staat vertraut auf die Freiheitsfähigkeit und Freiheitsbereitschaft seiner Bürger. Er wäre befremdet, wenn ein erfolgreicher Mensch ihm sagte, er tue alles, was das Gesetz nicht verbiete. Eine solche Freiheit allein nach gesetzlicher Fremdbestimmung, ohne die Kraft zur Selbstbestimmung, zur Bildung eigener Handlungsmaßstäbe, zerstört Freiheit. Der Mensch muss den Mut entfalten, sich selbst freiheitliche Regeln zu setzen. Er muss wissen, »was sich gehört«.

Dieses Vertrauen in den Menschen, seine Fähigkeit und Bereitschaft zum Besseren, zur Verantwortlichkeit, zum Gemeinsinn ist der Kerngehalt des modernen Verfassungsstaates. Dieser ist stets unfertig und wird täglich durch seine Bürger vervollständigt. Die Freiheitsidee setzt darauf, dass der Bürger seinen Weg zum »guten« Leben selbst findet. Die Demokratie baut darauf, dass die guten Wege der Einzelnen zu einem guten Gemeinwesen zusammenführen. Der Sozialstaat geht davon aus, dass dieses aus den Beiträgen der Bürger entstehende Gemeinwesen so stark ist, dass es auch diejenigen mitträgt, die nicht dazu beitragen können. Der Verfassungsstaat ist ein Staat, der auf Freiheit setzt und auf die beherzte Wahrnehmung der Freiheit vertraut.

10. Der Fall der Mauer

In dieser Verfassungsstaatlichkeit des Freiheitsvertrauens ist die individuelle Freiheit eine gestaltende Macht. Sie kann Mauern zum Einstürzen bringen. Als die Bürger der DDR in Dresden, Leipzig und Berlin mit Kerzen und Kirchenliedern auf die Straße traten und die Wiedervereinigung in Freiheit forderten, als sie unbeirrt von drohender Staatsgewalt und unbeeindruckt von Diktaturerfahrung vor der Weltöffentlichkeit für ihre Freiheit demonstrierten, praktizierten sie eine politische Gelassenheit, die eine Weltöffentlichkeit in Erstaunen versetzte. Und sie waren erfolgreich. Der Wille, in Freiheit und gleicher Menschenwürde zusammenzugehören, hat zwei sich bisher eher feindlich gesonnene Staaten in Friedlichkeit vereinigt. Diese Erneuerung ohne zerstörende Revolution entspricht dem Denken von Hambach und der Paulskirche. Doch der Fall der Mauer ohne Waffen ist historisch wohl einmalig.

Nach der äußeren Wiedervereinigung musste im Laufe der vergangenen 25 Jahre die Rechtseinheit im vereinten Deutschland wiederhergestellt werden. Das setzte zunächst voraus, die Realität zweier bisher verschiedener, teilweise gegenläufiger Rechtsordnungen anzuerkennen und zum Thema schonender Übergänge zu machen. Dabei war das Ziel dieser Rechtsangleichung die vom Grundgesetz geprägte freiheitliche Rechtsordnung.

Freiheit hat die Mauer zerstört und wird nun zum Bindeglied des wiedervereinigten Staates. Der Einigungsvertrag[145] und der Beitritt der Länder in der DDR auf der Grundlage des Grundgesetzes anerkennen diese Vorgabe einer einenden Rechtsidee. Das bisher in der ehemaligen DDR geltende Recht bietet den grundrechtlichen Freiheiten weniger Anknüpfungspunkte für eine Kontinuität, ist Anlass für eine Neuordnung. Der gebotene Neuanfang wird zu einem Modellfall für einen schonenden Übergang von altem zu neuem Recht.

Eine der ersten Grundsatzfragen war, ob das deutsche Grundgesetz in § 5 des Einigungsvertrages, eines völkerrechtlichen Vertrages zwischen der Bundesrepublik und der DDR, durch Vertrag zwischen zwei Staaten geändert werden kann. Grundsätzlich ist selbstverständlich, dass eine Verfassungsänderung dem Staatsvolk vorbehalten ist, eine Vereinbarung mit einer fremden Macht über die staatliche Verfassung deshalb nichtig ist. Andererseits wollte niemand den Einigungsvertrag als entscheidenden Schritt zur Wiedervereinigung aufhalten. Die Lösung schien anfangs verborgen, stellte sich dann aber als offensichtlich dar. Hinter den beiden vertragschließenden Staaten stand das wiedervereinigungswillige deutsche Volk. Dieses war zwar noch in zwei Staaten getrennt, konnte sich jetzt aber erstmals als Einheit äußern und zu einer verfassungsändernden Gewalt zusammenfinden. Das sich einige Staatsvolk war auf dem Weg zur staatlichen Einheit. Diese erste Grundsatzentscheidung des Bundesverfassungsgerichts zur Wiedervereinigung[146] rückte den freiheitlichen Aufbruch zum vereinten Verfassungsstaat in das Blickfeld der neuen autonomen Demokratie.

Die nachfolgenden Entscheidungen[147] zeigen, dass auch der Erfolg des Mauerfalls noch nicht mit einem Befreiungsschlag aus zwei Staaten einen macht, der Weg zur gemeinsamen Freiheit vielmehr lang ist und viel Schutt weggeräumt, viel neu aufgebaut und viel einander angeglichen werden muss.

Das Recht vermeidet bei der Erneuerung den abrupten Bruch. Der Bürger erwartet, dass das derzeit geltende Gesetz ihm Rechtssicherheit gibt, er sich darauf verlassen kann, dass ein Verhalten nach diesem Gesetz rechtmäßig bleibt, seine ihm gesetzlich zugesprochenen Ansprüche tatsächlich fortbestehen.[148] Dieses Rechtsvertrauen ist ein Stück seiner Freiheit. Das Recht sucht deshalb bei Rechtsänderungen den schonenden Übergang, auf den sich der Bürger einstellen kann. Freiheit fordert persönliche Sicherheit im

Recht. Dieses anspruchsvolle Übergangskonzept verlangt gelassene und beherzte Freiheit, die sich sicher ist, ihr Ziel zu erreichen, deswegen unbefriedigende Vorläufigkeiten in Kauf nehmen kann.

11. Der rechtliche Umbruch braucht den Mut zur Freiheit

Die Freiheitsgeschichte der Staaten gibt keine abschließende Antwort auf die Frage, wie weit die Kraft menschlicher Freiheit Umwälzungen veranlassen und lenken kann.[149] Doch wird offensichtlich, dass Kriege und Niederlagen, Pest und Naturkatastrophen, Revolutionen und Terror Umstürze und Zusammenbrüche verursachen, die weitere Entwicklung aber nicht steuern können. Eine darniederliegende Kultur, ein Machtvakuum, eine dezimierte Bevölkerung bieten eine trostlose Gegenwart, definieren noch nicht Hoffnungen und bahnen noch nicht den Weg in eine bessere Zukunft. Deswegen müssen Menschen Freiheitsideen entwickeln und freiheitliche Verfassungen entwerfen, die ein Staatsvolk aus seinem Elend befreien. Sie müssen die Kunst lehren, in Zukunft frei zu sein. Sie müssen Wege weisen, um sich aus der Unfreiheit zu befreien, sodann aber den nächsten Schritt tun und neue Staatsformen der Freiheit gründen und ins Werk setzen. Im dritten – letztlich entscheidenden – Schritt entwickeln die Menschen dann eine Herrschaft über sich selbst, die sie zu bedachten, auch gemeinschaftsdienlichen, verallgemeinerungsfähigen Maßstäben für sich selbst befähigen.

Diese Freiheitsethik erwächst aus der Freiheitskultur der Menschen. Der freiheitliche Staat ist nicht berechtigt, diese moralisierend vorzugeben. Er verlöre damit seine Freiheit. Wohl aber wirken Staat und freie Gesellschaft in einer Freiheitspolitik des Schulwesens, der Bildung und der Kultur zusammen, um die Freiheitsidee fest im Menschen zu verwurzeln und zur Blüte zu bringen. Freiheit gilt für alle – die ehemaligen Herrscher und die Erneuerer –, fordert deshalb im Umbruch den schonenden Übergang.

Die Bundesrepublik hat nach 1949 international Vertrauen gewonnen und das deutsche Staatsvolk ein neues Selbstvertrauen aufgebaut, weil sie die Würde jedes Menschen zum Leitprinzip der Erneuerung gemacht

haben. Staat, Wirtschaft und Kultur wurden und werden nach dem Leitgedanken der beherzten Freiheit aufgebaut. Der innere Zusammenhalt im
Staatsvolk, die europäische Integration und die Friedenspolitik in der Völkerrechtsgemeinschaft sind von Gemeinsinn – klassisch: im Bemühen um
Harmonie – getragen. Die Wiedervereinigung Deutschlands wurde in einer friedlichen Revolution ohne Waffen erreicht. Die Bundesrepublik ist
ein freies Land und hat eine Kultur entwickelt, die 1949 und 1989 aus der
Not in allgemeine Freiheit geführt hat.

IV.

Der freie Mensch muss
Ungewissheiten ertragen

1. Fragen an das Orakel

Im alten Orient trafen die Könige und ihre Berater wichtige Entscheidungen des Gemeinwesens nicht ausschließlich nach eigenem Sachverstand, sondern bedienten sich unabhängiger Sachverständigenräte.[1] Über Jahrhunderte hinweg wurden an altorientalischen Königshöfen die Zukunftsaussichten eines Plans, einer politischen, strategischen oder personellen Entscheidung durch Beobachtung und Deutung der Eingeweide eines eigens zu diesem Zweck geschlachteten Schafes ermittelt. Dabei galten insbesondere bestimmte Erscheinungen an der Oberfläche einer Leber als günstige oder ungünstige Zeichen. Diese Prognosen auf einer uns eher unsinnig erscheinenden Grundlage gab obrigkeitlichen Planungen und Vorhaben den Glanz übermenschlicher Rechtfertigung, erschloss auch neue Freiräume für die Korrektur von Fehlentscheidungen oder das besonnene Aushandeln politischer Entscheidungen, schuf Konsens und Zielstrebigkeit im Handeln einer Rechtsgemeinschaft.

Auch in der Antike[2] haben die Menschen ein Orakel befragt, das ihnen die Zukunft voraussagen und Entscheidungshilfen geben sollte. In Delphi saß Pythia auf einem Dreifuß über einer Erdspalte.[3] Aus dieser Spalte sollen Dämpfe aufgestiegen und sie in einen Trancezustand versetzt haben.[4] Hier wechseln die Erzählungen zwischen historischen Berichten über Kulte, erzählerischer Ausschmückung und dem Willen der Menschen, mehr von der Zukunft zu wissen, als ihnen möglich ist. Viele der als Legenden überlieferten Orakelsprüche sind vage und mehrdeutig. Als Krösus vor seinem Kampf gegen den Perserkönig Kyros II. das Orakel befragte, lautete die Antwort: »Wenn Krösus den Halys überschreitet, wird er ein großes Reich zerstören.« Krösus verstand diese Aussage als Ankündigung, er werde das Perserreich zerstören, erlebte dann aber, dass er sein eigenes Reich zerstört hatte.[5]

Auch die Gegenwart sucht Zukunftsvorstellungen, stützt die Prognose aber auf Daten. Die Vorhersage denkt Erfahrungen in die Zukunft voraus, hat auch Beteiligte nach ihrem zukünftigen Verhalten befragt. Das prominenteste Beispiel ist in Deutschland der Sachverständigenrat zur Begutachtung der gesamtwirtschaftlichen Entwicklung – die »fünf Wirtschaftsweisen«.[6] Sie sagen die zukünftige Wirtschaftsentwicklung voraus und prognostizieren dabei in der Genauigkeit von Zahlen das

Bruttoinlandsprodukt und die Inflationsrate, wiederum Spiegel menschlichen Verhaltens, gesellschaftlicher Entwicklungen und staatlicher Entscheidungen. So ist auch diese Prognose nicht immer richtig.[7] Dennoch vermitteln diese quantifizierten Werte in ihrer Einfachheit und Verständlichkeit Orientierung. Sie geben dem Menschen mehr Zukunftssicherheit, als er leisten kann, begründen andererseits auch Erwartungen der Wirtschaftsbeteiligten, nach denen diese handeln und damit die Prognosen erfüllen.

2. Der Mensch muss fragen, aber Unbegreifbares ertragen

Jeder Mensch denkt über seine Zukunft nach, ist sich dabei bewusst, dass er sein Leben nicht einmal für den nächsten Tag voraussehen, geschweige denn seine langfristige Entwicklung schon heute erfahren kann. Sollte er die Fußballergebnisse von morgen oder die Börsenkurse von übermorgen voraussagen, würde er kläglich scheitern. Er kann seine Erfahrungen in die Zukunft weiterdenken, ist sich dabei aber stets bewusst, dass aus der Erfahrung von heute die Überraschung von morgen werden kann. Wendet er den Blick zurück und sucht das Entstehen des Menschen zu ergründen, fragt er, wie aus dem Nichts ein Etwas und aus dem Etwas ein Mensch wird. Er sucht nach Sinn und Ziel seines Lebens, erlebt Machtlosigkeit und Ohnmacht, erwägt Antworten jenseits seiner Erfahrungen und seiner Kraft zu Voraussagen. Er greift auf die Fähigkeiten zu hoffen, zu vertrauen, zu staunen zurück. Diese geistige Weite ist Folge seiner Rationalität.

Alle Wissenschaften rücken, je erfolgreicher sie sind, die Schranken menschlichen Wissens ins Bewusstsein. Menschliches Erkennen ist begrenzt, fehlerhaft, verführbar. In Krise und Not fehlen oft Fertigkeiten und Steuerungsmöglichkeiten. Erfahren und Verstehen ist durch individuelle Lebenssicht, durch persönlichen Charakter und Begabung bedingt. Das macht den Menschen bescheiden. Wenn der Weltraumforscher erklären soll, wie weit der Mensch schon in das All vorgedrungen ist, wählt er das Bild, die Erde habe die Größe eines Stecknadelkopfes in einer Großarena und sei dort mit dem bloßen Auge kaum erkennbar. Auf diesem Stecknadelkopf wohnen fast acht Milliarden Menschen.

Wenn wir den Genforscher nach seinem Wissen vom Menschen fragen, verweist er auf seine Entschlüsselungserfolge, erklärt aber nicht die Menschwerdung, sondern diagnostiziert Spätwirkungen einer unendlich erscheinenden genetischen Kausalkette. Wer die künstliche – technische – »Intelligenz« auf dem Weg zur Weltherrschaft sieht, wird sich bewusstmachen, dass ein Computer nur das leistet, was ihm der Mensch vorgegeben hat. Sollte der Mensch ihn so ausstatten, dass der Computer seiner Herrschaft entgleitet, wird der Mensch Programme entwickeln, um seine Macht über die Technik zurückzugewinnen.

Alle Erfolge der Naturwissenschaften, alle geistigen Höhenflüge der Philosophie, alle Erfahrungen der Geschichtswissenschaften können Grundsatzfragen des Lebens nicht beantworten.

- Was ist der Mensch? Ein gänzlich in Naturgesetzmäßigkeiten determiniertes Säugetier oder eine mit individuellem Willen, mit der Kraft zur Freiheit und Verantwortlichkeit begabte Person?
- Was ist die Zeit? Die Phase unausweichlicher Vergänglichkeit oder der Weg in eine Ewigkeit?
- Was ist die Natur? Eine Materie, die zerfällt und verwest, oder eine bleibende Wirklichkeit, die über ihren begreifbaren Ursprung und ihr erkennbares Ziel hinausweist und den Menschen veranlasst, die Frage nach dem Überirdischen und der Ewigkeit, der Allmacht zu stellen?
- Was ist Gerechtigkeit? Ein wegen der Unzulänglichkeit des Menschen unerreichbares, deswegen törichtes Ziel, oder aber der Auftrag, sich ständig der Achtung vor der Würde und Freiheit des Anderen, der Verantwortlichkeit bei Wahrnehmung der eigenen Freiheit, der Kultur des Maßes anzunehmen, sich dem Unerreichbaren anzunähern?

3. Wesentliche Fragen bleiben offen

Der Mensch stellt die Grundsatzfragen beharrlich. Der Staat lässt sie offen. Sicherheit und öffentlicher Frieden setzen voraus, dass der Staat die Gestaltung des individuellen Lebens in der Freiheit des Bürgers belässt, er im Freiheitsvertrauen auf die Redlichkeit und Tüchtigkeit seiner Bürger und Wähler seine eigenen Aufgaben und Befugnisse begrenzt.

Gemeinschaftserhebliche Lebensbereiche wie die Wirtschaft, die Wissenschaft, die Kunst, insbesondere das Familienleben bleiben in privater Hand. Diese Freiheit schafft Vielfalt, setzt auf die Bereitschaft zum Wagnis, erwartet neue Entwicklungen, erlaubt Korrektur und Erneuerung auch im Prinzipiellen.

Das Grundgesetz fordert vom Staat im Lebensbereich von Religion und Weltanschauung, dass er um des inneren Friedens willen die Frage nach der religiösen Wahrheit offenlässt. Die Frage nach der Existenz Gottes, nach dem wahren Gott, den richtigen Formen und Riten beantwortet der Staat nicht. Er sucht für das Verhältnis von Staat und Kirche zwar nicht die »distanzierende Neutralität« des französischen Verfassungsrechts, die Religion tendenziell in den privatgesellschaftlichen Bereich drängt und dort festhält. Er stellt ihr aber ein Konzept offener Neutralität auch gegenüber gesellschaftlich prägenden Religionen entgegen, bietet der Religion auch Entfaltungsraum im öffentlichen Bereich, insbesondere in Schulen, in Bildungseinrichtungen, in den Geisteswissenschaften, in der Kulturpolitik und in einer »raumgebend verstandenen«[8] Religionspolitik.

Wenn gegenwärtig die Kultur des Christentums und die des Islam aufeinandertreffen, sichern Gesetzestreue, religiöse Neutralität und die Idee der religiösen Toleranz den Frieden unter den Religionen. Der Staat wird nicht neue Gegensätze aufbauen, sondern religiösen Frieden ohne Gewalt gewährleisten. Dabei wird er Menschen vor Religionen schützen, wenn sie von Herrschaftswilligen in Anspruch genommen werden, um politische Macht zu begründen, um wirtschaftliche Überlegenheit zu gewinnen und insbesondere, um Gewalttätigkeit zu bemänteln. Das Recht wird die Interpretation religiöser Texte von der rechtlich nicht tolerablen Gewaltempfehlung abgrenzen, jede Gewalt im Namen einer Religion zurückweisen. Religion ist von Gewalttheorie und Gewalttätigkeit fernzuhalten, der Bürger vor religiös verbrämtem Unfrieden zu schützen. Das Gewaltmonopol des Staates und korrespondierend das Gewaltverbot für die Gesellschaft sind der rechtliche Rahmen auch für das Recht auf Religionsfreiheit. Gewaltverbot und Religionsfreiheit sind Teil derselben Rechtsordnung. Diese ist eine Friedensordnung der Gewaltfreiheit und der Toleranz.

Der Staat muss – ebenso wie die Kunst, die Wissenschaft und die Religion – anerkennen, dass Unbegreifbares nicht begreifbar ist. Dieses erlebt der Wissenschaftler täglich. Der Künstler bringt dieses in Bildern und

Formensprache zum Ausdruck. Die Philosophie lehrt annähernde Gedanken an das Unbegreifbare. Die Religion fordert vom Menschen, sich das Unbegreifbare als Teil des Menschlichen zu eigen zu machen. Jede Kultur fragt nach Gott und sucht einen Weg des Menschen, mit seinem Gott zu sprechen. Diese Grundsatzfrage bleibt staatlich und rechtlich unbeantwortet. Der einzelne Mensch ist auf seine Freiheit und die seine Freiheit mittragenden Gruppen verwiesen. Eine Auferstehung Gottes ereignet sich im gläubigen Menschen, nicht in staatlichen Organisationen und Institutionen.

Im Namen dieser Fragen sind Kriege geführt worden. Der moderne Verfassungsstaat antwortet auf diese Fragen nicht, bietet damit den Menschen aller Religionen und Weltanschauungen Frieden im Staat. Ein Leitgedanke des Lebens in Sicherheit ist die Teilung von freiheitsverpflichtetem Staat und freiheitsberechtigter Gesellschaft. Der freie Mensch gestaltet seine Wohnung und Freizeit, lebt in Ehe und Familie, entfaltet sich in Kunst und Wissenschaft, bekennt sich zu Religion und Kirchlichkeit. Der Staat schweigt.

4. Hoffen und Vertrauen

In diesen Begrenzungen, Zweifeln, Bedingtheiten sehnt sich der Mensch nach Eindeutigkeit. Er will mehr Gewissheit, als ihm möglich ist. Er hofft auf eine bessere Zukunft. Er vertraut dem Menschen. Er staunt und erlebt Geheimnisse. Er sucht zu vergessen und zu vergeben. Ein Mensch, der nicht hoffen kann, der nicht nach dem Besseren, auch nach dem Unerreichbaren strebt, fiele in eine Leere, die den Sinn seines Lebens in Frage stellte, seiner Freiheit einen wesentlichen Impuls nähme, den Aufbruch zu Fortschritt und Erneuerung erstickte. Die modernen Verfassungen[9] bekräftigen die Hoffnung, dass der Mensch in verantwortlicher Freiheit sein Glück suchen und finden kann, er als demokratischer Bürger das Gemeinwohl fördert, im Verfassungsrecht Institutionen schafft, die dem Gemeinwesen eine gute Zukunft bieten. Der Mensch lebt in einer Welt voll Hoffnung und weiß seine Hoffnungen zu organisieren. Der Gesetzgeber greift mit seinen Regeln in die Zukunft voraus, ohne alle Verbindlichkeitswirkungen voraussehen zu können.

Ein Mensch, der nicht vertrauen kann, der keines anderen Menschen in seiner Lebenssicht und Lebenserfahrung gewiss ist, wäre sprichwörtlich um den Schlaf gebracht. Ihm wäre das natürliche Aus-der-Zeit-Sein nicht möglich, in dem wir ohne Anspannung des Denkens, ohne Verantwortlichkeit für uns und andere entspannen dürfen, Gefahren nicht befürchten, wir nicht erklären, antworten, rechtfertigen müssen. Misstrauen veranlasst angespannten Argwohn, hält in ständiger Bereitschaft zur Gegenwehr. Der wache Mensch lebt zwischen Spannung und Entspannung, kehrt – wie die Bogensehne – nach dem Anspannen in eine Gleichgewichtslage, einen »entspannten« Zustand zurück. Wenn uns ein Buch oder ein Film »auf die Folter spannt«, begeben wir uns freiwillig in diese Bedrängnis, weil wir am Ende – mit der Auflösung der Spannung – eine »Entspannung« erwarten, ein Täter identifiziert, eine Gefahr bewältigt, eine Ungewissheit ausgeräumt, auch etwas Böses entdramatisiert, das erhoffte Gute verwirklicht wird.[10]

Heute entlasten uns die Sicherheit im Recht, die sozialstaatliche Krisenvorsorge und insbesondere die freiheitliche Selbstgestaltung der Lebensumstände vom »Kampf ums Überleben«. Deshalb scheint der Mensch andernorts den Wechsel zwischen Spannung und Entspannung zu brauchen. Vielfach erzeugen Kunst und Spiel künstlich Spannungen. Auch die sportliche Herausforderung und Überforderung des eigenen Organismus, die Schicksalsherausforderung durch Spiel und Spekulation sind auf den Wechsel zwischen Stress und Erholung, Wachheit und Schlaf angelegt.[11] Die Menschen antworten auf ihre zivilisatorische Umhegung und Befriedung, indem sie künstliche Risiken und Herausforderungen suchen, dann aber auch Phasen der Ausgeglichenheit, der Ruhe, des Schlafes, der Gelassenheit erwarten.

Allerdings ist mit diesem Erlebnis von Spannung und Entspannung stets nur ereignishaft ein einzelnes Geschehen gemeint, nicht eine Grundgestimmtheit gegenüber Mitmenschen und der Welt. Freiheit gelingt nicht ohne Freiheitsvertrauen. Wir vertrauen auf den Wert des Geldes, die Bekömmlichkeit des Gastmahles, die verlässliche Ankunft des Zuges, die Friedlichkeit des im abendlichen Dunkel entgegenkommenden Menschen. Würde dieses Vertrauen einem allgemeinen Misstrauen weichen, wären Frieden, Freiheit und hoffnungsvolles Selbstbewusstsein dahin.

Ein Mensch, der kein Geheimnis kennt, der nicht eine Realität jenseits des Erfahrbaren erlebt, der nicht staunen kann, verliert die dem Menschen eigene geistige Weite, verengt den Wirkungsbereich seines Verstandes, seiner Freiheit, seines Glücks. Je mehr der Mensch die Welt analysiert und seziert, desto mehr erfährt er sein Nichtwissen, erlebt die Grenzen seines Wissens, erkennt das Verborgene, das Schleierhafte, das Zauberhafte als Teil und Glück der Welt. Im Staunen, im Wundern, im Verehren wird der Verstand bescheiden, das Leben weiter.

Der Mensch hofft auf das Bessere, wenn er das Neue wagt, zu vergessen und zu vergeben sucht, er sich staunend verzaubern lässt, bewundernd Menschen verehrt, das Geheimnisvolle als Teil der Welt anerkennt.

5. Vergessen und Erinnern

Ein Mensch, der nicht vergessen, der Unglück, Enttäuschung, Bitterkeit, Hass nicht hinter sich lassen kann, findet keinen Zugang zur Zukunft. Ihm bleiben der Aufbruch, die Erneuerung, das Fortschreiten verschlossen. Nach dem Dreißigjährigen Krieg haben die Kriegsparteien im Frieden von Münster und Osnabrück 1648 vereinbart, dass sie die Vergangenheit – Tötung und Zerstörung, Demütigung und Verachtung – vergessen wollen, um nicht aus Rache einen neuen Krieg zu beginnen.[12]

Diese Kultur des Vergessens war jahrhundertelang die Bedingung von Friedensschlüssen. Nach Ende des I. Weltkriegs, der durch das Zerstörungspotenzial moderner Waffen, seine Ausbreitung über die ganze damalige Welt und seine verheerenden Wirkungen für die Menschen alle Beteiligten in Schock versetzt hatte, vereinbarte man im Versailler Vertrag 1918 ein Erinnern.[13] Diese Kultur des Erinnerns, der nachhaltigen Verantwortungszuweisung, bestimmt unser heutiges Denken. Wer die Vernichtungskraft moderner Waffen und Kriege vor Augen hat, wird erkennen, dass ein Krieg zu Selbstzerstörung führt, deshalb zu verhindern ist. Allerdings darf das Erinnern die Kriegsfolgen, insbesondere die Ausgleichspflichten, nicht über Generationen hinweg verlängern. Frieden muss auch die ökonomischen Beziehungen in die Normalität führen.[14]

Der Mensch lässt sich in seiner Fähigkeit, sich zu erinnern und zu vergessen, keine Weisungen erteilen. Er nutzt beide Begabungen, braucht dazu aber die innere Freiheit, das eine zu tun und das andere nicht zu lassen. Er wird sich seiner Lebenserfahrungen, seiner Glückserlebnisse, seiner

Verantwortlichkeiten erinnern, Schrecken, Verletzungen, Enttäuschungen vergessen. Er wird gelassen den Weg wählen, der ihm individuell richtig erscheint.

Ein Mensch, der nicht vergeben kann, verharrt in Vorwurf, Schuldzuweisung, Selbstgerechtigkeit, Überheblichkeit. Das moderne Strafrecht folgt dem Fünfklang Freiheit, Verantwortung, Schuld, Sühne, Vergebung. Dem liegt die Einsicht zugrunde, dass auch die großen Ideale des Rechts durch unzulängliche Menschen verwirklicht werden, der Mensch immer wieder auch nach eigenen Maßstäben scheitern wird, deshalb in die Rechtsordnung zurückgeführt werden muss. Das Christentum vermittelt ein realistisches Bild vom Menschen. Unter den zwölf Aposteln waren zwei Verräter, Judas und Petrus. Doch Petrus, der seinen Herrn verraten und danach »bitterlich geweint« hat, war der Fels, auf den die Kirche gebaut worden ist. Das Grundgesetz gibt selbst dem Mörder nach 12 bis 15 Jahren Strafverbüßung eine Chance, in die Freiheit zurückzukehren.[15] Im deutschen Strafrecht ist die Sühne, die Strafe als Vergeltung für begangenes Unrecht, nicht mehr alleiniges Strafziel. Die Strafe dient gleichermaßen der vorbeugenden Abschreckung, dem Schutz der Bürger vor weiteren Straftaten. Heute hat die Strafe aber vor allem das Ziel, den Straftäter durch die Freiheitsentziehung zu einem geordneten Leben hinzuführen, ihn an regelmäßige Arbeit zu gewöhnen, ihn auf Dauer sesshaft zu machen (Resozialisierung).[16] Ein letztes Entscheidungsrecht des Staates, eine verhängte Strafe für einen Täter individuell zu verringern, bietet das Begnadigungsrecht. Diese Entscheidung für eine »Gnade vor Recht« stellt nicht den Rechtsgüterschutz, insbesondere den Schutz des Lebens, in Frage. Es lässt das strikte Verbot, Rechtsgüter zu verletzen, und deren Strafsanktion unberührt, nimmt eine Zeit der Strafverbüßung als richtig und angemessen hin, erlaubt dann aber eine Minderung oder Beendigung der ursprünglich gerichtlich verhängten Strafe mit Blick auf die Individualität und Betroffenheit des Täters.[17] Das Grundgesetz formuliert zu Anfang die großen Ideale von Würde, Freiheit, Gleichheit, Sozialem, kennt dann in Art. 34 eine Haftung des Staates für staatlich begangenes Unrecht. Dieses ist kein Widerspruch, sondern bestätigt den Auftrag des Rechtsstaates, die Verfassungsideen mit Menschen – also unzulänglich – zu verwirklichen. Das Recht sucht vorsorgend und vorbeugend strikte Rechtmäßigkeit zu gewährleisten, dann beim Scheitern des Rechts die verletzten Rechtsgüter so weit als möglich wiederherzustellen.

Der Mensch sucht sich hoffend und vertrauend auf das Unvorhergesehene einzurichten, begegnet staunend dem Unbegreifbaren, ordnet erinnernd und vergessend seine Erfahrungen. Er nutzt historisches Wissen für die Planung seiner Zukunft, entlastet sich aber auch von Vergangenem durch Schuldbekenntnis, Schadensausgleich, Bitte um Vergebung. Verantwortung bleibt individuell. Fehleranfälligkeit ist menschlich.

Der aufgeklärte Mensch sucht nach Gewissheiten im Ungewissen, wird sich dabei täuschen, auch enttäuscht werden. Er wird zweifeln, vielleicht sogar einmal verzweifeln. Not und Hoffnung gehören zu jedem Menschen. Der Mensch ist in Natur und Schicksal eingebettet. Er kann aber erkennen, wann ein Kampf gegen Entwicklungen möglich und wann ein Schicksal übermächtig ist. Er wird bescheiden, bleibt gelassen. Realitätssinn, Hoffen und Vertrauen machen zuversichtlich.

6. Das Bilden von Werten ohne die Frage nach dem Warum

Die Vereinten Nationen haben sich auf die Menschenrechte verständigt, »unter der Voraussetzung, dass keiner fragt: Warum?«[18] Die Menschenwürde, die persönliche Freiheit des Menschen, die Gleichheit vor dem Gesetz, das soziale Staatsziel sind Werte. Ohne diese Werte wäre die Verfassung wertlos. Sie sind Früchte eines religiös-kulturellen, philosophisch-historischen Baumes, die der Verfassungsstaat erntet, ohne den Baum selbst als Quelle dieser und zukünftiger Werte in die Staatsverfassung einzubeziehen. Dem Staat steht es nicht zu, die geistig-kulturellen Grundauffassungen und Standards der Gesellschaft rechtlich verbindlich zu machen. Er darf und muss aber die Voraussetzungen der Menschenwürde, der Freiheit, die Achtung des Gewissens schützen, in seinem Schul- und Bildungswesen stützen und stärken.

Der Verfassungsstaat baut auf eine freie Gesellschaft, die fundierte Werte hat, in der jeder die Folgen seines Verhaltens für andere bedenkt, die Regeln beachtet, auch wenn der Staat das Verhalten nicht beobachtet und kontrolliert. Der Staat fördert diese Kraft zur inneren Bindung, diese Kultur der Selbstreflexion, diese Offenheit für den existenziellen Befund, nicht allein auf der Welt zu sein. Er schult diese Kultur des Maßes in Schule und Hochschule, in Bildungs- und Kultureinrichtungen. Er wird das Leben in Familie, Sport und Gemeinnützigkeit anregen und erneuern. Er gibt dabei nicht Maßstäbe vor, sondern kultiviert Quellen, in denen die Maßstäbe sich entwickeln. Das ist ein Konzept nachhaltiger Freiheit.

7. Freiheit in der Selbstbescheidung

Das Leben des Menschen im Ungewissen hat somit erhebliche Bedeutung für die Freiheit: Der Freie lebt in einer Welt, die er nicht vollständig erkunden, erklären und verstehen kann. Er muss sich darauf einrichten, in einer unbegreifbaren Welt zu leben, die er wissenschaftlich immer mehr ergründen, in technisch und intellektuell geschulter Erfahrung immer mehr beherrschen kann, in den Grundsatzfragen des Lebens aber unbeantwortet lassen muss. Das Leben im Ungewissen erlaubt dem Menschen, zu hoffen, die Anspannung von Wagnis und Herausforderung zu suchen, sich auf rechtliche Maßstäbe zu verständigen, die in ihrer Zukunftsverbindlichkeit nicht gänzlich vorausgesehen werden können. Freiheit bedeutet auch, sich auf Ungewissheiten einzulassen, über Geheimnisse zu staunen, das eigene Wissen und Gewissen stetig zu schulen. Der Mensch gewinnt Gelassenheit gegenüber den Ungewissheiten des Lebens, weil er weiß, dass er diese Ungewissheit nicht in Gewissheiten wenden kann.

V.

Freiheit, Gleichheit, Sicherheit

1. Das schwankende Boot

Wenn Urlauber bei einer Bootsfahrt dem Hinweis ihres Reiseführers auf eine Sehenswürdigkeit am Ufer folgen und alle auf die rechte Seite des Bootes drängen, droht dieses zu kippen. Eilen sie dann bestürzt auf die andere Seite, verstärkt sich die Gefahr des Kenterns. Der erfahrene Kapitän bittet seine Gäste deshalb schon zu Beginn der Fahrt, für eine ausgewogene Gleichgewichtslage zu sorgen. Der Baumeister stabilisiert ein Boot von vornherein so, dass dieses auch bei überstürztem Verhalten der Fahrgäste seine Festigkeit und den stabilen Kurs nicht verliert.

Die von der einen zur anderen Seite drängenden Gäste nehmen ihre Freiheit wahr, verhalten sich gleich, sitzen existenziell im gleichen Boot. Doch ihr Leben ist durch dieses Verhalten in Freiheit und Gleichheit gefährdet. Hinzutreten muss die Sicherheit, die der individuellen Freiheit und Gleichheit einen festen Boden, ein Fundament der eigenen Existenz sichert.

Die Rechtsgarantien von Freiheit, Gleichheit und Sicherheit wirken miteinander und gegeneinander, müssen deshalb aufeinander abgestimmt und gemeinsam zur Geltung gebracht werden. Der Mensch ist nicht frei, sondern freiheitsberechtigt. Er beansprucht in Bindungen an Staat und Recht, in Familie und Gesellschaft, in Natur und Technik ein Stück selbstbestimmter Autonomie. Der Mensch ist nicht gleich, sondern gleichberechtigt. Alle Menschen sind in ihrer Individualität verschieden, dürfen in Freiheit ihre Verschiedenheit mehren, sollen nicht gleich sein, sondern maßvoll angeglichene Lebensverhältnisse vorfinden. Deshalb behauptet die Verfassung nicht, alle Menschen seien gleich, sondern stellt sie »vor dem Gesetz«, dem Instrument rechtlicher Unterscheidungen, gleich.[1] Sicherheit findet der Mensch nicht aus eigener Kraft, sondern eingebunden in eine Rechtsordnung des Friedens, in den inneren Zusammenhalt einer Demokratie, in die familiären und kulturellen Gemeinschaften, die Friedlichkeit pflegen und zum Frieden erziehen. Der Schutz gegen auswärtige Feinde ist Sache des Staates.

Ein Mensch kann frei sein, wenn er in Frieden lebt, sein Leben selbstbestimmt gestalten darf und einer Rechtsgemeinschaft in Gleichheit zugehört. Die klassischen Gewährleistungen moderner Verfassungen – Freiheit, Gleichheit, Sicherheit – bieten die rechtlichen Grundlagen, auf denen sich

Kraft und Mut zur Selbstbestimmung entwickeln. Wer in einem Kriegsgebiet oder in stetigem Unfrieden mit seiner Nachbarschaft leben muss, findet schwer zu einer zufriedenen, gemeinschaftsoffenen Grundeinstellung. Wer unter Diktatur, Unterdrückung und Bevormundung leidet, verzehrt sich im Kampf um seine Freiheit. Er wird Freiheit erst gewinnen, wenn er sein Leben selbst gestaltet und verantwortet. Er ist mit selbstbestimmten Lebenssituationen eher zufrieden als mit fremdbestimmten. Wer Gleichheit vor dem Gesetz genießt, lebt in gelassener Sicherheit, nach dem Ideal des sozialen Rechtsstaates auch in Freiheit von Not und Furcht.[2] Wer das Gemeinschaftsleben demokratisch mitgestalten darf, empfindet eine Zugehörigkeit zu Staat und Staatsvolk, erfährt Freiheit in politischer Gemeinschaft.[3] Wer die rechtliche Gewissheit einer unverletzlichen individuellen Würde und Freiheit hat, wer auch gegenüber dem Gesetzgeber berechtigt ist, nur durch sachlich gerechtfertigte und einsichtig begründbare Regeln belastet zu werden,[4] entwickelt eine entspannte Zukunftsicht, die Freiheit möglich macht. Die verfassungsrechtliche Garantie von Freiheit, Gleichheit und Sicherheit bietet die Rechtsgrundlagen für ein Konzept eigenständiger, selbstbestimmter Lebensführung.

2. Brüderlichkeit, Solidarität, Sicherheit

In der Französischen Revolution waren die inneren Unruhen, Armut und Not so groß, dass die neuen Verfassungen »Freiheit, Gleichheit und Sicherheit« forderten. Der Dreiklang der modernen Demokratie lautet ursprünglich »Freiheit, Gleichheit, Brüderlichkeit«. Doch der Gedanke der »Brüderlichkeit« ist zu leidenschaftlich, zu weitgreifend. Nicht jeder empfindet gegenüber anderen Menschen verwandtschaftliche Nähe, natürliche Ähnlichkeit, gleichen Ursprung.[5] Nicht jeder will sich mit allen anderen verbrüdern. »Brüderlichkeit« bezeichnet eine Haltung, eine Gesinnung, ein Wir-Gefühl, ist als Kerngedanke für eine rechtliche Gewährleistung nicht geeignet.

Anfangs war der Gedanke der »Brüderlichkeit« frei von jeder Aggressivität. Der Revolutionär will den neuen, den besseren Menschen schaffen, der sich die Ziele der Revolution zu eigen macht und deshalb in einer gemeinsamen Brüderlichkeit auf den Umsturz mit den Methoden der Revolution hinarbeitet. Doch diese Revolution hat ihre Gegner: den König und sein Gefolge, die Aristokraten, das Feudalsystem, den hohen Klerus, schließlich alle Andersdenkenden. Dadurch wird die »Brüderlichkeit« zu einem ausgrenzenden Begriff: »Jeder Franzose ist heute euer Bruder, bis er sich offen als Verräter am Vaterland erweist.«[6] Da die Aristokraten »kein Vaterland« hätten, seien sie von vornherein vom Kreis der Brüder ausgenommen. Es gibt »nur Brüder oder Feinde«. Dieses Bild des Feindes braucht der Revolutionär, um seinen Anhängern die schreckliche Bedrohung vor Augen zu führen, die der Umsturz abwehren soll. Der Feind bietet das Gegenbild, das die Revolutionäre eint und ihr Vorhaben festigt.[7] So wird der integrierende Gedanke der »Verbrüderung« zu einem Mittel der Ausgrenzung, das Menschen in Zugehörige und Fremde, in Gute und Böse aufteilt und zu Gruppen formt, die den »Verräter« entlarven und letztlich töten. Brüderlichkeit fordert Gewalt, wird zum Brüderlichkeitsterror, führt auf die Guillotine.

Die »Brüderlichkeit« ist deswegen in keiner der nachrevolutionären Verfassungen ein Kerntatbestand. An ihre Stelle tritt die Sicherheit, die im Zusammenwirken mit der Freiheit und Gleichheit gegen drei Feinde schützt: die übelwollenden Bürger, die vor allem durch Straftaten andere bedrohen; die staatlichen Amtsträger, deren Willkür durch eine gute Verfassung gebannt werden muss; und den auswärtigen Feind, gegen dessen Angriffe die eigene Armee verteidigt.[8] Schon damals klingt im Gedanken der Sicherheit auch ein Schutz bei Armut, Krankheit und Arbeitslosigkeit mit.[9]

Der Gedanke der »Brüderlichkeit« wird heute in die Sicherungsaufgabe des Staates – den Ursprung aller Staatlichkeit – einbezogen. Im Verfassungsstaat meint er vor allem die soziale Verantwortlichkeit und die demokratische Gleichheit. Der Staat wird gegründet, um dem Menschen innere und äußere Sicherheit in Freiheit zu gewährleisten. Er organisiert die wirtschaftlich-soziale Sicherheit in einem System der Vorsorge für Alter, Krankheit, Arbeitslosigkeit und Pflegebedürftigkeit. Er formuliert ein soziales Staatsziel, das auf eine Sicherung der existenziellen, kulturellen und rechtlichen Existenzgrundlagen für jedermann drängt. Das Ziel der Angleichung der Lebens- und Erwerbschancen sowie der Güterverteilung bleibt ein stets unvollendeter Auftrag. Diese »Sicherheit« betrifft alle. Die Menschen sind zwar von den einzelnen Gewährleistungen unterschiedlich betroffen, in der Sicherheitsgemeinschaft einer Verfassung aber gleichermaßen berechtigt und beteiligt. Jeder freie Mensch trägt zur Sicherheit bei, indem er die öffentliche Sicherheit und Ordnung nicht stört und möglichst sein Leben und seine Freiheitsentfaltung aus eigener Kraft gestaltet. Die Demokratie erwartet, dass er sich am öffentlichen Leben beteiligt und mit Verstand und Mut für eine Ordnung dieses Friedens eintritt. Sicherheit ist Jedermannspflicht. Doch der Mensch in Not und Gefahr ist sich der Hilfe des Staates sicher. Der Staat selbst rechtfertigt sich vor allem durch seine Gefahrenvorsorge, seine vorsorgende Sicherheitsgewähr.

Der Gedanke der in Familie und Gesellschaft geläufigen »Brüderlichkeit« sollte den Gegensatz von Freiheit und Gleichheit in der neuen Gemeinschaft eines geistigen, politischen und sozialen Zusammenhalts überwinden, das Prinzip der Freiheit und Gleichheit ergänzen und vervollständigen.[10] Doch in der neueren Geschichte übernimmt der Begriff einer – ebenfalls aus der Gesellschaft erwachsenen – »Solidarität« die Aufgabe, jedermann seine Existenz, kulturellen Lebensbedingungen und die Entfaltung seiner Freiheit in Verantwortung zu gewährleisten.[11]

Die Solidarität[12] setzt eine gegenseitige, gemeinschaftsstiftende Verbundenheit zwischen Personen und Gruppen voraus, die aus der Verantwortung und Sorge für den anderen erwächst.[13] Sie begründet ursprünglich eine genossenschaftliche Verantwortung für die Schuld eines Einzelnen.[14] Solidarität entsteht aus der Erfahrung der Verschiedenheit der Menschen, antwortet auf Unterdrückung, Demütigung und Entrechtung, wird in der Arbeiterbewegung des 19. Jahrhunderts ein Kampfbegriff gegen die bestehende Sozialordnung.[15] Die katholische Soziallehre verallgemeinert diesen Gedanken zu einem Grundprinzip menschlichen Zusammenlebens, das alle Menschen eint und alle Menschen in Pflicht nimmt. Solidarität scheint die Rolle einer »rechtlichen Ordnung der Brüderlichkeit«[16] zu übernehmen.[17] Eine solidarische Gemeinschaft kann kosmopolitisch weltumspannend sein – »alle Menschen werden Brüder« –, definiert vor allem aber auch eine sich von anderen abhebende Solidargemeinschaft, die in einer inneren besonderen Verbundenheit lebt, in einer Familie, in einer Arbeiterbewegung, dem eigenen Volk. Das Solidarversprechen kann Sicherheit gegen Wechselfälle des Lebens gewährleisten oder auch Sicherheit in Fragen nach dem Sinn des Lebens verheißen.

Solidarität meint Zugehörigkeit, Zusammenhalt, gegenseitiges Einstehen füreinander, ist aber auch offen für individuelle und freiheitliche Unterschiede. Neben die vergemeinschaftende Solidarität tritt eine individualisierende, unterscheidende Solidarität.[18] Die gemeinschaftsbildende Solidarität interpretiert das Freiheitsprinzip im Erfordernis der Gemeinschaft, die für den Einzelnen Quelle, Speicher und Entfaltungsraum der Freiheit ist. Die individualisierende Solidarität deutet die Freiheit als Freiheitsrecht, das jeden Anspruch, den anderen in seine Glückseligkeit mitzunehmen, zurückweist.[19] Verfassungsrechtlich streitet diese Solidarität in ihrer doppelten Ausrichtung für eine Ordnung, in der ein Mensch nicht nur ein aufgeklärtes Vernunftwesen ist, das in der Allgemeinheit des Vernünftigen gleichen Verhaltensprinzipien folgen müsste, sondern auch ein Individuum in eigener Freiheit, das diese als Freiheitsrecht selbstbestimmt und selbstverantwortlich wahrnimmt.[20]

Solidarität wird in wechselseitiger Verantwortung[21] gewährt – »alle für einen«, »einer für alle« – und verlangt unbedingte Pflichterfüllung nach individuellen Fähigkeiten – »wer kann, der muss«[22]. Diese Solidarität erwartet innere Anteilnahme am Schicksal des anderen, stützt die Verbundenheit auf Herkunft, sozialethische Verpflichtung, politische Gemeinsamkeiten, weckt Erwartungen, Hoffnungen, Träume und Utopien gegenseitiger Zuwendung und Verantwortung. Diese Solidarität ist ein wichtiges Prinzip der Freiheitswahrnehmung, jedoch nicht der Staatlichkeit. Der Rechtsstaat organisiert die äußere Sicherheit unter Menschen verschiedener Lebenslagen und Lebensziele, verbindet und bindet in wenigen Leitprinzipien des Verfassungsrechts, wäre aber mit einer inneren Anteilnahme am Schicksal seiner Bürger überfordert. Er begründet die Gemeinsamkeit in einer Staatsangehörigkeit, setzt dann aber auf sozialethische Vielfalt und politische Interessen- und Meinungsunterschiede der freien Menschen. Solidarität ist ein forderndes Wort, das die Teilhabe am Glück des anderen verlangt, in Solidaritätsgemeinschaften eine – auch abgrenzende – Gemeinschaftskultur schafft, in den Zuwendungs- und Ausgleichsimpulsen ins Grenzenlose weist. Solidarität fordert unbegrenzt, kennt keinen Minderheitenschutz.

Gruppensolidarität kann die Gesellschaft spalten in eine wachsende Zahl von Solidarberechtigten und eine schwindende Zahl von Solidarverpflichteten. Heute wird »Solidarität« insbesondere im Sozial- und Steuerrecht vorwiegend als »soziale Verantwortlichkeit« des anderen gesehen, weniger als Selbstverpflichtung zu gemeinschaftsbildenden Leistungen. Die »Solidargemeinschaft« der Bundesländer hat im Finanzausgleich den Solidaritätsgedanken oft widerlegt. Der Kampf um wachsende Budgets hat stets zu Berechnungen des eigenen Vorteils, nie zu einem einsichtigen Ausgleichsmaßstab geführt.[23] Eine Mehrheit der Länder definiert sich als arm, um einer Minderheit die Rolle der Reichen zuzuweisen und dementsprechende Zahlungen zu fordern. Doch das Verfassungsrecht liefert die Minderheit nicht dem Wohlwollen und der Anteilnahme einer »solidarisch« bestimmenden Mehrheit aus, sondern stattet sie mit klaren Rechten aus, die der Minderheit eine Eigenständigkeit gegen die Mehrheit gewährleisten. Dieser Verfassungsstaat garantiert eine Sicherheit, die der Allgemeinheit aller Bürger dient, jedem Bürger aber seine Individualität, Freiheit und Verschiedenheit rechtlich schützt. Sicherheit gewährleistet einen elementaren Zusammenhalt in einer friedlichen, verfassungsrechtlichen Gemeinschaft unter Gleichen.

Heute beansprucht der Dreiklang von Freiheit, Gleichheit und Sicherheit Universalität, soll den Schutz fundamentaler Menschenrechte weltweit verbreiten[24] und in allen rund 200 Staaten der Welt verbindlich werden lassen. Er ist Grundmelodie auch des Grundgesetzes.

Damit hat der Freiheitsberechtigte in Deutschland ein doppeltes Fundament zur Entfaltung seiner Freiheit: Die Freiheitspraxis des deutschen Verfassungsstaates ist so pragmatisch-real in Staat und Staatsvolk eingebettet, dass keine Gefahr besteht, die Menschenrechte könnten in die Abstraktion unverbindlicher Ideale entschwinden. In Deutschland werden die Freiheitsrechte von den Freien beansprucht, vom Gesetzgeber geachtet, von den Gerichten gewährleistet. In dieser konkreten Verfasstheit wirken Staat und Staatsvolk an der weltweiten Verallgemeinerung der Menschenrechte mit. Die zweite Basis bietet die deutsche Nachkriegsgeschichte. Menschen in Verelendung und Angst haben in freiheitlichem Wiederaufbau die Not überwunden und können heute in sozialer Sicherheit, in verlässlicher Freiheit ihre Rechte wahrnehmen. Unser Verfassungsstaat beansprucht, einen Weg vom Elend zur gesicherten Freiheitskultur gefunden zu haben.

3. Freund und Feind: Frieden

Die Kultur des Maßes, die Überwindung des leidenschaftlichen, den »Verräter« ausgrenzenden Begriffs der Brüderlichkeit durch den rechtlich-sachlichen Tatbestand der Sicherheit, trägt dazu bei, das Leben in friedlichen

Bahnen zu halten. Das Sicherheitsanliegen kann nur gemeinsam erfüllt werden. Es verbindet. Die Unterscheidung zwischen Bruder und Staatsfeind trennt. Allerdings ist den Menschen auch heute die Unterscheidung von Freund und Feind nicht fremd. Wie die Moral zwischen gut und böse unterscheidet, die Ästhetik zwischen schön und hässlich, die Ökonomie zwischen nützlich und schädlich,[25] so braucht der Mensch bei der freiheitlichen Begegnung mit anderen einen Maßstab, um die Menschen in Gruppen von Nahe- und Fernstehenden, Partnern und Konkurrenten, Mitstreitern und Gegnern, Zugehörigen und Fremden, Geliebten und Ungeliebten zu unterscheiden. Für Carl Schmitt[26] ist dieses die Unterscheidung zwischen Freund und Feind. Sie sei notwendig, um politische Handlungen und Motive zu erklären und zu verstehen. Ist der Andere existenziell etwas Anderes und Fremdes, seien Konflikte mit ihm möglich. Bedrohe das Anderssein des Fremden die eigene Existenz, müsse der Andere abgewehrt und bekämpft werden. Deshalb brauche die Politik die reale Möglichkeit und Bereitschaft des Kampfes, der auch in einen Krieg zwischen Staaten oder in einen Bürgerkrieg innerhalb eines Staates münden könne. »Der Krieg ist nur die äußerste Realisierung dieser Feindschaft.« Der Krieg wird damit nicht Ziel und Zweck oder gar Inhalt der Politik, wohl aber zu einer immer real vorhandenen Voraussetzung, die das politische Denken und Handeln bestimme.

Diese markante Charakterisierung des politischen Menschen – 1932 formuliert, also nicht für die moderne Form der Demokratie und deren Bedrohung durch totalitär vernichtende Waffen gedacht – ist überzeichnet und nach den Erfahrungen moderner Kriegsmittel widerlegt, trifft aber in der strukturierenden Entgegensetzung gegenläufiger Politikziele einen Grundbefund auch der modernen Staatlichkeit. Demokratie lebt von der Antithese zwischen Regierung und Opposition, richtet die Wahlen auf die politische Alternativität von Programmen und Personen aus, organisiert regelmäßige Neuwahlen als Chance für ein besseres Parlament, eine bessere Gesetzgebung und Regierung. Doch diese Alternativität und Gegensätzlichkeit verstehen wir heute nicht als Feindlichkeit, sondern als Inhalt einer demokratischen Auseinandersetzung unter gleichwertigen Gruppen mit der Macht des Wortes. Ein demokratischer Bürger wird einer Partei mit einem ausgeprägten »Feindbild«, die sich und ihre Mitglieder strukturell für besser, ehrlicher, gerechter hält, die Gefolgschaft verweigern. In einer Demokratie ist eine Partei in Status und Chance der anderen gleichgestellt. Erreicht sie die Mehrheit, ist sie deshalb nicht gerechter, sondern derzeit erfolgreicher.

Als Michail Gorbatschow seine Entspannungspolitik gegenüber dem Westen ins Werk setzte, ließ er seinen Amerika-Experten Georgij Arbatow in einem Gespräch mit US-Vertretern sagen: »Wir werden Euch etwas Schreckliches antun. Wir werden Euch des Feindes berauben.«[27] Der deutsche Außenminister Hans-Dietrich Genscher[28] betonte im selben Jahr: »Demokratien brauchen aus ihrem Selbstverständnis heraus keine Feindbilder«[29]. Es begann die Zeit der internationalen Abrüstung. Die Friedfertigkeit der Nationen erlaubte es, politische Kraft und staatliche Finanzmittel für Aufbau und Infrastruktur eines freiheitlichen »guten Lebens« für Jedermann einzusetzen. Die Gegensätzlichkeit von Konkurrenten, Streitparteien, Andersdenkenden war nicht aus der Welt geschafft, sollte auch nicht geleugnet werden. Doch die Konflikte – so hoffte man – sollten in vertraglicher Verständigung, in parlamentarischer Debatte, in der sprachlichen Auseinandersetzung vor Gericht geklärt und ertragen werden.

Gegenwärtig leben wir wieder in einer Phase wachsender Militärausgaben, Waffenproduktionen, auch potenzieller Kriegsbereitschaft einzelner Staaten. Wer die vergangenen 30 Jahre aus der Distanz beobachtet, sieht in Europa mit dem Fall der Mauer, mit dem Siegeszug der Menschenrechte und des Menschenrechtsgerichtshofs, mit der wachsenden Prosperität und Begegnungsoffenheit der meisten europäischen Staaten das Tor zu einer entspannteren, freiheitlichen Zukunft. Allerdings droht dieses Tor durch den Kampf um Energiequellen und Wasser, um die Vorherrschaft in der digitalen Macht des Wissens, wegen des Gefälles von reicher und armer Welt und dementsprechenden Völkerwanderungen immer mehr geschlossen zu werden. Der Kampf der Wirtschaftsgroßmächte um die Vorherrschaft wird immer direkter, dreister, dramatischer. Diese weltpolitischen und innerstaatlichen Konflikte befördern ein Denken in Freund und Feind, das dem Menschen eigen und alltäglich scheint.[30]

Der Mensch neigt dazu, seine eigenen Bedürfnisse, Anliegen und Ziele mit größerem Wohlwollen zu betrachten als die des anderen. Er nimmt eigene Fehler eher hin als fremde. Er vereinfacht die soziale Wirklichkeit der ihn umgebenden Menschen, indem er Gruppen von Freunden und Feinden bildet, den Gegner teilweise herabwürdigt und sich selbst überhöht,

auch den Zusammenhalt, das Selbstwertgefühl und die Handlungsbereit-
schaft der eigenen Gruppe durch ein gemeinsames Feindbild stärkt und
steigert. Wenn dann die Kontakte zum »Feind« abbrechen, die gegenseitigen Informationen entfallen, verschärfen sich Gegensätze, verdeutlichen sich Kontraste, steigern sich Konflikte. Erscheint der andere mächtig oder bedrohlich, wirkt er gefährlich und ängstigt. Fronten verhärten
sich. Kampfbereitschaft, Aggression, Zorn und Bitterkeit verdrängen Verständnis und Bereitschaft zum Ausgleich. Der Gegner antwortet mit entsprechenden »Feindbildern«. Die Vorstellung des Feindes wird zur realen Feindschaft. Wenn Staatsführer oder feindselige Gruppen Kriege oder
Terror planen, können sie durch Fehlinformationen und gezielte Feind-
seligkeiten Feindbilder schaffen und steigern, eine Bevölkerung durch Pro-
paganda in eine Kriegsbereitschaft führen. Es entsteht eine »Vorkriegsner-
vosität«, die sich einer Katastrophe nähert.[31] Wer den anderen »Barbar«,
»Schurkenstaat«, »Volksverräter«, »Monster« oder »Ungeziefer« nennt,
spricht dem Gegner die Menschlichkeit, die gleiche Würde ab, beschreitet damit den Weg, diese Menschen zu bekämpfen und letztlich zu vernichten.

Das distanzierte, innerlich möglichst unbeteiligte Denken über Freund
und Feind verhilft zu der gelassenen Freiheit, die gerade unsere Gegenwart
benötigt. Wir erleben die tägliche Gewalt des Terrors in der Darstellung der
Medien, sehen aktuelle Bilder von Kriegen, beobachten Gesten der Aufrüstung und der Kriegsbereitschaft. Interessierte Gruppen wollen diese Gewalt und die Bereitschaft dazu schüren. In dieser Entwicklung bedarf es
einer Gelassenheit, um die Sinnlosigkeit von Kriegen zu erkennen und allgemein bewusst zu machen. Ein Krieg wird Not und Angst der Menschen
mehren, nicht mindern. Zu beurteilen ist, ob Existenz und Zukunft des eigenen Staates durch die Fähigkeit zur militärischen Verteidigung gesichert
wird, wie die Friedensbündnisse gestärkt, das Feuer des Krieges auch in fernen und fremden Krisengebieten gelöscht werden kann. Die humanitäre
Intervention bleibt der Problemfall. Gute Politik urteilt gerade in diesen
Existenzfragen unaufgeregt, bedacht, nachhaltig, verantwortlich. Sie rechtfertigt sich insbesondere durch ihre Leistung für die nächste Generation.
Brüderlichkeitshoffnungen und Feindbilder verfehlen die Wirklichkeit.

4. Vom Freiheitsaufbruch zum Freiheitsalltag

a. Der Staat gestaltet Freiheitsvoraussetzungen und ist rechtlich gebunden

Die Verfassung gewährleistet nicht Freiheit, sondern ein Freiheitsrecht, das definiert, begrenzt, auf die Freiheiten anderer und das Gemeinwohl abgestimmt ist.

Im Mittelpunkt des Rechtsstaates steht die Freiheit. Die Menschen wehren sich gegen Sklaverei, gegen willkürliche Verhaftung, gegen Feudalstrukturen, gegen Entrechtung und Verachtung bestimmter Gruppen und Einzelpersonen. Im Kern weist das Freiheitsanliegen die Obrigkeit in Distanz und unterbindet deren Willkür durch Recht.[32] Ist dieses Freiheitsziel erreicht, der Staat wirksam zum Unterlassen von Freiheitsverletzungen verpflichtet, beginnt der Aufbau einer vorbereitenden Freiheitsordnung, die zukünftige Freiheitsverletzungen verhindert und den Freiheitsberechtigten in der Freiheitswahrnehmung und der Mitgestaltung des Gemeinwesens fördert. Der Gesetzgeber erlässt ein Bürgerliches Gesetzbuch, gibt damit der Eigentümer- und Berufsfreiheit die Möglichkeit verbindlichen Gestaltens. Er schafft ein Organisationsstatut für Ehe und Familie, für Vereine und Kapitalgesellschaften, bietet damit grundrechtlichen Freiheiten eine rechtliche Handlungsgrundlage. Er schafft ein Sozialsystem und eröffnet Bildungsmöglichkeiten, um die Chancen zur Freiheit für alle zu verbessern. Er organisiert Wahlen und Abstimmungen, um die Freiheit im Staat, die Mitwirkung an der Staatsgewalt und deren Legitimation zu verwirklichen.

Die Garantie von Menschen- und Bürgerrechten sichert jedem Einzelnen individuelle Freiheit, Gleichheit und Sicherheit. Diese Kerngewährleistungen des Rechts werden in den Verfassungen der Welt unterschiedlich ausgestaltet, garantieren aber in einem Mindestbestand stets dieselben Rechtsgüter. Der Mensch soll in Frieden – unter den Staaten und innerhalb eines Staates – leben, dort in Freiheit sein Leben selbst bestimmen, in Gleichheit vor gesetzlicher und sonstiger staatlicher Willkür bewahrt werden, von der Rechtsgemeinschaft in Wechselfällen des Lebens – Krankheit, Arbeitslosigkeit, Altersgebrechlichkeit – unterstützt und in Krisenfällen aufgefangen werden. Der einzelne Mensch erlebt seine Freiheit in diesen, je nach Staat unterschiedlichen Rahmenbedingungen. Der eine Staat sichert den Frieden durch die Präsenz seines Militärs und täglich sichtbare Gewalt, der andere durch ein sorgfältiges Geflecht von Friedensverträgen. Der eine gewährleistet das Existenzminimum durch eine tägliche Handvoll Reis, der andere durch Kaufhäuser mit einem umfassenden Warenangebot und ein finanzielles Existenzminimum für jedermann, damit er das kaufen kann, was ihm beliebt. Der eine bildet die Menschen durch eine erste Stufe der Elementarschule, der andere auch durch exzellente Universitäten. Der eine bindet die Politik in rudimentären Rechtsverbindlichkeiten, der andere gestaltet die staatliche Wirklichkeit durch Recht ohne Politikvorbehalt. Wer im deutschen Verfassungsstaat leben darf, hat besonderen Anlass, in Gelassenheit zu ruhen und aus Gelassenheit seine Freiheit zu gestalten. Recht und Staat geben dem Freien keinen Anlass und keine innere Berechtigung, mutlos zu sein oder seine Gestaltungsmöglichkeiten brachliegen zu lassen.

b. Freiheit ins Ungewisse

Der Mensch hat auf seinem Lebensweg immer wieder Entscheidungen zu treffen, deren Wirkung er nicht voraussehen kann. Er trifft seine Entscheidung ins Ungewisse, muss etwas wagen. Wenn der Freie eine Ehe eingeht, ein Studium wählt, eine Firma gründet, ein wissenschaftliches Experiment beginnt, einer Operation zustimmt, wird er sich auf dieses Vorhaben durch Qualifikation, Planung, Lebenserfahrung und Chancenabwägung vorbereiten. Den Erfolg aber kann er letztlich nicht garantieren. Dieses Wagnis ist Bestandteil der Freiheit, wird als selbstverantwortetes Wagnis erträglich, rechtfertigt sich aus der individuellen Verantwortung für die eigene Freiheitsentscheidung. Der Mensch richtet sich seine Wohnung nach seinem Geschmack ein, wählt den Beruf nach seinen Begabungen und Neigungen, sucht sich den Ehepartner seiner Wahl, erwirbt das Eigentum, das ihm richtig erscheint. Er hat frei Eigenes gewählt, verantwortet diese Entscheidung vor sich und den Mitmenschen. Diese alltägliche Selbstverantwortung stärkt Entscheidungskraft und Gestaltungsmut. Das zu wissen und dann die nächste Entscheidungschance kommen zu sehen, gibt ein Stück Gelassenheit.

c. Freiheit heißt, sich unterscheiden zu dürfen

Der eine schreibt Tag und Nacht Gedichte, der andere Bilanzen. Wenn ein Dichter und ein Kaufmann ihre Biografien folgerichtig fortsetzen, werden die Unterschiede zwischen beiden immer größer, die Lebensumstände im Reichtum an Geld oder Poesie immer verschiedener. Diese Verschiedenheiten sind freiheitlich gerechtfertigt. Der Staat ist zur Umverteilung freiheitlich gerechtfertigter Erfolge nicht berechtigt, darf dem Kaufmann nicht Geld wegnehmen, um es dem Dichter zu geben, dem Dichter nicht seine Texte entziehen, um sie dem Kaufmann zu überlassen. Die Gesellschaft erträgt diese Unterschiede, weil alle frei sind, deshalb jeder Unterschiede anstrebt. Der soziale Rechtsstaat allerdings sichert ähnliche Freiheitsbedingungen im Elementaren für jedermann.

d. Freiheit ist notwendig, nicht geboten

Freiheit ist ein Angebot. Würden die Menschen keine Ehen und Familien gründen, wäre das Recht nicht verletzt, denn die Entscheidung für oder gegen diese Lebensgemeinschaften ist Inhalt der Freiheitsgarantie. Doch ein Gemeinwesen ohne Kinder hat keine Zukunft. Würden die Menschen sich im Wirtschaftsleben nicht für den Erwerb qualifizieren und anstrengen, sondern in den Tag hineinleben und unter der Brücke schlafen, so wäre dieses ihr gutes Recht. Doch die soziale Marktwirtschaft, der Finanz- und Steuerstaat wären an ihrer eigenen Freiheitlichkeit gescheitert. Auch die Demokratie ist darauf angelegt, dem Bürger die Freiheit der Mitwirkung im Staat zu belassen, ist aber darauf angewiesen, dass der Bürger sich aus eigenem Freiheitsverständnis an Wahlen, Abstimmungen, auch an der öffentlichen Debatte beteiligt. Der freiheitliche Staat setzt sein Vertrauen in die Freiheitsfähigkeit und Freiheitsbereitschaft der Menschen.

e. Freiheit fordert die Kraft zur Bindung

Freiheit ist das Recht zur Beliebigkeit, soweit die kleinen Alltagsfreiheiten wahrgenommen werden. Der Mensch entscheidet nach eigenem

Gutdünken, ob er heute die Arbeit früher beginnt oder später beendet, abends ein Theater oder eine Sportveranstaltung besucht, das Wochenende mit Freunden oder in häuslicher Muße verbringt. Würde jemand nach der Begründung seiner Entscheidung fragen, antwortet er freiheitsbewusst: Kein Kommentar. Doch die großen Zukunftsfreiheiten setzen die Kraft zur langfristigen Bindung voraus. Die das Leben prägende Freiheit ist nur für den erreichbar, der den Vorhof der Freiheit, die Beliebigkeit, verlässt und durch das Tor langfristiger Selbstbindung schreitet. Wer einen Beruf wählt, muss sich dafür durch viele Semester Studium oder eine Ausbildung qualifizieren und ein Leben lang fortbilden. Wer eine Ehe und Familie gründet, verspricht dem Partner lebenslange Treue und ist seinem Kind ein Leben lang unkündbar und unscheidbar verbunden. Wer ein Unternehmen eröffnet, übernimmt Verantwortung für seine Arbeitnehmer, sein Produkt, seine Vorlieferanten und die Auswirkungen seines Betriebs auf Standort und Umgebung. Freiheit ist verantwortliche Selbstbindung.

Je erfolgreicher der freie Mensch sein Leben bindend gestaltet, er eine Ehe eingegangen ist, eine Familie gegründet, sich eine berufliche Stellung erarbeitet hat, desto weiter wird sein Freiheitsraum. Je mehr er sich persönlich für bestimmte Freiheitsfertigkeiten qualifiziert, er ein Musikinstrument gelernt, eine Sportart geübt, den Führerschein gemacht oder ein Berufsexamen abgelegt hat, desto mehr betritt er Räume der Freiheit, in die andere nicht eintreten dürfen. Wenn er dann in diesen Räumen etwas für die Freiheit anderer tut – er ihnen eine berufliche Leistung erbringt, sie mit seiner Kunst beglückt oder mit seinem Sport begeistert –, richtet er seine Freiheitswahrnehmung auf die Betroffenen, auf sein Publikum, auf die Allgemeinheit aus. Er empfindet eine innere Bindung und Verantwortlichkeit für andere. Freiheit wird deshalb zunehmend nicht in Distanz zu anderen, nicht in Abgrenzung und Unterscheidung wahrgenommen, sondern in Begegnung, Dienst und Gemeinschaft. Sie wird beantwortet durch Entgelt, Dankbarkeit und Applaus. Diese Art der Bindung beengt nicht, sondern erweitert den Freiraum und das Freiheitsempfinden. Diese Freiheit kraft Bindung spürt der, der den Ablauf seines Alltags anhält, sich der Maßstäbe, Ziele und Wirkungen seines Tuns vergewissert, sich der Rolle seiner Person in der Gesellschaft freut. Diese Freiheit ist eine Freiheit der Tat, der Begegnung, der gegenseitigen Wertschätzung.

f. Freiheit verlangt Mut

Diese tätige Freiheit mit Wirkung für andere braucht Selbstsicherheit und Mut. Die Eltern treffen eine Schul- und Berufsentscheidung für ihr Kind, die dessen Lebensweg prägt. Der Unternehmer wagt ein Produkt, das die Zukunft seiner Konsumenten und seiner Arbeitnehmer wesentlich bestimmt. Der Forscher lässt sich auf ein Experiment ein, das den Menschen nützen oder schaden kann. Der Wähler trifft eine Wahlentscheidung für eine Person und für ein Parteiprogramm, die vieles versprechen, ohne dass er sich dessen Erfüllung sicher ist. Diese Freiheiten verlangen Entscheidungsfreude, Urteilskraft, Wertesicherheit und Verantwortungsbereitschaft. In dieser Begabung eröffnet der Entscheidende Chancen für andere. Würde er hingegen nicht entscheiden – das Kind nicht in eine Schule schicken, kein Produkt auf den Markt bringen, das Experiment unterlassen, nicht zur Wahl gehen –, so würde er durch Untätigkeit sich und der Rechtsgemeinschaft ein Stück Freiheit vorenthalten. Freiheit drängt den Berechtigten, mutig zu sein – nicht wagemutig, wohl aber entschieden und entscheidungsfreudig unter den Chancen zu wählen, die sich bieten. Bedachter Mut weist den Weg zur Freiheit. Aus Freiheitserfahrung und Freiheitssicherheit folgt beherztes Entscheiden.

5. Gleichheit fordert Unterscheidungen

a. Das Gesetz als Instrument des Unterscheidens

Wenn Freiheit das Recht ist, sich zu unterscheiden, kann der Gleichheitssatz nicht eine unterschiedslose Gesellschaft meinen. Deswegen sagt unsere Verfassung auch nicht, alle Menschen seien gleich, sondern sie regelt: »Alle Menschen sind vor dem Gesetz gleich.« Gleichheit wird durch das Unterscheidungsinstrument des Staates, das Gesetz, hergestellt, das den Menschen je nach Individualität und freiheitlicher Verschiedenheit gleichbehandelt.

Wenn wir fragen, was »gleich« bedeutet, wir den Zustand beschreiben wollen, den der Gesetzgeber herstellen soll, so nennt der Begriff »gleich« noch nicht das Ergebnis des Vergleichs. Wenn jemand fordert, er wolle

»gleich« behandelt werden wie sein Nachbar, so fordert er Ähnlichkeit, Annäherung. Sagt er hingegen, das sei ihm »gleich«, so erklärt er diese Annäherung für unerheblich. Weist der Präsident der EU-Kommission darauf hin, das Europarecht sei in allen Mitgliedstaaten »gleich gültig«, fordert er die allgemeine Verbindlichkeit dieses Rechts. Sagt ein Staatspräsident, Europarecht sei ihm gleichgültig, bestreitet er dessen Verbindlichkeit.

Der Gleichheitssatz fordert ein Vergleichen. Allein dieses Vergleichsverfahren rechtfertigt aber noch kein Ergebnis. Wer einen anderen beobachtet, wird bald feststellen, dass es diesem in irgendeiner Hinsicht besser geht. Er ist gesünder oder jünger, reicher oder klüger. Dabei wird jeder Vergleich von der subjektiven Sicht des Vergleichenden, seinen Lebens- und Ordnungsvorstellungen, bestimmt. Kamille im botanischen Garten ist ein Heilkraut, im Rosenbeet ein Unkraut. Wasser ist im Glas ein Getränk, in den Kellerwänden ein Schaden. Der Flug ins andere Land ist für den Reisenden ein Erlebnis, für den Verbannten eine Strafe. Wenn der Mensch sich mit einem anderen vergleicht, wird er feststellen, dass es diesem in irgendeiner Hinsicht besser geht. Er ist sportlicher, beruflich erfolgreicher, einflussreicher, hat eine bessere Familie oder ein schöneres Haus. Doch allein aus dieser vergleichenden Beobachtung folgt noch nicht, er müsse dem anderen gleichgestellt werden. Vielmehr muss er – wie das Gesetz – die angeborene Verschiedenheit der Menschen und ihre Freiheit zur Verschiedenheit anerkennen. Sonst begäbe er sich gelegentlich sogar auf den Weg zu Neid und Missgunst. Der Rechtsvergleich fragt nicht nach Unterschieden, sondern nach dem rechtfertigenden Grund für beobachtete Unterschiede.

b. Rechtfertigung gesetzlicher Unterscheidungen

Alle Menschen sind verschieden. Sie sind alt und jung, arm und reich, Mann und Frau, Deutscher und Ausländer. An diese Verschiedenheit knüpft das Gesetz unterschiedliche Rechtsfolgen. Der junge Mensch unter 18 Jahren kann noch keine Verträge schließen und darf nicht an Wahlen teilnehmen; der Ältere ab 18 Jahre hat diese Rechte. Der Arme zahlt keine direkten Steuern und erhält Sozialhilfe; der Reiche zahlt je nach Reichtum wachsende Steuern und empfängt keine Sozialleistungen. Mann und Frau erleben ihre Verschiedenheiten, wenn es um den Mutterschutz geht oder wenn die Oper eine Sopranstelle ausgeschrieben hat. Der Deutsche darf in Deutschland wählen, der Ausländer in seinem Heimatstaat.

Gleichheit vor dem Gesetz meint also nicht die gleiche Rechtsfolge: Der Bettler und der Millionär zahlen nicht denselben Steuerbetrag. Wer fahrlässig getötet hat, erhält eine andere Strafe als derjenige, der vorsätzlich getötet hat. Wer sein Examen bestanden hat, ist beruflich qualifiziert, wer durchgefallen ist, darf den beabsichtigten Beruf nicht ausüben. Der Gleichheitssatz fordert die Rechtsfolge, die dem Sachverhalt je nach dessen Verschiedenheit und Besonderheit entspricht. Gesetzliche Unterscheidungen brauchen einen sachlichen, einleuchtenden Grund.[33] Der Gesetzgeber muss unterscheiden, seine Unterscheidungen aber rechtfertigen.

c. Unterscheidung nach Ziel der Regelung

Gesetzliche Unterscheidungen entsprechen dem Gleichheitssatz, wenn sie durch das Ziel der gesetzlichen Regelung gerechtfertigt werden. Das Polizeirecht sucht Gefahren für die öffentliche Sicherheit und Ordnung abzuwehren, verpflichtet deswegen denjenigen zum Unterlassen einer Störung, der den Straßenverkehr gefährdet, das Wasser verunreinigt, die nächtliche Ruhe stört. Er muss das Verbot befolgen, weil sein Handeln die öffentliche Sicherheit und Ordnung verletzt. Der Nichtstörer kann seine Freiheit unbeschränkt ausüben. Das Arzneimittelrecht prüft die Eignung von Medikamenten als Heilmittel, lässt deshalb die medizinisch geeigneten zum Vertrieb in Apotheken zu, nimmt die ungeeigneten hingegen zum Schutz der Patienten aus dem Markt. Diese Unterscheidung ist im Ziel und in der Ausgestaltung sachgerecht. Die Einkommensteuer zieht denjenigen, der im Jahr Einkünfte erzielt hat, zur Finanzierung des Staates heran, verschont aber denjenigen, dessen Erwerbstätigkeit im Jahresergebnis zu Verlusten geführt hat. Der Gleichheitssatz bestätigt diese Belastung des Zahlungsfähigen und die Verschonung des Nichtzahlungsfähigen. Politische Mandate werden nach Wahlergebnissen verteilt, Ämter nach Eignung, Befähigung und fachlicher Leistung.[34] Ehren nach uneigennütziger Gemeinwohltätigkeit, Wirtschaftsgüter nach dem Prinzip von Leistung und Gegenleistung.

Ein Gesetz rechtfertigt sich vor dem Gleichheitssatz damit aus einem legitimen Zweck und den nach diesem Zweck gebotenen unterschiedlichen Pflichten. Welche Aufgaben ein Gesetz zu erfüllen hat, wie verschiedene Ziele staatlichen Handelns in ihrer Dringlichkeit und ihrer Gemeinwohldienlichkeit zu wägen und zu gewichten sind, entscheidet der Gesetzgeber. Hat er sich für bestimmte Ziele entschieden, gewinnt er in diesem Ziel das Maß für seine Unterscheidungen. Er muss alle diejenigen, die zur Verwirklichung des Zieles beitragen können, gleichermaßen verpflichten und berechtigen. Verfolgt ein Gesetz das Ziel, die Schadstoffbelastung in Ballungsgebieten zu verringern, ist dieses klima- und gesundheitspolitische Ziel legitim. Ordnet das Gesetz dann an, der Unternehmer möge bei der Güterproduktion umweltschonende Mittel verwenden, beim Motorenbau nur abgasarme Motoren herstellen, bei der Erzeugung von Energie und Wärme auf erneuerbare Energien umstellen, so hat der Gesetzgeber die Adressaten und die Inhalte seiner Pflichten sachgerecht bemessen und jedem Adressaten gleichheitsgerecht zugeteilt. Wählte der Gesetzgeber stattdessen Fahrverbote, könnte er auch durch diese Regelung sein Ziel verringerter Schadstoffbelastung erreichen. Die Regelung wäre jedoch gleichheitswidrig, wenn das Fahrverbot einzelne Stadtteile lahmlegte, die Notversorgung durch Feuerwehr und Krankenfahrzeuge behinderte, einzelnen Menschen die Eigengestaltung ihres Privatlebens oder ihres Berufes unmöglich machte. Der Gesetzgeber hat die Regelungen zu treffen, die einzelne Gesetzesadressaten nicht unvertretbar mehr belasten als die anderen.

d. Generelle Norm und individuelle Billigkeit

Normen regeln grundsätzlich die Normalität. Das allgemeine Gesetz handelt von dem Alltagsleben des Jedermann, dem strafrechtlichen Rechtsgüterschutz, den zivilrechtlichen Regeln für das Wirtschaftsleben, dem Alltag in Beruf, im Straßenverkehr, im Recht der öffentlichen Sicherheit, der Daseins- und Gesundheitsvorsorge. Das Gesetz regelt das Baurecht und das Umweltrecht, die Grenzen des wirtschaftlichen Wettbewerbs und den Verbraucherschutz, das Steuer- und das Abgabenrecht. Im Übrigen vertraut das Gesetz auf die Freiheit der Gesellschaft, angemessene Begegnungs- und

Umgangsformen selbst zu entwickeln. Um der Freiheit willen verzichtet der Gesetzgeber auf die Regelung der Privatsphäre, der Gestaltung der eigenen Wohnung, des Freizeitverhaltens, der Selbstdarstellung und Selbstbestimmung des Menschen. Das allgemeine Gesetz handelt von den typischen Konfliktfällen, überlässt Individualität und Besonderheit in alltäglicher Friedlichkeit den freien Menschen.

Das Gesetz genügt den Erfordernissen des Gleichheitssatzes, wenn es sachgerecht und vernünftig ist, die Wirklichkeit realitätsgerecht so aufnimmt, wie sie ist, seine Gebote und Verbote folgerichtig und widerspruchsfrei konzipiert. Doch die Gesetzgebung folgt nicht allein den Prinzipien der Vernünftigkeit. Das Leben des Menschen ist nicht von einer Rationalitätsmechanik geprägt, sondern von dem Wünschen und Wollen des Menschen, seinen Hoffnungen und Träumen, seinem Sinn für Kunst und Spiel, für Begeisterung und Staunen. Das Gesetz muss dem Menschen gerecht werden, der auch unbeschwert, spontan, spielerisch leben will. Deswegen bewährt sich das Gesetz, wenn es den unverzichtbaren Typus des rechtlich Notwendigen regelt, dann aber viel Raum für Individualität, Besonderheit, auch Eigenwilligkeit belässt.

6. Der Staat gewährt Sicherheit, nicht Glück

Die verfassungsrechtliche Garantie von Freiheit und Gleichheit vor dem Gesetz verliert für den Freiheitsberechtigten elementar an Wert, wenn er durch Krieg und Terror bedroht ist, sich gegen Gewalttätigkeit nicht wehren kann, als Flüchtling zu verhungern, zu verdursten, zu erfrieren droht, er in den Risiken von Krankheit, Alter und Arbeitslosigkeit allein gelassen wird. Der Mensch ist in seiner Freiheit auf den Staat angewiesen. Ein Staat garantiert seinen Bürgern mit der ihm vorbehaltenen Hoheitsgewalt Sicherheit – historisch sogar »Glück«.[35] Er beansprucht dafür Herrschaft über Menschen. Er weist die Menschen in die Schranken des Rechts und begründet Pflichten, insbesondere zur Steuerzahlung und zur Beachtung des Rechts, fordert in Zwangsversicherungen eine Vorsorge gegen zukünftige Notfälle. Er organisiert Markt und Wettbewerb, Kulturleben und Wissenschaft. Der moderne Staat verheißt aber nicht etwas, das er nicht leisten kann. Das individuelle Glück liegt in der Hand des freien

Bürgers. Dieser definiert sein eigenes Glück und wählt seinen eigenen Weg zu diesem Glück in Freiheit. Der Staat wird durch die Rahmenbedingungen eines Kultur-, Rechts- und Sozialstaates diesen Weg zur Freiheit ebnen und für jedermann Chancen zur Suche nach dem eigenen Glück eröffnen. Das eigene Glück aber kennt nur der Betroffene. »Jeder ist seines Glückes Schmied« – dieses Sprichwort stellt die Chance zum individuellen Glück frei von jeder Bevormundung und Einflussnahme, nimmt aber auch den Einzelnen für seine Glückssuche individuell in Verantwortung. Sollte das Streben nach Glück fehlschlagen, lässt der Staat den Einzelnen nicht – nach dem Motto »Augen auf oder Beutel auf« – in Freiheit allein, sondern fängt ihn als Mitglied der Sozial- und Sicherheitsgemeinschaft des Staates auf. Der Staat lebt aber von den freien Menschen, die dank ihrer wirtschaftlichen, kulturellen und familiären Erfolge individuelle Not und individuelles Unglück – für sich und in der Gemeinschaft des Sozialstaates – vermeiden und mäßigen.

7. Zusammenklang von Freiheit, Gleichheit, Sicherheit

a. Abwehr von Freiheitseingriffen und Schutz vor Freiheitsgefahren

Wenn Freiheit, Gleichheit und Sicherheit als Prinzipien derselben Verfassung zusammenwirken, bestimmen die Garantien von Gleichheit und Sicherheit auch den Inhalt der Freiheit. Freiheitsrechte wehren nicht mehr nur staatliche Freiheitseingriffe ab, sondern fordern auch staatliche Freiheitsvorkehrungen. Der Staat wahrt nicht stets Distanz zum Freien, sondern nähert sich auch dem Bürger bei der Pflege der Freiheitsvoraussetzungen.

Die Freiheitsrechte wehren grundsätzlich Eingriffe des Staates in den Freiheitsbereich des Bürgers ab. Der Staat darf die Wohnung nicht betreten, die Religionsausübung nicht stören, eine freie Meinungsäußerung nicht unterdrücken, die berufliche Betätigung nicht behindern und Eigentum nicht entziehen. Je mehr der Staat aber die Voraussetzungen individueller Freiheit gestaltet – er dem Bedürftigen Sozialhilfe gewährt, die Bildungsmöglichkeiten des jungen Menschen in Universitäten organisiert,[36] er die Bedingungen zur Ausübung der Religionsfreiheit durch Fest- und Feiertage schafft[37] –, desto mehr gewinnt der Betroffene nicht Freiheit durch Distanz vom eingreifenden Staat, sondern durch Teilhabe an den staatlichen Freiheitseinrichtungen.

Das Freiheitsrecht wird insbesondere vom Abwehrrecht zur Schutzpflicht, wenn das Grundrecht ohne staatliche Hilfe und Beistand gegenstandslos würde.[38] Wenn der Mensch an Leib, Leben und Gesundheit bedroht, seine Existenz gegen Flug- und Straßenverkehrslärm, gegen Atomgefahren und gesundheitsschädliche Arbeitsbedingungen zu sichern ist,[39] hilft dem Betroffenen kein Freiheitsrecht, das dem Staat ein Eingreifen verbietet. Freiheit setzt den Schutz durch das Recht voraus, fordert zunehmend auch staatliche Schutzvorkehrungen über die Rechtsgewähr hinaus.

Die Beratungen zum Grundgesetz waren – als Antwort auf vorausgehendes Unrecht – zunächst vom Konzept einer Abwehr willkürlicher Staatlichkeit bestimmt.[40] Art. 2 sollte die »freie Entfaltung der Persönlichkeit« sichern und Distanz zum Staatsapparat eines totalitären Systems schaffen.[41] Ausgangspunkt ist deshalb das Grundrecht, das staatliche Eingriffe in die individuelle Freiheit abwehrt. Daneben gewährleistet eine staatliche Pflicht zum Schutz der Freiheit die Existenz und die elementaren Lebensbedingungen des Menschen.[42] Die Schutzpflicht begründet ein Recht auf soziale Sicherheit,[43] ein »Grundrecht auf Schutz vor Gewalttätigkeit, Terror und Krieg«,[44] ein Recht auf medizinische Behandlung oder einen Pflegeplatz. Grundrechte sichern auch Teilhabe an freiheitsdienlichen Einrichtungen. Der Freie darf öffentliche Sicherheit durch die Polizei beanspruchen, hat ein Recht, qualifikationsentsprechend an Schule und Hochschule teilzunehmen, nutzt Güter im Gemeingebrauch wie die öffentlichen Straßen und die Infrastruktur, fordert Zugang zu den Sozialversicherungssystemen.[45] Bei der Erfüllung dieser Teilhaberechte kann der Staat zu wenig tun, damit Freiheit verletzen, aber auch zu viel tun, damit Freiheit ersticken. Mit der Sicherung der Freiheit gewinnt der Staat Herrschaft über den Freien, läuft Gefahr, den Berechtigten in freiheitlicher Umarmung zu erdrücken. Er ist Garant und Gefährder der Freiheit.

Schließlich begründen die Grundrechte eine »objektive Werteordnung«.[46] Diese Werteordnung beginnt mit der Garantie der Würde des Menschen.[47] Die Werteordnung im Elementaren bestimmt auch die Rechtsbeziehungen zwischen den freien Menschen. Grundsätzlich regeln diese ihre Rechtsbeziehungen untereinander nach ihrer Vertragsfreiheit, bestimmen also grundsätzlich selbst, mit wem sie unter welchen Bedingungen Verträge abschließen wollen.[48] Ist ein Vertragspartner jedoch bei Abschluss eines Bürgschaftsvertrages mit der Bank strukturell unterlegen und belasten ihn die Folgen des Vertrages ungewöhnlich, so muss das Verfassungsrecht die gestörte Gleichheit der Vertragspartner ausgleichen.[49] Kündigt der Vermieter dem Mieter eine Wohnung, weil ihm diese für den Mieter zu klein scheint, so trifft er eine dem Mieter zustehende Entscheidung, die allein dieser zu treffen hat.[50] Ein Vermieter oder ein Gastwirt darf einem Partner einen Vertrag nicht aus Gründen verweigern, die dem Diskriminierungsverbot wegen der Rasse, der Herkunft, der Hautfarbe und der Religion widersprechen. Öffnet ein Fußballverein seine Großveranstaltungen einem großen Publikum ohne Ansehen der Person und hat die Teilnahme des Betroffenen an der Veranstaltung erhebliche Bedeutung im gesellschaftlichen Leben, so ist ein Stadionverbot nicht schon wegen der Vertragsfreiheit, sondern nur aus sachlichem Grund zulässig.[51] Diese Mehrfachwirkung der Freiheitsrechte als Abwehrrechte, als Schutzpflichten und als objektive Werteordnung ist im Ausgangsgedanken mit der Gleichheit und der Sicherheit verbunden, auf ein Zusammenwirken dieser drei Grundprinzipien angelegt. In dieser Verpflichtung bewährt sich der Staat als Garant individueller, in Selbstbestimmung unabhängiger Freiheit.

b. Freiheit entlastet und beansprucht den Staat

Der freiheitliche Staat überlässt den Menschen die Gestaltung ihres Lebens. Insoweit darf der Staat nicht handeln, ist aber auch von Aufgaben entlastet. Freiheit bewahrt den Staat vor Überforderung, enthält ein Konzept sachgerechter Aufgabenteilung zwischen Gesellschaft und Staat. Der Staat nimmt sich um der Freiheit willen in seinen Machtbefugnissen zurück. Er ist ohne Macht, ohnmächtig, wo Freiheit wirkt. Doch je mehr der Mensch statt der selbstbestimmten und selbstverantwortlichen Freiheit eine sicherheitsbedachte, den Staat beanspruchende Freiheit sucht, desto mehr regelt, organisiert und finanziert der Staat die Voraussetzungen individueller Freiheitswahrnehmung, formt die Freiheitsfähigkeit durch Ausbildung, Bildung und Kulturangebote, definiert – ermöglichend, fördernd und finanzierend – den Rahmen der Freiheit.

Wenn der Staat Voraussetzungen der Freiheit gestaltet und anbietet, haben sich diese Freiheitshilfen nach den grundrechtlichen Gewährleistungen der Freiheit zu richten. Der freiheitsberechtigte Bürger gewinnt durch sein Freiheitsrecht Herrschaft über das Recht, die Finanzen und die Organisationskraft des Staates. Ihm wird nicht nur Freiheitshilfe gewährt. Er darf Freiheitshilfen fordern. Konkurrieren zwei Personen um die Zulassung zum Studium, um einen staatlichen Auftrag oder die Anerkennung als Sachverständiger, so ändern sich die Maßstäbe. Aus Freiheit wird nunmehr Gleichheit. Der Freiheitsberechtigte darf vom Staat zwar nicht die Freiheitsbedingungen verlangen, die er sich wünscht. Er darf jetzt aber gleichheitsgerechte Vorkehrungen – bei der Studienzulassung ausreichende Ausbildungskapazitäten – fordern.[52] Wenn der Staat Freiheitsvorkehrungen trifft, muss er sie für alle Grundrechtsträger gleich zur Verfügung stellen.

Der demokratische Rechtsstaat gewährt auch Freiheitsrechte, die zur aktiven Mitgestaltung des Staates berechtigen, jedem Bürger Einfluss auf seinen Staat gewähren. In der Demokratie darf der Bürger wählen und gewählt werden.[53] Er kann sich auf Landesebene auch an Volksbefragungen beteiligen.[54] Er kann Petitionen einreichen, Parteien gründen, an Versammlungen und politischen Vereinigungen mitwirken, auch durch Wahrnehmung seines Antragsrechts vor Gericht, insbesondere vor dem Bundesverfassungsgericht, zur Entwicklung des Staates beitragen.[55] Demokratie macht den Staat menschlicher und gibt dem Menschen eine mitbestimmende Freiheit.

c. Freiheitsgerechte Abstufung der Sicherheit

Wenn der Staat für die Wahrnehmung der Familien- oder Vereinigungsfreiheit die rechtlichen Grundlagen bereitstellt, er für Ausbildung und Bildung schulische und universitäre Einrichtungen schafft, sind seine Entscheidungen auf die Entfaltung der Freiheitsrechte angelegt. Doch stellen sich neue

Anfragen an das Verfassungsrecht, wenn der Staat mit der Macht des Geldes Freiheitshilfen gewährt. Das Grundgesetz widerspricht diesem System staatlichen Wohlwollens und Gunsterweisens grundsätzlich nicht, verlangt sogar aktiv gestaltende staatliche Vorkehrungen für Existenz, Würde und Freiheit jedes einzelnen Menschen. Erbringt der Staat Geldleistungen, sind jedoch drei Formen zu unterscheiden. Stärkt er ohne jede Bedingung die Kaufkraft des Empfängers, so gewinnt dieser die Möglichkeit, Güter seines Beliebens zu erwerben. Der Sozialstaat gibt dem Hungernden nicht Brot und Kaffee, sondern befähigt ihn durch Geldzuwendungen, seinen Tisch selbst zu decken. Der Kulturstaat bietet dem Bürger nicht Brot und Spiele, sondern eröffnet Jugendstätten, Kulturhäuser und Sportplätze für die freiheitliche Nutzung der Bürger. Er erschließt die individuelle Möglichkeit zur Freiheit.

Anders hingegen verhält sich der Staat, wenn er mit dem »goldenen Zügel« Menschen ein Stück ihrer Freiheit abkaufen will. Er begünstigt finanziell den Autokauf und Hausbau, sofern umweltrechtliche Auflagen erfüllt werden. Er verteuert den Tabak- und Alkoholkonsum, um das Verhalten der Menschen zu ändern. Der Staat verlockt mit Geldangeboten, um dem Bürger ein Stück seiner Freiheit zu nehmen. Diese Freiheitsintervention ist in ihrem Finanzierungseffekt und in ihrem Lenkungserfolg zu rechtfertigen.

In einer dritten Handlungsform versteckt sich der Finanzstaat global-steuernd und wirtschaftslenkend in Steuerungssystemen, um zusammen mit Wirtschaftsgruppen »Wachstums«-, »Maximierungs«- und »Optimierungs«-Strategien zu verfolgen, um den privaten Gewinn, aber auch das Recht grenzenlos zum »Besseren« zu treiben. Mechanismen des Marktes, Steuerungsstrukturen des politischen Systems und Vorgaben der Technik verselbständigen sich als Wirkungsabläufe, immunisieren sich gegenüber dem Recht. Hier erinnern wir uns der Ursprungsantwort des Grundgesetzes auf den Terror vor 1945. Die Verfassung garantiert die »freie Entfaltung« der Persönlichkeit »im Gegensatz zum Robotersystem des totalitären Staates«.[56]

Eine weitere Grenzverschiebung zwischen freiheitsverpflichtetem Staat und freiheitsberechtigter Gesellschaft liegt in einem Übergang von der Gefahrenabwehr zur Gefahrenvorsorge. Traditionell darf der Staat Gefahren mit polizeilichen Mitteln nur abwehren, wenn die Gefahr gegenwärtig schon unmittelbar sichtbar ist. Er räumt das lawinenbedrohte Dorf, wenn die Lawinen sich bilden, nicht wenn der erste Schnee fällt. Nunmehr steht er jedoch vor der Aufgabe, auch generell vermuteten Gefahren durch konkrete Maßnahmen zuvorzukommen. Je weniger Gefahren für Leib und Leben dem Staat erkennbar sind, desto früher muss der Staat Vorbereitungen für spätere Gefährdungen unterbinden. Wenn der Terrorist sich durch Unsichtbarkeit und plötzlichen Spontanangriff staatlicher Gegenwehr entzieht, geht der Staat zu einem Früherkennungssystem über. Er bewegt sich damit zwischen der größten Gefahr für die Freiheit, der mangelnden Sicherheitsgewähr, und der zweitgrößten Gefahr für die Freiheit, den übertriebenen Sicherheitsvorkehrungen. Der Preis der Terrorismusprävention ist hoch. Die Sicherheitspolitik kann die Vertraulichkeit des ehelich gesprochenen Wortes berühren, das Telefonat auch Unbeteiligter und Unschuldiger überwachen, private Datenspeicher kontrollieren, die grundsätzlich außer den Beteiligten niemanden etwas angehen, unser Gemeinschaftsleben auf öffentlichen Straßen und Plätzen verstetigt beobachten und aufzeichnen. Vollständige Sicherheit ist nicht organisierbar. Unbegrenzte Freiheit ist nicht rechtens. Bei der Neujustierung dieser Grenze werden wir Gelassenheit bewahren müssen, um die Angst vor dem Terror und eine realitätsfremde Freiheitshoffnung in Schranken zu halten.

Der Mensch ist das Maß des Verfassungsstaates. Er gibt den Maßstab, wenn Staatsgewalt zu mäßigen, Anonymität zu reindividualisieren, Systemmechanismen auf menschlich gesetztes und demokratisch zu verantwortendes Recht zurückzuführen sind. Der Mensch wird nie mehr einem Robotersystem ausgeliefert werden. Das ist Bedingung menschlicher Freiheit. Wäre diese nicht mehr selbstverständlich, würde der Mensch aus seiner Gelassenheit heraustreten und einen beherzten Freiheitskampf kämpfen.

VI.

Frei sein in guter Verfassung

1. Der Prager Fenstersturz und andere Traditionen

Vor Ausbruch des Dreißigjährigen Krieges 1618 marschierten in dem seit langem schwelenden Konflikt zwischen Protestanten und Katholiken in Böhmen knapp 200 Ständevertreter zur Prager Burg, dem Zentrum der habsburgischen Herrschaft in Böhmen, um zwei kaisertreue Männer, die als die katholischen Statthalter galten, vor ein Gericht zu stellen. Es war ein kurzer Prozess. Schon bald stürzten die Angreifer beide Männer gemeinsam mit dem Kammersekretär in den Burggraben. Alle drei Männer überlebten. Die Gründe mögen ein Misthaufen im Burggraben, die Abfederung des Aufpralls durch die bauschigen Mäntel der Opfer, die Abschüssigkeit des Grabens oder ein behutsames Vorgehen der Täter gewesen sein. Jedenfalls entsprach es dem Ritual dieses Fenstersturzes, die Opfer nicht zu töten. Darstellungen des Fenstersturzes zeigen, dass die Ständevertreter über Degen und Feuerwaffen verfügten, die Opfer also sogleich hätten töten können. Doch sie wählten den sanften Sturz.[1]

Diese Maßnahme entspricht einer Tradition, in der damals Provokationen und Vorstufen einer Kriegserklärung förmlich zum Ausdruck gebracht wurden. Sie geht zurück auf die Geschichte von Isebel[2], deren Versuch, Israel vom rechten Glauben abzubringen und an dessen Stelle Götzenkulte zu setzen, mit einem Fenstersturz geahndet wurde. Dieses Ritual wurde in Prag, auch in Augsburg und Brandenburg, ebenso in Frankreich wiederholt vollzogen. Es gewann aus dem biblischen Präzedenzfall seinen für alle ersichtlichen und bewussten Sinn, sollte sich so auch biblisch legitimieren.

Wenn sich so eine bestimmte Tradition gebildet hat, rituell verfestigte Verfahren beachtet werden, sie eine Gewalttätigkeit mäßigen und bestehendes Recht verändern sollen, fühlt man sich an die Kriterien einer Verfassung erinnert. Doch der Fenstersturz ist das Gegenteil einer Verfassung: Er bereitet einen Krieg vor, hat eine schwere Gefahr für Leib und Leben zum Kerninhalt, überrumpelt Opfer und bietet ihnen kein faires Verfahren. Er streitet nicht revolutionär für Ideale, sondern zerstört ohne bessere Perspektive.

In der Entgegensetzung zum Fenstersturz werden Auftrag und Wirkungsanspruch einer Verfassung deutlich. Sie will politische Erfahrungen und kulturelle Einsichten verbindlich an die Zukunft weitergeben, Konflikte allein durch sprachliche Gewalt – Gesetz und Rechtsprechung – lösen, den Streit zwischen Konfessionen und Religionen, zwischen Gläubigen und Ungläubigen befrieden und aus einem zukünftigen Friedenskonzept herausnehmen. Eine Verfassung beansprucht für den Staat ein Gewaltmonopol, mäßigt die Staatsgewalt, garantiert jedem Menschen Freiheit und Gleichheit vor dem Gesetz, erneuert Staat und Gesellschaft in einem friedlichen, freiheitlichen Verfahren. Eine Verfassung begnügt sich nicht mit rituellen Verfahren, sondern steht für überzeugende Inhalte, für Freiheit und Humanität.

2. Staatsverfassung und persönliche Verfassung

Wer sich in guter Verfassung fühlt, ist sich seiner Gesundheit, seiner Lebensfreude, seines Unternehmermuts gewiss, verfügt über die Kunst, frei zu sein. Er braucht allerdings auch ein Umfeld, das die Entfaltung dieser individuellen Fähigkeiten erlaubt. Er sucht eine Gemeinschaft in guter Verfassung. Diese gewährleisten die modernen Staaten in einer Staatsverfassung.

Das Grundgesetz bietet eine Verfassung, die sich seit 1949 als ein historischer Glücksfall für unser Gemeinwesen bewährt hat. Diese Verfassung setzt den äußeren Rahmen, um den Freiheitsberechtigten die dort garantierten Freiheitsrechte annehmen und zur Entfaltung bringen zu lassen. Das Grundgesetz hat sich als geeignete Rechtsgrundlage erwiesen, um den Wiederaufbau nach dem Krieg möglich zu machen. In historischer Weitsicht richtet das Grundgesetz den Verfassungsstaat auf die europäische Einigung und die Völkerverständigung aus. So hat die Verfassung Deutschland in der Völkerrechtsgemeinschaft und in der Europäischen Union Ansehen, Sitz und Stimme verschafft, später der Wiedervereinigung 1989 Ziel und Maß gegeben. In den politischen, gesellschaftlichen, wissenschaftlichen und technischen Umbrüchen der Gegenwart beweist das Grundgesetz erneut seine Kraft, das Gemeinschaftsleben zu verstetigen und in der Verlässlichkeit des Rechts zu formen, den inneren Frieden zu sichern und den äußeren Frieden zu fördern. Das Grundgesetz garantiert den freien Menschen in Deutschland das Recht, ihr Leben selbstbestimmt gestalten, selbstbewusst genießen und in der Rechtsgemeinschaft weiterhin zum Besseren entwickeln zu können. Es regelt ein Konzept der Hoffnung.

3. Vertraute Regeln und Gesetzgebungsautorität

Die Universalität der Menschenrechte erwächst in der Vielfalt der Staaten mit unterschiedlicher Geschichte, Kultur und Religion nur, wenn die Weltgemeinschaft einem Entwicklungsprozess für ein besseres Recht Raum lässt, das die Binnenlogik herrschender Staaten oder mächtiger Weltunternehmen überwindet. Karl Jaspers[3] hat mit der These der »Achsenzeiten« darauf verwiesen, dass sich in der Zeit zwischen 800 und 200 v. Chr. in China, Indien und dem Abendland unabhängig voneinander der »tiefste Einschnitt« der Geschichte vollzogen habe: Der Mensch sei sich seiner selbst und seiner Grenzen bewusst geworden. Er erfahre die Furchtbarkeit der Welt und die eigene Ohnmacht. Er dränge vor dem Abgrund auf Befreiung und Erlösung, lasse das offenbar werden, was wir später Vernunft und Persönlichkeit nennen.[4] Diese Idee soll »Maßstäbe für den Sinn des gegenwärtigen Geschehens« aufzeigen, »unser Bewusstsein der Gegenwart steigern«. Diese These von dem Offenbarwerden eines Menschen mit Vernunft und Persönlichkeit in drei verschiedenen Weltkulturen ist in der Sache eine historische Begründung für die Weltgeltung von Rechten, die dem Menschen eigen sind. Die Achsenzeit setzt ein frühes Signal für die Universalität der Menschenrechte.

Am Anfang unserer Kultur steht der Gedanke der Schöpfungsgeschichte, einer in sich stimmigen Ordnung, in die jeder Mensch eingebettet ist.[5] Später beansprucht das Recht eine rechtfertigungsbedürftige, aus gerechtfertigter Erfahrung gewonnene Geltung.[6] Diese Idee des Rechts führt zu hohen Erwartungen an das Recht, teilweise zu utopischen Hoffnungen auf eine in Selbstlosigkeit und Gemeinsinn gleiche Gesellschaft.[7] Der Hauptauftrag des Rechts besteht seit Jahrhunderten darin, den Konflikt von Glauben und Unglauben, dem »tiefsten Thema der Welt- und Menschengeschichte«,[8] zu überbrücken. Verfassungsrecht vermeidet den Prager Fenstersturz.

Autorität und Geltungsanspruch des Rechts sind offenkundig, wenn Gott Moses die Rechtstafeln überreicht und ihn zur Interpretation dieses Rechts ermächtigt.[9] Doch auch Moses trifft auf ein Volk, das um das goldene Kalb tanzt, zertrümmert deshalb die Tafeln, kehrt später mit zwei neuen Tafeln zurück und bemüht sich, dass Gott mit dem Volk einen Bund schließt.[10] Auch wenn später das Recht religiös fundiert wird, eine

Autorität – der Kaiser oder der Papst – von »Gottes Gnaden« dieses Recht erlässt, bedarf es eines gesellschaftlichen Einvernehmens über eine verbindliche Rechtspraxis.[11] Können wir das Recht in der Natur lesen, decken sich die natürlichen und die rechtlichen Gesetzmäßigkeiten, soweit eine den Naturgewalten ausgesetzte Gesellschaft im Einklang mit dieser Natur leben will. Je mehr der Mensch jedoch sein Leben nach seinem eigenen Willen ausrichtet, desto mehr verliert dieses Recht aus der Natur seinen Anwendungsbereich und seine Unverbrüchlichkeit. Das Recht wird immer wieder aufs Neue rechtfertigungsbedürftig, wenn der Rechtsetzer eine wählbare und abwählbare Autorität ist, wenn er zur ständigen Erneuerung des Rechts beauftragt wird, wenn auch die Leitgedanken des Rechts sich in veränderbarem Verfassungsrecht entwickeln und wandeln sollen.

Schon das Mittelalter kennt eine rechtliche Bindung auch des Herrschers, unterscheidet zwischen Recht und staatlicher Willkür. Es versteht obrigkeitliche Eingriffe in den gesellschaftlich gebildeten Bestand individueller Rechte als Rechtsbruch.[12] Es bindet den Inhaber der Rechtsetzungs- und Befehlsgewalt an seine eigenen Anordnungen, spricht jeder ersichtlich »gemeinschaftsschädlichen obrigkeitlichen Maßnahme die Rechtlichkeit ab«.[13] Dieses gewachsene und in ständiger Übung gefestigte Recht ist dem geschriebenen Gesetz – der in einem vernünftigen Verfahren durch eine nach Vernunft anerkannte Autorität hervorgebrachten verbindlichen Regel – überlegen, weil mit der Gewohnheit zugleich die Inhalte und der Geltungsanspruch heranwachsen. Maßstäbe dieser Gerechtigkeiten bieten insbesondere die Religion, Rechtstraditionen, gewachsene Codices und ein in Menschenbild und Kulturerfahrung wurzelndes »natürliches« Recht.[14] Erst die jüngste Rechtsgeschichte[15] weist dem Gesetzgeber eine vordem unbekannte Allmacht zu, die gelegentlich zu behaupten scheint, gesetzlich sei – sofern nur die anerkannte Autorität das Gesetz beschließe – alles rechtlich machbar.

Moderne Rationalität sucht die Verbindlichkeit von Recht vor allem aus einer Autorität von rechtlichen Kompetenzen und Verfahren zu schöpfen. Das bestätigt die Idee der Demokratie, kann aber auch in eine Ratlosigkeit bequemer formaler Rechtsquellenlehren führen. Verbindlich ist die Regel, die eine als Gesetzgeber anerkannte Autorität hervorgebracht hat. Damit würde auch gesetztes Unrecht als Recht anerkannt. Der für die Auslegung des Gesetzes maßgebliche Wille wäre nicht mehr von der Willkür,

die das Gesetz ungültig macht, zu unterscheiden. Die Hoffnung auf Freiheitsgewähr durch Recht würde allein auf ein Gesetzgebungsverfahren
verwiesen. Allgemeine Rechtseinsichten und Lebenserfahrungen würden
weltweit gefährdet. »Utopische Energien« wären erschöpft.[16] Ein solcher
Positivismus ist nicht rational, sondern autoritätsgläubig. Deswegen entfaltet das Bundesverfassungsgericht die Verfassungsbindung des parlamentarischen Gesetzgebers in einer »am Gerechtigkeitsgedanken orientierten
Betrachtungsweise«, deutet insbesondere den Hoffnungsgehalt des Gleichheitssatzes nach den »fundierten allgemeinen Gerechtigkeitsvorstellungen
der Gemeinschaft«.[17]

Gegenüber einer formalen Rechtsquellenlehre sagt der Vertrag über die
Europäische Union[18] mit wohltuender Gelassenheit und Klarheit, er grei-
fe auf Gemeinsamkeiten einer fundierten Werte- und Rechtsgemeinschaft
zurück und schöpfe »aus dem kulturellen, religiösen und humanistischen
Erbe Europas«, aus dem sich die unverletzlichen und unveräußerlichen
Rechte des Menschen wie Freiheit, Demokratie, Gleichheit und Recht-
staatlichkeit als universelle Werte entwickelt haben.[19] Recht ist nicht nur
Ergebnis thematisch begrenzter Logik oder willentlicher Setzung, sondern
umfassender Humanität. Es lässt sich nur aus seiner Herkunft verstehen,
beantwortet die zukünftigen Anfragen an sich aus der Verwurzelung in historisch gewachsenen Entstehensbedingungen des Rechtssatzes, aus einem
gemeinsamen Wertefundament, aus der Einsichtigkeit und Angemessen-
heit der durch die Anwendung der Norm erreichten Wirkungen,[20] aus dem
Antwortcharakter der Verfassung.[21] Freiheit wird zum notwendigen Inhalt
von Recht. Dieses gewährleistet die Verfassungsgerichtsbarkeit.

Der Gegensatz zwischen einer überzeugenden Grundsatzordnung und
einer bloßen Verfahrensrichtigkeit, die sich jeweils eine Ethik sucht, die ihr
am besten gefällt, bestimmt gegenwärtig das Freiheitsverständnis der verschiedenen Wirtschaftssysteme. Die soziale Marktwirtschaft definiert die
Freiheit als individuelles Recht, das in eine gesamtgesellschaftliche Ordnung eingebettet ist. Es setzt deshalb voraus, dass die individuelle Freiheit
der Menschen nicht schrankenlos ist, sondern das Recht des anderen – sein
Eigentum, seine Familie, seine Wohnung, seine Meinungsäußerung – achtet. Das Freiheitsrecht erwartet vom freiheitsberechtigten Menschen, dass
er bestimmte Begehren, Neigungen, Untugenden unterdrückt und im Rahmen einer verbindlichen Gemeinschaftsordnung freiheitlich auch einen

Beitrag zum Gemeinwohl leistet. Das andere Freiheitsverständnis der ungebundenen Marktwirtschaft ermächtigt den Menschen, seinen Gefühlen, Begehrlichkeiten und Absichten unbekümmert zu folgen, insbesondere seinem Erwerbsstreben im Prinzip der »Gewinnmaximierung«, in einem stetigen allgemeinen »Wirtschaftswachstum« freien Lauf zu lassen. Der Streit zwischen sozialer Marktwirtschaft und Kapitalismus, aber auch der Kampf um eine überstaatliche Ordnung des weltweiten Wirtschaftswettbewerbs zeigen uns gegenwärtig, dass die erklärende Vernunft des Individuums allein eine solche Weltordnung nicht hervorbringen kann,[22] wir vielmehr eine Ordnung suchen müssen, die nicht nur Ergebnis eines formalen Verfahrens ist, sondern als Ausdruck einer jedem einzelnen Menschen gerecht werdende Humanität Geltung beansprucht. Nicht die Logik einer vereinbarten Tauschgerechtigkeit (»Deal«) begründet eine Weltfriedensordnung und eine Welttauschordnung, sondern ein einsichtiges Recht, das auch den noch nicht tauschfähigen Entwicklungsländern und den Armen Freiheit gibt.

Nachdenklich stimmt bei dieser Betrachtung von sich ergänzender Logik und schlichter Menschlichkeit, dass bereits in der Antike – Kleon in der Diskussion über Mytilene[23] – und in der Moderne – Friedrich August von Hayek in seinem Vortrag »Die Überheblichkeit der Vernunft«[24] – übereinstimmend festgestellt wird, dass »schlichte« Menschen, die in den kulturellen Wurzeln ihres Alltags ihr Selbstverständnis und ihre Handlungsmaßstäbe finden, oft zum Gemeinwesen mehr beitragen als die »gescheiten«, die eine gewachsene Kultur in Frage stellen und durch eine Spontanlogik zu bessern suchen. Damit ist nicht einer Renaissance vorzeitlicher Einfalt das Wort geredet, sondern die Erfahrung moderner Verfassungsstaaten bekundet, das Recht wurzele in den betroffenen Menschen, müsse diesen Menschen einsichtig und verständlich sein. Dieses Recht wird in den Köpfen der Menschen, nicht in einem Gesetzestext erneuert. Der Übergang vom alten zum neuen Recht muss in schonender Kontinuität vollzogen werden. Das Recht wächst in den Vorstellungen betroffener Menschen und wird an dieser seiner Quelle sprachlich verfasst, danach förmlich als verbindlich verkündet. Auf dieser Grundlage werden die parlamentarische Rechtsdebatte und die öffentliche Diskussion über neues Recht dann sprühenden Geist, lebhaften Intellekt, Florettgefechte mit Witz und Ironie entfalten.

4. Die Verfassung: Unveränderlicher Kern und stete Erneuerung

Das Grundgesetz beansprucht, die beständigen Rechtsgrundlagen des politischen Lebens in Text und Urkunde festzuschreiben und dabei den unveränderlichen Verfassungskern gegen jede Änderung abzuschirmen.[25] Die Grundsätze von Demokratie und Rechtsstaatlichkeit, Republik und Bundesstaat, das soziale Staatsziel, die Menschenwürde-Garantie und die daraus folgenden Grundrechte sind unabänderlich. Dieses Verfassungsgesetz beruht nicht auf dem Belieben einer verfassunggebenden Gewalt, sondern auf Tradition und Erfahrung einer verfassungweitergebenden Gewalt.[26] Das Grundgesetz verstetigt Staat und Politik. Dieser Verfassungskern ist das einheitswahrende Fundament, auf dem Staatsvolk und Staat ruhen und gemeinsamen Halt finden.

Die Verfassung erneuert das Gemeinwesen ständig in der Gewähr von Freiheit. Der freie Mensch darf morgen das Neue und Ungewohnte wagen und erproben. Auch die verfassungweitergebende Gewalt des Staatsvolkes bringt mit dem Erlass des Grundgesetzes das Verfassungsrecht nicht zum Stillstand, sondern organisiert einen entwicklungsbegleitenden und entwicklungsprägenden Prozess stetiger Erneuerung einer im Kern festen Verfassung.[27] Das Grundgesetz kann – unter den erschwerten Bedingungen einer Zweidrittelmehrheit in Bundestag und Bundesrat[28] – selbst geändert werden. Es ist tatsächlich bisher 62 Mal geändert worden.[29] In dieser Elastizität bewahrt die Verfassung ihren unabänderlichen Kern[30] und eine kontinuierliche Staatlichkeit.

Diese Macht der Mehrheit – bei Verfassungsänderungen mit besonders hohen Hürden – entspricht der Idee der Demokratie, beansprucht aber nicht, nach parlamentarischer Debatte die richtige, die vernünftigste, die gerechteste Lösung gefunden zu haben.[31] Eine Mehrheit sucht in einem offenen Willensbildungsprozess und einem fairen Verfahren eine vertretbare Entscheidung, die auch von einer unterlegenen Minderheit als bindend anerkannt wird, weil die Mehrheit zurzeit die Entscheidungskompetenz besitzt, die Minderheit in ihren Rechten geschützt ist und die Minderheit bei der nächsten Entscheidung zur Mehrheit werden kann.[32]

Grundlage des Mehrheitsprinzips ist die Freiheit in einer nachhaltig verlässlichen Rechtskultur. Wir debattieren nicht die Alternative von Demokratie und Diktatur, sondern die Höhe der Renten und Steuersätze. Jeder Wähler hat bei der Wahl, jeder Gewählte im Parlament einen gleichen Anteil an der politischen Willensbildung. Die Stimme jedes Wählers und die Stimme jedes Abgeordneten zählt im jeweiligen Abstimmungsverfahren gleich.[33] Das Verfahren einer allgemeinen, unmittelbaren, freien, gleichen und geheimen Wahl[34] sichert, dass der Wille der freien Bürger die zukünftige Politik bestimmt. Im Parlament suchen Mehrheit und Minderheit nach gemeinsamen Lösungen. Die öffentliche Debatte[35] und das freie Mandat[36] gewährleisten die Offenheit und Sichtbarkeit der Gesetzgebung für die betroffenen Menschen. Das Verfahren der Gesetzgebung[37] organisiert ein großes Maß an Sachlichkeit, Verantwortlichkeit und Stetigkeit für den Bürger und Wähler. Wenn der Abgeordnete bei diesen Entscheidungen den Wähler repräsentiert, wird dieser beobachten, ob diese Entscheidungen jedenfalls in ihren Leitgedanken seinen Vorstellungen von seinem freiheitlichen Staat und seiner Kultur entsprechen.

Im parlamentarischen Alltag fallen viele Entscheidungen, auch die über Verfassungsänderungen, einstimmig.[38] Andere werden mit Mehrheiten beschlossen, die nicht dem Gegensatz von parlamentarischer Mehrheit und Minderheit entsprechen, sondern sich in der parlamentarischen Debatte über das richtige Gesetz über Parteigrenzen hinweg ergeben. Die Verfassung setzt ohne ausdrückliche schriftliche Vorgabe voraus, dass die Bürger im Kern politischer und kultureller Wertvorstellungen übereinstimmen, sie ihre Urteilskraft durch Information und Selbstkontrolle verbessern, sie bei ihrer Willensbildung frei und offen die verschiedenen Meinungen, andere, fremde Lebenssichten und Lebenserfahrungen würdigen können.[39] Das Staatsvolk entfaltet und artikuliert sich in einem Prozess politischer Willensbildung, um so dem, was es – relativ homogen – geistig, sozial und politisch verbindet, rechtlichen Ausdruck zu geben.[40] Diesen Zusammenhalt bewahren die Bürger in gelassener Freiheit auch gegenüber kontroversen Parlamentsdebatten, aufgeregten Wahlkämpfen und einer Berichterstattung, die Gegensätze hervorhebt und Empörung schürt.

5. Verlässlichkeit der Urkunde

a. Sicherheit im Text

Freiheit gewinnt an Verbindlichkeit und Gestaltungsmacht, wenn sie in der Verlässlichkeit einer Urkunde und der Rationalität des Sprachlichen gewährleistet wird.

Wenn politische Herrschaft auf Dauer an Recht gebunden werden soll, wird dieses Recht in der Regel feierlich proklamiert.[41] Jeder Bürger soll die Grundordnung seines Gemeinwesens in einer veröffentlichten Urkunde lesen können. Jedes Staatsorgan und jedes Land in einem Bundesstaat soll sich der für den gesamten Verfassungsstaat geltenden Verfahrens- und Kompetenzordnung in einem verlässlichen Text vergewissern können. Jeder auswärtige Staat und die internationalen Staatsorganisationen sollen den Verfassungsstaat in seinem Verfassungstext erkennen. Der Verfassungsstaat will beim Wort genommen werden. Das Grundgesetz setzt auf diese Verlässlichkeit durch Urkundlichkeit und bestimmt, dass die Verfassung nur durch ein Gesetz geändert werden kann, das den Wortlaut des Grundgesetzes ausdrücklich ändert oder ergänzt.[42] So wird gewährleistet, dass niemand die Verfassung durchbrechen, sondern nur durch förmliche Änderung der Verfassungsurkunde verändern kann.

Das Bemühen, kulturelle Traditionen und Leitideen in Urkunden niederzulegen und zu bewahren, gilt auch für Texte, aus denen Recht erwächst. Kultur in Büchern ist ein Fundament des Rechts. Herrscher, die mit den Traditionen eines Gemeinwesens brechen wollen,[43] versuchen deshalb, Literatur und Dokumente, Akten und Archive des bisherigen Staates zu zerstören.[44] Im Dritten Reich hat Hitler die ihn beunruhigenden Bücher verbrennen, in einer Politik der »verbrannten Erde« auch Akten planmäßig vernichten lassen.[45] In den Jahren 1989/90 vernichteten die Behörden der in der Auflösung befindlichen DDR, federführend das Ministerium für Staatssicherheit, umfangreiches Aktenmaterial, insbesondere Unterlagen mit personenbezogenem Inhalt. Ganze Bereiche der DDR-Gesellschaft »blieben so im Verborgenen«.[46]

Die Urkundlichkeit von Staatsverfassungen und Verfassungsgrundlagen wahrt eine Kontinuität der geltenden Verfasstheit, kann aber auch ein Signal der Erneuerung, der Ablösung von Geschichte und Tradition durch

Neubegründung und Rechtfertigung staatlicher Herrschaft setzen.[47] Das Grundgesetz kann »geradezu als Gegenentwurf zu dem Totalitarismus des nationalsozialistischen Regimes«[48] gelten. Es baut dabei auf die Erwartung, dass die Bürger die allgemeinen Werte der Verfassung in der Kontinuität ihres Wissens und Gewissens akzeptieren und so den demokratischen Staat und die freiheitliche Gesellschaft verwirklichen.[49]

Die Urkunde des Grundgesetzes festigt in der Verlässlichkeit des beurkundeten Textes die Interpretation der Verfassung, die in der Verfassungsurkunde ihren verbindlichen Ausgangspunkt findet und nicht in einem text- und orientierungslosen Diskurs die Verfassungsinhalte einem Vorbehalt gegenwärtiger Politik unterwerfen darf.[50] Die Idee der schriftlich beurkundeten Verfassung errichtet eine hohe Barriere gegen jede verfassungsfeindliche Politik und Diktatur.[51] Grundsätzlich entlarvt der Beurkundungszwang jeden Versuch einer Verfassungsänderung außerhalb der Verfassungsurkunde als Verfassungsbruch.

b. Europarechtliche Labilität der Urkunde

Allerdings lockert das Grundgesetz das Prinzip der Urkundlichkeit in zwei Fällen: Bei völkerrechtlichen Verträgen, die eine Friedensregelung treffen, der Verteidigung der Bundesrepublik dienen oder der Rückgewinnung staatlicher Autonomie in Deutschland dienten, ist im Text des Grundgesetzes lediglich klarzustellen, dass die Bestimmungen des Grundgesetzes dem Abschluss und dem Inkrafttreten dieser Verträge nicht entgegenstehen.

Ein praktisches Problem schafft die Öffnung der Staatsverfassung für die Europäische Union. Der Bund kann – in der Regel in dem Verfahren einer Verfassungsänderung – Hoheitsrechte auf die Union übertragen. Diese Übertragung ändert das Grundgesetz, ohne dass der Text des Grundgesetzes weiter geändert werden müsste. Die Ermächtigung zur Übertragung von Hoheitsrechten[52] fordert für diese Verfassungsänderung keine Textänderung.[53] Damit kann der deutsche verfassungsändernde Gesetzgeber europäische Organe ermächtigen, statt deutscher Organe Hoheitsgewalt in Deutschland auszuüben. Der Europäische Rat erlässt an Stelle des Deutschen Bundestages Gesetze. Europäische Verordnungen und Richtlinien treffen vom Grundgesetz abweichende Regelungen. Doch der deutsche Gesetzgeber bleibt verantwortlich, dass »das, was in der Bundesrepublik Deutschland geltendes Verfassungsrecht ist, auch für den Bürger als solches erkennbar« bleibt.[54] Deswegen muss der Gesetzgeber nicht alle europarechtlichen Verfassungsänderungen gleichsam fotografieren und in den Verfassungstext des Grundgesetzes kopieren. Er hat jedoch die europarechtlich hergestellte Verfassungslage im Text des Grundgesetzes bewusst zu machen.[55]

Die Europarechtslabilität der Verfassungsurkunde ist deswegen besonders problematisch, weil die Europäische Union den Inhalt ihrer Verträge durch den Europäischen Gerichtshof fortbildet und dieser die Verträge – als »Motor der Integration« – dynamisch im Dienst eines Kompetenz- und Machtzuwachses der Union auslegt. Er hat bestimmt, dass Richtlinien, die nur die Staaten binden, auch unmittelbar für Bürger gelten.[56] Er hat entschieden, dass Europarecht Vorrang vor deutschem Verfassungsrecht habe.[57] Dieses Rechtsverständnis war in der Gründungsphase der EWG vertretbar, weil damals erstmals eine gemeinsame europäische Hoheitsmacht geschaffen werden sollte. Heute – in einer gefestigten Europäischen Union – müssen Recht und Rechtsprechung wieder zu ihrer Kernfunktion zurückkehren. Sie haben die Macht der Herrschenden zu begrenzen. Der Europäische Gerichtshof hat die Aufgabe, das Handeln der Unionsorgane in den Grenzen des Unionsrechts zu binden.

Methodisch hat der Europäische Gerichtshof sich diese Vertragsinterpretation erschlossen, weil er die Verträge nicht, wie nach internationalem Recht üblich, so auslegt, wie es dem Willen der vertragschließenden Parteien entspricht. Er handhabt die Verträge vielmehr wie Staatsverfassungen, die sich vom historischen Willen der Verfassunggeber weitgehend lösen und ihren eigenen, in der Verfassungsurkunde niedergelegten Zweck verfolgen.[58] Diese Umdeutung eines Staatenvertrages zu einer Staatsverfassung hätte die Folge, dass eine Verfassungsänderung nicht auf einen einstimmigen Beschluss der Mitgliedstaaten angewiesen, eine Verfassungsfortbildung sogar durch Richterinterpretation möglich wäre.

Die Europäische Union, die ihren Bürgern »einen Raum der Freiheit, der Sicherheit und des Rechts« bietet,[59] steht vor der großen Aufgabe, die Freiheit der Unionsbürger in der Urkundlichkeit mitgliedstaatlicher Verfassungen zu festigen, die in den Verfassungsurkunden geregelten Freiheitsprinzipien zu fördern und auch einzufordern. Vor allem hat die Union ihre eigene Grundlage, den Unionsvertrag, so zu handhaben, dass er im Einklang mit seinem Fundament, der Verfassungsstaatlichkeit seiner Mitgliedstaaten, wirkt. Diese Freiheitsgewähr ist für die weitere europäische Integration und die Verfasstheit der Mitgliedstaaten unerlässlich.

Daraus ergibt sich ein großes Reformprojekt, das der europäischen Integration ein gediegeneres Fundament geben könnte. Alle Verfassungen der Mitgliedstaaten sind in ihren Gemeinsamkeiten – des Verfassungstextes und der Verfassungspraxis – zu erfassen. Unterschiede sind bewusst zu machen und in ihren Gründen zu erläutern. Sodann ist Einklang und Widerspruch zwischen jeder europarechtlichen Norm und diesem Verfassungsrecht darzustellen, zu beurteilen und computertechnisch zu erschließen. In dieser Grundlage finden der Europäische Gerichtshof für das Europarecht und die Verfassungsgerichte für ihr jeweiliges Verfassungsrecht den Auftrag, den Zusammenklang beider Rechtsordnungen zu gewährleisten. Die europäische Rechtsgemeinschaft wird ihren Geltungsgrund in den mitgliedstaatlichen Verfassungen, im Rechtsbewusstsein und der Rechtspraxis der Mitgliedstaaten in neuer Blüte erleben.

6. Rationalität des Sprachlichen

Verfassungsrecht ereignet sich in Sprache, wendet sich an seine Adressaten in der ihnen eigenen Sprache. Sprache ist jedem Bürger zugänglich und zu eigen. Sprache ist Gemeingut. Sie entwickelt sich in der allgemeinen Sprechfreiheit ständig, beansprucht in der Verfassung aber einen nach dem Ursprungstext kontinuierlichen Inhalt. Rechtssprache überbringt Rechtsinhalte auf Dauer, stabilisiert so das Gemeinschaftsleben. Wenn das Recht in Sprache gefasst wird, ist sichergestellt, dass es nicht nur Vorstellung, Meinung und Gemütslage seiner Urheber bleibt, sondern in der sprachlichen Begegnung einem anderen einen Rechtsgedanken vermittelt, den dieser verstehen und befolgen kann. Sprache verbindet Denken und Handeln in einem gemeinsamen Erfahrungs- und Begreifenshorizont. Rechtssprache schafft Verbindlichkeiten, in denen sich der Gesetzgeber auf die Allgemeinheit der Sprache einlässt, der Gesetzesadressat sich angesprochen fühlt. Die Allgemeinheit des Gesetzes, damit die Gleichheit vor dem Gesetz, hat in der Rechtssprache einen verlässlichen Ursprung.

Wenn das Grundgesetz[60] einen bestimmten Begriff verwendet, es von »Mensch« oder »Staat« spricht, erreicht es bei den Verfassungsadressaten nur deshalb eine gemeinsame Vorstellung von diesem Tatbestand, weil diese in eine Sprachgemeinschaft hineingeboren oder durch das Erlernen einer Sprache in dieser Gemeinschaft beheimatet, also in die Geschichte der Sprache und des Miteinandersprechens eingebunden sind. Sprache setzt menschliche Begegnung voraus, veranlasst gemeinsames Denken. Denken ereignet sich in Sprache. Die Bereitschaft zu einer gemeinsamen Herkunft in Sprache trägt die Übereinkunft, auf der Entstehen, Bestand und Eigenart des Verfassungsstaates beruhen. Der Verfassungstext trägt und bewahrt eine gemeinsame Friedensordnung.[61] Diese Gemeinsamkeit in gesprochener Staatlichkeit ist der Ursprung verlässlicher Freiheit.

Das Grundgesetz will den Bürger ansprechen, für sein Konzept des Lebens im freiheitlichen Verfassungsstaat werben, aber auch seine Verbindlichkeiten klar und unausweichlich überbringen. Am Anfang steht der Satz: »Die Würde des Menschen ist unantastbar«, eine Regel, die das Lakonische und das Poetische miteinander verbindet, in ihrer Schlichtheit verständlich ist, in ihrem Pathos bewegt. Dann aber sucht die Verfassung in Prägnanz und Einfachheit wie ein Bauer zu reden und wie ein Philosoph zu denken.[62] »Alle Menschen sind vor dem Gesetz gleich.« »Kunst und Wissenschaft, Forschung und Lehre sind frei.« »Eigentum verpflichtet.« »Bundesrecht bricht Landesrecht.« »Die Todesstrafe ist abgeschafft.« Diese knappen Sätze sind in ihrer »lapidaren Sprachgestalt«[63] klar und unmissverständlich, dann aber auf ein Nach- und Weiterdenken durch den Erstinterpreten, den Gesetzgeber, und den Letztinterpreten, das Bundesverfassungsgericht, angelegt. Auch eine Verfassung kann nur in der Perspektive ihrer Zeit formulieren. Wenn das Grundgesetz von der »Pressefreiheit« spricht und damit das durch den Pressstock bedruckte Papier meint, hat die Verfassung noch nicht die modernen Digitalmedien im Blick. Wenn sie die Freiheit des »Rundfunks« regelt,[64] hat der Verfassunggeber 1949 den Hörfunk vor Augen, versteht das Fernsehen eher noch als technisches Experiment. Beide Tatbestände wachsen mit der Entwicklung der Technik und der digitalen Wirklichkeit, garantieren heute eine allgemeine Medienfreiheit und nicht nur die Freiheit historisch überholter Techniken,[65] müssen deshalb für zukünftige Gegenwarten nach- und weitergedacht werden.

Spricht das Grundgesetz Verfassungsrecht in deutscher Sprache aus, nutzt es vier Stufen der Rationalität, die in dieser Sprachlichkeit angelegt ist.

1. Es spricht in der Sprachgemeinschaft der Staatsbürger, die unter den Begriffen »Freiheit«, »Gleichheit«, »Demokratie«, »Rechtsstaat«, »Gesetz« und »Gericht« etwas Ähnliches verstehen, das mit diesen Worten von jeher verbunden wird. Das Sprechen derselben Sprache überbringt traditionelle, gewachsene und gefestigte Gedanken.
2. Diese inhaltliche Gemeinschaft und Gebundenheit verstärkt sich, wenn diese Verfassungsbegriffe seit langem – in Deutschland nun seit 70 Jahren und frühen historischen Vorbildern – im eigenen Staat erprobt und bestätigt worden sind. Wenn die Demokratie in Deutschland wesentlich durch die politischen Parteien geprägt ist und die Wähler in einem System der personalisierten Verhältniswahl diese Parteien und deren Spitzenpersonal wählen, weniger den einzelnen Abgeordneten vor Ort in das Parlament entsenden, so ist dies eine gefestigte Form der Wahlfreiheit. Das Grundgesetz hat diese Frage 1949 offengelassen. Der Gesetzgeber hätte sie auch anders – durch eine Persönlichkeitswahl – regeln können.[66] Doch diese Verfassungspraxis muss nunmehr als Ausgangspunkt für Wahlrechtsänderungen beachtet werden.
3. Verfassungssprache drückt etwas Grundsätzliches aus, regelt überzeitlich, bindet im Elementaren. Verfassungsbegriffe wie »Freiheit«, »Würde«, »Recht und Gesetz«, »unantastbar«, »unverletzlich« oder »unveräußerlich« heben die Aussage aus dem alltäglichen Gespräch hervor, warnen vor leichtfertigem Umgang mit diesem Text. Mit Verfassungsbegriffen spielt man nicht. Die Verfassung regelt die Grundbedingungen menschlichen Lebens verbindlich. Wer sie antastet, sie verletzt oder sie veräußern will, rührt an die Fundamente gemeinsamer Staatlichkeit. Er stellt sich außerhalb des Verfassungskonsenses, der im Text des Grundgesetzes formuliert worden ist. Deshalb sprechen die verfassunggebundenen Staatsorgane über das Grundgesetz nur aus besonderem Anlass, in bedachter Form, in einer behutsamen Wortwahl. Die öffentliche Debatte über die Verfassung ist selbstverständlich frei, in Formen und Verantwortlichkeiten nicht gebunden. Dennoch entwickelt auch der Bürger eine Sensibilität für die Verfassungssprache, die uns

grundsätzlich ein Leben in Freiheit sichert, dessen verfassungsrechtliche Rahmenbedingungen wir nicht aufs Spiel setzen wollen.

4. Das Grundgesetz fordert für das Handeln des Verfassungsstaates bei der Gesetzgebung die schriftliche Verkündung des Gesetzes im Bundesgesetzblatt. Der Gesetzgeber geht ins Wort und will beim Wort genommen werden, erwartet aber auch, dass die ausgesprochene Verbindlichkeit allgemein beachtet wird. Verwaltung und Gerichte müssen ihre Entscheidungen am Maßstab des Gesetzes begründen, also nachvollziehbar und für die Gerichte kontrollierbar darlegen. Dieser Zwang zur Begründung in Sprache fordert eine Vergewisserung über die eigene Entscheidung und ihre Maßstäbe, die eine Entscheidung für den Betroffenen einsichtig oder zumindest verständlich macht. Anderenfalls wird er gegen Verwaltungsakte Rechtsbehelfe einlegen oder gegen Urteile die nächste Instanz anrufen und dort wiederum eine besondere Form des Recht»sprechens« erfahren. Das Parlament gibt sein Gesetz mit der Verkündung aus der Hand. Der Rechtsstaat bleibt aber fähig, weiterhin über das Gesetz zu sprechen. Er steht Rede und Antwort zu Fragen über das geltende Recht. Er hat dafür ein eigenes, in der Verfassungssprache sicheres Organ, die Rechtsprechung.

Es gibt keine Normen, die nicht der Auslegung bedürften. Wenn das Grundgesetz bestimmt: »Die Todesstrafe ist abgeschafft«, scheint diese Freiheitsgarantie klar und keiner weiteren Deutung bedürftig. Wenn dann aber das Bundesverfassungsgericht[67] zu entscheiden hat, ob Deutschland einen Beschuldigten in ein fremdes Land ausweisen oder ausliefern darf, das wegen der ihm vorgeworfenen Tat eine Todesstrafe ausspricht und verhängt, bedarf der Rechtssatz der Interpretation. Bedeutet die Abschaffung der Todesstrafe nur das Verbot, in Deutschland solche Strafen zu verhängen? Oder verbietet es dem deutschen Staat auch, an der Verhängung einer Todesstrafe durch einen anderen Staat mitzuwirken? Wenn die Verfassung bestimmt: »Die Bundesflagge ist schwarz-rot-gold«, scheint diese Regel die traditionelle Bundesflagge vorzugeben. Doch wenn ich meine Studenten bitte, den Text dieses Verfassungssatzes aufs Papier zu malen, beginnen sie zu überlegen, ob die Flagge längs oder quer gestreift ist, ob das Schwarz nach oben oder unten gehört. Forensische Begabungen malen eine rote Flagge mit schwarzen und goldenen Punkten oder eine schwarze Flagge mit roten und goldenen Kordeln. Rechtsprechen ist nicht nur Nachsprechen von Vorgeschriebenem, sondern vervollständigendes und ergänzendes Nachdenken eines in Sprache gefassten Satzes.

Das Grundgesetz darf nicht so starr sein, dass es die wechselnden Gegenwartsanfragen an das Recht nicht beantworten könnte, andererseits nicht so offen, dass jeder Zeitgeist in die Verfassung hineinströmen kann. Deshalb trifft die Verfassung zu Striktheit und Offenheit klare Aussagen. Wenn sie Freiheit garantiert, überlässt sie die Entscheidung über die Gestaltung des eigenen Lebens allein dem Freiheitsberechtigten. Das Verfassungsrecht macht grundsätzlich keine Vorgaben. Bei der Regelung, unter welchen Voraussetzungen ein Freiheitsrecht eingeschränkt werden kann – zum Schutz der öffentlichen Sicherheit, der Rechte anderer oder der Umwelt –, regelt die Verfassung eine abgestufte Skala von strikten Bedingungen bis zu einem allgemeinen Verhältnismäßigkeitsprinzip.

Der Verfassungstext kann gute Erfahrungen, erprobte Institutionen, allgemein geltende Wertungen festschreiben, muss dabei aber so entwicklungsoffen bleiben, dass das jeweils gegenwärtige Staatsvolk mit diesen Strukturbestimmungen »Staat machen« kann. Die wichtigsten Erneuerungsinstrumente, die individuelle Freiheit und die Befugnis des Parlaments zu mehrheitlicher Gesetzgebung, sind einerseits die unaufgebbaren Säulen dieses Verfassungsstaates, andererseits eine Ermächtigung für den einzelnen Bürger und die Wähler, ihre Lebensbedingungen und das Parlament in Freiheit stetig zu erneuern.

7. Das Menschenbild der Verfassung

Die Freiheit des Menschen wird wesentlich durch die Vorstellung, das »Bild«, geprägt, das er von sich und anderen hat. Sieht er den Menschen eher als Feind, handelt er argwöhnisch, abwehrend, defensiv. Sieht er ihn als Freund, will er ihm begegnen, Gemeinschaften bilden, Aufgaben und Freuden mit ihm teilen. Versteht er den Menschen als Vernunftwesen, setzt er auf dessen Freiheit und Entscheidungskraft. Sieht er den Menschen eher durch Triebe und Instinkte bestimmt, sucht er diese Triebhaftigkeit zu zügeln und zu überwinden. Beobachtet er den Menschen in seiner Körperlichkeit, sind Ernährung, Kleidung, Haus und Gesundheitswesen sein

Thema. Sieht er ihn eher in seinen geistigen Fähigkeiten, entfaltet er ihn in Kunst und Kultur, Religion, Recht und Philosophie. Anerkennt er seine Würde, sucht er ihn möglichst nicht anzutasten. Soll er ihn heilen, macht er ihn zum Gegenstand medizinischer Behandlung oder wissenschaftlichen Sezierens.

Der Verfassungsstaat anerkennt den Menschen in seiner Würde, stellt ihn als Berechtigten in die Mitte seines Rechts, dient dem einzelnen Menschen und macht sich von diesem als seiner Legitimationsquelle abhängig. Recht ist vom Menschen geprägt. In dieser demokratienotwendigen Schlichtheit ist der Mensch freiheitsberechtigter und mitgestaltender Demokrat. Das Recht begreift jeden Menschen als »Person«, macht ihn zum Rechtssubjekt, gibt ihm Rechte und Pflichten.[68] Der Mensch wird rechtlich gebunden, zugleich mit »unverletzlichen« Freiheitsrechten ausgestattet.[69] Das Wort »Person« sieht den Menschen einerseits als den Schauspieler, der sich hinter einer »Maske« verbirgt,[70] also in einer Rolle lebt, die eine Gesellschaft von ihm in Beruf und Familie, nach Stand und Alter erwartet. Die Person übernimmt aber auch die Rolle, die ihm die Natur, seine Vernunft, seine Begabung, sein von Zufall bestimmter Stand und sein Lebensplan zugewiesen hat.[71] Der Staat setzt auf diese Person, die sich ihre von der Gesellschaft benannte Aufgabe zu eigen macht, sie ausfüllt und in einer Gesamtverantwortlichkeit lebt. Doch nimmt der Tatbestand der »Person« nicht nur beschreibend etwas Vorgegebenes auf, sondern sucht jedem Menschen wertend einen gerechten – gleichen – Platz in der Gesellschaft zu verschaffen.[72]

Die Forderung, jeden Menschen als Person grundsätzlich in der Rechtsgemeinschaft gleich zu behandeln,[73] hatte anfangs noch nicht die Kraft, festgefügte Gesellschaftsordnungen zu durchbrechen. Es war ein langer Prozess, bis die vom Boden des Naturrechts aus bekämpfte Sklaverei abgeschafft und der diplomatische Schutz gegenüber Fremden durchgesetzt wurde, die religiösen Minderheiten gleiche Freiheitsrechte wie die religiöse Mehrheit erkämpft haben. Die Gleichstellung der Menschen in den Kolonien, von Männern und Frauen, von Menschen anderer Herkunft, Abstammung, Heimat und Sprache gelang vielfach erst im vergangenen Jahrhundert.[74] Die Geschichte individualisierender Rechte, das Aufrücken des Menschen als freie bestimmende Macht im Staat ist zugleich die Entwicklung des Verfassungsstaates.[75] Beginnend mit den Menschenrechtsforderungen des 18.

Jahrhunderts[76] stellt der Verfassungsstaat die Rechtsfähigkeit jedes Menschen in den Mittelpunkt, garantiert die gleiche Berechtigung aller Menschen in diesem für alle gleichen Recht.[77] Die »Person« beansprucht das Recht, nicht als bloßes Objekt von anderen Menschen beherrscht zu werden, sondern als Subjekt berechtigt zu sein.

Diese Person ist unabhängig von ihren Eigenschaften, ihrem körperlichen und geistigen Zustand, ihren Leistungen und ihrem sozialen Status[78] Rechtssubjekt. Wird sie mit Freiheitsrechten ausgestattet, wird sie zu einer »Persönlichkeit«, die sich mit individuellen Anlagen, Begabungen, körperlichen und psychischen Konstitutionen von anderen unterscheidet und sich mit ihren Freiheitsentscheidungen von der Rechtsgemeinschaft und den anderen freiheitsberechtigten Menschen abhebt.[79] Die »Persönlichkeit«[80] lebt ihre Individualität und Einzigartigkeit unabhängig von anderen. Die Garantie der freiheitsberechtigten Persönlichkeit anerkennt die Elementarrechte jeder Person auf freiheitliche Verschiedenheit.

Der Mensch ist auch »Bürger«[81], der das Vertrauen der Burggemeinschaft genießt, die Güter einer Burg – insbesondere das Wasser – achtet und bewahrt, den Burgfrieden nicht stört, wehrfähig und wehrbereit an der Verteidigung der Burg mitwirkt. Die modernen Verfassungen[82] bezeichnen mit den Bürgerrechten den Staatsangehörigen, der einer Rechtsgemeinschaft und ihrer Verfassung zugehört, dort Sicherheit findet und sein Leben verbringen darf, demokratisch das Gemeinschaftsleben mitgestaltet, in der Lebensstruktur seines Staates zu Hause ist und zur Friedlichkeit und Vertrauenswürdigkeit dieses seines Staates beiträgt. Er leistet frei seinen Beitrag zum Gelingen des Gemeinwesens. Der Bürger ist Angehöriger seines Staates – berechtigt und verpflichtet.

8. Keine Verfassung garantiert sich selbst

Freiheitsmut und Freiheitsverantwortung des Einzelnen bestimmen die Realität des freiheitlichen Verfassungsstaates. Joseph v. Eichendorff bringt dieses im vormärzlichen Aufbruch zur freiheitlichen Demokratie in Deutschland in einem Leitgedanken zum Ausdruck: »Keine Verfassung garantiert sich selbst.«[83] Die Freiheit muss durch Recht und Institutionen gewährleistet werden. Ihr Gestaltungsanspruch und ihr Geltungsgrund wurzeln aber im Freiheitswillen der Menschen. Eine Verfassung ist so frei, wie die Menschen Freiheit verstehen.

Wie sehr Freiheitsdenken die Entwicklung zur Freiheit vorantreiben kann, zeigt der Hannoversche Verfassungskonflikt 1837. Die zwischen England und Hannover bestehende Personalunion wurde aufgelöst.[84] Der neue Herrscher Ernst August wandte sich von der englischen Tradition von Parlamentarismus und Freiheitsrechten ab, löste den Landtag auf, erklärte die Verfassung von 1833 für ungültig und die traditionellen Machtstrukturen der vorausgegangenen Verfassung wieder für verbindlich. Dadurch gerieten die hannoverschen Beamten in einen Grundsatzkonflikt zu ihrem Amtsauftrag und ihrem Beamteneid, die sie zum Eintreten für die Verfassung verpflichteten. Amtsauftrag und Eid waren zugleich Legalitäts- und Widerstandsverpflichtung: Der Beamte hatte nicht nur die Verfassung zu befolgen, sondern auch umstürzlerischen Angriffen, Revolutionen und Staatsstreichen zu widerstehen.

Sieben Göttinger Professoren[85] – Albrecht, Dahlmann, Gervinus, Jacob und Wilhelm Grimm, Ewald und Wilhelm Weber – sahen in dem Verhalten Ernst Augusts einen Staatsstreich und leisteten Widerstand zur Verteidigung des Staatsgrundgesetzes. Sie teilten in einer Eingabe an die für Universitätssachen zuständige hannoversche Behörde mit, dass sie sich an die Verfassung gebunden fühlten, die trotz des königlichen Staatsstreichs unverändert fortgelte. Sie weigerten sich, das ihnen als Mitgliedern der Universität zustehende Wahlrecht zur Wahl einer Ständeversammlung nach altem Recht auszuüben, sprachen einer politischen Institution, die nach königlicher Order gebildet werden sollte, die staatsrechtliche Legalität ab und erklärten alle von dieser Institution ausgehenden staatlichen Maßnahmen für illegal.[86] Das Universitäts-Kuratorium suchte den offenen Konflikt mit dem König zu vermeiden und die Sieben zu mäßigen. Den Untertanen obliege es, »in ruhiger Ergebung zu warten, wie auf dem allein zulässigen Wege, nämlich auf dem der Beratung mit den jetzt zu konvocierenden Ständen, die öffentlichen Angelegenheiten Unseres Vaterlandes werden geordnet werden, nicht aber wird ihnen zugestanden werden können, ein jeder nach seiner besonderen Absicht zu verfahren, indem dieses einleuchtendermaßen zur offenbaren Anarchie führen würde«.[87]

Der König erfuhr von dem Protest der Göttinger Sieben, entließ sie unverzüglich aus ihrem öffentlichen Lehramt und verwies drei von ihnen – Dahlmann, Jacob Grimm und Gervinus – des Landes. Dahlmann fand Zuflucht in Leipzig, dann in Jena, Jacob Grimm in Kassel. Gervinus zog nach Heidelberg.[88]

Die Ausübung des Widerstandsrechts und dessen Begründung wurde bald Gegenstand öffentlicher Debatte.[89] Die Entlassung wurde allgemein als ein Willkürakt verstanden, der dem König nicht zustehe. Die Sieben schuldeten nicht einzig und allein dem König, sondern ebenso dem Staatsgrundgesetz Treue und Gehorsam. Es wurde eigens ein privater Verein gegründet, der den Entlassenen ihr Gehalt weiterzahlte. Zugleich klagten die Professoren auf Fortzahlung ihres Gehalts. Der König nahm Einfluss auf die Justiz, die den Prozess zunächst verzögerte und schließlich zugunsten der Regierung entschied. Die Entlassung eines Beamten zähle zu den Hoheitsrechten des Landesherrn und sei richterlicher Kontrolle nicht unterworfen. Im Ergebnis hat der Göttinger Widerstand wesentlich zur neuen Hannoverschen Verfassung von 1840 beigetragen, die dem Königreich den Charakter eines Verfassungsstaates gab und dem Grundgesetz von 1833 sehr nahekam.

Die Frage von beherztem Freiheitsmut oder politischer Zurückhaltung wird im Hannoverschen Verfassungskonflikt 1837 vor allem für den Auftrag der Universitäten erörtert. Wissenschaftliche Arbeit brauche ruhige Nachdenklichkeit, selbstkritische Bescheidenheit, Zurückhaltung in tagespolitischen Fragen. Der Philosoph Johann Friedrich Herbart schrieb in seiner »Erinnerung an die Göttingische Katastrophe«[90], der Hochschullehrer dürfe nicht »unmittelbar auf das Zeitalter einwirken«. Der Geist der Universitäten dürfe sich nicht nach dem politischen Leben modeln. Die Wissenschaften seien »wie alte Bäume, deren jährliches Wachstum selbst im besten Zunehmen noch immer gering bleibt gegen das, was sie längst waren«. Die Universität brauche »ruhige Muße und Lehrfreiheit«. Darum sei es »gänzlich falsch zu meinen: Voran gehe die Verfassung, hintennach komme die Universität«.

Demgegenüber betont Jacob Grimm in seiner Schrift über seine Entlassung die besondere Verantwortung des akademischen Lehrers: »Der offene, unverdorbene Sinn der Jugend fordert, dass auch die Lehrenden, bei aller Belesenheit, jede Frage über wichtige Lebens- und Staatsverhältnisse auf ihren reinsten und sittlichsten Gehalt zurückführen und mit redlicher Wahrheit beantworten.«[91] »Die Gewalt des Rechts und der Tugend auf das unvoreingenommene Gemüt der Zuhörer« sei so stark, dass sie sich ihm von selbst zuwenden.

Dieser Konflikt zwischen Macht und Recht,[92] zwischen Furcht und Freiheitsmut,[93] zwischen beamtenrechtlichem Eintreten für die Verfassung und politischer Zurückhaltungspflicht ist heute entschieden. Der Verfassungsstaat baut darauf, dass der Freiheitsberechtigte seine Freiheitsrechte für den Verfassungsstaat einsetzt. Das Grundgesetz gibt sogar allen Deutschen das Recht zum Widerstand gegen jeden, der es unternimmt, die Verfassungsordnung des Grundgesetzes zu beseitigen, wenn andere Abhilfe nicht möglich ist.[94] Dieses Recht zum Widerstand rechtfertigt ein Verhalten, das andernfalls verboten wäre,[95] gibt dem Widerstandleistenden allerdings keinen Schutz durch die Staatsorgane, weil Voraussetzung dieses Rechts ist, dass andere Abhilfe – durch funktionierende Staatsorgane – nicht zu erreichen ist. Die idealistische Idee eines Widerstandsrechts aller Deutschen setzt auf deren beherzten Mut zur Freiheit, erinnert an die Verfassungserwartung, dass die Verfassung von den freien Bürgern getragen und verteidigt wird.

Der Beamte ist zwar zur politischen Zurückhaltung verpflichtet, gleichermaßen aber beamtenrechtlich gehalten, für die freiheitlich demokratische Grundordnung einzutreten und bei beamtenrechtlichen Weisungen, die die Würde des Menschen verletzen oder eine Straftat zur Folge haben, Einwände zu erheben.[96] Er hat innerhalb der Staatsorganisation auf eine Korrektur einer solchen Weisung hinzuwirken. Der Professor hat heute nachdenklich, sich stets seiner Verfahren und Ergebnisse vergewissernd, der Wahrheit dienend zu forschen, seine Verantwortung in der Lehre beherzt, für die Studierenden nachvollziehbar und kritisierbar wahrzunehmen, in seinen Publikationen ersichtlich für das einzutreten, was seinem Stand des Erkennens, des Ergründens und Verstehens entspricht. Der Professor ist »Bekenner«.

9. Das Staatsvolk garantiert die Verfassung

Die Staatsverfassung ist – das ist das Ergebnis dieses Kapitels – Entstehensform, Erkenntnisgrund und Geltungsanspruch der Freiheitsrechte. Sie hat ihren Ursprung in der verfassunggebenden Gewalt des Staatsvolkes, rechtfertigt sich aus diesem Subjekt, das Recht hervorbringt. Das Grundgesetz spricht die deutsche Sprache, nimmt in dieser Sprachgemeinschaft herkömmliche Rechtsbegriffe und Verfassungsgedanken auf und spricht freie Bürger in diesem Sprachhorizont an. Es sichert bewährte Institutionen, gefestigte politische Erfahrungen und anerkannte Werte in einer Urkunde für die nachfolgenden Generationen. Die Verfassung ist im Kern unveränderlich, erneuert sich aber stets im Prinzip der Freiheit und des Gesetzgebungsauftrags an das Parlament, auch in offenen Tatbeständen. Dabei regelt das Grundgesetz eine Balance zwischen strikter Bestimmtheit und Entwicklungsoffenheit je nach Sachbereich: Freiheit sichert dem Berechtigten ungebundene Autonomie. Die Grenzen dieser Rechte sind strikt bestimmt. Der Mensch hat eine elementare Würde, die Person ist Rechtssubjekt, insoweit aber in die Rechtsordnung eingebettet. Die Persönlichkeit entfaltet freiheitlich Individualität und Verschiedenheit. Der Bürger ist als Freiheitsberechtigter Zugehöriger der Rechtsgemeinschaft, trägt diese durch Wahlen und die Wahrnehmung seiner Freiheitsrechte auch in der Öffentlichkeit mit.

Die Verfassung findet ihre Legitimität in den freien Bürgern, gewährleistet diesen ihre persönliche Freiheit und ihre Mitwirkungsrechte im Staat. Sie festigt diesen Kern der Verfassung als unaufgebbaren, identitätsstiftenden Leitgedanken des Grundgesetzes, ist aber im Übrigen für Verfassungsänderungen und eine die Verfassung vervollständigende und ergänzende Gesetzgebung offen. Die Verfassung wird zur Rechtsquelle für individuelle Freiheit, ist darauf angelegt, von den freien Menschen und Bürgern mit Leben gefüllt, rechtlich fortgebildet und rechtspolitisch erneuert zu werden. Das Grundgesetz ist eine Freiheitsverfassung – vom Bürger und für den Bürger.

VII.

Gesetzmäßigkeiten der Natur
und Gesetze des Menschen

1. Die Kräfte der Natur

In der Herakles-Sage hat der edle Krieger die allenfalls einem Knecht zukommende Aufgabe, den Rinderstall des Augias innerhalb eines Tages auszumisten. Das war bei 3000 Rindern ein schier unlösbarer Auftrag. Herakles jedoch leitet zwei Flüsse so um, dass das Wasser durch die Ställe fließt und den Mist wegschwemmt.[1] Was der Mensch aus eigener Kraft nicht kann, gelingt ihm durch Herrschaft über die Natur.

In einem neueren Märchen soll das tapfere Schneiderlein einen Stein weiter werfen als der Riese. In diesem ungleichen Wettbewerb wirft der Riese einen Stein so hoch, dass man ihn mit den Augen kaum noch sehen kann. Nachdem der Riese geworfen hat, sagt das Schneiderlein: »Gut geworfen, aber der Stein hat doch wieder zur Erde herabfallen müssen, ich will dir einen werfen, der soll gar nicht wiederkommen.« Daraufhin nimmt das Schneiderlein einen Vogel und wirft ihn in die Luft. Der Vogel, »froh über seine Freiheit«, steigt auf, fliegt fort und kommt nicht wieder.[2] So hat das Schneiderlein Gesetzmäßigkeiten der Natur – und eine in ihr angelegte »Freiheit« – genutzt und den Wettstreit gewonnen.

Sobald der Mensch beginnt, die Gesetzmäßigkeiten der Natur für seine Ziele einzusetzen, gewinnt er Herrschaft über die Natur. Er beherrscht auch andere Menschen, die Gesetzmäßigkeiten der Natur für ihre Zwecke nutzen wollen und nun durch Gegenkräfte gehemmt werden.

Je mehr der Mensch seine Fähigkeiten und Kenntnisse erweitert, je mehr er besondere Fertigkeiten entwickelt, desto mehr stimmt er sich mit anderen Menschen ab, die auf andere Weise die Natur beherrschen. Der eine jagt das Wild. Der andere baut die Hütte. Der Dritte hütet das Feuer. Die Arbeit wird aufgeteilt. Es bilden sich menschliche Gemeinschaften. Das Recht beginnt. Die Menschen suchen sich vor Natur und Not, dann auch voreinander zu schützen, lassen sich auf eine gemeinsame Schutzgewalt ein, bilden einen Staat. Gelingt es ihnen dann, die Staatsgewalt zu mäßigen, auf ihre Bedürfnisse und auf ihre Freiheit auszurichten, geben sie sich eine Verfassung.

Die Geschichte der Freiheit beginnt mit dem Kampf gegen die Naturgewalten, aus denen sich der Mensch nach und nach löst, dann auch Herrschaft über Teile der Natur gewinnt. Er baut sich ein schützendes Dach gegen Regen, Sonne und Kälte, später eine Hütte, dann ein Steinhaus und schließlich Paläste. Er erfindet das Rad, das Kanu und den Wagen, um sich leichter zu bewegen, Lasten zu transportieren und Gewässer zu überwinden, beherrscht dann ein Reitpferd, fährt in Kutschen, später in Auto und Bahn, fliegt im Flugzeug. Er richtet sich eine Feuerstelle ein, um sich zu wärmen, zu kochen und bei Dunkelheit Licht zu haben, entwickelt weitere Energiequellen durch Nutzung des Wassers, des Windes, der Kohle und der Atomenergie. Er sucht sich einen Steinkeil als erstes Handwerkszeug, verfeinert dieses zu Instrumenten des Sägens und Hobelns, des Jagens und Kämpfens, entwickelt Malpinsel und Musikinstrument, baut Maschinen, die die menschliche Arbeit nicht nur erleichtern, sondern ersetzen. Er schafft Algorithmen, die eine technische Intelligenz beanspruchen. Der Mensch lernt zu sprechen und auch zu dichten. Er kann nicht so gut hören wie viele Tiere, entfaltet aber die Kunst des Komponierens und Musizierens. Er kann malen und fotografieren, abstrahieren und philosophieren.

Der Mensch entwickelt die Fähigkeit, nicht nur seine Bedürfnisse zu befriedigen, nicht nur für sich selbst da zu sein, sondern sich anderen zu widmen, Verantwortlichkeit zu übernehmen. Er lernt, Güter für den zukünftigen Bedarf zu speichern und zu sparen. Er schätzt es, gemeinsam zu lachen und zu weinen, zu achten und zu ehren, zu schenken und dankbar zu sein. Er bildet Gemeinschaften, in denen die Menschen Arbeit aufteilen und sich spezialisieren, Güter tauschen und diesen Tausch durch Wertzeichen – das Geld – erleichtern, durch eine Weltwirtschaftsordnung den weltweiten Handel und Verkehr ermöglichen. Er gründet einen Staat, in dem die Menschen – wie der menschliche Körper – durch »Organe« in einer »Körperschaft« handeln, Recht setzen, gemeinsame Lebensformen, Lebensorte und Lebensziele bestimmen.

Der Mensch ist ein Lebewesen, ein Naturwesen, das im Einklang mit der Natur leben muss. Ein Leben wider die Natur wird scheitern. Der Mensch mag die Naturgewalten mehr und mehr verstehen und beherrschen – entziehen kann er sich ihnen nicht. Die Gesetzmäßigkeiten des Werdens und Vergehens, von Tag und Nacht, von Hunger und Durst, von Wärme und Kälte, von Wind und Wetter werden stets sein Leben, Handeln und Denken beeinflussen.

2. Freiheit naturwissenschaftlich widerlegt?

Naturwissenschaftler verändern in Freiheit naturgesetzliche Abläufe. Sie heilen Krankheiten, hemmen eine Flut, löschen einen Waldbrand. Sie lassen den Menschen fliegen, ermöglichen ihm eine Bewegung mit 100 km/h, stellen ihm ein technisches Gedächtnis mit einer den Menschen unmöglichen Kapazität zur Seite. Sie zerstören und sanieren das Klima. Dennoch behaupten einige Naturwissenschaftler, der Mensch sei naturgesteuerter Teil unseres Kosmos, gänzlich von Gesetzen der Evolution bestimmt und durch sein Nervensystem determiniert. Er sei, da er fast die gleichen Gene wie der Affe habe, von diesem kaum zu unterscheiden.[3] Er habe keinen freien Willen, keine Freiheit.

Alle Denkprozesse seien von dem im Gehirn gespeicherten Vorwissen geprägt. Dieses Vorwissen sei »das im Laufe der Zeit erworbene Wissen über die Welt, das vom Genom verwaltet wird und sich in Architektur und Arbeitsweise von Gehirnen ausdrückt. Zum anderen ist es das zu Lebzeiten durch Erfahrung erworbene Wissen.«[4] In Wirklichkeit denke niemand, sondern das Gehirn spiele ein Spiel der Neuronen, bei dem das Selbst kein Wörtchen mitzureden habe. »Wenn du denkst, du denkst, dann denkst du nur, du denkst.«[5] Alles Entscheiden und seine Voraussetzungen – das Wahrnehmen und Vorstellen, Erinnern und Vergessen, Bewerten und Beurteilen, Planen und Entscheiden, auch die Fähigkeit, Emotionen zu haben – lasse sich im Sinne kausaler Verursachung auf neuronale Prozesse zurückführen.[6] Dieses Sehen und Denken lässt keinen Raum mehr für freien Willen.[7] »Für eine empirische Wissenschaft sei freies, also nicht determiniertes Handeln nicht denkbar.«[8] Die Idee des subjektiven Ich, des Bewusstseins, der Freiheit sei falsch.[9] Damit ist auch das Schuld- und Verantwortungsprinzip strukturell in Frage gestellt.[10] Recht ließe sich nicht mehr rechtfertigen.

Empirische Messungen belegten, dass jeder bewussten Handlung eines Menschen Hirnaktivitäten vorausgehen, in denen die Handlung bereits festgelegt ist.[11] Das Gehirn leite die Willenshandlungen ein, bevor dem Menschen die Handlungsabsicht bewusst werde. Der Mensch steuere seine Handlungen nicht bewusst, ihm würde nur eine unbewusst eingeleitete Entscheidung bewusst werden. Er handle ähnlich wie bei einem »epileptischen Anfall«, der nicht als Handlung aus freiem Willen gelte. Der Mensch habe allenfalls die Möglichkeit, seine Vorherbestimmtheit im Nachhinein ähnlich einem Veto-Recht zu kontrollieren.

Diese Experimente veranlassen die Frage, ob die Handlungen des Geistes sich in einer Wirklichkeit ereignen, die physikalisch-biologisch messbar ist. Die universale und alltägliche Erfahrung, dass wir aus freier, unabhängiger Entscheidung handeln, ist ein gediegener empirischer Befund für Freiheit. Sie bietet eine Art Beweis des ersten Anscheins, dass bewusst mentale Prozesse bestimmte Gehirnprozesse kausal steuern können. Die Annahme, die Gesetzmäßigkeiten der physikalisch beobachtbaren Natur könnten subjektiv bewusstes Denken und Wollen erklären, ist also »ein spekulativer Glaube und keine wissenschaftlich bewiesene Aussage«.[12]

Der Mensch kann denken, wollen und handeln. Diese Fähigkeiten erlebt er täglich als Möglichkeit, selbstbestimmt zu entscheiden, nicht als Ablauf von Gehirnprozessen. Er hat das erfahrungsgestützte Bewusstsein, mehr zu sein, als sich mit biologischen Kausalitäten begreifen lässt. Wenn er ruhig in seinem Sessel sitzt und über sich und die Welt sinniert, also denkt, ohne dass sein Denken zu einer empirisch nachvollziehbaren Handlung führt, entsteht mehr als nur ein Gehirnprozess, etwas Neues – ein Gedanke. Wenn der Musiker die ihm vorgegebenen Noten spielt, der Sportler seinen Trainingsplan vollzieht, der Richter dem Gesetz folgt, bestimmen der Komponist, der Trainer und der Gesetzgeber das Handeln des Angewiesenen, bevor seine Gehirnaktivitäten einsetzen. Dem Betroffenen bleibt zudem der Entscheidungsraum, die vorgegebene Regel zu beachten oder von ihr abzuweichen. Der Mensch bildet sein Gedächtnis durch Erfahrung und Erziehung, begreift die Welt in seiner Sprache, lernt und studiert, um einen eigenen Wissens- und Maßstabspeicher aufzubauen. Dieser Speicher ist Ausdruck betätigter Freiheit, nicht biologische Vorherbestimmung. Der Mensch sieht die Wirklichkeit in der Sicht seiner Begegnungen, Hoffnungen, Erwartungen und Bedürfnisse, ist in dieser Subjektivität selbstbestimmt, nicht fremdbestimmt. Folgt er natürlichen Empfindungen wie Hunger oder Kälte, wird er essen und sich kleiden, dabei aber entscheiden, was er isst und welches Kleidungsstück er wählt. Auch der Übergang von dem unbewussten zum bewussten Handeln – ich verspüre Durst und trinke deshalb ein Glas Wasser oder ein Glas Wein – ist der Übergang von vorbewusster Prägung zu bewusster Entscheidung.[13]

Der Mensch lebt aus Erfahrungen und Einsichten seiner Herkunft, denkt gegenwärtig in der Gemeinschaft seiner Familie, seines Berufes, seines Staates, folgt seinen Bedürfnissen, aber auch seinen Planungen für die Zukunft, ist von Religion und Philosophie, von Recht und Lebensgewohnheiten, von Kunst und Hoffen geprägt. Diese Einflüsse lassen sich naturwissenschaftlich nicht definieren und nicht messen. Die These: »Keiner kann anders, als er ist«[14], ist richtig, führt aber zu der alltäglichen Erfahrung: Der Mensch ist frei. Derselbe Mensch entscheidet sich einmal für das Schlafen und dann für die durchzechte Nacht, für Festmahl oder Askese, für die konzentrierte Arbeit oder den lockeren Waldspaziergang.

Eine rein biologische Welterklärung wird auch daran scheitern, dass sie die Begegnungen und das Zusammenwirken der Menschen nicht erklären kann. Wenn jemand von einem Terror- oder Kriegsakt betroffen ist, weil er gerade in der Nähe des Sprengsatzes stand, lässt sich dieses Ereignis – wir sprechen von Zufall – nicht auf die neuronalen Ströme seines oder des Täters Gehirn zurückführen. Treffen sich die Blicke von Mann und Frau für einen Augenblick und entwickelt sich daraus eine Familie, so ist diese Begegnung nicht neuronal gesteuert, sind die beiden Menschen nicht wie von einem Magneten angezogen aufeinandergetroffen, sondern haben sich im Herumblicken entdeckt. Wenn einem Menschen plötzlich beim Blick auf seine Bibliothek ein Buch in die Hand gerät, das seine Neugierde weckt, wenn ein wichtiger öffentlicher Aufruf den Wachen erreicht, dem Schlafenden aber entgeht, wenn sich Versammlungen bilden, ist die Handlung des Einzelnen nicht Reflex, sondern Entscheidung. Er kann das Buch lesen oder zurückstellen. Er entzieht sich im Schlaf jeder Ansprache. Er gerät nicht in den Sog einer Versammlung, sondern erwägt bewusst und bedacht seine Teilnahme.

Freiheit hat biologische Voraussetzungen, ist durch Herkommen und Gemeinschaftszugehörigkeit geprägt, erhält durch die Frage nach Ursprung, Herkunft und Zukunft eine den einzelnen Menschen übersteigende geistige Weite, hält auf diesem Fundament unterschiedliche Wege offen, auf denen das Individuum sich in Freiheit bewegen kann und bewegen wird. Die spezialisierten Teilwissenschaften erfassen Ausschnitte des freien Menschen, können aber in ihrer speziellen Perspektive nicht den ganzen Menschen erklären.

Die Verfassung sucht dem Menschen als Einheit – als Person und Persönlichkeit – gerecht zu werden. Sie nimmt die Erfahrung des entscheidenden und entscheidungsverantwortlichen Menschen auf, bestätigt diese Humanität verantwortlichen Lebens, garantiert dem einzelnen Menschen seine Freiheit. Freiheit ist ein Wert, eröffnet den eigenen Weg, setzt Wille und Wagnis voraus. Die Verfassung reagiert auch auf die Unzulänglichkeit des Menschen im Erkennen, Empfinden und Wollen, organisiert in diesem Wissen eine Ordnung des Zusammenlebens, die Frieden sichert, Freiheit und Gleichheit garantiert, jedem Menschen eine soziale Zugehörigkeit vermittelt und Eigenverantwortung zuweist. Die Verfassung garantiert die Würde jedes Menschen in seiner Einmaligkeit, die Freiheit jeder Person zur Verschiedenheit, das Recht jedes Menschen, durch das Unterscheidungsinstrument des Gesetzes je nach Individualität und Freiheitswahrnehmung verschieden, aber in dieser Verschiedenheit sachlich gleichbehandelt zu werden. Das Grundgesetz pflegt eine Kultur der Freiheit.

Albert Einstein[15] sah die Unfreiheit des menschlichen Willens vor allem in seiner Gebundenheit an andere Menschen. Ihn bedrückte der Gedanke, »in welchem Maße mein Leben auf der Arbeit meiner Mitmenschen aufgebaut ist, und ich weiß, wieviel ich ihnen schulde«. Diese Erkenntnis schützte ihn davor, »mich selbst und die Mitmenschen als handelnde und urteilende Individuen allzu ernst zu nehmen und den guten Humor zu verlieren«. Er sei ein »typischer Einspänner«, jeder Bindung und Abhängigkeit abgeneigt, aber von dem Bewusstsein bestimmt, »der unsichtbaren Gemeinschaft derjenigen anzugehören, die nach Wahrheit, Schönheit und Gerechtigkeit streben«. Das Schönste und Tiefste aber, was der Mensch erleben kann, sei »das Gefühl des Geheimnisvollen«, das der Religion sowie allem tieferen Streben in Kunst und Wissenschaft zugrunde liege. Der sehende Mensch empfinde, »dass hinter dem Erlebbaren ein für unseren Geist Unerreichbares verborgen sei«.

Im Binnensystem naturwissenschaftlicher Kausalitäten gibt die Chaosforschung dem Geheimnis der Welt und dem begrenzten Wissen des Menschen einen Namen. Im »Chaos« reichen Berechnungen nicht aus, um die schöpferische Vielfalt des Lebens zu erklären und das Verhalten des Gehirns aufgrund des Anfangszustandes und der eintreffenden Sinnesdaten vorhersagen zu können.[16]

3. Recht im Einklang mit der Natur

Wenn sich Lebensweisen, Erwartungen, Werte verändern, Wissenschaft und Technik neue Bedingungen des Lebens schaffen, sucht der Mensch die neuen Gesetzmäßigkeiten zu verstehen und mit den ihm vertrauten Gesetzen in Einklang zu halten. Er braucht Leitgedanken für sein Leben, Maßstäbe für sein Entscheiden, Methoden für sein Erkennen und Ziele für sein Wollen. Diese Gesetzmäßigkeiten findet er in der Natur und in der Menschlichkeit. Die Natur erschließt er sich vor allem durch Beobachten und Experimentieren, die Menschlichkeit durch Verständnis, Erfahrung, Einsehen und Beurteilen, Rechtlichkeit. Der Mensch bildet bewusst Regeln für das Zusammenleben, erprobt Verfahren der Willensbildung und Verständigung. Diese Gesetze sind seit langem[17] gewachsene, angeborene, in der Natur des Menschen von jeher angelegte Stützen menschlicher Freiheit.

Die modernen Erklärungen der Menschen- und Bürgerrechte verstehen den Freiheits-, Gleichheits- und Sicherheitsanspruch jedes Menschen als von der Natur vorgegebene Rechte, die der einzelne Mensch mit der Geburt empfängt. »Alle Menschen sind von Natur frei und unabhängig und haben gewisse angeborene Rechte.«[18] Das Grundgesetz hat ursprünglich die Garantie der Menschenwürde in Abs. 1 S. 1 mit der Natur des Menschen erläutert: Sie ruhe »auf ewigen, einem jeden von Natur aus eigenen Rechten«[19]. Im Ergebnis blieb der Ursprung der Menschenrechte allerdings bewusst offen.[20]

Wenn der Mensch sich auf ein Leben im Einklang mit der Natur einrichtet, beginnt der Kampf mit der Natur und für Kultur und Recht. Er lockert seine Naturgebundenheit und gewinnt Herrschaft über die Natur. Er wird sich der Kraft seines Verstandes bewusst, wagt den Weg zur selbstbewussten Freiheit. Menschliches Denken greift über die Gesetzmäßigkeiten – Kausalitäten – der Natur, der Biologie und der Physik hinaus, entwickelt Verständnis für Recht, Frieden und Freiheit, entfaltet Poesie, Musik, Malerei, Theater. Der Mensch beherrscht seine Bedürfnisse, seine Triebe und Emotionen, erkennt die Torheit von Unterdrückung, Krieg und Terror. Doch der Einklang mit der Natur geht verloren. Der Mensch verfolgt in bewusster Subjektivität seine eigenen Ziele. Dabei sucht mancher, sich allgemeiner Verantwortlichkeit und Maßstabsgebundenheit zu entziehen. Er glaubt, er könne beliebig wollen, alles erwerben, nichts sei »unveräußerlich«. Er überschätzt sich, überbetont sein Ich und neigt dann vermehrt zu Zwang, Unrecht und Gewalt. Er schädigt die Natur und sich selbst.

Mit dem Wissen wächst die Bescheidenheit des Wissenden. Er beobachtet, wie umweltbelastende Techniken unser Leben gefährden, die Atomspaltung Katastrophen in Tschernobyl und Fukushima verursacht und Atomwaffen produziert hat, die Gentechnik die Identität des Menschen verändern könnte. Der Mensch wird nicht mehr von der Natur beherrscht, sondern von anderen Menschen mit den Instrumenten der Natur. Deswegen fragt die Wissenschaft nicht nur: »Was kann der Mensch?«, sondern ebenso intensiv: »Was darf, was soll der Mensch?« Der Atomphysiker Carl Friedrich von Weizsäcker[21] hat die Auseinandersetzung zwischen Galilei und der Kirche über Chancen und Gefahren der Wissenschaft aus der Sicht unseres heutigen Wissens beobachtet. Den Gegenspieler Galileis, Kardinal Bellarmin, müsse es bei dem Gedanken an die Folgen des damals herannahenden Zeitalters ungezügelter Forschung geschaudert haben. Die Wissenschaft habe den geraden Weg von der klassischen Mechanik zur Mechanik der Atome, von der Atommechanik zur Atombombe vor sich gehabt. Ob diese Bombe die Zivilisation zerstören werde, wusste von Weizsäcker damals (1990) nicht. Wir wissen es heute auch nicht. Wenn Forschung ihre Bedachtsamkeit zu verlieren, wissenschaftlicher Mut zum Übermut zu werden droht, ist die wissenschaftliche Frage nach dem Dürfen dringlicher als die nach dem Können.

Eine der größten Kulturleistungen der Menschheit ist das Recht. Dessen Kernanliegen ist es, das Handeln des einzelnen Menschen in eine Kultur des Maßes einzubetten. Dieses Maßnehmen, die Vermeidung des Zuviels und des Zuwenigs, ist der Kernauftrag des Rechts. Wenn ein Gesetzgeber heute kaum mehr natürlichen Vorgaben folgt, sondern in seiner Autorität in einem bestimmten Verfahren und einer bestimmten Form Recht setzt, kann eine Kluft aufbrechen[22] zwischen dem parlamentarisch gesetzten, geschriebenen »Gesetz« und dem ungeschriebenen »Recht«, das die für alle Menschen geltenden, in Vernunft und Natur erkannten Gerechtigkeitsprinzipien definiert.[23] Allein der Wille einer rechtsetzenden Autorität begründet noch keine Verbindlichkeit, die dem Menschen gerecht wird. Der Wille des Gesetzgebers kann »Willkür« sein, also grobes Unrecht.

Allerdings können wir im Gesetzbuch lesen, jedoch im Buch der Natur deren Zeichen und Sprache oft kaum verstehen. Die Natur ist meist nur verschleiert erkennbar.[24] Deswegen ist die Frage nach der Gerechtigkeit schwerer zu beantworten als die Frage nach dem Inhalt eines Gesetzes. Doch dürfen wir die schwere Erkennbarkeit der Gerechtigkeit nicht zum Anlass nehmen, das ungeschriebene Recht zu leugnen. Wenn nirgendwo geschrieben stünde, dass der Mensch einen anderen nicht töten, nicht betrügen, nicht berauben darf, würden diese Regeln dennoch gelten. In den Kulturen der modernen Verfassungsstaaten haben wir den Optimismus, die Leitgedanken der Gerechtigkeit im Verfassungsgesetz geschrieben zu haben, also Kerninhalte des Rechts im Gesetz lesen zu können. So werden Freiheit, Gleichheit und Sicherheit, auch Umweltschutz und Sozialstaatsauftrag zum Inhalt des Grundgesetzes, das diese Leitgedanken des Rechts in die Gesamtrechtsordnung einbettet, sie auf die Rechte anderer und die Erfordernisse des Gemeinwohls abstimmt, sie definiert, also begrenzt. Der Staat formt das »natürliche« Recht zum geschriebenen Gesetz und wirkt durch diesen Maßstab daran mit, die Kluft zwischen gesetztem und natürlichem Recht nicht mehr aufbrechen zu lassen. Dieses ist insbesondere Aufgabe einer bewahrenden Verfassungsrechtsprechung. Der Staat bindet sich in diesem Recht selbst.

4. Entmutigung und Aufbruch

Freiheit ermutigt zur Suche nach Gerechtigkeit für den einzelnen Menschen. Doch auf diesem Weg werden die Menschen oft auch entmutigt. Vielfach erleben sie ihre Ohnmacht. Anfangs nehmen ihnen die übermächtigen Naturgewalten, auch rächende, zürnende und strafende Götter den Freiheitsmut. Die Todesangst – im Blitz eines plötzlichen Sommergewitters,[25] im Krieg[26] oder in Verzweiflung[27] – raubt Hoffnung. Diktaturen und Bevormundungen, auch Hunger, Durst und Seuchen[28] beenden jede Zuversicht. Das Drama sieht die Erlösung des Menschen im Tod.

Die Geschichte des Kampfes um die Freiheit, gegen die geistige und politische Enge, gegen Vorurteile, Aberglauben, Unmündigkeit, trägt zugleich Aufbruch und Enttäuschung in sich. Auch die moderne Aufklärung konnte in ihrem Kampf für die Vernunft und eine vernunftgeprägte friedliche und glückliche Welt nicht verhindern, dass die Revolution Kulturen zerstört und den Menschen Not und Elend gebracht hat. Die

Herrschaft der Vernunft kann die Welt »entzaubern«[29], auch in die Rationalität und Enge einer allein auf Erwerb ausgerichteten Lebenswirklichkeit führen. Sie kann Willkür und Spannungslage zwischen Kapitalherrschaft und Arbeitern veranlassen.[30] Der mutige und hoffnungsvolle Aufbruch der Französischen Revolution endete in Guillotine, Terror, Diktatur und Krieg.

Auch in der Gegenwart entwickeln sich Techniken und Herrschaftssysteme, die Freiheitsbereitschaft entmutigen. Wenn die digitale Welt Geschäftsmodelle vorsieht, in denen die Meinung aus der Anonymität geäußert, also nicht mehr individuell verantwortet wird, ist das Konzept einer verantwortlichen Freiheit in sein Gegenteil verkehrt. Wenn der Finanzmarkt Anlageformen entwickelt hat, bei denen der Anleger nicht wissen darf, was mit seinem Kapital geschieht – ob er Krankenhäuser oder Kriege finanziert –, wird Unverantwortlichkeit organisiert. Wenn die Politik eine öffentliche Debatte über ihre Konzepte mit der Behauptung der »Alternativlosigkeit« zu beenden sucht, bedarf es des Mutes zur freiheitlichen Gegenwehr. Der gelegentlich erhobene »Wahrheitsanspruch«, der Mensch sei insgesamt biologisch determiniert,[31] spricht dem Menschen insgesamt die Freiheit ab. Der Algorithmus bündelt rechnerisch Erfahrungen und Vermutungen, verkleidet diese aber als »künstliche Intelligenz«, die allen freiheitlichen Einwänden überlegen sei.

Freiheitliche Verfassungen stützen sich auf andere Erfahrungen, die nicht nur den menschlichen Körper oder technische Abläufe, sondern den Menschen mit Vernunft und Willen, Gemeinschaftsgebundenheit und Wertschätzung spiegeln. Dabei beansprucht das Recht nicht eine Wahrheit, sondern gibt gefestigte Erfahrungen verbindlich an die Zukunft weiter. Der Mensch ist nicht Herr der Natur, nicht Herr seiner Zeit, nicht Herr seiner Zukunft, nicht einmal Herr seiner selbst.[32] Doch er strebt nach Wahrheit, erlebt in diesem Wahrheitsstreben den stärksten Antrieb seines Denkens.[33] Er will die Welt messen und verstehen, erfahren und ergründen.[34] Dabei erkennt er nur Wahrscheinlichkeiten, die keine endgültigen Antworten sind,[35] ist in diesem Streben aber frei. Der Mensch lebt nicht ungebunden, kann sich aber von Bindungen befreien und Bindungen auch selbst bestimmen.

5. Erfahrung und Einsicht

a. Beobachten nach Erfahrung und Plan

Die Idee vom Menschen, der frei und gemeinschaftsgeprägt seine Welt erlebt und willentlich gestaltet, folgt aus historischer Erfahrung und kultureller Einsicht. Der Mensch wird freiheitsfähig, wenn er die Entwicklung der Gemeinschaft und der Mitmenschen beobachtet, diese Erfahrung vernünftig und abwägend bewertet, aus dieser Einsicht beherzt handelt. Dieses Zusammenwirken von Erfahrung und Einsicht ist Grundlage unserer Kultur und unseres Rechts.

Die wechselseitige Abhängigkeit von Erleben und Verstehen ist uns aus den Begegnungen zwischen dem naturwissenschaftlich geprägten Realisten und dem kulturell bestimmten Idealisten geläufig.[36] Goethe war ein von Erfahrung und naturwissenschaftlichen Studien geprägter Realist, Schiller ein vom Intellekt bestimmter Idealist. Dieser Gegensatz war Ursprung und Grund ihrer Freundschaft. Als Goethe in Jena einen Vortrag über die Metamorphose der Pflanzen gehalten hatte, fragte Schiller ihn, ob man die Natur auf »eine so zerstückelte Art« behandeln könne, sie nicht besser ganzheitlich erfahren solle. Goethe bemühte sich, gleichsam eine symbolische Pflanze vor den Augen Schillers entstehen zu lassen. Doch Schiller antwortete: »Das ist keine Erfahrung, das ist eine Idee.« Goethe freute sich, dass ihm Ideen zugesprochen wurden, die er sehen konnte. Er schrieb später über diese Begegnung: »Schiller hat mehr Lebensklugheit und Lebensart als ich selber.« – eine bemerkenswerte Feststellung des sehr selbstbewussten Goethe.[37]

Goethe war fest verankert in der Gemeinschaft seiner Sprache, aber auch der Gemeinschaft der Naturforscher. Er verband Kunst und Wissenschaft,[38] erstreckte die Anziehungskraft chemischer Stoffe auf die Neigung der Menschen, sich miteinander zu verbinden. Die Beziehungen und Leidenschaften der Figuren eines Romans werden als Naturgesetzmäßigkeit empfunden.[39]

In den Gesprächen zwischen Goethe und Schiller und den Gebrüdern Humboldt in Jena stand die Frage im Mittelpunkt, wie der Mensch in seiner Subjektivität die Natur erlebt und erfährt. Der Mensch lebt in der Welt der Natur, des »Dings an sich«, in der Außenwelt, lebt aber auch in der Innenwelt seiner eigenen Wahrnehmung, in der er »die Dinge so sieht, wie sie ihm erscheinen«.[40] Erfahrung und Idee nähern sich in Empirie und Vernunft einander an. Die »Rationalisten« vertraten die Auffassung, der Mensch erkenne allein durch Vernunft und rationales Denken, gründe eine These ausschließlich auf Logik und Vernunft. Die Empiristen vertraten die Genthese, der Mensch könne die Welt nur durch Erfahrung »erkennen«. Beide näherten sich einander in der Einsicht, der menschliche Verstand nehme nur das auf, was durch die Sinne in ihn hineingelangt sei. Theorien müssten deshalb stets an Beobachtungen und Experimenten überprüft werden.[41]

Immanuel Kant nahm in seiner »Kritik der reinen Vernunft«[42] beide Sichtweisen auf. Die Naturgesetze gäbe es nur, weil unser Verstand sie interpretiere. Die menschlichen Sinne wie auch die menschliche Vernunft ließen uns wie durch eine getönte Brille die Welt, das Ding so sehen, wie es uns erscheint. Unser Verstand präge die Ordnung, die wir in der Natur beobachten. Der beobachtende Mensch sucht also nicht Gesetzmäßigkeiten, sondern wirkt fast wie ein Gesetzgeber. Wie der Architekt ein Haus Stein auf Stein nur erbauen kann, wenn er vorab eine Idee, eine Vorstellung von dem Endzustand des Hauses hat, so lassen sich auch die einzelnen Fakten der Natur nur in dem größeren Rahmen eines gedanklichen Systems ordnen und verstehen.[43] Alexander von Humboldt führte diesen Gedanken weiter, wandte sich von der nur klassifizierenden und experimentierenden Naturwissenschaft ab, verband die »exakten« wissenschaftlichen Daten mit der sinnlichen Reaktion auf das, was er gesehen, gehört, gefühlt, geschmeckt hatte. Zum Verständnis der Natur brauche man die Fantasie ebenso wie das rationale Denken. »Die Natur muss gefühlt werden«[44]. Die Natur werde in unserem Verstand geformt. Die Natur wiederum forme unser Verständnis in der Begegnung mit der Natur.[45] »Die Sinne trügen nicht«, »das Urteil trügt«.

b. Vier Naturfreunde, vier Natursichten

Der Wissenschaftler denkt menschlich – wie sollte es auch anders sein –, beurteilt und bewertet die Welt und den Menschen aus seiner Perspektive, sucht die Welt zu verstehen, die Naturgesetze zu nutzen, um die Bedingungen des menschlichen Lebens zu verbessern und um mit sich selbst ins Reine zu kommen. Der Wissenschaftler dient allgemein menschlichen Zielen – der Gesundheit, der Gerechtigkeit, der Wahrheit –, sucht seinen

Beitrag zum Gelingen des menschlichen Zusammenlebens zu erbringen. Deshalb ist er offen für alle Formen menschlichen Erfahrens, Messens, Beurteilens, Verstehens. Eine Beschränkung auf nur eine Form menschlichen Erkennens wäre verengend, widerspräche der vernünftigen und beherzten Freiheit. Dies gilt auch für eine Erfahrungswissenschaft, die ihre Fragestellungen nicht nur den Erkenntnisformen der Kausalität, des Experiments, der rationalen Erfahrung und Berechenbarkeit verdankt.

Das verbreitete naturwissenschaftliche Postulat einer rein empirischen Vernünftigkeit verfolgt – bewusst oder unbewusst – zwei Zwecke: Es sucht – erstens – die Verlässlichkeit und Nachvollziehbarkeit eigenen Forschens dadurch zu steigern, dass es die Ungewissheiten des Menschlichen ausblendet: das Handeln nach subjektivem Willen und freiheitlicher Unberechenbarkeit; die Abhängigkeit des Menschen von Neigungen wider die Vernunft; die fehlende Fähigkeit, die Zukunft vorauszusagen. Der Wissenschaftler strebt nach systemeigener Vernünftigkeit und logischer Stringenz durch eine gedankliche Selbstbeschränkung. Die naturwissenschaftliche Methode führt bei der Erkundung des Weltraums nur insoweit zu berechenbaren Ergebnissen, als Mensch und Technik allenfalls in das Vorfeld des Gesamtuniversums eindringen können. Die Technik erfasst individuelles Wollen und persönliche Beliebigkeit nicht oder unterstellt sie in vergröbernden Typisierungen und Mustern. Sie blendet die menschliche Freiheit aus, die sich in Naturkausalitäten nicht abbildet, aber die Herrschaft des Menschen über die Natur bestimmt. Sie begegnet nicht der traditions- und erfahrungsgestützten Kultur von Philosophie und Religion, von Kunst und Geschichte, von Recht und politischer Gemeinschaft.

Die Beschränkung des Denkens auf naturwissenschaftliche Kausalität und Berechenbarkeit verfolgt den zweiten Zweck, die Menschen von Instinkten, hergebrachten Vorurteilen, unreflektiert moralischen Gewohnheiten zu befreien. Dieses Aufklärungsanliegen ist notwendig. Wir dürfen es nur nicht so übertreiben, dass es uns unverzichtbare Werte, gefestigte Traditionen des Zusammenlebens, Quellen für die ethische Selbstbeschränkung des Menschen und die Rücksichtnahme in der Gemeinschaft raubt, damit inhuman wirkt.

Auch der Wissenschaftler lebt in einer Welt, die wesentlich von menschlichem Wollen und Entscheiden bestimmt ist, in der Triebe und Trägheiten, Konvention und Herkommen, Lebenssichten und Neigungen das Handeln bestimmen, die deshalb ethische, auch rechtliche Maßstäbe und Verantwortlichkeiten braucht. Seine Fragestellung, sein Handeln ist nicht rational, wenn er ein Rennauto schneller, einen Tee schmackhafter, ein schönes Gesicht noch schöner machen will. Die wissenschaftliche Methode der Ehrlichkeit, der Unbefangenheit, der Nachvollziehbarkeit und Überprüfungsbedürftigkeit sucht nur möglichst viel »Objektivität« in die Forschung hineinzutragen. Wissenschaftlichkeit ist die Antwort auf die Subjektivität des Menschen, bestreitet nicht den objektiven Befund dieser Wirklichkeit.

Stellen wir uns vier Freunde vor, die bei einem gemeinsamen Waldspaziergang einen Baum beobachten. Der eine ist Förster, sieht in dem Baum das Wachstum und damit den zu erwartenden Holzertrag. Der zweite ist Biologe, qualifiziert den Baum als Buche und nicht als Eiche. Der dritte ist Germanist, sieht in den beweglichen und rauschenden Blättern und Ästen Feen und Kobolde tanzen, erlebt den Baum als Sinnbild der Romantik. Der vierte ist Philosoph, fragt nach den Wurzeln des Baumes, ohne die dieser nicht leben kann, sieht die Äste in den Himmel ragen und denkt an den Baum der Erkenntnis. Alle diese Sichtweisen haben ihre individuelle Richtigkeit und Berechtigung. Doch jede erfasst in individueller Sicht nicht die Gesamtheit des Baumes, bestreitet aber auch nicht dessen ganzheitliche Realität. Der Baum existiert unabhängig von der Beobachtung des Menschen. Er ist da. Das werden die vier Freunde erleben, wenn sie ihren Kopf gegen den Baumstamm stoßen. Sie teilen deshalb ihre persönliche Beobachtung des Baumes freundschaftlich und bescheiden mit, beanspruchen aber niemals, den Baum als einzelner gänzlich erkennen und verstehen zu können. Im Zusammenwirken kommen die vier Freunde diesem Ziel schon näher. So entstehen Gesetzmäßigkeiten beim menschlichen Denken über die Natur. Der Mensch fühlt sich ihr nicht ausgeliefert, sondern versteht.

6. Lebenskunst und historische Erfahrung

a. Gemeinsinn und Spiel

Die Idee der Freiheit ist von Einsichten herausragender Denker bestimmt, die ihre Zeit und die Entwicklung der Menschheit geprägt haben. Die individuelle Einsicht in Wirklichkeit und Wahrheit ruht aber nicht nur auf den Schultern der Vordenker, sondern auch in der gegenwärtigen Rechtsgemeinschaft, die gemeinsame Vorstellungen vom guten Zusammenleben und traditionell verbindlichen Werten übernommen und für die Gegenwart fortentwickelt hat. »Sensus communis« meint den gemeinschaftlichen Sinn, der durch die Kunst gestützt wird, etwas gut zu sagen, das Wahre, das Richtige zum Ausdruck zu bringen.[46] Die Naturwissenschaft zerschneidet die Natur durch Experiment und Berechnung, gewinnt dadurch Einsicht in die Struktur der Natur. Die Maus wird zerlegt, offenbart dann Gene vieler Lebewesen. Die Lebenskunst der Philosophen greift im sensus communis auf das Leben zurück.[47] Sie weitet das Einfache ins Vielfältige; aus dem Baum wird der Wald. Sie macht aus Vertrautem ein Wagnis; aus dem Heilversuch wird das Heilexperiment. Lebenskunst lenkt das Individuelle ins Allgemeine; aus dem Bürger wird das Staatsvolk. Sie wendet das Konkrete ins Abstrakte; aus dem Stern wird das Firmament.

Zu dieser Lebenskunst gehört auch das Spiel in seiner Form des Unbekümmerten und Zufälligen. Es überwindet die Befangenheit des Menschen im Rationalen, bietet ein zweckfreies Erlebnis, das die Herrschaft über den Spielenden gewinnt. Das Spiel von Licht und Schatten, das Spiel der Wellen, das Wortspiel, das Spiel mit Würfel und Karten, auch mancher sportliche Wettkampf stellen den Menschen in eine Bewegung und Entwicklung, die Leichtigkeit vermittelt. Er entspannt, erholt sich von Richtigkeit und Berechnung, erschließt in der Wiederholung Vertrautheit und Gemeinschaft. Wer den Ernst des Spieles durch die Enge der Vernunft stört, ist Spielverderber.[48] Wer etwas gut zu sagen weiß und sich mit Leichtigkeit dem Spiel widmen kann, gewinnt Einsicht und Lebensfreude.

b. Gegenwart im Spiegel des Vergangenen und im Licht der Zukunft

Der Mensch gewinnt Erkenntnisse und Einsichten über sich selbst und seine Welt auch durch historisches Denken.[49] Er beobachtet die Vergangenheit in ihrer Entwicklung und vergleicht sie mit der Gegenwart, erklärt die Unterschiede zwischen gestern, heute und morgen. Er sucht die Zeit in ihrer jeweiligen Eigenart und inneren Ordnung wertend und typisierend aufzuteilen, unterscheidet zwischen Antike, Mittelalter, Neuzeit, zwischen Revolution und sozialer Anpassung, zwischen der Zeit des Zweiten Weltkriegs, der Nachkriegszeit oder den 1970er Jahren.[50] Die moderne Geschichtswissenschaft bietet auch historische Kritik an der Gegenwart, hält ihr einen Spiegel vor, um zu einer besseren Zukunft beizutragen.[51] Gerade die europäische Neuzeit muss in ihrer Besonderheit begriffen werden, »damit wir auch besser wissen, was wir – zunehmend – hinter uns zurücklassen; und wovon manches vielleicht doch besser bewahrt würde«[52].

Die Geschichtswissenschaft sucht die Gegenwart aus der Vergangenheit zu verstehen, erfasst dabei Gewohnheiten, Mentalitäten, geistige Schöpfungen. Sie versteht menschliche Organisationen und Zielsetzungen, auch Vorbedingungen menschlichen Lebens und Handelns, Entwicklungen von Herrschaft und Willen. Sie verallgemeinert diese Beobachtungen zu historischen, nicht rechtlich verbindlichen Gesetzmäßigkeiten, um die Gegenwart zu verstehen und für die Zukunft Empfehlungen zu geben.[53] Dabei bestimmt wiederum die wissenschaftliche Fragestellung – die Beobachtungsperspektive des Forschers – den Gegenstand des historischen Vergleichs. Erst das Interesse an einer bestimmten Geschichte macht »aus Altpapier Forschungsmaterial«.[54] Die Vergangenheit erschließt sich oft nur in zufälligen Überresten, einseitigen Erinnerungen, subjektivem Gedächtnis.[55] Der Historiker erkennt ein Geschehen nicht als einen Punkt in der Zeit, sondern als Teil einer Entwicklung. Das Bestehende ist geworden, hängt mit Vergangenheit und Zukunft zusammen, trägt den Geist der Vergangenheit in das Verstehen und Erschaffen der Gegenwart, macht damit Zukunft möglich.[56]

Der Historiker verallgemeinert menschliches Zusammenleben in Entwicklungslinien, begreift Gesellschaften und Entwicklungsphasen,[57] erläutert sie in Typus und Struktur:[58] Er versteht das kurpfälzische Heidelberg als »Residenzstadt«, bezeichnet damit eine Stadt, die einen Herrscher beherbergt. Er qualifiziert einen Staat als »Verfassungsstaat«, wenn die Staatsgewalt durch eine geschriebene Verfassung gebunden ist, die Staatsgewalten geteilt werden, ein Staatsvolk das Parlament wählt und den Staat in der jeweiligen Gegenwart rechtfertigt, wenn Bürger- und Menschenrechte gelten. Oft hebt ein »Idealtypus«[59] das Wesentliche einer beobachteten Wirklichkeit hervor, bündelt das Reale in einer abstrahierenden Vorstellung, die auch zum Utopischen neigen kann, die Wirklichkeit unter bedachten – idealen – Bedingungen beschreibt. Der Lehrsatz »Angebot und Nachfrage bestimmen den Preis« gilt in der Theorie, nicht jedoch in der Realität, in der es die freie Verkehrswirtschaft kaum gibt, ein »reiner« Wettbewerb nicht stattfindet, der Markt nicht von einem vollkommen rational handelnden Menschen bestimmt wird.[60] Der Idealtyp ist ein Gedankengebilde von begrifflicher Reinheit,[61] der einen Maßstab zum Verstehen und Ergründen der Welt bietet, eine »Struktur« – von lateinisch: struere, aufbauen, ordnen – beobachtet. Er entdeckt Gemeinsamkeiten einzelner Ereignisse, die auf Dauer Entwicklungen prägen, auch Generationen und Jahrhunderte überdauern. Die Struktur kennzeichnet innere Zusammenhänge von Ereignissen und Entwicklungen, markiert Wandel und Zäsuren.[62] So spricht der Historiker von der Zeit der Aufklärung oder der Industrialisierung, der Reformation oder Gegenreformation, von Kaiserreich und Demokratie. Er sieht in der Vergangenheit ein gewachsenes, »gewordenes Sein«, das zu einem Werden in die Zukunft drängt,[63] denkt – wiederum verallgemeinernd oder konkretisierend – das Vergangene in die Zukunft weiter.[64]

Dieses verstehende Hineindenken in die Damaligkeit wählt bestimmte Geschehnisse als Forschungsgegenstand aus, prägt in dieser Perspektive Begriffe und Werturteile. Wer von »Fortschritt« spricht, hat ein »Verbesserungsbewusstsein«[65]. Wer den Begriff »bürgerliche Gesellschaft« verwendet, sucht nach Gemeinsamkeiten der Zusammengehörigkeit, des kulturellen Fundaments, der Unterschiede nach Region, Herkunft und Religion.[66] Wer sich der Zivilisationsentwicklung widmet, richtet seinen Blick auf die Rodung, auf die Entwicklung von Hilfsmitteln des menschlichen Lebens wie Feuer, Rad oder Hütte,[67] fragt nach der Entfaltung von Sprache, Lebensformen, Kultur und Recht. Der Historiker wird zum – nicht verurteilenden, sondern beurteilenden – Richter über Geschichte,[68] wenn er Fehlentwicklungen bewusst macht, die Beachtung oder die Verletzung religiöser, ethischer, rechtlicher, konventioneller Normen feststellt, also Vergangenes nicht nur bewahrt, erforscht und darstellt, nicht nur mitteilt und zu verstehen sucht, sondern in seiner – damaligen oder heutigen – Richtigkeit beurteilt.[69]

Historisches Denken beschreibt die Wirklichkeit, so wie sie gewesen ist, kann sodann die festgestellten Tatsachen deuten.[70] Es versteht ein tatsächliches Geschehen in seinem zeitlichen Zusammenhang, erfasst es in einem gemeinsamen Begriff. Die Verfassunggebung Ende des 18. Jahrhunderts in den USA wird als Ablösung der USA vom englischen Mutterland ohne Umbruch der Gesellschaftsordnung gedeutet. Die Erklärung der

Menschen- und Bürgerrechte in Frankreich wird als Revolution verstanden. Die Entwicklung in Deutschland zur gleichen Zeit wird als nicht revolutionär begriffen. Dieser Vergleich hängt von dem gemeinsamen Vergleichsmaßstab – der Vorstellung von einer »Revolution« – ab:[71] Ist Revolution der Umsturz einer bestehenden und die Schaffung einer neuen Ordnung, so ist die Verfassunggebung in den USA keine Revolution, in Frankreich hingegen eine Revolution. Bestimmt man die Revolution hingegen nach den tiefgreifenden und schmerzhaften Konflikten, nach der Frage, wie viele Flüchtlinge und Emigranten der neuen Ordnung weichen mussten, welche Vermögensverluste sie zur Folge gehabt hatte, so ist die Trennung Amerikas von Großbritannien ersichtlich auch eine Revolution. Das Wort »Unrechtsstaat« typisiert verallgemeinernd ein Herrschaftssystem, behauptet aber nicht, alle in diesem System lebenden Menschen täten Unrecht. Marianne Birthler[72] hat eine Qualifikation der DDR als »Unrechtsstaat« vermieden: »Die DDR war das Haus, in dem ich mein bisheriges Leben verbracht hatte. Kein ansehnliches Haus, eher eine Bruchbude. Aber ich habe dort gelebt und geliebt und gekämpft. Da ist der Abschied komplizierter als erwartet.« Geschichte ist auch etwas, in der »man gegenwärtigen Verdruss oder gegenwärtiges Leid finden kann«; historische Ferne kann dann eine beruhigende Nähe bieten.[73] Der Historiker fasst vorsichtig Erfahrungen in Zukunftssätzen, bietet dem Menschen damit Lebenserfahrungen und Lebensmaßstäbe, die als generationenübergreifende Maßstäbe sein Denken und Handeln bestimmen. Er folgt antiker Erfahrung und aufgeklärter Einsicht. Die griechische Lehre guter Politik sieht die beiden größten Feinde guten Rates in der Spontaneität und im Zorn.[74] Für die Aufklärung sind Autorität und Übereilung zwei Gegenspieler der reinen Vernunft als Zugang zur Wahrheit.[75] Historisches Denken bietet einen Weg zur dank Erfahrung gelassenen Freiheit. Ahistorisches Denken verengt das Beurteilen der Gegenwart, macht deshalb anfällig für Aufgeregtheit, Widersprüchlichkeit, Irrtum, Aggressivität.

7. Der Mensch wird sich in Freiheit vertragen

Je mehr der Mensch seinen Willen entdeckt, sucht er Wertüberzeugungen und Gemeinschaftsregeln nicht mehr in der Natur. Doch von dem freien Willen des einzelnen Menschen können nur Maßstäbe für das Verhalten des einzelnen Menschen erwartet werden. Der individuelle Wille ist nicht Quelle für eine Gemeinsamkeit in Wahrheit, Wert und Wille, auch nicht in der übereinstimmenden Bereitschaft zu Frieden und Recht. Deswegen unterscheidet die aufgeklärte Naturrechtslehre Vernunft und Willen, beobachtet die in ihrem natürlichen Ausgangszustand gleichen Menschen, erwartet aber von ihnen ein mit der damaligen Welterfahrung, Weltsicht und Weltdeutung übereinstimmendes Ergebnis.

Die Naturrechtslehre der Aufklärung hat die Menschen aus der ständischen Ordnung gelöst und den einzelnen Menschen in die Mitte von Recht und Gesellschaft gestellt. Der Mensch gewinnt Recht und Freiheit nicht mehr in der Zugehörigkeit zu einer sozialen Gruppe, sondern als Individuum. Diese Individualisierung des Rechts ist theoretisch so radikal, dass sie Gemeinschaft und Gemeinschaftsbindung nur noch als Folge individueller Verständigung, also als Vertrag verstehen kann. Die Menschen sind in einem – unterstellten – Naturzustand alle gleich und gleich frei. Deshalb kann Herrschaft nur aus einem Vertrag aller mit allen hervorgehen. Die gerechte Sozialordnung ergibt sich nicht aus vorgegebenen Erfahrungen und Prinzipien, sondern aus einer vertraglichen Verständigung über eine Gemeinschaftsordnung, der alle zustimmen.[76] Jede Gemeinschaft – von der Ehe bis zum Staatsvertrag – lasse sich nur denken, wenn alle beteiligten Menschen in gleicher Freiheit zugestimmt haben. Allerdings führt dieser Vertragsschluss zu einer Vereinbarung über Frieden, Freiheit und Gleichheit vor dem Gesetz, die dem Denken der Aufklärung entspricht und deshalb keiner weiteren Rechtfertigung und Begründung bedarf. Sie überzeugt durch inhaltliche Richtigkeit. Es gilt nicht der Wille des einzelnen Menschen, sondern der geläuterte, verallgemeinerungsfähige Wille aller Menschen.[77] Das befreit. Das Fundament des gemeinsamen Hauses muss nicht erst errichtet werden. Das Haus steht zum Einzug bereit.

Wenn Menschen gemeinsam von Wahrheiten überzeugt sind, übereinstimmend Werte anerkennen, mehrheitlich etwas wollen, bilden sich Strukturen von Staat und Recht. Der Staat entsteht zwar nicht aus einem Staatsvertrag, dem alle Menschen unter Verzicht auf einen Teil ihrer Freiheit zugestimmt haben, um dafür Schutz und Sicherheit für die Person, das Leben und das Eigentum einzutauschen. Der Grundgedanke, in einem Staat müssten sich alle Beteiligten strukturell »vertragen«, bleibt aber richtig. Ausgangspunkt ist die Verschiedenheit des individuellen Wollens.

Dieser Idealtypus[78] des Staatsvertrags baut auf zwei unterschiedliche Freiheitsvorstellungen. Die erste fordert zunächst staatliche Autorität, die zweite sodann Verständigung.

Bei Thomas Hobbes[79] sind Menschen von Natur aus in ihren körperlichen und geistigen Anlagen gleich. Aus dieser Gleichheit der Fähigkeiten entspringen gleiche Hoffnungen. Wenn zwei Menschen dasselbe, aber nur für einen erreichbare Ziel verfolgen, werden sie zu Feinden, trachten danach, den anderen zu unterwerfen oder zu vernichten. Aus der Gleichheit folgt Krieg. Die Selbsterhaltung verlangt, dass jeder sich gewaltsam oder hinterrücks des anderen bemächtigt, seinem Angriff zuvorkommt. Die drei Hauptursachen des Streits sind in der menschlichen Natur begründet: Dem Wettstreben geht es um Gewinn, dem Argwohn um Sicherheit, der Ruhmsucht um Ansehen. Würde man diese natürliche Entwicklung sich selbst überlassen, entstünde ein Krieg, den jeder gegen jeden führt. Gerechtigkeit gibt es deshalb nur in einem Staat, der die Einhaltung gültiger Regeln erzwingt und damit den triebbestimmten Menschen mäßigt. Staatliches Recht überwindet Streitsucht und Triebhaftigkeit aller Menschen und sichert insbesondere die Unterscheidung zwischen Mein und Dein.

Bei Samuel Pufendorf ist die Gleichheit keine natürliche Gleichheit der Kräfte und Begabungen, sondern liegt in der Freiheit, dass der Klügere nicht aus eigenem Recht die Herrschaft über die Unklugen beansprucht, außer wenn diese zustimmen. Die Menschen sind aufeinander angewiesen, stehen in einer wechselseitigen Recht- und Pflichtverbindung. Jeder im Naturzustand Stehende hat »gleiches Recht und gleiche Macht ... sich zu erhalten und seine Handlungen nach eigenem Gutdünken gemäß der gesunden Vernunft zu richten«[80]. Der Mensch beansprucht gesellschaftliche Gleichheit im »status naturalis«. Im Übergang zur bürgerlichen Gesellschaft wandelt sich dieser Status in Ungleichheit (»status civilis«). Diese Ungleichheit in Recht und Herrschaft schützt – wie John Locke[81] nachhaltig betont – die Freiheit im Staat, erreicht diese aber vor allem über die Bindung der Herrschaftsgewalt an Naturrecht und Gemeinwohl.[82] Der Mensch gibt zum Schutz seiner Person, seines Lebens und seines Eigentums ein Stück seines vorrechtlichen Status auf.[83]

Diese Vertragslehre ist fiktiv, flüchtig, fern aller Realität. Unter freien Menschen wird es diese Einstimmigkeit nicht geben. Ein einmaliger Konsens würde bald durch Interessengegensätze abgelöst. Die vereinbarten

Staatsaufgaben – Freiheitssicherung mit dem Vorbehalt staatlicher Rechts-
durchsetzung, repräsentative Organe, Nachhaltigkeit einer guten Ordnung – würden individuell sehr unterschiedlich beurteilt. Der Vertrag
müsste in der jeweiligen Gegenwart durch die Rechtsbeteiligten erneuert
werden, nähme der Verfassung damit ihre Stetigkeit.

Der »Staatsvertrag« ist deshalb eine theoretische Idee, die den erhofften Zusammenhalt im Frieden beschwört, den Herrschaftsunterworfenen
Mitbestimmung verheißt, die alte Ständeordnung strukturell in Frage stellt
und an die Macht der Vernunft glaubt. Die Lehre vom »Staatsvertrag« behauptet nicht das historische Geschehen einer tatsächlichen Verständigung,
sondern weist die Herrschenden auf ihre Verantwortlichkeit für die Beherrschten hin. Wer die Zustimmung der Beherrschten verliert, steht vor
dem Ende seiner Herrschaft.

Der Staatsvertrag warnt vor geistiger Überhöhung der Herrschaft und
vor Distanz zu den Beherrschten. Er beschreibt nicht einen Gründungs-
pakt, sondern beansprucht Gleichheit. Die Staatsvertragslehre besagt verfassungspolitisch, dass legitime Herrschaft nur auf der strukturellen Übereinkunft der Unterworfenen beruhen kann, ihre Ausübung allgemein
zustimmungsfähig sein muss. Der Staat wird dadurch begründet und begrenzt, dass alle Bürger der legitimen Herrschaft und ihrer Ausübung zustimmen müssen. Dieses Erfordernis enthält den Kern demokratischer
Gleichheit: Jeder Bürger hat die gleichen Mitwirkungsrechte in Wahlen
und Abstimmungen.

Die Vertragslehre bietet vor allem der Politik einen Leitgedanken: Die
reale politische Herrschaft ist in ihren Wirkungen auf die Beherrschten zu
rechtfertigen und durch jeden einzelnen Betroffenen kritisch zu würdigen
und zu begrenzen. Der Auftrag, sich »zu vertragen«, hat die Kraft zu grundlegenden politischen Veränderungen. Er hat aber keinen Verfassungssatz
gesetzt oder durchgesetzt. Er wurzelt in der Gleichheit und fordert Freiheit.
Im geschriebenen Verfassungsgesetz des Verfassungsstaates wird er durch
das Gleichheitsgrundrecht aufgenommen und abgelöst. Die Gleichheit in
Freiheit wird von einem breiten Konsens der Bürger getragen, ist aber als
geltendes Recht weder auf aktuelle Zustimmung aller noch auf die Erneuerung durch eine sich periodisch wiederholende Verfassunggebung angewiesen. Die Menschenrechte beanspruchen weltweite Geltung, Nachhaltigkeit
und individuelle Wehrfähigkeit durch und im Gleichheitsgedanken. Das

Grundrecht auf Gleichheit freier Menschen vor dem Gesetz verstärkt diese Nachhaltigkeit im geltenden Recht.

8. Handeln nach Maßstab und Mehrheit: »Naturrecht«

a. Disziplinierte Einfalt und guter Rat

Staatsvorstellung und staatliche Maßstäbe überwinden ein nur »natürliches« Leben, inspirieren den Menschen im Recht und schützen ihn vor den Bedrängnissen der Natur. Sie werden von alters her durch gemeinsame Wertvorstellungen und aktuelle Mehrheitsentscheidungen bestimmt. Die Menschen leben in einer überkommenen, selbstverständlichen Ordnung, sehen den Zusammenhalt dieser Gemeinschaft in übereinstimmenden Wahrheiten und Wertungen,[84] brauchen aber für konkrete politische Entscheidungen Verfahren, in denen eine Mehrheit mit Verbindlichkeit auch für eine Minderheit entscheidet.

Dieses Zusammenwirken von erprobtem Maßstab und aktueller Mehrheitsentscheidung belegt die Geschichte der griechischen Stadt Mytilene, die im Peloponnesischen Krieg durch den von Athen geführten Attischen Seebund und den von Sparta geführten Peloponnesischen Bund bestimmt ist. Der Attische Seebund war zur Befreiung Hellas von den Persern geschlossen worden, wurde aber zunehmend zu einem Herrschaftsinstrument Athens. Deshalb traten die Bürger von Mytilene auf Lesbos aus ihm aus. Daraufhin beschlossen die Athener in einer Volksabstimmung, sämtliche erwachsenen Mytilener umzubringen und die Frauen und Kinder als Sklaven zu verkaufen. Dieser Beschluss fand eine breite Mehrheit. Unverzüglich wurde ein Schiff nach Mytilene entsandt, um diesen Befehl auszuführen.

Doch dann bekamen Bürger von Athen Bedenken, ob es richtig sei, eine ganze Stadt zu vernichten statt nur die Schuldigen.[85] Deshalb wurde zwei Tage nach der ersten eine weitere Volksversammlung einberufen. Dort trat Kleon zur Verteidigung des ersten Beschlusses auf. Ein einmal ordnungsgemäß getroffener Beschluss sei ein unverbrüchliches Gesetz, das nicht aus Mitleid, Freude an schönen Reden oder Nachgiebigkeit – den

drei Erzlastern eines herrschaftswilligen Volkes – umgestoßen werden dürfe. Menschliche Einfalt mit Disziplin sei oft für das Gemeinwesen hilfrei-
cher als noch so schlaue Zuchtlosigkeit. Schlichtere Menschen regierten im
Vergleich zu den gescheiten im Allgemeinen ihren Staat besser, weil die gescheiten immer klüger scheinen wollen als die Gesetze, sie bei allem, was
zum Besten der Gemeinschaft vorgebracht werde, ihre Überlegenheit zeigen wollten und damit oft den Staat zugrunde richteten.

Demgegenüber sprach sich Diodotos für eine Aufhebung der bisherigen Entscheidung aus. Die größten Feinde guten Rates seien Spontaneität
und Zorn. Die Spontaneität weile gern bei der Torheit, der Zorn bei Un-
bildung und kurzen Gedanken. Wenn die Athener über die freien Bürger
von Mytilene mit Gewalt herrschten, sei es begreiflich, wenn diese sich auf-
lehnten, um ihre Freiheit zurückzugewinnen. Wenn Athen nun Mytilene
wieder unterworfen habe, sollten die Athener dem freien Volk von Mytilene nicht erneut Anlass geben, sich gegen Athen aufzulehnen. Deswegen
solle man die Mytilener nach dem Sieg ihre Schuld möglichst wenig ent-
gelten lassen.[86] Vernichteten die Athener auch die Bürger von Mytilene, die
den Austritt aus dem Attischen Bund nicht zu verantworten hätten, sei das
Mord an Freunden und würde auch andere Städte auf die Seite der Gegner
treiben. Zudem müsse man der unterliegenden Stadt einen Anreiz belassen, sich zu ergeben. Eine völlig vernichtete Stadt könne weder Kosten tragen noch Steuern zahlen. Deswegen empfahl Diodotos, »die Mytilener, die
schuldig sind, in aller Ruhe richten und die übrigen in ihrer Stadt wohnen«
zu lassen.[87] Daraufhin hoben die Athener ihren früheren Beschluss auf und
verurteilten nur die Schuldigen. Ein eiligst nach Mytilene entsandtes zweites Schiff konnte den Vollzug des ersten Beschlusses gerade noch stoppen.

Der Fall Mytilene zeigt, dass auch verfahrensmäßig korrekt zustande
gekommene Mehrheitsentscheidungen überprüft und korrigiert werden
können,[88] ein kluger Rat der plebiszitären Schreckensstrafe überlegen ist,
die schlichte, traditionelle Wertung des Staatsvolkes gegen die bloße Rationalität des Wissenden abgewogen werden muss. Das moderne Verfassungsrecht entwickelt den Gedanken des Maßes im Fall Mytilene weiter.
Es schafft eherne Regeln, die Sicherheit und Frieden gewährleisten, Freiheit
und Gleichheit garantieren, universale Menschenrechte und globale Verantwortlichkeiten für alle Menschen fordern. Dieser Auftrag errichtet, legitimiert und erhält den demokratischen sozialen Rechtsstaat.

Dieses Recht ist gewachsene Kultur, nicht aus der Natur erwachsen. Es wendet sich gegen die Streitnatur des Menschen, gegen bloße Neigungen und bloßes Meinen, gegen jede Abhängigkeit von Natur und anderen Menschen. Dieses Recht im Elementaren soll ein unverrückbares Gesetz sein, ähnlich den Gesetzmäßigkeiten der Natur. Es ist lex aeterna, ewiges Recht, »Naturrecht«[89], entspricht den unveränderlichen und natürlichen Anliegen jedes Menschen und der menschlichen Gemeinschaft. Es erwächst – je nach Weltsicht einer Epoche – aus der göttlichen Schöpfung, aus der biologisch-empirischen Natur des Menschen, aus seiner Vernunftnatur oder aus den in der Kulturtradition gewachsenen, »natürlichen« Gewohnheiten. Jede dieser Überhöhungen entzieht das Recht in Kerninhalten der Verfügungsgewalt der Rechtsbeteiligten.

b. Stetiges Recht, ähnlich den Naturgesetzmäßigkeiten überzeitlich wirksam

In langer Tradition erinnert das Naturrecht daran, dass Recht nicht beliebig, nicht nur Folge von Macht und Herrschaft, nicht autoritäre Willkür ist. Recht und Staat müssen einer Kultur überzeitlicher Werte genügen, auch die Mächtigen an das Gesetz binden, den Gesetzgeber auf eine Tradition bewährten Rechts verpflichten, ihm politische Erfahrungen, erprobte Werte und bewährte Institutionen vor Augen führen. Dieses »Naturrecht« ist nicht in der Natur und ihren Kausalitäten vorgegeben. Die Natur sagt nicht, wie Macht begründet, Eigentum verteilt, ein Kunstwerk gestaltet werden soll. Doch die gewachsenen Leitgedanken des Rechts beanspruchen, ähnlich einem Naturgesetz – der Stein fällt, von der Anziehungskraft der Erde gezogen, zu Boden – selbstverständlich und unverbrüchlich zu sein. Naturrecht ist das dem Menschen in seiner vernünftigen und beherzten Freiheit entsprechende Gesetz.

Das Naturrecht unterscheidet zwischen gewolltem Gesetz und gerechtem Recht, öffnet das Gesetzgebungsverfahren für Moral und Vernunft, für Glauben und Philosophie. Es fordert Kontinuität im Wandel. Die Lehre vom ewigen Gesetz, von den unantastbaren Rechten, von unabänderlichen Teilen der Verfassung baut auf eine Tugendethik, die eherne Regeln kennt, diese aber in der Freiheitlichkeit des Menschen und seines Gewissens verwirklicht. Wenn diese Menschen das Gesetz legitimieren, nimmt es die »natürlichen« Anliegen des Menschen auf: Er will leben, sucht Frieden und eine natürliche Umwelt, erwartet Hilfe bei Krankheit und Not, strebt nach Freiheit, Anerkennung, Zugehörigkeit, achtet das allgemeine Gesetz. Der Repräsentant – der Abgeordnete – versteht diese Anliegen und macht sie sich zu eigen, weil er Mensch ist, er den Menschen dienen will oder – sehr schlicht – weil er von diesen Menschen wiedergewählt werden will. In seinem Kopf – so das demokratische Ideal – wirkt das Menschliche in ähnlicher Weise wie in den Köpfen des Staatsvolkes. Der moderne Verfassungsstaat garantiert mit seinem Recht den verbindlichen Rahmen staatlichen Zusammenlebens, erwartet aber in der Gewährleistung individueller Freiheit wesentliche persönliche Beiträge zum Gelingen des gemeinen Wohls. Der Verfassungsstaat wagt das Konzept staatlicher Einheit in freiheitlicher Vielfalt.

Das Naturrecht drängt den Staat, ethische Elementarerwartungen in rechtliche Verheißungen, dann in Verfassungsrecht und Völkerrecht umzusetzen. Es fördert und festigt die Entwicklung des Friedensrechts, den Anspruch universaler Menschenrechte, das allgemeine Gesetz, ein weltumgreifendes Umweltrecht und eine »globale Gerechtigkeit« durch Teilhabe an den natürlichen Ressourcen, den technischen und medizinischen Errungenschaften und am wachsenden Reichtum der Welt. Die Staaten sollen diese Leitgedanken des Rechts in ihr Verfassungsrecht aufnehmen und in Vereinbarungen unter den Staaten zu Völkerrecht machen. Der Verfassungsstaat begründet eine stetige Grundordnung, die ähnlich den Naturgesetzmäßigkeiten die Gegenwart überdauert, überzeitlich wirkt.

Die Idee einer weltumspannenden Gerechtigkeit, eines überzeitlichen Grundkonzepts des Rechtlichen, eines »Naturrechts«, ist also höchst aktuell. Sie wirkt heute in fünf neueren Ausprägungen einer historisch kontinuierlich entwickelten Rechtsidee.

1. Das Verfassungsrecht unterscheidet grundsätzlich zwischen der Gesellschaft, die von der Freiheit der Bürger und Menschen bestimmt ist, und dem Staat, der dieser Freiheit dient. Die Gesellschaft entwickelt eine Ethik, der Staat setzt das Recht.
2. Das allgemeine Gesetz ist das Instrument, um die Idee der Gleichheit aller Menschen in Freiheit in jeden Rechtssatz hineinzutragen. Das

allgemeine Gesetz gilt für jedermann, kennt keine Vorbehalte, die vom Recht entbinden oder nur bestimmte Stände berechtigen. Das allgemeine Gesetz muss allgemein verständlich sein, so dass jeder durch Lektüre im Gesetzblatt versteht, was seine Rechte und Pflichten sind. Die Allgemeinheit meint aber auch eine materielle Verallgemeinerung der Gesetzesinhalte, wehrt sich gegen Privilegien und Sonderbelastungen, Vergünstigungen und Benachteiligungen.

3. Der Mensch ist eine sich ihrer selbst bewusste Person, Subjekt moralischen Handelns und der Legitimation des Staates. Er trägt Redlichkeit und Ehrbarkeit in das Gemeinwesen, legitimiert nur Staat und Recht, wenn diese nach Einschätzung der Wähler diesen Erwartungen grundsätzlich genügen. Aus der individuellen Gewissensverantwortung wird eine staatsbürgerliche Gemeinwohlverantwortung. Je stärker das Recht von den betroffenen Menschen legitimiert werden muss, desto deutlicher bildet das Recht Freiheit und Individualität des Einzelnen ab. Hier liegt der Grund für die elementaren Unterschiede zwischen verfassungsstaatlichem Recht und Völkerrecht.

4. Der Kampf um eherne Gesetze war jahrhundertelang ein Kampf um die Vernunft, ein Konzept rational geprägten Rechts. Dieses Ziel ist auch heute richtig, muss aber ergänzt werden um das Recht und die persönliche Berechtigung zu beherzter Menschlichkeit, das Entscheidungen nicht aus ihrer Vernunft, sondern aus Humanität trifft. Ein solches Recht widmet sich den Notleidenden, vergibt dem Schuldigen, berechtigt zum unbekümmerten Genuss unbeschwerten Lebens. Es erteilt weniger Befehle, sondern gibt Motive. Die bloße Rationalität eines Marktes, einer Gewinnoptimierung, eines Organisationsprinzips, eines Algorithmus ist nicht deshalb richtig, weil sie einer Teilvernünftigkeit genügt.

5. Auf dieser Grundlage lassen sich unveränderliche und veränderliche Verfassungssätze in abgestufter Bestandsfestigkeit unterscheiden.

   a) Der Mensch lebt in der Natur und mit der Natur. Der einzelne Mensch – Robinson Crusoe auf der einsamen Insel – braucht im Kampf gegen die Natur Vernunft und Körperkraft. Recht wird ihm nicht helfen. Es wirkt nur, wenn Menschen sich begegnen und bereit sind, sich in gemeinsamen Regeln zu binden. Erste Voraussetzung für Recht ist eine bindungsbereite Gemeinschaft. Sie empfängt aus der Natur Impulse, die das Recht prägen. Der Mensch schläft in der Nacht und arbeitet am Tag. Er siedelt sich in fruchtbaren Regionen mit Wasser und Getreidefeldern, nicht in der Dürre an. Er muss essen und trinken, sich bewegen, mit anderen sprechen, wird sich paaren und Nachwuchs zeugen, wird auch denken, wollen, sich darstellen, sich versammeln und sich vereinigen dürfen.

b) Das Recht erhält Vorgaben auch aus seinem Antwortcharakter. Recht wird dann unverrückbar und unveräußerbar, wenn es auf urmenschliche Unrechtserfahrungen und Zukunftshoffnungen antwortet. Wer dem Krieg entronnen ist, fordert Frieden. Wer unterdrückt worden ist, ruft nach Freiheit. Wer gedemütigt worden ist, verlangt Gleichheit. Wer gehungert hat, kämpft für den sozialen Staat. Recht wurzelt in den betroffenen Menschen, muss diesen Menschen einsichtig und verständlich sein. Dieses Recht wird durch die Menschen, nicht in einem Gesetzestext erneuert. Dies ist die Grundidee der Demokratie. Wer Recht fertigt, muss sich aus dem Willen der Betroffenen rechtfertigen. Das Parlament soll als Repräsentant des Staatsvolkes nur das regeln, was im Bewusstsein, in den Sinnen, in den Hoffnungen der betroffenen Menschen bereits vorhanden ist.

c) Zudem entwickelt der Mensch eine ihm gemäße Hochkultur, in der sich die Grundregeln des Rechts verdichten. Das corpus iuris sagt: »honeste vivere, alterum non laedere, suum cuique tribuere«[90] (»ehrenhaft leben, den anderen nicht verletzen, jedem das Seine geben«). Die Französische Revolution erstrebte die Ideale »Freiheit, Gleichheit, Brüderlichkeit«, erklärte dann aber den Adel, die Großgrundbesitzer und den hohen Klerus zu »Vaterlandsverrätern«. Sie verlor so mit der Formulierung »Brüderlichkeit« ihren Integrationsgedanken. In den nachfolgenden Verfassungen wird das Ideal Brüderlichkeit zu Sicherheit. »Freiheit Gleichheit, Sicherheit« sind nun die Ideale.[91] Unsere Hymne »Einigkeit und Recht und Freiheit« entfaltet auch in der Gegenwart einigende und friedenstiftende, also rechtliche Kraft. Das Sprichwort »seine Pflicht und Schuldigkeit tun« enthält zumindest im Ansatz eine Lehre von Rechtstreue und Verbindlichkeit. Die vorkantische Schlichtheitsregel »Was du nicht willst, das man dir tu, das füg auch keinem andern zu« deutet einen

Kerngedanken modernen Rechts allgemeinverständlich an. Dieses Recht soll unverrückbar, ähnlich den Gesetzmäßigkeiten der Natur, lex aeterna, angeborenes Recht, »Naturrecht« sein.

d) Die meisten Regeln aber, insbesondere zur Verteilung der staatlichen Macht, der Herrschaft über Eigentum, der Organisation von Produktion und Handel, von Ausbildung und Bildung, von Verkehr und Bauwesen, müssen von der jeweiligen menschlichen Gemeinschaft gesetzt werden.

c. Volksentscheide

Wenn das Recht im Staatsvolk wurzelt und vom Denken der Bürger geprägt wird, sichert die Demokratie nachhaltig eine bürgergerechte Staatlichkeit, hält aber nicht jeden Bürger für einen geeigneten Gesetzgeber. Moderne Verfassungen anerkennen eherne Gesetze und weisen die Gesetzgebung grundsätzlich in die Kompetenz des Parlaments. Das Gesetz gilt auch gegenüber dem unmittelbar geäußerten Volkswillen. Gegenstände und Verfahren von Volksentscheiden sind begrenzt. Das hat drei Gründe: 1. Das Volk trifft freiheitsberechtigt Mehrheitsentscheidungen, entscheidet nicht – wie der Gesetzgeber – freiheitsverpflichtet. Der von einem Volksentscheid Betroffene wird deshalb den Verlust oder zumindest die Schwächung seiner Menschen- und Bürgerrechte hinnehmen müssen. 2. Zudem ist die Fragestellung – die Verurteilung einzelner Bürger von Mytilene je nach ihrer Schuld – oft nicht zu einer Abstimmungsfrage zu vereinfachen, die mit »ja« oder »nein« zu beantworten wäre. 3. Schließlich kann der dominierende Einfluss der Volkstribune oder Medien, die dem Volk die Abstimmungsfrage vermitteln und damit das Abstimmungsergebnis beeinflussen, den Entscheid des Volkes verfremden. Das Grundgesetz sieht deshalb einen Volksentscheid auf Bundesebene nicht vor.[92] Wenn die Landesverfassungen Volksentscheide in den Ländern und Gemeinden zulassen, kann ein Volksentscheid durch nachfolgenden Entscheid des Volkes oder des Gesetzgebers geändert oder aufgehoben werden.[93] Auch eine Demokratie kennt feste Regeln, begrenzt die Macht der Mehrheit, stellt der demokratisch unmittelbaren Entscheidung eine gelassene Bedachtsamkeit, letztlich das Bundesverfassungsgericht, zur Seite.

9. Der Mensch liest nicht im Buch der Natur

Die Überlegungen zu Mensch und Natur haben ergeben, dass heute Gesetzmäßigkeiten der Natur und Gesetze der Humanität gemeinsam das Recht begründen. Der Mensch liest das Recht nicht im Buch der Natur. Er ist Teil der Natur, sucht sie in Freiheit zu beherrschen, erlebt aber immer wieder, dass er nur naturgebunden und naturbefangen beobachten, fühlen, beurteilen, denken kann. Er wird durch diese Gebundenheit nicht beunruhigt, sondern anerkennt seinen Ort in der Welt, begreift, versteht und gestaltet von diesem Ort aus die Welt. Er erlebt sich in der Natur, ohne deshalb seine Freiheit in Frage zu stellen. Er weiß sich wieder eins mit der Natur, ist als Subjekt, als Person in der Natur mit sich im Reinen. Er versteht die Natur durch Kunst, Begegnung und Gefühl ebenso wie durch Messen und Experimentieren. Er lässt Wissenschaft und Fantasie, Beobachtung und Erlebnis nicht zu Gegensätzen werden. Die Natur offenbart sich dem Menschen, kann aber nicht durch Berechnen gezwungen werden, sich dem menschlichen Geist in dieser vorgedachten Ordnung zu zeigen. Der Regenbogen entfaltet einen poetischen Zauber der Natur. Er entsteht dadurch, dass das Licht durch Regentropfen gebrochen wird. Beides ist Teil derselben Wahrheit.[94]

Der Freie erlebt die Welt in seiner Gegenwart und seiner subjektiven Sicht, ordnet sie aber in zeitlosen und überaktuellen Gesetzmäßigkeiten. Er erkennt das eherne Gesetz im Menschen, seinem Umfeld und seiner Natur. Er schreibt unabänderliche Verfassungssätze in Würdigung dieses vorgefundenen Rechts. Der freie Mensch trägt Ethos – Anstand und Ehrbarkeit – in die Gesellschaft, legitimiert als Wähler den Staat, wenn er diesen Maßstäben grundsätzlich genügt. In dieser Rechtfertigung wird das Recht von dem Menschen geprägt, der für seine Existenz Sicherheit sucht, in Frieden leben, als Mensch anerkannt werden, in Freiheit sich selbst bestimmen will. Menschen vertragen sich in einer Friedensordnung, handeln nach bewährten Maßstäben, entwickeln diese nach gegenwärtigem Mehrheitswillen. Sie handeln nicht nur rational, sondern denken gefühlvoll und fühlen gedankenreich. Sie staunen, spielen, träumen. Gesetzmäßigkeiten der Natur und Gesetze der Menschlichkeit klingen zusammen.

VIII.

Quellen der Freiheit

1. Mensch ohne mitmenschliche Begegnung?

Die Geschichte und die Geschichten der Menschheit sind voll von Erzählungen, in denen die Menschen ein Kind gänzlich von ihrem Umfeld isolieren, um festzustellen, welche Sprache es sprechen, welche Lebensformen es entwickeln, welche Zugehörigkeit zur Gesellschaft es zeigen wird. Vor rund 2500 Jahren hatte der ägyptische König Psammetichos I. zwei neugeborene Kinder bei einem Ziegenhirten in der Wildnis ausgesetzt, um die menschliche Ursprache zu erforschen. Den Ziegenhirten war es streng untersagt, mit den Kindern ein Wort zu reden. Sie hörten nur die Laute der Ziegen. Statt sprechen zu lernen, stießen sie nur einen Laut, »Bekos«, aus. Er konnte – allerdings in der Sprache der Phryger, nicht der Ägypter – als Bezeichnung für »Brot« gedeutet werden. Doch sprechfähig waren die Kinder nicht geworden.[1]

Auch Friedrich II. soll Experimente, bei denen Kinder ohne jeden Gesprächspartner und ohne menschliche Zuwendung aufwachsen, in Auftrag gegeben haben, um zu beobachten, welche Sprache diese Kinder aus sich heraus entwickeln. Alle diese Kinder starben. »Sie vermöchten nicht zu leben ohne das Händepatschen und das fröhliche Gesichterschneiden und die Koseworte ihrer Ammen.«[2]

Kaspar Hauser, nach der Inschrift auf seinem Grab auf dem Ansbacher Stadtfriedhof als »Ein Geheimnisvoller auf geheimnisvolle Weise getötet«[3], wurde bei Wasser und Brot allein in einem dunklen Raum gefangen gehalten und verkümmerte dort an Geist und Körper.[4] Auch diese Geschichte vermittelt zumindest die Botschaft, dass ein Mensch fern aller mitmenschlichen Begegnung sich nicht zu einer freiheitsfähigen und freiheitsbewussten Person entwickeln kann. Seine angeborene Freiheit muss sich in der Begegnung mit anderen Menschen, im Miteinandersprechen, im Nachahmen und Auseinandersetzen entfalten.

Freiheit ist dem Menschen angeboren.[5] Er ist von Geburt an frei. Er hat Körperkraft, Gesundheit, Verstand, Mut und Willen. Diese Fähigkeiten zu nutzen, entspricht seiner Natur. Doch könnte der Mensch nicht zur Freiheit – zur Selbstverantwortung, Mündigkeit, Geschäftsfähigkeit, Wahlfähigkeit – heranwachsen, wenn ihn nicht seine Umgebung zur Freiheit führte. Die mitmenschliche Gemeinschaft ist die Quelle der Freiheit.

Aus einer Quelle fließt das Wasser, das vorher schon im Berg vorhanden ist. Nichts anderes gilt für die Freiheit. Auch Freiheit braucht die stetig fließende Quelle der mitmenschlichen Begegnung in einer vorhandenen Kultur, um sich entfalten zu können. Der Mensch wird die Freiheitskultur, in die er hineingeboren ist, nutzen, aber auch mit wachsender Freiheitserfahrung erweitern, umgestalten, vielleicht auch durch eine andere ersetzen. Doch allen Freiheitsquellen ist gemeinsam, dass sie dem Freien Wege zu einem besseren Leben verheißen. Das Freiheitsrecht gewährleistet, dass dieses individuell Gute in der Rechtsgemeinschaft gesucht und verwirklicht wird. Deshalb dient die Freiheit der Eltern dem Kind, ist der Amtsauftrag der Schule dem Kind gewidmet. In der Freiheit der Medien klingt eine Verantwortlichkeit für den mündigen Bürger an. Wenn die Wahrnehmung der Freiheit andere betrifft, wird sie zur Verantwortung.

2. Herkunft und Zugehörigkeit

a. Maßstabsbildung in geordneter Gemeinschaft

Erste Quelle der Freiheit ist die gesellschaftliche Herkunft des Menschen und seine Zugehörigkeit zu einer Kulturgemeinschaft. In seiner Freiheit ist der Mensch nicht allein. Ihn leitet die Erfahrung des allen Menschen Gemeinsamen: Er erlebt anfangs unbewusst, dann selbstbewusst das Wachsen seiner körperlichen und geistigen Fähigkeiten von der Kindheit bis zum Erwachsensein, ist dabei eingebettet in eine Familie, ein kulturelles Umfeld, eine Rechts- und Sozialordnung, die ihn leitet und bei fehlerhaftem, auch bei noch unverantwortlichem Handeln auffängt. Er wächst in eine Kultur elterlich und schulisch vermittelter Lebenssicht und Lebenserfahrung hinein, die ihn den Freiheitsgebrauch in wechselnden Zeiten lehrt. Er lebt in Konventionen[6] – der Zusammenkunft von Menschen, die ihre Zukunft aus einer gemeinsamen Herkunft gestalten.[7] Er begegnet Menschen, die ihm vertraut sind, zu denen er Vertrauen hat. Er folgt ihnen in Beobachtung und Nachahmung, erlebt die Gemeinsamkeit von Maßstäben, macht sich diese zu eigen. Er lernt in dieser Gemeinschaft, Erhebliches von Unerheblichem zu unterscheiden, Wertvolles von Wertlosem, Gelassenheit von Gleichgültigkeit. Er lebt in dem Recht und dem Frieden, zu dem seine Eltern ihn führen. Er empfindet eine Dankbarkeit »gegenüber den eigenen Ursprüngen«[8] anfangs unbewusst, dann bewusst, schließlich ausdrucksfähig.

Theodor Heuss, der erste Bundespräsident der Bundesrepublik Deutschland, hat in einer Rede zur Bedeutung des Humanistischen und dessen »geistigen Zusammenhang mit unserer eigenen Volks- und Geistesgeschichte« gesagt: »Es gibt drei Hügel, von denen das Abendland seinen Ausgang genommen hat: Golgatha, die Akropolis in Athen, das Capitol in Rom. Aus allen ist das Abendland geistig gewirkt, und man darf alle drei, man muss sie als Einheit sehen.«[9] Das ganze geistige Werden sei durch diese drei Ursprünge wesentlich bestimmt, auch im Gespräch mit anderen Völkern.

Die christliche Botschaft von der Menschwerdung, von der Geburt und dem Tod Gottes als Mensch, von der Ebenbildlichkeit des Menschen mit Gott gibt uns den historisch radikalsten Freiheits- und Gleichheitssatz, der in der Würde, der Einmaligkeit des einzelnen Menschen wurzelt. Athen vermittelt uns das Ideal des vernunftbegabten, im Wissen bescheidenen, die Welt in ihren Gesetzmäßigkeiten ergründenden Menschen. Rom fügt diesem Weg zur Freiheit die Idee des Gesetzes, die Institutionen und Verfahren des öffentlichen Lebens, die freiheitsgerechte Organisation des Staates hinzu.

Freiheit ist stets auch das Bemühen, sich selbst zu verstehen, der eigenen Existenz und dem eigenen Handeln einen Sinn zu geben. Der Freie arbeitet nach der Ordnung seiner Gemeinschaft an sich selbst. Die inneren Grenzen der Freiheit werden in das Gewissen des Freien verlegt. Das beginnt mit einem sportlichen Leben, das die körperliche Leistungsfähigkeit verbessert und erhält, in der Gesundheit eine Grundlage für seelische Festigkeit, geistige Lebhaftigkeit und Reaktionssicherheit gewinnt. Der Mensch entwickelt Maßstäbe und Formen für eine Ess- und Bewegungsdisziplin, verordnet sich selbst ein Fitnessprogramm. Er pflegt Übungen des geistigen Anspannens und Entspannens, der Gewissensbildung und ethischen Maßstabsbildung, um sich seiner Ziele, Ideen, Möglichkeiten des Wissens und Wollens zu vergewissern. Er unterwirft sich Kontrollverfahren der Waage, misst seinen Puls, notiert Kaloriendaten, setzt sich Bildungs- und Leistungsziele, um die selbstgesetzten Lebens- und Entwicklungserfolge regelmäßig zu messen. Doch er schuldet dieses Maß niemandem – weder dem Arbeitgeber noch der Versicherung noch dem Staat. Diese Formen der Disziplin zielen auf eine Weite des Denkens und Wissens. Sie sind vielen Kulturen geläufig.[10] Der Mensch fragt regelmäßig nach Lebenssinn und Lebensglück, strebt nach Gesundheit und Klugheit, hofft auf eine Verlangsamung des Alterns. Dabei bewahrt er umso mehr Freiheit, als er sich selbst

Maßstäbe setzt. Er wird sich nicht zu einer regelmäßigen »Gesundheits-beichte« verpflichten – so die Forderung von Leibniz[11] –, in der er über die eigene Entwicklung, ihre Ursachen und seine Selbstkontrolle berich-ten und sie vor der Gesellschaft verantworten muss. Er pflegt eine Freiheit mit sich selbst, wird seine Maßstäbe für sich behalten und immer wieder überdenken.

Diese Selbstkritik bewahrt ein Stück Leichtigkeit und Lockerheit, die der Freiheit eigen ist und vor zu viel Strenge gegenüber sich selbst schützt. Eine stetige Selbstüberforderung vermittelt ein Gefühl individuellen Schei-terns, der Schuld, der Täuschung und Enttäuschung über sich selbst. Je-der Mensch kann die Bedingungen und Grenzen seiner Handlungsfreiheit nur teilweise beeinflussen. Wer unmusikalisch ist, wird auch bei intensivem Üben nicht zum Virtuosen. Wer körperlich schwach ist, sollte den Versuch unterlassen, Olympionike zu werden. Wer einen stumpfen Gaumen hat, sollte nicht Weinverkoster werden. Freiheit ist auch individuelle Begabung.

b. Gebundenheit in Natur, Familie, Gemeinschaft

Auch in unserer gegenwärtigen Hochkultur von Technik und Wissenschaft ist der Mensch den Gesetzmäßigkeiten der Natur unterworfen. Wenn der Tag dunkelt, können wir uns mit dem Lichtschalter unseren Lebensraum erhellen. Wenn wir durstig sind, brauchen wir nicht mehr das kalte Wasser im Fluss zu schöpfen, sondern drehen den Wasserhahn auf. Wenn wir uns in Wind und Wetter bewegen wollen, setzen wir uns nicht der Nässe und Käl-te aus, sondern besteigen das geheizte Auto. Doch unterliegen wir den Ge-setzmäßigkeiten von Geburt und Tod, Wachheit und Ermüdung, Hunger und Durst, dem Wechsel von Wetter und Jahreszeiten. Es ist unmöglich, das Universum vollständig zu sehen, auch nur den morgigen Tag vorauszuse-hen, die Gedanken des anderen zu lesen. Wenn wir lernen, sind wir auf die Sprache, auf den Lehrplan und die Lernhilfen unserer Schule angewiesen. Wenn wir arbeiten, sind wir in die Produktionsbedingungen, eine Kultur der Zusammenarbeit, die Hygienevoraussetzungen und das Betriebsklima des jeweiligen Betriebes eingebettet. Wenn wir forschen und lehren, entfal-tet sich die eigene Freiheit, weil die Universität für das Neue offen ist, sie der Finanzmacht, Steuerungsplänen und Freiheitsargwohn kritisch begegnet.

Zwar mag der Eremit in der Einsamkeit der Wüste zu sich und seiner Lebensweise finden, der Einsiedler in der Abgeschiedenheit seiner Berghütte ein selbstgenügsames Leben führen, der Mönch mit seinem Schweigegelübde sein Leben verinnerlichen. Doch ein »Aussteiger« findet vielfach nicht den Weg zu einer asketisch-abgeklärten Form des Lebens, sondern läuft Gefahr, in die Apathie und Gleichgültigkeit des Verweigerers zu versinken, den das Leben und die Umwelt enttäuschen, der jeder Frage nach dem Sinn seines Lebens ausweicht, dem ohne Kraft und Ziel alles belanglos erscheint. Dieser Selbstverlust droht Freiheit zu zerstören und Würde zu gefährden. Wer in innerer Ausgeglichenheit, in Offenheit für das Andere und Fremde, in freiheitlicher Selbstbestimmung sein Leben führen will, ist nicht allein auf sich selbst verwiesen, sondern wird von einer Kultur getragen, mit der er aufwächst und die er sich später bewusst zu eigen macht und mitgestaltet.

Die Urquelle dieser Freiheit ist die Familie, auch die Gemeinschaft von Freunden und Nachbarn, der Zusammenhalt in Gemeinde und Verein. Wer täglich erfährt, dass er anderen Menschen vertrauen darf, gewinnt ein wesentliches Fundament für seine Freiheit. Aus dem Vertrauen zu anderen, die ihn anerkennen, ermutigen, Gemeinsamkeiten entfalten, erwächst das Selbstvertrauen, die Unwägbarkeiten des Lebens, seine Unsicherheiten und Gefahren meistern zu können. Sicherheit gewinnt der Mensch auch in Institutionen. Der Staat schützt ihn vor Gefahren, wehrt Angriffe ab, sichert Frieden und Recht. Unternehmen bieten einen Arbeitsplatz und lassen den Arbeitnehmer am Entstehen eines Werkes teilhaben. Ärzte und Krankenhäuser stehen den Menschen bei Krankheit bei. Der freie Bürger nutzt Freiheitsgrundlagen, die ihm selbstverständlich und vertraut erscheinen. Die Straße bietet ihm Bewegungsfreiheit. Die Kulturgemeinschaft bildet ihn und seine Kinder. Der Markt organisiert Kauf und Konsum, Erwerb und Gewinn. Medien eröffnen Informations- und Unterhaltungsquellen. Maschinen und Computer erleichtern Handwerk, Haushalt und Kommunikation.

3. Das unbekümmerte Sprechen

Eine der elementaren Quellen für Freiheit ist die Sprache. Der Mensch lebt in Sprache, denkt in Sprache, begegnet in Sprache und bewahrt Einsichten und Erfahrungen in Sprache. Der Mensch unterscheidet in Sprache, braucht diese Kraft des Unterscheidens, um seine Freiheit wahrnehmen, sich von anderen unterscheiden zu können.

Wir begreifen einzelne Gegenstände im Begriff – der Baum, das Haus, das Auto. Wir nennen Personen beim Namen, individuell – Friedrich –, in seiner Angehörigkeit zu einer Familie – der Hohenzoller –, in seiner Zugehörigkeit zu einer politischen Gemeinschaft – von Preußen. Wir vergleichen, stellen Identität, Ähnlichkeit und Verschiedenheit fest, bilden Gruppen, Gattungen, Arten und werten die Wirklichkeit an diesem Maßstab. Wir können in allgemeinen Begriffen Gemeinsames und Unterschiedliches zusammenfassen. Die Sprache ist das Mittel mitmenschlicher Verständigung, des Ansprechens, des Versprechens, des Zusprechens, der Hilfe beim Erinnern und Mitteilen, ist Freiheitsquelle für den menschlichen Alltag, für den Vertrag im Wirtschaftsleben, für Medien, Wissenschaft, Religion und Kunst.

Deshalb gehört zu den elementaren Freiheitsgewährleistungen das Recht, frei, unbeschwert, ohne Begriffszwang und Sprachvorschriften zu sprechen. Dieses ist in der Jugendgruppe, am Stammtisch und auf dem Sportplatz selbstverständlich. Doch schon das Gespräch am Arbeitsplatz, die Begegnung in Bus oder U-Bahn, die spontane politische Äußerung geraten in den Sog einer »politischen Korrektheit«, eines von bestimmten Gruppen geprägten Sprechzwangs. Freiheit kennt rechtliche Grenzen, wehrt aber jede Zensur ab. Der Unternehmer darf sagen, er schaffe Arbeitsplätze. Der Gewerkschafter darf einwenden, der Unternehmer lasse andere für sich arbeiten. Der Unternehmer mag einen Arbeitnehmer »freisetzen«. Der Betroffene darf von Kündigung oder Entlassung in die Arbeitslosigkeit sprechen. Wenn die Kommune einen »Entsorgungspark« oder eine Müllhalde errichtet, weiß der Bürger die Wortwahl zu beurteilen. Das Recht schreibt nicht vor, wie der Mensch zu sprechen hat. Doch die freie Gesellschaft bietet ihm Maßstäbe, wie er selbstbeherrscht zwischen Grobheit und Empfindsamkeit, Flüchtigkeit und Prägnanz sprechen sollte.

Dieses Recht auf Sprechfreiheit ist ein Menschenrecht. Unbeschwertes Sprechen ist Voraussetzung grundrechtlicher Freiheit wie staatlicher Demokratie. Der Staat allerdings ist beim Sprechen stets verfassungsrechtlich gebunden. Die parlamentarische Debatte ist und soll von Lebhaftigkeit, auch von Spontaneität geprägt sein. Doch der Abgeordnete hat sich den Regeln einer geordneten Parlamentsarbeit zu fügen und nach der vom Ältestenrat und Parlamentspräsidenten bestimmten Ordnung zu handeln.[12] Die Bundesregierung festigt durch Informations- und Öffentlichkeitsarbeit[13] den Zusammenhalt im demokratischen Gemeinwesen und befähigt Bürger zur eigenverantwortlichen Mitwirkung an der politischen Willensbildung.[14] Doch diese Zulässigkeit der Öffentlichkeitsarbeit endet jedenfalls dort, wo die Werbung für eine der im politischen Wettbewerb stehenden Parteien beginnt.[15] Der Beamte unterliegt politischen Mäßigungspflichten.[16] Der Richter weiß, dass er, wenn er an der Garderobe die Robe anzieht, seine Freiheit abgibt, jetzt nur noch der Freiheit der Rechtsuchenden dient, er hingegen am Abend, wenn er die Robe wieder auszieht, seine Freiheit zurückgewinnt.

Bei der Begegnung in größeren Gruppen schaffen oft vertraute Lieder und Melodien Zusammenhalt und Gemeinschaft. Dann sollte der Zuhörer nicht jedes Wort auf die Goldwaage legen. Wenn bei einem staatlichen Festakt oder bei internationalen Sportereignissen die Nationalhymnen gesungen und gespielt werden, erklingen Worte aus einer Zeit, in der die Menschen eine Zusammengehörigkeit der Nation erst noch begründen, demokratische Autonomie und Repräsentation noch erkämpfen mussten. Wenn die Franzosen ihre Marseillaise[17] singen, fordern deren Kampfparolen[18] nicht gegenwärtiges Handeln, sondern erinnern daran, dass Freiheit und Demokratie nicht selbstverständlich sind und immer wieder – wenn auch mit gegenwartsgerechten Mitteln – errungen werden müssen. Jedes Wort, jedes Lied, jeder Rechtssatz hat seine Herkunft und spricht aus dieser in die Zukunft. Die Deutschen haben mit ihrem »Einigkeit und Recht und Freiheit« eine schöne Hymne des Maßes, des Vertrauens, der Verfassungsstaatlichkeit.

Das unbekümmerte Freisein beim Sprechen ist aber gefährdet, wenn im Sprechen über Mann und Frau Sprachvorschriften die Sprechfreiheit beschränken sollen. Neue Sprechregeln sollen den Menschen veranlassen, bei Aussagen über die Menschen alle Begriffe zugleich in vermännlichter und verweiblichter Form zu verwenden. Auch bei Themen, bei denen die Unterscheidung von Mann und Frau schlechthin unerheblich ist und auch sein soll – die Menschen sprechen über Steuern, Umweltschutz oder die Garantie der Menschenwürde –, sollen diese Sprechgebote gelten. Der Begriff »der Mensch« wäre zu vermeiden, weil er Frauen ausnehmen könnte. Der Begriff »die Person« wäre fragwürdig, weil sie den Mann nicht ausdrücklich einbezieht. Sogar das neutralisierende Wort »das Mitglied« ist verpönt. Die Anrede soll lauten »liebe Mitglieder und Mitgliederinnen«.

Doch wer von der »Würde des Mannes und der Frau« spricht, sprengt durch Untergliederung des Tatbestandes »Mensch« den Kerngedanken unserer Verfassung. Wenn ein Steuergesetz stets »der Steuerpflichtige oder die Steuerpflichtige« schreibt, ein Hochschulgesetz die Studentenschaft durch »Studierendenschaft« ersetzt, der Personalchef statt zum Mitarbeitergespräch zum Mitarbeitendengespräch einlädt, wird ein schon schwer verständlicher Satz nun unverständlich. Eine anerkannte und geläufige grammatische Form, die in einem Oberbegriff beide Geschlechter einschließt, wird missdeutet und als Unterscheidung verstanden, die sie sprachlich nicht meint. Damit ist das Gegenteil von dem erreicht, was die Sprachvorgaben bewirken wollen. Eine grammatische Fehldeutung würde in der Unterscheidung zwischen Mitarbeiterinnen und Mitarbeitern eine Differenzierung hervorheben und vertiefen, die gerade nicht Anliegen der Debatte ist.

Doch das Kernproblem liegt in der Anmaßung, dem Sprechenden ein Thema aufzudrängen, über das er derzeit nicht sprechen will. Der Mensch darf grundsätzlich sprechen und denken, was er will. Wenn Menschen bei jedem Thema an das Problem der Gleichberechtigung erinnern müssen, obwohl sie sich gegenwärtig dieser Frage nicht widmen wollen, führt der Sprechzwang nicht zu sprachlicher Korrektheit, sondern in die Unfreiheit. Er verunsichert und ängstigt. Er drängt zu einem Themenwechsel, einer thematischen Verwirrung. Sprachherrschaft will Denken bestimmen. Diktatoren haben immer wieder versucht, den Menschen die Leichtigkeit des Denkens und Sprechens zu nehmen, sie bei jedem Gruß zu einer Huldigung an den Herrscher zu zwingen. Sie sind gescheitert.

Die Gleichberechtigung von Mann und Frau ist ein aktuelles Thema, das sensible Aufmerksamkeit verdient. Doch der Zwang zu ständigen Sprachgesten erschwert Gespräch und unbekümmerte Rede, wird lästig und zum Ärgernis. Das schadet dem Anliegen der Gleichberechtigung. Vielleicht werden wir später einmal nach einer Gleichberechtigungsdiskussion einen Gleichstellungserfolg bei einem klassischen Duett feiern, das durch die Verschiedenheit von Sopran und Tenor bezaubert.

4. Zugänge zur realen Welt

a. Sehen, Hören, Lesen, Vertrauen

Oft ist unsere Welt nicht unmittelbar, sondern nur in Bildern und Zeichen begreifbar. Zeichen sind Erkennens- und Verstehenshilfen für die Gegenstände und das Geschehen in der Welt, die wir nicht sehen, hören und tasten können, aber in Worten, Bildern, Zeichen begreifen und verstehen. Ein Wort be»zeichnet« das Haus, das Fenster oder die Tür. Wir entwickeln beim Sehen und Berühren des Hauses eine Vorstellung von diesem Haus und seinen Teilen, nehmen diese Vorstellung im Begriff »Haus« mit uns mit, können diese Vorstellung mitteilen, wenn die Gesprächsbeteiligten in dieselbe Sprache hineingewachsen sind. Wenn wir dann verschiedene Häuser vergleichen und die Proportionen eines guten Haues bestimmen, tritt neben den Begriff das Maß. Die Kultur des Maßes baut darauf, das menschliche Leben und seine Proportionen einschätzen zu können, sucht das »Angemessene«, nimmt ideell Maß für die Maßnahmen, die dem Menschen erträglich und gerecht erscheinen. Dieses Maß begreift nicht das Haus, sondern be»zeichnet« allgemeine Erwartungen an ein Haus. Aus dem Begriff wird eine Bezeichnung, schließlich ein Zeichen.

Zeichen erschließen dem Menschen eine ihm sonst verborgene Welt, geben ihm Sicherheit für das Verstehen seines Lebens, bieten Grundlagen für das mitmenschliche Gespräch und Verstehen. Der Mensch denkt in Bildern und Empfindungen, ordnet sein Leben in diesen Zeichen und kann sich in ihnen mit anderen verständigen. Dabei unterscheidet sich das antike, das mittelalterliche und das moderne Denken in der Art, wie der Mensch seinem Umfeld begegnet.[19] Die Griechen blicken mit ihren Augen auf die Natur, gewinnen Sicherheit und Gelassenheit durch das, was sie mit ihren Augen gesehen haben. Das christlich geprägte Mittelalter hingegen findet im Hören den Zugang zur Welt, versteht die Ohren als die zuverlässigeren Zeugen, findet im Wort und nicht im Sehen Zugang zur Welt. Als dann die schriftlichen Texte nicht mehr von Hand geschrieben werden mussten, vielmehr nach Erfindung der Buchdruckerkunst technisch verbreitet werden konnten, lösen sich die Zeichen vom Zeichengeber und seinen Gesten und Gebärden, suchen allein im Text die Quelle zur Übermittlung einer Wirklichkeit und eines Gedankens. Das Lesen, die Rationalität des Sprachlichen und die Verlässlichkeit der Schriftlichkeit, wird zur Grundlage von Religion, Geschichtsschreibung, Recht, Wirtschaftswesen und Staatlichkeit. Der Gedanke nimmt im Wort Gestalt an, beansprucht Achtung, Befolgung, auch Ehrfurcht. Die Wissenschaft baut auf das Wort, wahrt es, sucht es zu erkennen und zu vermitteln: »Das gepfleget werde der feste Buchstab, und Bestehendes gut gedeutet«.[20]

Die Zeichen sind eine geistige Macht, die in allen Lebensbereichen wirkt. Unsere Geldwirtschaft baut auf ein fast wertloses – in den Herstellungskosten weniger als 5 Cent wertes – Symbol, den Geldschein, begründet in dieser Kombination von Zahl und Text eine Weltwirtschaft und eine den Menschen beherrschende Kraft. Wer einen modernen Geldschein näher anschaut, ihn gegen das Licht hält und ein wenig wendet, entdeckt, dass aus den Zahlen Köpfe und Bauwerke hervortreten. Das Papier verheißt, es sei mehr, als die bloße Zahl aussagt, repräsentiere einen Wert, den es teilweise noch nicht gibt, den aber die Rechtsgemeinschaft zu schaffen verspricht. Unsere Geldwirtschaft beruht auf dem Vertrauen der Rechtsgemeinschaft, das papierene Einlösungsversprechen werde erfüllt. Auch die tägliche Sprache des Grußes rückt vertraute Kulturen und Erfahrungen ständig ins Bewusstsein, wenn wir bei der täglichen Begrüßung »Guten Tag«, »Grüß Gott« oder »Servus« sagen. Zeichen zeigen eine Revolution und verstärken sie. Der Text des Grundgesetzes, die Nationalhymne und die Landesfarben schwarz-rot-gold schaffen Einheit und Zusammenhalt. Kirchen, Schlösser, Parlamente, aber auch Sportstätten und Banken sind Zeichen einer Zeit und einer Idee, die uns vertraut ist und auf die wir vertrauen. Manche Gesten dienen bewusst der Vertrauensbildung. Wir pflanzen »Freiheitsbäume«, errichten »Kulturgärten«, laden zum »Versöhnungsmahl«, richten im Talar und bekräftigen eine Aussage durch Eid. Und das Ampelmännchen wandelt sich in ein Ampelweibchen.

b. Die unsichtbare Welt wird im Gleichnis sichtbar

Oft ist für den Beobachter und Sprecher ein Gegenstand, ein Vorgang oder eine Vorstellung nicht gegenwärtig, nicht sichtbar, nicht unmittelbar begreifbar. Dann sucht er in einem sprachlichen Vergleich, einem Gleichnis, das Gemeinte in einem Sachverhalt zu veranschaulichen, der dem

Gesprächspartner vertraut ist. »Die Nachricht hat ihn wie ein Blitz getroffen«. Das Überraschende, das innerlich kaum zu Bewältigende, das existenziell Gefährdende wird im Blitzeinschlag vorstellbar. Wer sagt, »Achill ist ein Löwe«[21], verweist auf die Gemeinsamkeit von Kampfkraft und Mut, vernachlässigt den Unterschied zwischen Mensch und Tier, erwartet trotz der Vieldeutigkeit des Satzes die Sicherheit seines Sinns, weil der Gedanke vom mutigen Löwen Sprecher und Angesprochenem vertraut ist. Der Satz »Der Mensch ist ein Wolf«[22] ist ebenfalls für verschiedene Deutungen offen, vermittelt aber als verbindenden Gedanken die gemeinsame Vorstellung von Gefährlichkeit und Gefräßigkeit, schließt Deutungen der Antithese (der Mensch ist kein Tier) aus. In der Literatur wird das Gleichnis zu einem selbstverständlichen Stilmittel. Die Fabel von Reineke Fuchs flieht unter dem Eindruck der Gräuel der Französischen Revolution von der Menschendarstellung in die Tierfabel.[23] Für die Religion sagt Augustinus, Gott verdunkele die Heilige Schrift absichtlich mit Metaphern, mit dem »figürlichen Mantel«[24], um den Leser nach der so vermittelten Wahrheit suchen und sie als nunmehr eigene finden zu lassen. Die Präzision von Erfahrung und Maßarbeit trifft auf ein Gegenprinzip: die Einprägsamkeit des vertrauten Bildes. Es gehört zur Freiheit des Menschen, Zahlen und Maße, Zeichen und Symbole, Abbilder und Abstraktionen, Gleichnisse und Fabeln für sein Verstehen und seine Aussagen zu nutzen.

c. Vergangenheit wird in historischen Zeichen gegenwärtig

Zeichen und Symbole sprechen auch aus einer belastenden Vergangenheit. Sie dürfen nicht aus dem Blickfeld der Gegenwart verbannt werden. Als Kind habe ich erlebt, wie meine Großmutter auf die späte Heimkehr ihres in Kriegsgefangenschaft vermuteten Sohnes hoffte, dann stets nachmittags gebannt auf das Radio hörte, das die Namen der Heimkehrer in alphabetischer Reihenfolge nannte. Die tägliche Enttäuschung war verschwiegen und bitter. Der Sohn ist nie heimgekehrt. Auf der Kommode stand jedoch sein Bild, ein junger Mensch in Uniform. Die Fotos von Menschen in Wehrmachtsuniform sind persönliche Erinnerung, Hinweis auf Krieg und Zerstörung, Unrecht und Vernichtung, auch ehrendes Gedenken an Widerstandskämpfer und verlorene Söhne. Die Uniform zeigt den Menschen in einer Ausnahmesituation. Daran im Kontext von Geschichtlichkeit, Zugehörigkeit, Familie, Schmerz und Irrtum zu erinnern, ist zutiefst menschlich. Unsere Geschichte gehört zu unserer Gegenwart.

5. Ideale, Leitgedanken, Autorität

Eine andere Art Freiheit gewinnt der Mensch, wenn er Distanz zu dem alltäglichen Geschehen seines Lebens sucht. Er übernimmt Weltsichten und Ideale, Formen und Rituale, die ihm das Gute vor Augen führen, über Unzulänglichkeit, Unglück, Feindseligkeit hinweghelfen, Begehrlichkeiten in Frage stellen. Philosophie und Moral geben dem Leben auch bei Entbehrung, Fehlern, unerfüllten Erwartungen und Enttäuschungen einen Sinn. Sie machen Krankheit und Gebrechlichkeit als Teil menschlicher Normalität bewusst, verheißen in einer bedrückenden Gegenwart eine lichte Zukunft.

Vielfach werden Erfahrungen über ein gutes menschliches Zusammenleben nicht in abstrakten Rechtssätzen überbracht, sondern in Märchen, Sagen und Erzählungen.[25] In »Der Froschkönig« sagt der König zu seiner Tochter: »Was du versprochen hast, das musst du auch halten!«[26] Wenn am Ende eines Märchens der Bösewicht grausam bestraft wird, der Held hingegen eine Prinzessin heiratet, so wird die Grundunterscheidung zwischen Gut und Böse, aber auch die Verbindlichkeit des Rechts im Strafen und Belohnen als Lebensprinzip verdeutlicht.[27] Das Märchen gibt auch in aussichtsloser Bedrängnis noch Hoffnung. Eine besondere Fertigkeit – die Kunst, die Geige zu spielen – kann einen Unschuldigen vor der Todesstrafe retten. Der zu Unrecht zum Tode verurteilte Knecht erbittet sich, zu guter Letzt noch einmal seine Geige spielen zu dürfen, zwingt durch den Klang der Geige dann Henker, Richter und Zuschauer zum Tanzen und kann so der ihm zugedachten Strafe im letzten Augenblick entrinnen.[28]

Hat der Mensch sich gegen Bevormundung, Unterdrückung und Gewalt gewehrt und ein Stück Freiheit erkämpft, stolpert er nicht in die Grenzenlosigkeit, verliert nicht die Orientierung in Beliebigkeit, sondern erlebt sein Freiheitsrecht in der Gewährleistung und Gebundenheit durch den Staat. Freiheitsrechte werden vom Staat garantiert und durch den Staat allgemeinverbindlich. Die eigene Freiheit lässt sich nicht nach eigennützigem

Belieben ausdehnen, sondern stößt an die Grenze des Freiheitsrechts anderer. Wer die Grenzen der Freiheit überschreitet, verletzt den Betroffenen. Freiheit berechtigt nicht zum Betreten des fremden Hauses, nicht zur feindlichen Übernahme des konkurrierenden Betriebes, nicht zum Plagiat eines fremden Werkes. Ein Wuchergeschäft, das die Zwangslage, Unerfahrenheit oder Schwäche des anderen Vertragspartners ausnutzt, um eine deutlich überhöhte Gegenleistung zu erhalten, ist unwirksam.[29]

Eine zweite Freiheitsgrenze ziehen die Rechte der Allgemeinheit, das Gemeinwohl. Die Freiheitsrechte geben das Leben und Handeln der Menschen in die Hand der Freiheitsberechtigten, brauchen aber eine neutrale – verfassungsstaatliche – Macht, die Frieden sichert, Recht setzt und durchsetzt. Gerade die Gegenwart von Krieg und Terror, die Abhängigkeit von Finanzmarkt und international tätigen Unternehmen, auch die Not von Flucht und Zuflucht fordern ein Recht, das alle verbindet, das Maßstäbe der öffentlichen Sicherheit und Ordnung, des Gesundheits- und Versorgungswesens, des demokratischen Zusammenlebens verbindlich macht. Der Staat setzt und erzwingt dieses Recht. Darauf können die Rechtsbeteiligten sich wie selbstverständlich einlassen.

Zur Wahrnehmung seiner Freiheit braucht der Mensch Leitplanken, die ihn vor einem Weg in die Sinnlosigkeit, die bloße Unbeherrschtheit, die Rechtlosigkeit bewahren. Diese Wegweisung gewinnt der Mensch aus seiner Überzeugung, seinen Weg zu Individualität, Vernunft, Gerechtigkeit nach verallgemeinerungsfähigen Maßstäben finden zu können. Auf diesem Fundament erwarten wir, aus Mehrheitsentscheidungen Rechtsverbindlichkeiten ableiten zu dürfen. Diese Grundthese unserer Demokratie setzt auf den im Kern guten und vernünftigen Menschen, der zur Gemeinwohlentscheidung bereit und fähig ist.[30] Daneben suchen wir aus Geschichte, Tradition[31] und Herkommen den Weg in die bessere Zukunft zu erkennen. Wir stärken unsere Kraft zur Freiheit durch ererbtes Wissen, weitergegebene Erfahrung und Lernfähigkeit.[32] Normen und Institutionen beantworten Krisen und Not mit Werten und Gefahrenvorsorge.[33]

Wer sich am Vorbild außergewöhnlicher Menschen orientiert – großer Künstler, bedeutender Erfinder, Helden oder Heiliger, auch seiner Eltern –, vertraut auf einen Menschen, der sich in Ethos und Lebenskunst bewährt, große Aufgaben erfüllt, Herausforderungen und Schicksalsschläge gemeistert hat. Doch Menschen sind in ihren Mehrheitsentscheidungen – insbesondere in einer die Individualität zurückdrängenden Masse – verführbar. Sie sind zwar für bedachten Sinn zugänglich, aber gegen spontaneitätsgeneigten Unsinn nicht gefeit. Geschichte ist auch die Aufeinanderfolge von Kriegen, von Unrecht, Willkür, von Fehleinschätzung und Böswilligkeit. Sie erzählt je nach Sicht des Beobachters von weisen und von willkürlichen Herrschern, von Hochkultur und Niedergang, von Geistesgeschichte oder Verführungsgeschichte. Das Vertrauen auf einen Menschen kann der Mutter gelten, die ihr Kind auf den besten Weg zu bringen sucht, dem Sokrates, der die Jugend in Vernünftigkeit und Ethos läutern will, aber auch dem Rattenfänger, der die Menschen in das Unrecht verlockt, dem Diktator, der Gegner oder Menschenrassen vernichtet.

Freiheit sucht nach Autorität, findet in Autoritäten Halt. Autorität kann helfen, den Blick weiten und befreien, braucht aber neben der Autoritätsperson auch die kritische Autoritätsbereitschaft dessen, der prüft, ob und welcher Autorität er folgen will. Der heute suchende Mensch ist nicht darauf verwiesen, nach Autoritäten zu denken und zu handeln. Er wird sich aber des eigenen Denkens durch Auseinandersetzung mit einer klassischen philosophischen, literarischen, religiösen und rechtlichen Überlieferung vergewissern. Darin mag das Eingeständnis eigener Schwäche liegen. »Sicher ist es aber eine noch viel größere Schwäche«, wenn einer sich einer solchen Selbstprüfung am Maßstab kultureller Texte »nicht stellt und vorzieht, den Narren auf eigene Faust zu spielen«[34]. Im Verstehen der Texte großer Denker wird Wahrheit erkannt, die auf anderem Wege nicht erreichbar wäre.[35]

Wir dürfen Freiheit und Autorität nicht einander so entgegensetzen, dass Freiheit Autorität überwindet, Autorität Freiheit unterdrückt. Vielmehr wird der Mensch frei, wenn er einer Autorität folgt, die ihn anspricht, ihn überzeugt, die Sinn stiftet, sein Vertrauen gewinnt und deshalb auf Macht und Gewalt verzichten kann.[36] Eine solche Autorität drängt nicht zur Macht, sondern lässt jedem seine innere Kraft zur Wahrheitssuche. In einer christlich geprägten Kultur ist das Symbol für diese Autorität das Kind ohne Gewalt,[37] arm geboren, um die Menschen durch seine Armut reich zu machen.[38] Dieses Bild eines Kindes, das nicht Macht oder Reichtum verspricht, sondern eine liebenswürdige Friedensbotschaft verkündet, wird in der säkularen Gegenwart auch bei Nichtchristen Verständnis finden. Menschen brauchen Vorbilder, Vordenker, Vorredner. Unsere Gegenwart muss sich besinnen, welchen Autoritäten sie folgen soll. Gerade der freie Mensch folgt Menschen, die nicht nur über Ansehen und Einfluss in Wissenschaft und Technik, Wirtschaft und Unterhaltung verfügen, sondern in der Gesamtheit ihres Lebens mit Klugheit und Tatkraft, mit Erfahrung und Hoffnung, in menschlicher Zuwendung und kultureller Bescheidenheit, politischer Weitsicht und persönlicher Verantwortung vorausgehen. Wir brauchen Vorbilder der beherzten Freiheit.

Der innere Weg zur Freiheit löst sich vom nützlichen Gegenstand, von der vorübergehenden Gegenwart, von Organisationsgewalt und Weisungskompetenz. Der innerlich Freie begnügt sich nicht mit der eigenen Schwäche und Begrenztheit, beansprucht kein Recht zur Ermüdung, lässt eine Unausweichlichkeit nicht in Ratlosigkeit münden. Der freie Mensch denkt über sich hinaus. Er schult in seiner Kultur sein Gewissen, erweitert seine begrenzte Vernünftigkeit in Musik, Ritual und Mystik, liest in Büchern, findet in Bildern Inspiration. Er ist sich dabei stets bewusst, dass er auf der Suche ist, seine Suche unvollendet bleibt, er das Endgültige und Vollkommene in geschichtlicher Befangenheit und gegenständlicher Begrenztheit nicht voll erfassen kann. Er wird das Gespräch mit anderen suchen, die ebenfalls die Kunst des Fragens, des Staunens, des Hinhörens und des subjektiv-inneren Erlebens pflegen. In dieser Bescheidenheit sind Verallgemeinerungen und universale Menschenrechte möglich. Vielleicht erreichen wir einmal eine Weltfriedensordnung, die sich auf innerstaatliche Ordnungen stützt, die im Verantwortungsbereich jedes Staates für sein Gebiet und die dort lebenden Menschen Frieden, Existenz, Recht sichern.

6. Erkennen und Verstehen

Diese existenziell-humane Idee von Freiheit in Frieden braucht Menschen, die unsere Welt erkennen und anerkennen, den Menschen ergründen und verstehen. Wenn der Mensch Güter produziert, menschliche Verhaltensweisen lenkt oder experimentell überprüfbare Wirkungsabläufe der Natur erkennt, verbessert er Lebensbedingungen, gibt sinnvolle Verhaltensempfehlungen, mehrt das Wissen über den Menschen, seine Natur und seine Umwelt. Organisation und Verfahren der Politik, die Gesetzmäßigkeiten des Marktes, die Ergebnisse gegenständlich-empirischer Forschung und die Erfolge der Technik sind Quellen gegenwärtiger Freiheit, ohne die wir aus heutiger Sicht in eine Unfreiheit zurückfallen würden. Doch wir brauchen auch Quellen für die Fähigkeit, den Sinn des menschlichen Lebens zu ergründen und zu erhellen. Mit den Fortschritten der Naturwissenschaften muss die Entwicklung des Rechts, der Ethik und Moral Schritt halten. Wir steigern das menschliche Können, zögern aber bei der Frage nach dem menschlichen Dürfen. Wir bringen Erkenntnisse hervor, die zum Segen und zum Fluch einzelner Menschen und der Menschheit werden können. Wer Atome spaltet, Fahrzeuge produziert, den Menschen seziert, eröffnet einen neuen Weg zu Energie, Bewegung und Heilen, kann aber auch Zerstörung, Unfall, Manipulation veranlassen.

Wir müssen die Torheit verabschieden, die Welt durch eine allumfassende Rationalisierung verstehen und prägen zu wollen. Die Naturwissenschaften können nur das erklären, was ihr Gegenstand ist. Sie verstehen Weg und Verlauf einer Reise, fragen aber nicht, ob der Mensch diese Reise unternehmen oder unterlassen sollte. Wir müssen auch die Überhöhung des Menschen in seiner Individualität beenden. Er könnte allein ohne eine arbeitsteilige Gesellschaft nicht existieren, sich und seine Existenz ohne die ihn umgebende Kultur nicht entwickeln, würde eine Freiheit ohne innere Bindung als Leere erleben, deshalb nach einer führenden Hand suchen. Er wäre in der Alleinverantwortung für sich selbst existenziell überfordert. Die Vitalität des Menschen gründet nicht nur in Sport und Medizin, sondern auch in Sinn und Hoffnung. Wir erleben Vernünftigkeit nicht in einer Begrenzung auf Naturkausalitäten oder Wirtschaftsziele, sondern in der Weite menschlicher Anliegen und Träume.

Rechtliche Verantwortlichkeit fordert vom Menschen vor allem, sich seiner Ziele zu vergewissern und seine Mittel aus diesen Zielen zu rechtfertigen. Wer ein fremdes Fahrzeug nutzt, um in äußerster Not ein Unfallopfer ins Krankenhaus zu bringen, wird seine Eigenmächtigkeit gegenüber dem Fahrzeugeigentümer stets aus dem Ziel rechtfertigen können, Leib und Leben eines Menschen zu retten. Wer aber durch ein rigoroses Geschäftsgebaren seinen Gewinn »maximieren« will,[39] verfolgt ein vertretbares Ziel mit unangemessenen Mitteln.

Es macht nachdenklich, wenn der Mensch seinen Kampf um das Geld selbst dann fortsetzt, wenn er das Geld für eine großzügige Lebensführung nicht braucht, er aber seinen Status aus dem Einkommenszuwachs im Vergleich zu anderen definiert. Es ist durchaus einer Überlegung wert, ob ein Großverdiener, der bereits am vierten Tag des Jahres schon so viel verdient hat wie der Durchschnittsarbeitnehmer mit einer Vollzeittätigkeit in einem ganzen Jahr, diese Erwerbstätigkeit 365 Tage im Jahr fortsetzen oder aber Feiertage, Atempausen der Selbstvergewisserung, einschieben sollte. Er wird dann prüfen, ob er sein Leben vorwiegend mit Erwerbswettbewerb und Anlagestrategien, auch mit Bedrängnissen durch die nach seinem Geld strebenden Menschen verbringen oder aber der Familie, der Kunst, dem Sport und der Muse widmen will.

Es stimmt bedenklich, wenn der vermeintliche Rationalist gegen Aberglaube und Mythos kämpft, er sich aber zugleich auf Irrationalitäten als Alltagsbegleiter einlässt. Er beteiligt sich wöchentlich an Spiel und Wette. Er hofft auf Wirtschaftsdaten, die ihm eine Zukunftssicherheit geben, deren der Mensch nicht fähig ist. Er folgt Rankings und Empfehlungen von Ratingagenturen, deren Vernünftigkeit und Plausibilität jenseits menschlicher Prognosefähigkeit liegen und die auch nicht unbefangen ausgesprochen werden. Die Geschichtlichkeit des Menschen lehrt seine begrenzte Einsichts- und Erlebnisfähigkeit. Die Geschichte der Wissenschaft ist auch Geschichte ihrer Irrtümer. Die Vernunft gebietet, diese als Folge von Versuch und Irrtum,[40] von verfehlten Fragen und deshalb falschen Antworten zu sehen und an der Überwindung von Irrtümern mitzuwirken. Dies zu wissen, zu erleben, im Bewusstsein zu halten, schafft Freiheit.

7. Vermuten, Einschätzen, Werten

Vernunft schafft Freiheit, würde den Menschen aber substanziell verengen, wenn die Vernunft alles menschliche Wollen und Tun vorgäbe. Das Leben lässt sich nicht logisch in richtig oder falsch, moralisch nicht in wahr oder unwahr so unterteilen, dass eine dritte Möglichkeit ausgeschlossen wäre. Menschliche Erfahrung sagt, dass es heute Abend dunkel werden wird und morgen früh wieder hell. Wenn wir aber voraussagen, morgen wird das Wetter schön, ist diese Aussage nicht richtig, sondern wahrscheinlich. Die Voraussage äußert kein Wissen, sondern eine Vermutung. Wenn zwei Verkehrsteilnehmer einen Unfallschaden fahrlässig verursacht haben und der Richter den Schaden auf Kläger und Beklagten im Verhältnis 60:40 aufteilt, ist dieses Urteil nicht richtig, sondern vertretbar. Der Richter teilt den Schaden nicht nach einer mathematischen Formel zu, sondern würdigt, inwieweit beide zur Verursachung des Unfalls beigetragen haben und welche Schuld sie dabei trifft. Ist eine Straftat mit einer Freiheitsstrafe von bis zu fünf Jahren bedroht und hat der Richter in diesem rechtlichen Rahmen eine Strafe von zwei Jahren verhängt, so hat er diese Strafe nicht berechnet, nicht logisch abgeleitet, nicht erkannt, sondern im Abwägen aller Tatumstände und Schuldvorwürfe gewonnen. Wird ein Mensch gefragt, was ein Glas Wasser wert sei, so wird er in einem Haus mit vielen Wasserhähnen vielleicht behaupten: 5 Cent, in der Wüste aber für das lebensrettende Glas Wasser einen Preis von 100 000 Euro zu zahlen bereit sein. Ein Wert ist nicht kalkulierbar, sondern nur in der jeweiligen Lebenssituation erfahrbar. Allerdings lehrt die Rechtserfahrung, dass manche historisch gewachsenen und empirisch erprobten Werte wie die Würde jedes Menschen, seine angeborene Freiheit und Gleichheit, sein Anspruch auf Existenz und Zugehörigkeit zu einer menschlichen Gemeinschaft sich in der Geschichte der Menschen so verfestigt haben, dass sie dauernde Geltung und weltweite Verbreitung beanspruchen. Sie werden dem Menschen gerecht. Sie bieten den ruhenden Pol in einer Welt der Ungewissheiten. Recht gibt diese Erfahrungen an die nächste Generation weiter und mindert so Zweifel und Unsicherheit.

Unser Leben ist bestimmt von ordnenden Entscheidungen, die auch anders hätten ausfallen können, die aber durch ihre Verbindlichkeit das Leben erleichtern. Sie bestimmen Zeit und Ort einer Zusammenkunft, qualifizieren eine Epoche historisch als Mittelalter, fordern im Straßenverkehr, rechts zu fahren und links zu überholen, bestimmen den Verlauf einer Bahn- oder Buslinie, kündigen Sportwettkämpfe, Sendungen, Schulbeginn oder Vortragstermine an. Bei allen diesen Entscheidungen wären auch andere möglich und einsichtig. Wesentlich für den Ablauf des Lebens und den Frieden in der Gemeinschaft ist, dass entschieden wird und dass alle sich nach dieser Entscheidung richten.

Die Einsicht, dass menschliches Verhalten und menschliche Ordnung nicht logisch vorgezeichnet sind, dass nicht ein Erkenntniskonstruktivismus den Rahmen unseres Lebens mit einem Richtigkeitsanspruch vorgeben kann, ist Bedingung unserer Freiheit und unserer Demokratie. Freiheit setzt voraus, dass der Freie über sein Verhalten und seine Lebensbedingungen selbst bestimmen, er sein Tun selbst verantworten kann. Er lebt nicht in der schroffen Alternative von richtig oder falsch, sondern kennt auch Wahrscheinlichkeiten, Vermutungen und Schätzungen, Wertungen und Entscheidungen. Vor allem aber lebt er nach seinem Willen und steht für das Gewollte ein. Recht baut auf individuelle Verantwortlichkeit, auf Schuld und Haftung, auf Freiheit.

Die Ungewissheit menschlichen Vorausdenkens und Vorhersagens gilt auch für vermeintlich bewiesene und verbindliche Aussagen. Auch der Beweis durch naturwissenschaftliche Experimente, die Verbindlichkeit durch rechtliche Autoritäten, durch gediegenes Herkommen steht immer unter dem Vorbehalt besseren Wissens, Wollens und Bewertens. Doch nicht alles fließt und ist vorläufig. Wissenschaft und Recht bewahren die Errungenschaften ihrer Zeit, wissen aber auch, dass Einsichten von heute durch eine bessere Einsicht von morgen abgelöst werden können.

Dieses Einschätzen, Werten und Vermuten beantwortet die Unsicherheit des Menschen, die Wirklichkeit nicht vollständig und verlässlich begreifen, viele Beurteilungen nicht in den Kategorien wahr oder falsch abgeben zu können. Freiheit braucht deshalb eine Gelassenheit gegenüber dem Unerkannten, Ungefähren, Unbegreifbaren.

8. Freiheit wurzelt in Gemeinschaft, entfaltet sich in eigenständiger Distanz

Dieses Kapitel fragte, aus welchen Quellen Freiheit erwächst. Dabei ist bewusst geworden, dass Freiheit eine Eigenschaft des Menschen ist, der dank seiner Natur mit Körperkraft, Gesundheit, Vernunft, Mut und Willen ausgestattet ist, er diese Fähigkeiten aber in Gemeinschaft entwickeln und zur Entfaltung bringen muss. Freiheit ist in Begabung und Charakter des Einzelnen angelegt. Der freie Mensch versucht die ersten Schritte zu ihrer Entfaltung in mitmenschlicher Begegnung, festigt sich in üblichen, immer vertrauter werdenden Lebensformen, entfaltet sich in Beruf und Bildung. Der Freie sucht im Einklang mit der Natur zu leben, lehnt sich an Autoritäten an, folgt Leitgedanken des Rechts. Er lernt immer mehr, sich und die Welt zu erkennen und zu verstehen, weiß aber auch, dass bloße Vernünftigkeit seine Freiheit substanziell verengen würde. Diese Quellen der Freiheit sind vielfältig, kulturell bedingt, sprudeln seit Jahrhunderten. Der Freie weiß sie individuell zu nutzen.

Kulturerfahrungen als Freiheitshilfen

1. Die begrenzte Aufnahmefähigkeit des Magens

Die Quellen der Freiheit umgeben uns täglich, sind Grundlagen und Helfer unseres freiheitlichen Tuns. Hinzu treten Speicher der Freiheit, in denen unsere Kultur Maßstäbe, Stilformen und Inspirationen der Freiheit bereithält, deren sich der Freie bedienen mag, die er aber auch im Dunkel des Geschichtlichen, in der Belanglosigkeit einer für ihn unerheblichen Lebenssicht oder Lebensform, in der Bedeutungslosigkeit einer ihn nicht ansprechenden Kultur ruhen lassen kann. Wenn wir fragen, in welchen Speichern wir Freiheit bewahren und erneuern, wiederholt sich im Sprachbild des Speichers der Befund, dass Freiheit existiert, aber stets in der Begegnung mit anderen Menschen entwickelt werden muss.

Adam Smith[1] erzählt in seinen Gedanken zu der »unsichtbaren Hand« von dem Landwirt, der vor seinem Speicher steht und überlegt, dass er die dort gesammelten Getreide, Früchte und Weine im Winter alle mit Genuss verzehren werde. Doch dann verweist ihn die unsichtbare Hand auf die begrenzte Aufnahmefähigkeit seines Magens. Die volle Scheune mache nur Sinn, wenn er die dort aufbewahrten Güter mit anderen Menschen teile. Diese Überlegung führt zum Markt, zum Tauschen, zur Entgeltwirtschaft. Der Gedanke der begrenzten Aufnahmefähigkeit des Magens veranlasst später in der Französischen Revolution die Frage, ob der Inhalt des Speichers nach dem Willen des Eigentümers oder nach dem Bedarf der Hungrigen verteilt werden soll.[2]

Beim Freiheitsspeicher werden nicht, wie beim Warenspeicher, Gegenstände, sondern Ideen und Ideale, Gewohnheiten und Gepflogenheiten, Vorstellungen vom »guten Leben« aufbewahrt, aus denen Freiheit sich erneuert. Auch der Freiheitsspeicher ist auf Gemeinschaft angelegt. Er hat den Vorzug, seine Früchte beliebig oft verteilen zu können, ohne dadurch Substanz zu verlieren. Die Kulturgeschichte bietet uns eine Fülle von Freiheitsimpulsen, die der Freie für sich selbstbestimmt nutzen mag. Einige seien hier skizzenhaft angedeutet. Der Freie wird sich sein eigenes Bild machen.

2. Die heile Welt

Je mehr wir die Welt als widersprüchlich, Staat und Gesellschaft als unentschlossen, den Menschen als fehlerhaft und verletzlich erleben, desto mehr brauchen wir Freiheitsspeicher, Erfahrungen und Vorstellungen von einem gelingenden Leben. Wir sehnen uns nach der »heilen« Welt. Geheilt werden sollen die Wunden von Krieg und Terror, die Verletzungen durch Diktatur und Unterdrückung, die Schmerzen durch Verleumdung und Verachtung, das Leiden durch Armut, Misserfolg, Krankheit und Tod. Das Versprechen, heilen zu wollen und heilen zu können, ist ein Grundmotiv menschlicher Hoffnung. Es inspiriert die Freiheit, ermutigt bei Freiheitsenttäuschung, schafft Vertrauen in den freien Menschen und die freiheitliche Gesellschaft. Die Heilkunst ist ein Speicher der Freiheit, der immer wieder neu gefüllt und erneuert werden muss.

Allerdings wird die Verheißung einer »heilen« Welt in einer unübersichtlicher und anspruchsvoller werdenden Welt auch genutzt, um die Probleme zu vereinfachen, übersichtliche und leicht erreichbare Lösungen vorzutäuschen. Die alte, vertraute Welt wird als »heil« definiert und die Fortdauer dieser Welt versprochen. Die Wirklichkeit wird vergröbert und verkürzt.

Wer in der Gefährdung unseres überforderten Sozialstaates den Menschen weitere Staatsleistungen verheißt, ohne gleichzeitig die zur Finanzierung benötigten Steuererhöhungen zu benennen, betrügt die Betroffenen. Ein Staat, der das Wirtschaftsleben durch Garantie von Berufsfreiheit und Eigentümerfreiheit in privater Hand belässt, muss sich durch Teilhabe am Erfolg privaten Wirschaftens, also durch Steuern, finanzieren. Er kann dem Bürger heute nur das geben, was er gestern dem Bürger steuerlich genommen hat.

Wer um des Umweltschutzes willen Kohlekraftwerke stilllegen will, muss andere Energiequellen benennen, damit das Licht in Deutschland nicht ausgehen wird. Er wird auch erklären müssen, dass unser Staat nicht französischen Atomstrom einkaufen will, der gleiche Atomrisiken wie deutsche Atommeiler verursachen würde.

Unsere Welt ist nur »heil«, wenn wir die Fragen vollständig entwickeln, die Lösungen zu Ende denken, damit das Problem von Finanzkraft und Leistungskraft des Staates, von Umweltschutz und Energieversorgung umfassend darstellen und zu lösen versuchen. Diese Ehrlichkeit und Gediegenheit macht die Probleme nicht leichter, weist sie aber in die Verantwortlichkeit derer, die mit diesen Problemen leben und sie lösen müssen. Diese Gemeinschaftsverantwortlichkeit entspannt, bietet ein Stück realistischer und gelassener Freiheit.

Die Sehnsucht nach der »heilen« Welt folgt einem Grundmotiv des Menschen, benennt aber noch nicht die Krankheiten, die geheilt werden sollen, und auch nicht die Methoden, die Heilung versprechen. Sie lässt insbesondere offen, wie wir uns die geheilte Welt vorstellen sollen. Während in der Medizin das Ziel der Gesundheit in der störungsfreien Normalität des menschlichen Körpers und seiner Seele täglich erlebt wird, wird es für die Gesundheit der freiheitlich gestalteten Welt so viel Vorstellungen geben, als freie Menschen da sind. Dennoch werden wir uns auf ein allgemeines Ziel erhoffter Freiheit und Gemeinschaft verständigen können: das »gute Leben«.

3. Das gute Leben

a. Das Wahre, Schöne, Gute

Das Ziel eines guten Lebens umfasst in seiner Weite alles, was wir gerne erleben, wahrnehmen und erhoffen. Es wurde in der bürgerlichen Gesellschaft des 18. und 19. Jahrhunderts, weil »aller guten Dinge drei sind«, in der Trias »Das Wahre, Schöne, Gute« gefasst und als Anspruch dieser Epoche dokumentiert. Die von den Bürgern für die Bürger 1880 eröffnete Frankfurter Oper trägt über dem Portal den Schriftzug: »Dem Wahren Schoenen Guten«. Gestützt auf antike Ideen, insbesondere von Platon und Aristoteles,[3] widmete die Stadt ihr Theater den Idealen, Vorbildern, Mustern und Maßstäben, die diese Gesellschaft kennzeichnen und eine so definierte Gemeinschaft einen sollen. Wir würden diese Trias heute etwas zurückhaltender, behutsamer formulieren, um nicht an zu hohen Ansprüchen zu zerbrechen. Doch wenn jeder für sich, in seinem Gewissen, einen Maßstab bildet, würde er dem Wahren, dem Schönen, dem Guten gerne begegnen.[4]

Das Wahre meint das Echte, das Wirkliche, das Authentische, das Wesentliche. Über dem Eingang einer Oper erinnert es auch an das Sinnfällige, an Ideale, die in Formensprache und Überhöhung dargestellt werden. Das Schöne meint das Ansprechende eines Gesichtes, einer Gestalt, eines Bildes, eines Gedichtes, aber auch von Handlungen, Erlebnissen und Gedanken. Als Versprechen an den Opernbesucher bezeichnet das Schöne auch das Formvollendete, Ästhetische, Läuternde und Erbauende. Gut nennen wir etwas, das wir als Ziel billigen und mit angemessenen Mitteln erreichen wollen. Ein Werk ist gut gelungen. Eine hilfreiche Tat wird anerkannt. Eine gemeinnützige Wohltat wird gewürdigt. Gut ist auch das Nützliche, das Lebensdienliche, die anerkannte Leistung.

b. Freiheit von »banausischer Arbeit«

Schon die Antike lehrt, dass der Mensch nur in der staatlichen Gemeinschaft zu einem »guten Leben« findet. Der Staat entsteht, um das nackte Leben des Menschen zu schützen, ihm dann aber auch Freiheit in Kultur und Gemeinschaft zu ermöglichen. Der Mensch wird in Familie oder Sippe geboren. Doch diese Gemeinschaften genügen nicht, um den Menschen gegen Feinde zu verteidigen und um sachgerecht – arbeitsteilend – arbeiten und wirtschaften zu können. Deswegen schließen sich die Menschen zu einer Interessengemeinschaft zusammen, zum Staat. Diese Staatsbildung folgt der Bestimmung des Menschen, der von Natur aus ein geselliges Wesen ist.[5] Insbesondere die gemeinsame Sprache drängt den Menschen in eine Gesellschaft, die nicht nur aus tierischem Herdentrieb erwächst, sondern aus dem Bemühen entsteht, sich sprachlich über Nützliches und Schädliches, Gerechtes und Ungerechtes, Gutes und Böses zu verständigen, nach Wahrheit und Werten zu leben.

Dabei bestimmt sich die allgemeine Menschennatur, die Aristoteles vor Augen hat, nach einem idealen Menschen, der tugendhaft nach Werten handelt. Nach damaliger Vorstellung ist dieser Mensch von edler Geburt, verfügt über Reife und Vollendung des Lebens, lebt in Wohlstand und Sorglosigkeit, genießt die Freiheit von jener »banausischen Arbeit«, die Handwerker und Geschäftsleute zu verrichten haben. Er hat eine angesehene Stellung, Kind und Familie, Freunde. Er pflegt Geselligkeit und Kultur.[6] Er unterscheidet zwischen der Begierde – der Lust auf etwas – und dem Glück – der Lust über etwas. Diese Ethik kennt keine jenseitige Vergeltung für unser Leben im Diesseits, sondern rechtfertigt sich durch sich selbst. Die Ethik des Aristoteles ist die des sittlich gebildeten, finanziell unabhängigen und kultivierten Diesseitsmenschen.

Diese Ethik – damals als Eliteanspruch verstanden – will eine konkrete Erfahrungswirklichkeit aufnehmen.[7] Sie scheint uns in Zeiten einer Gleichheit aller Menschen in Freiheit fremd, ist aber als Speicher für einen Idealanspruch an das menschliche Wollen auch für die Gegenwart bedeutsam.

Tugend ist jene Haltung in unserem Wollen, welche die rechte Mitte – eine Kultur des Maßes – sucht und diese Mitte durch die Vernunft bestimmt, so wie sie der Einsichtige zu bestimmen pflegt.[8] Die Vernunft zerfällt in Denken und Wollen. Die ethische Tugend betrifft die Herrschaft der Seele über den Leib, erweckt eine geistige Macht, die vom bloßen Wissen grundsätzlich verschieden ist. Zu diesen sittlichen Tugenden gehören insbesondere Tapferkeit, Selbstbeherrschung, Freigebigkeit, Hochherzigkeit, Seelengröße, aber auch Ehe, Liebe, Sanftmut, Wahrhaftigkeit, Urbanität, Gerechtigkeit und Freundschaft.[9] Tugendhaft wird man durch Streben nach der Tugend. Ein Baumeister wird man durch Bauen und ein guter Baumeister durch gutes Bauen. Ebenso wird ein maßvoller und gerechter Mensch nur, wer sich tatsächlich beherrscht und tatsächlich rechtlich denkt und handelt. Der »freie Wille« ist etwas Höheres als die bloße Willenshandlung. Die Willensfreiheit folgt aus unserem Selbstbewusstsein, aus dem Wissen um das Gewollte. Dabei kann die Vernunft den Willen führen, ist auch für Werturteile offen. Wissen und Wille werden zu grundlegenden Elementen des sittlichen Handelns. Hier liegt die Wurzel für ein Gemeingut moderner Vorstellung von Moral.[10]

Diese Lehre – formuliert aus der Lebenssicht der damaligen Zeit – ist hochmodern: Griechen und Römer konnten in ihrer Zeit die Arbeit von Handwerkern und Geschäftsleuten den Sklaven überlassen. Diese Lebensform liegt uns fern. Doch wenn heute Computer und Roboter die Warenproduktion und schwere körperliche Arbeit übernehmen, Geschäfte weitgehend digital abgewickelt werden, Faktensammlung, Faktenkombination und Faktenverwertung dem Computer überlassen bleibt, Drohnen Transporte und Rettungsaktionen übernehmen, entsteht eine neue Freiheit von menschlicher Arbeit. Die Kernidee der Erwerbsgesellschaft, das Leben erfülle sich im Beruf und finde im Einkommen seinen Wertmaßstab, wird fragwürdig. Die kommenden Jahre lassen die Chance zur Familie, zur menschlichen Zuwendung vom Kind bis zum Alter, zu Kunst und Wissenschaft, zu Sport und Spiel, zu Ehrenamt und Gemeinnutz, zu Gerechtigkeit und Freundschaft stetig wachsen. Vor allem wird die Bereitschaft zum Kind und die Entfaltung des Kindes in elterlicher Verantwortlichkeit neue Grundlagen finden. Auch die Voraussetzungen des Lebens im Staat werden sich weiter wandeln. Es ist bestimmt von gebildeten Menschen, die einen hohen Anspruch an sich selbst haben, gemeinschaftsbewusst und gemeinschaftsverantwortlich handeln. Mit diesen Besten strebt die staatliche Gemeinschaft nach Tugend, handelt nach Vernunft, wertet sittlich. Die rechtfertigenden Gründe für Einkommen werden neu bestimmt. Das »gute Leben« ist Auftrag und, soweit schon verwirklicht, Ausdruck der Freiheit.

c. Schlichtes Leben

In der Moderne unseres politischen, wirtschaftlichen und technischen Lebens sucht der Mensch oft nach Einfachheit des Lebens in Gemeinschaft. Er begrüßt die einsichtigen Regeln für die Sicherheit und Leichtigkeit des Straßenverkehrs. Er erwartet das Angebot der von ihm benötigten Waren an demselben Ort von derselben Firma. Er fordert in unserer arbeitsteiligen Gesellschaft den verlässlichen Handwerker und den bewährten Arzt. Der Polizist soll sichtbar und gegenwartsnah für Sicherheit und Ordnung sorgen. Einfache Lebensbedingungen ermutigen zur freiheitlichen Gestaltung des eigenen Lebens, entfalten individuelle Vielfalt auf gemeinsamer Grundlage, erlauben Eigenheiten auf verlässlicher Ordnung.

Diese Einfachheit schließt Bewegung und Erneuerung nicht aus. Der Fluss soll fließen und ein Boot in die Ferne tragen. Das Flugzeug soll das sonnige Feriendomizil erreichen. Die Zeitungen und das Fernsehen sollen täglich neue Nachrichten ins Haus bringen und erläutern. Vor allem soll die Politik das Leben verändern und verbessern, dabei aber nach Regeln handeln, die der Betroffene kennt und versteht. Wissenschaft und Technik sollen neue Modelle – medizinische Geräte, das Elektromobil, die IT-Technik – entwickeln und deren Handhabung und Wirkungen allgemein verständlich und ersichtlich machen. Der Wunsch nach dem einfachen Leben meint nicht ein Beharren im Herkömmlichen, sondern tägliches, neugieriges Fortschreiten auf Wegen, auf denen der Betroffene Akteur und nicht Objekt ist.

Wer Freiheit in einem schlichten Leben sucht, will in der Natürlichkeit des Menschlichen, in der Vertrautheit der gewohnten Umwelt, in der Leichtigkeit selbstbestimmter Freiheit sein Dasein gestalten. Einfachheit ist damit auch der Gegenbegriff zu einem Leben, das technisch und sozial verfremdet, fremdbestimmt und deswegen unfrei, in eine unverständliche und unvoraussehbare Welt geworfen ist.

Ein schlichtes Leben in der Vergangenheit wird spöttisch als »Biedermeier« bezeichnet. In der Zeit nach der Paulskirchenverfassung 1848/49 blickte man auf die vorrevolutionäre Zeit zurück und stellte das Leben des »Dorfschullehrers Biedermaier« dar, der in einer kleinen Stube, einem engen Garten, einem unattraktiven ländlichen Flecken lebte und dennoch ein bescheidenes irdisches Glück gefunden hatte.[11] Die Zeit des Biedermeier suchte nach schlichten und klaren Formen des Lebens, die für Kaiser und Kleinbürger gleich sind,[12] die auf Schnitzwerk und Vergoldung verzichten, Verschwendung durch sparsame Sachlichkeit ersetzen, im Ideal der Natur und in der Einfachheit der Dinge Schönheit entdecken.[13] Das menschliche Zusammenleben war pragmatisch vernünftig, der Mensch schlicht und persönlich anspruchslos. Man lernte – auch unter dem Einfluss der Kriegszeit – mit dem Vorgefundenen auszukommen, die Gesetze der Natur als symmetrisch, als Ordnung zu verstehen, die Techniken von Handwerk und beginnender Industrialisierung in ihrer Einfachheit zu pflegen.[14]

Das schlichte Leben verzichtet auf alles Übertreibende, Pompöse, Überflüssige. Es kehrt zu den einfachen Formen des alltäglichen Lebens zurück, pflegt die Werte von Aufrichtigkeit, Mitmenschlichkeit, Arbeitsethos und Mäßigkeit.[15] Die Kunst zeigt Natur, Familienleben und örtliche Gemeinschaft, aber auch die Härte des Arbeitslebens. Die »gemeine Realität«[16] erschöpfter und ausgelaugter Menschen gibt Bauern, Handwerkern und Arbeitern Würde und Bedeutung, spiegelt die Natur in ihrer Realität, verzichtet auf gemütvolle Verklärung und romantische Idealisierung.[17] Sie malt schöne Schlichtheit, aber auch das Vulgäre und Unförmige von Bauern, Arbeitern und Bürgerfrauen.[18] Die Vorliebe für die Schlichtheit des Lebens, die natürliche Schönheit der Umwelt kritisiert die Entfremdung der Menschen in der industriellen Gesellschaft, in den Arbeitsbedingungen der Technisierung.[19] Diese Kritik wirkt auch in die Gegenwart. Schlichtheit ist heute nicht Lebensideal, wohl aber ein Speicher für die Kunst des Maßes.

d. Erfassen der ungekünstelten Wirklichkeit

Der freie Mensch sucht vernunftgeprägt und kunstfertig die Einheit von Vernunft und Ethik, die Klarheit des Denkens und Empfindens, die Entwicklung von Werten in Kunst und Leben.[20] Dabei geht es um innere

Bildung, die das Leben nicht affektiert, gekünstelt sieht und gestaltet, sondern aus innerer Überzeugung als vorgefundene Einheit denkt und in diesem Denken den Menschen fast unmerklich formt.[21]

Moderne Kunst und insbesondere ein Formverständnis der Einfachheit (»Bauhaus«) nutzen den Bau nicht mehr als »Träger äußerlicher, toter Schmuckformen«, sondern gliedern alle Baueinheiten nach den Funktionen der Baukörper, der Straßen- und Verkehrsmittel, beschränken sich auf typische Grundformen, ihre Reihung und Wiederholung.[22] Raum, Stoff und Geld sind knapp, fördern den Willen zur Einfachheit. Der Bau ist »aus innerem Gesetz zu gestalten ohne Lügen und Verspieltheiten«. Er stößt alles »Entbehrliche ab, das die absolute Gestalt des Baus verschleiert«. Geräte, Möbel und Häuser werden in den Grenzen der Mechanik, Statik, Optik und Akustik gebunden, folgen den Gesetzen der Proportion.[23] Diese »human geprägte« Architektur »will der zeitgemäßen Entwicklung der Behausung dienen, vom einfachen Hausgerät bis zum fertigen Wohnhaus«.[24] Die Struktur des Gebäudes ist programmatisch zu verstehen: Die Vielansichtigkeit ist demokratisch gemeint. Das Gläserne schafft Transparenz. Der Bau verzichtet auf hierarchische Symmetrie und repräsentative Elemente. Die sachlichen Objekte dienen stets einem ersichtlichen Zweck.[25] Die Studenten waren »Lehrlinge«, die bei Künstlern – Meistern der Form – und bei Meistern des Handwerks zu studieren hatten.[26]

Die abstrakte Kunst lässt die gegenständliche Welt hinter sich, um so die eigentliche Wirklichkeit zu erkennen und zu erfassen. Dabei beruft sie sich ausdrücklich auf die mystische Tradition Meister Eckharts.[27] Der Geist soll »hinausschreiten über die Dinge und alle Dinglichkeit, ... dann wird ihm aufgehen die volle Wirklichkeit«.[28] Der Mensch lebt genügsam, befreit sich von unsinnigen Bedürfnissen.[29] Einfaches Leben meint die Freiheit, sich auf das Wesentliche für das eigene Leben zu besinnen[30] und sich das für ein menschenwürdiges Leben Notwendige zu sichern: Nahrung, ein Dach über dem Kopf, ein Bett, menschliche Gemeinschaft, Liebe.[31] Der Mensch lebt im Einklang mit sich selbst, sucht und findet ungezwungen und unbekümmert das rechte Maß,[32] genießt sein Leben in diesem Maß. Dieser Mensch verzichtet nicht unter innerem oder äußerem Zwang, unterwirft sich nicht Regeln, sondern versteht sich und sein Leben.[33] In einem übersättigten Leben gewinnt er Unabhängigkeit, vielleicht Glück, wenn er das Streben nach materiellem Besitz distanziert bewertet.[34] Ist die Zeit rar, der Raum eng, die Ruhe gestört, sucht er sich einen Weg zu Muße, gedanklicher Weite, ruhiger Einkehr, Distanz zum Rauschen des Verkehrs, der Medien, der Werbung.[35] Er pflegt die Begegnung mit den Menschen, spricht einfach,[36] ist aber auch fähig, allein zu sein. Er sucht die Verbindung mit der Natur, will sie täglich sehen, hören, riechen, schmecken, spüren. Er geht mit langem Atem und rechter Zeit mit seiner Lebenszeit um, hofft mit Humor. Er weiß, dass es nicht einfach ist, genügsam und damit glücklich zu sein. In diesem Wissen lebt er in gelassener Freiheit.[37]

e. Aufmerksamkeit für das Sinnhafte, das Wesentliche

Die neuere Literatur nimmt den Gedanken des einfachen Lebens sehr wörtlich. Sie stellt das Leben von Menschen dar, die das Sinnhafte und Wesentliche suchen, das Zufriedenheit und Lebenserfüllung verheißt, sich von der Vielfalt und Buntheit des Lebens nicht ablenken lässt. Der Asket beginnt ein weltliches Leben und wird ein erfolgreicher Kaufmann, fällt so aus seinem von Einfachheit geprägten Leben heraus, erfährt aber als einfacher Gehilfe eines Fährmanns die Erleuchtung durch ein schlichtes, naturverbundenes Leben.[38] Ein asketischer Mönch, Liebling der Gelehrten, ist befreundet mit einem lebenslustigen Träumer, der die Wanderschaft dem klösterlichen Leben vorzieht, Kunst, Natur und Rastlosigkeit erlebt, aber auch Liebe und Tod, Pest und Krieg, Not und Einsamkeit erfährt. Als er in den Armen seines Freundes stirbt, scheint er seinen Frieden gefunden zu haben.[39] Ein Fischer sitzt nach einem guten Fang am Hafen und sucht zu entspannen. Ein Tourist rät ihm, er solle noch zwei-, drei- oder gar viermal hinausfahren und dann mit dem großen Fang ein kleines Unternehmen aufbauen, später ein größeres Unternehmen gründen und schließlich das Ausland mit seinem Fisch beliefern. Der Fischer erwidert, er könne doch jetzt schon mit dem einen Fang am Hafen sitzen und sich entspannen. Daraufhin geht der Tourist nachdenklich und ein wenig neidisch fort.[40]

Diese Figuren aus der Literatur bemühen sich um ein gutes Leben, finden dieses in der Einfachheit eines naturnahen Daseins, das mehr dem Denken und Empfinden als dem Erwerb gewidmet ist. Ihr einfaches Leben distanziert sich von der Aufgeregtheit und Buntheit unserer Arbeitswelt und der Vergnügungsindustrie, fragt nach dem Wesentlichen, vernachlässigt

Verschiedenheiten und entspricht damit dem Einfachheitsideal der klassischen Philosophie.[41] Literatur, nachdenklich gelesen und schlicht nachgedacht, bleibt ein in jedem Herbst neu gefüllter Speicher der Freiheit.

f. Die moderne Verheißung der Einfachheit: der PC

In der Geschichte von Fischer und Tourist wird der Fischer, der am Hafen sitzt und nach dem guten Fang ein wenig schläft, durch das Klicken des Fotoapparates des Touristen geweckt. »Blauer Himmel, grüne See mit friedlichen, schneeweißen Wellenkämmen, schwarzes Boot, rote Fischermütze. Klick. Noch einmal: Klick, und da aller guten Dinge drei sind, und sicher sicher ist, ein drittes Mal: Klick. Das spröde, fast feindselige Geräusch weckt den dösenden Fischer.« Der Tourist bietet ihm eine Zigarette an, »und ein viertes Klick, das des Feuerzeuges, schließt die eilfertige Höflichkeit ab«.[42]

Die Klicks unterbrechen eine Idylle, lassen »eine gereizte Verlegenheit« entstehen. Die modernen Klicks am PC verheißen, Probleme durch einen schlichten Tastendruck zu lösen. Wer Fragen hat, erhält durch einen Klick die Antwort. Wer eine Ware braucht, bestellt sie im Internet und erhält sie morgen mit Rückgaberecht geliefert. Wer einen Weg oder ein Ziel sucht, dem bietet der Navigator eine anschauliche Karte mit Entfernungen, Sehenswürdigkeiten, Tank- und Essstationen. Wahlentscheidung und Partnersuche finden im Internet »Angebote«. Vielleicht träumt jemand von dem Knopf, mit dem er seine Probleme wegklicken kann.

Doch diese technische Einfachheit ist trügerisch. Sie vereinfacht das Leben, ersetzt aber eigenes Wissen durch fremdes Wissen, verlagert auch Entscheidungen auf die Menschen, die im Internet Fragen beantworten und Nachfragen befriedigen. Diese Vereinfachung ist eine moderne Form der Arbeitsteilung, schafft aber neue Abhängigkeiten. Das Internet wird anonym genutzt. Der technische Beobachter bleibt unsichtbar. Die Weitergabe der Daten folgt einem undurchsichtigen Geschäftsmodell.

Eine Aufgabenteilung vereinfacht das Leben des Einzelnen nur, wenn er sie versteht und ihr vertraut. Eine solche Arbeitsteilung ist Bedingung eines in individueller Freiheit beherrschbaren Lebens. Der Lebensmittelhändler versorgt uns mit Nahrung. Der Busfahrer bringt uns verlässlich ans Ziel.

Die Auskunft der Bank ist richtig. Einfachheit baut auf vertraute Maßstäbe, nachvollziehbare und kontrollierbare Geschehensabläufe, einen Elementarkonsens in Zielen und Methoden, auf gewachsenes Vertrauen. Wer eine Aufgabe einem anderen vertrauensvoll überlässt, macht sein Leben einfacher. Muss er misstrauen, der andere erfülle die Aufgabe nicht oder fehlerhaft, könne Menschen gefährden oder Güter zerstören, wächst ihm die Aufgabe der Kontrolle, der Gegenwehr und Vorbeugung zu. Das Leben wird komplizierter. Verstehen und Vertrauen schaffen Einfachheit. Missverstehen führt zu Hemmschwellen und Hindernissen. Misstrauen lenkt auf Umwege und in Notausgänge. Argwohn drängt in Warteräume und Sicherheitsbunker.

Wie sehr die Digitalisierung Einfachheit schafft, aber auch Vertrauen zerstört, zeigt die elektronische Steuererklärung. Der erklärende Steuerpflichtige wendet sich nicht mehr an einen Beamten, der ihn und seinen Betrieb kennt. Er trifft auf ein technisches Kontrollsystem, das im »Risikomanagement« den atypischen Fall aussondert und dann voreingenommen unter Generalverdacht stellt. Wer ein neues Produkt erfunden, ein neues Vertriebssystem entwickelt, einen bisher unbekannten Markt erschlossen hat, gilt in diesem System der technischen Anonymität als fragwürdig und verdächtig. Der Steuerfall wird weniger nach Gesetz und mehr nach den von den Technikexperten mit der Verwaltung ausgehandelten Computerprogrammen beurteilt. Der Computervorbehalt fordert eine technikgerechte Wirtschafts- und Erklärungsweise. Die persönliche Steuererklärung mit der Versicherung, alles »nach bestem Wissen und Gewissen« erklärt zu haben, erscheint als Relikt einer fernen Vergangenheit.

Aus der Stichprobenprüfung machen die Rechner eine systematische Vollprüfung. Wirtschaftsberater und Finanzprüfer wissen bald mehr von den Schwächen und Holprigkeiten eines Unternehmens als der Unternehmer selbst. Datenschutz wird zugesichert, kann aber in praktisch verfügbarem Erfahrungswissen kaum praktiziert werden. Wenn ein Wirtschaftsprüfer heute mit zehn jungen Mitarbeitern einen Betrieb prüft, in der nächsten Woche von einem anderen Betrieb der gleichen Branche umfassende Kenntnis erlangt, er dank seiner fachlichen Spezialisierung bald alle branchenerheblichen Betriebe geprüft hat, so verfügt er über ein wettbewerbserhebliches Daten- und Vergleichswissen, das thematisch begrenzt und rechtlich gebunden werden muss. Deswegen sind die Prüfaufträge einzugrenzen, der Kreis der Prüfer und technischen Mitwisser klar zu umgrenzen, das

Berufsgeheimnis neu zu bekräftigen. Die vor einigen Jahren eingeführte Trennung von Berater und Prüfer ist zu überdenken.

Die computertechnische Steuerermittlung und Steuererhebung stellt den Gesetzgeber auch vor die Aufgabe, das Steuerrecht für den jeweiligen Adressaten verständlich und berechenbar zu regeln. Er darf nicht der Versuchung folgen, alles computertechnisch Darstellbare auch als rechtlich mögliche Regelung zuzulassen. Die Fünffach- und Fünftelregeln für periodenübergreifende Gewinne,[43] die Prozent- und Promilleformeln für die Absetzbarkeit für Fahrten im eigenen Pkw[44] und die Formeln für einen progressiven Steuersatz[45] sind warnende Beispiele, wie der Gesetzgeber Unverständliches regelt und dennoch eine verständige Befolgung seiner Regeln erwartet. Der freie Bürger wird einem Gesetz, das ihn nicht anspricht, mit Unverständnis begegnen.

g. Nur das einfache ist gerechtes Recht: das Steuerrecht

Die Erwartung, durch Verstehen und Vertrauen zu vereinfachen, richtet sich insbesondere an den Gesetzgeber. Vielfach wird gesagt, das Leben werde immer komplizierter, deswegen müsse das Recht auch kompliziert sein. Das Gegenteil ist richtig: Weil das Leben in seiner weltweiten Vernetzung, in der Dichte unseres Zusammenlebens, in den Ansprüchen von Wissenschaft und Technik, auch in der ständigen Vergewisserung über unsere Werte und Ziele immer schwieriger wird, muss das Recht einfacher werden.

Das Recht darf Probleme nicht mehren. Es soll sie lösen. Das ist möglich. Verschiedene Universitäten haben einfache Kodifikationen bestimmter Rechtsbereiche – des Arbeitsrechts, des Umweltrechts und des Steuerrechts[46] – vorgelegt, die Ausgangspunkt einer beherzten Rechtserneuerung sein könnten.

Der Freie kommt am häufigsten mit den gesetzlichen Grenzen seiner Freiheit in Konflikt, wenn der Staat an seinem Einkommen oder dem im Erbfall an die nächste Generation weitergegebenen Familiengut steuerlich teilhaben will. In dieser Bewährungsprobe eines freiheitlichen Rechtsstaates muss das Gesetz überzeugen, in seiner Sprache und seinem Anliegen einsichtig sein, das Maß und Gleichmaß der Belastung rechtfertigen können. Das Steuerrecht hat den Auftrag, den Staat am individuellen Erfolg von

Einkommen, Tausch und Erbschaft teilhaben zu lassen. Dieses Anliegen ist so einsichtig und einfach, dass es in verständlichen und übersichtlichen Gesetzesvorschriften geregelt werden könnte. Doch jedermann erlebt die Kompliziertheit der geltenden Steuergesetze. Diese Gesetze sind heute so unübersichtlich und unverständlich, dass selbst der Lohnsteuerpflichtige auch mit Hilfe des Computerprogramms »Elster« (Elektronische Steuererklärung) die ihm abverlangten Erklärungen nicht sachgerecht abgeben kann. Wer gegenwärtig sein Testament machen will, kann dem neuen Erbschaftsteuergesetz nicht verlässlich die Maßstäbe entnehmen, die er für die steuerliche Teilhabe des Staates an der Erbmasse in Rechnung stellen muss. Er ist nicht einmal gewiss, ob das Erbschaftsteuerrecht verfassungsgemäß und damit gültig ist. Das Umsatzsteuerrecht ist heute so formal, dass der Unternehmer eigene Spezialisten braucht, um Rechnungen so zu formulieren, dass sie zum Abzug der vom Unternehmer gezahlten Vorsteuer berechtigen.

Einfachheit ist möglich. Sie beginnt damit, dass der Staat die Idee seiner Finanzierung erklärt. Solange der römische Staat sich aus einer Kriegsanleihe finanzierte,[47] war die Finanzierung des Staates auf Eroberungskriege und Kriegsbeute angelegt. Musste der mittelalterliche Kaiser den Finanzbedarf des Gemeinwesens aus dem Ertrag seiner Domänen bestreiten,[48] konnte nur ein Großgrundbesitzer zum Kaiser gewählt werden und die Staatsgeschäfte übernehmen. Gewann der Herrscher im Rahmen von Lehensverhältnissen[49] unmittelbar Bestimmungsgewalt über seine Untertanen, deckte er seinen Bedarf im Wesentlichen durch Arbeitszwang. Garantiert der Staat die Freiheit des Eigentums und des Berufs, belässt er also die Produktionsfaktoren Kapital und Arbeit in privater Hand, ist dem Staat ein unmittelbarer Zugriff auf seine Bürger und deren Eigentum verwehrt. Doch der Staat kann sich auch nicht mehr aus eigenen Erträgen – Monopolen oder sonstigen Hoheitsrechten[50] – finanzieren, muss seinen Finanzbedarf deshalb durch Teilhabe am Erfolg privaten Wirtschaftens decken. Die Steuer wird zum Preis der Freiheit.[51] Doch der Staat, der vor allem Sicherheit gewährt, hat zunächst die Personen und die Güter belastet, die er geschützt hat. Die Folge war eine Kopfsteuer[52] und eine Besteuerung des Vermögens, des Gewerbebetriebes und des Grundstücks. Schließlich bietet die Rechtsgemeinschaft dem Einzelnen vor allem Erwerbs- und Tauschmöglichkeiten. Dann wird die Freiheit zum Erwerb und zum Konsum zur Grundlage der Besteuerung.[53] Besteuert werden Einkommen und Umsatz.

Heute schützt der Staat den Menschen in seiner Individualität und stärkt das Wirtschaftssystem im Dienst allgemeiner Prosperität. Deshalb bemisst dieser Staat die Steuer auch individuell differenzierend nach der jeweiligen finanziellen Leistungsfähigkeit seiner Einwohner. Die Einkommensteuer erfasst die Steuerpflichtigen in ihrer freiheitlich veranlassten Verschiedenheit.[54] Die Umsatzsteuer hingegen belastet jeden Nachfrager in der Allgemeinheit der anonymen Marktnachfrage. Das heutige Steuerrecht stützt sich im Wesentlichen auf eine Einkommensteuer, eine Umsatzsteuer und eine Erbschaftsteuer.[55]

Das Einkommensteuerrecht besteuert den jährlichen Zuwachs an finanzieller Leistungsfähigkeit, den der Steuerpflichtige durch Nutzung seiner Erwerbsgrundlage unter den Wirtschaftsbedingungen in Deutschland aus seinem Gewerbebetrieb, seiner freiberuflichen Praxis, seinem Arbeitsplatz erzielt hat. Wer die Vorteile der Infrastruktur in Deutschland erfolgreich nutzt, soll auch zur Finanzierung dieses Systems beitragen. Es ist ein Vorteil, dass der Steuerpflichtige seinen Betrieb und sein Wohnhaus in ein Friedensgebiet stellen kann, nicht im Kriegsgebiet wirtschaften muss. Er kann sein Erwerbshandeln auf die hier geltende Vertragsfreiheit stützen und eine unbefangene Gerichtsbarkeit in Anspruch nehmen. Er kann gut ausgebildete Arbeitskräfte in seinem Betrieb einsetzen, seine Geschäfte mit Kunden machen, die mit Kredit und Internet umgehen können. Seine Erwerbseinnahmen beruhen auf seiner Leistung, werden aber von der Rechtsgemeinschaft ermöglicht. Deshalb muss er sein Einkommen versteuern. Das weiß er vor Beginn der Erwerbstätigkeit und lässt sich auf dieses System – den Preis seiner Erwerbsfreiheit – ein. Dieses einsichtige Belastungsprinzip könnte einfach geregelt werden, wenn die Körperschaften in die Einkommensteuer einbezogen, die sieben Einkunftsarten durch nur noch eine ersetzt würden, alle Ausnahmen und Privilegien entfallen, das Einkommen dann – nach einem Freibetrag von 10.000 € und einer angemessenen Entlastung der Anfangseinkommen – einheitlich und unausweichlich mit einem Steuersatz von 25 % belastet wird. So bildet sich Rechtsbewusstsein: Ein Viertel für den Staat, drei Viertel für den Steuerpflichtigen. Die Einzelheiten eines solchen Einkommensteuergesetzes könnten in 31 kurzen, klaren Paragrafen vereinfacht und von allen Privilegien, Lenkungstatbeständen und Widersprüchen entlastet werden.[56]

Die Umsatzsteuer[57] erfasst Leistungen, die ein Unternehmer im Inland an Verbraucher gegen Entgelt erbringt. Es ist ein von der

Rechtsgemeinschaft ermöglichter Vorteil, dass jeder Konsument in vollen Kaufhäusern oder auch im Internet das kaufen kann, was ihm beliebt. Wir kennen aus der Geschichte des geteilten Deutschlands auch das System des Sozialismus, in dem der Bürger nur kaufen konnte, wenn er Geld, Beziehungen und Geduld besaß. In einer Marktwirtschaft ist die Konsumfreiheit real. Der Bürger bekommt sein Traumauto unverzüglich vor die Tür gestellt, sofern er den Kaufpreis bezahlt. Für diesen Umsatz muss er eine Steuer zahlen. Die Steuer in Höhe von 19 % folgt dem vereinbarten Preis. Die Steuerlast trägt der Konsument. Der Unternehmer zieht die Steuer mit der Rechnung von seinem Vertragspartner für den Staat ein. Leistungen von einem Unternehmer an den anderen erreichen noch nicht den Konsumenten, werden deshalb entlastet. Es wäre eine grundlegende Vereinfachung, diese Leistungen nicht erst umsatzsteuerlich zu belasten und dann durch die Vorsteuer wieder zu entlasten, sondern von vornherein nicht zu besteuern. Mehr als drei Viertel der Umsatzsteuerfälle dürften dadurch entfallen.

Die Erbschaftsteuer[58] erfasst die Bereicherung, die ein Erbe aufgrund eines Todesfalls oder der Beschenkte aufgrund eines Schenkungsvertrages erfährt. Viele andere Industrieländer verschonen die Erbfolge in derselben Generation. Mann und Frau haben das Ehegattenvermögen gemeinsam erwirtschaftet, zumindest gemeinsam gepflegt und erhalten, sind an den ihnen vertrauten Vermögensstandard gewöhnt. Deshalb sollte ein neues Gesetz beim Tod eines Ehegatten das dem Überlebenden angefallene Vermögen nicht besteuern. Die Erbschaftsteuer belastet die Weitergabe des Vermögens in der Generationenfolge, nicht den Bestand des Ehegattenvermögens. Die Erbfolge von Eltern zu Kindern wird weiterhin durch einen Freibetrag von 400.000 Euro entlastet. Alle Regelungen von Steuerklassen, Ausnahmen und Privilegien könnten entfallen. Auf dieser Grundlage genügt ein Einheitssteuersatz von 10 %, um ein höheres Steueraufkommen als derzeit zu erzielen. Erbt der Erbe ein Vermögen, aber keine Liquidität, mit der er die Steuer bezahlen könnte, so wird ihm die Steuer zu zehn Jahresraten mit je 1 % Steuersatz zinslos gestundet. Diese Steuer zerstört keinen Betrieb. Eine solche Erbschaftsteuer könnte in 27 knappen, allgemeinverständlichen Paragrafen geregelt werden.[59]

Die Vereinfachung setzt eine Reform voraus, die das Steuerrecht auf den rechtfertigenden Grund der Belastung zurücknimmt, Begünstigungs- und

Privilegientatbestände aufhebt, steuerentlastende Ausweichmöglichkeiten unterbindet. Die Wahl der Gesellschaftsform, die Fremd- oder Eigenfinanzierung, die bilanztechnische Zuordnung eines Wirtschaftsgutes zum Betriebs- oder Privatvermögen darf die Gleichheit der Steuerbelastung nicht verändern. Deshalb beanstandet das Bundesverfassungsgericht gesetzlich gewährte Optionsmöglichkeiten als gleichheitswidrig.[60] Der Bundesgerichtshof beginnt, die Rechtsfolgen eines Vertrags auf die Vertragspartner zu beschränken und Dritte – den Fiskus – von diesen Folgen fernzuhalten. Wenn eine Unterhaltsvereinbarung nach Scheidung so gestaltet wird, dass einer der Vertragspartner bedürftig und damit sozialhilfeberechtigt wird, so ist diese allein den Sozialstaat belastende Vereinbarung unwirksam.[61] Vereinbart ein Bauherr mit einem Handwerker Schwarzarbeit, um die mit dem Leistungstausch verbundenen Steuer- und Sozialabgaben zu vermeiden, ist auch diese Absprache unwirksam.[62] Der Europäische Gerichtshof[63] beurteilt die Begründung von Firmensitzen bar jeder Realität in »Steueroasen« als unverbindlich.

Das Anliegen der Steuer, den Staat am individuellen Erfolg von Einkommen, Erbschaft und zum Tausch eingesetzter Kaufkraft teilhaben zu lassen, ist so einsichtig, dass es in sehr einfachen Gesetzesvorschriften geregelt werden könnte: Der Staat bietet dem Steuerpflichtigen ein Gesetz, das er verstehen kann, dessen Belastungsgrund einleuchtet, das ihm Rechts- und Planungssicherheit gibt. Die Anwendung dieses Gesetzes ist leicht und kostensparend. Der Steuerbeamte kann dem Pflichtigen überzeugend erklären, warum er so viel und sein Nachbar so wenig Steuern zahlen muss. Es entwickelt sich ein allgemeines Rechtsbewusstsein, dass dem Staat – also uns, der Allgemeinheit der Staatsbürger – das zu geben ist, was dem Staat gehört, die Steuerlasten so maßvoll und ausgewogen sind, dass sie den Staat zu den Leistungen befähigen, die wir von ihm erwarten. Aus dem Volkssport der Steuervermeidung, aus der Risikobereitschaft mancher Steuerpflichtigen zur Steuerumgehung oder gar zur Steuerhinterziehung wird eine gelassene Sicherheit im Recht. Das einfache und verständliche Gesetz gibt Freiheit.

4. Sich von der Welt ansprechen lassen

a. Vollkommenheit, Harmonie, Glanz

Der Mensch will in einer Welt leben, die seine Sinne und seinen Geist anspricht, in ihrer Form Maß und Symmetrie wahrt. Gelegentlich träumt er vom Vollkommenen, sucht ein Ideal, das in seinen Gesetzmäßigkeiten eine gute Ordnung offenbart.[64] Dieses Ideal der Schönheit ist schon in der Antike bestimmt durch den Blick des Beobachters. Das Maß wird in der Begegnung von Objekt und Betrachter erlebt. Die bildende Kunst findet die Vollkommenheit in Apollo.[65] Die Philosophie denkt an Maß und Symmetrie,[66] entwickelt die Schönheit als Harmonie, Proportion und Maß.[67] Sie pflegt auch das Einfache, das Geordnete, das Regelmäßige.[68] Die Schönheit können wir sehen, nicht nur, wie die Gerechtigkeit, verstehen. Sie glänzt.[69] Die Moral verbindet Schönheit mit Tugend. Schön ist der gute Mensch. Seine Schönheit wird ersichtlich, weil er Gutes tut.[70]

Die Schönheit des Körpers entdeckt der Betrachter dort, wo er Schönheit sucht. Aus dem griechischen Apoll wird die römische Venus. Im Mittelalter wird aus der äußeren Schönheit die innere Schönheit, »was dem gefällt, der sie erblickt«, das, was den Geist des Betrachters in Freude versetzt und ihn zur Liebe veranlasst.[71] In der Renaissance ist das Schöne ein göttlicher Lichtstrahl in der irdischen Welt. Der Allerhöchste scheint in der Welt und im Menschen wider. Die Gottesmutter wird in ihrer Vollkommenheit und Würde dargestellt.[72]

b. Schimmer des Ungreifbaren und des Erhabenen

Schönheit und Vollkommenheit meinen nicht bloß ästhetisches Wohlgefallen, sondern weisen auch darauf hin, dass etwas Ansprechendes sich zeigt, gesehen werden kann. Ein Bild macht das Unsichtbare sichtbar, das Abwesende gegenwärtig, das Verborgene greifbar. Schönheit bleibt immer geheimnisvoll, ist die Sichtbarkeit dessen, was sonst, ohne Bild, nicht gesehen werden könnte.

Form und Farbe, Schmuck und Zierrat erleben wir mit dem Auge. Aphrodite wurde von einer »schönen« Mutter geboren. Hephaistos versuchte mit seiner Kunstfertigkeit das »schön gestaltete Weib Pandora zu schaffen«. Doch dann schließt das sichtbar Schöne auch das Harmonische ein, verbindet das Schöne mit dem Guten: Wer schön ist, sagt Sappho, ist es nur für das Auge. Wer aber gut ist, wirkt auch Schönes.[73] Das gleichseitige Dreieck ist schöner als das ungleichseitige. Noch schöner ist das Quadrat. Am schönsten aber ist der Kreis in seiner ununterbrochenen Unendlichkeit.[74] Das Mittelalter beobachtet die Welt in ihrer Doppeldeutigkeit. Alles ist irgendwie Ausdruck des Willen Gottes, damit symbolisch, aber auch real, wird vom Menschen als tatsächliche Bedingung seines Lebens erlebt.[75] Religion spricht in Gleichnissen und sucht symbolische Bilder. Weiß ist die Farbe der Reinheit. Das Lamm steht für Christus, die Taube für Frieden, der Palmzweig für die Rettung.[76]

Neben die Erfahrung des unerreichbar Schönen tritt die Erfahrung des Erhabenen, einer Macht, die weit über unsere Erfahrungskraft hinausgeht. Sie gibt Anlass, uns mehr vorzustellen als das, was man sieht. Wir blicken in den bestirnten Himmel und stellen uns das Universum vor. Unsere Vernunft treibt uns, »die Ideen von Gott, der Welt oder der Freiheit zu entwickeln, welche unser Verstand nicht beweisen kann«.[77] Kant sieht den Sturm, gleichsam drohende Felsen, am Himmel sich auftürmende Donnerwolken, mit Blitzen und Krachen einherziehend, Vulkane in ihrer zerstörenden Gewalt, Orkane und ihre Kraft der Verwüstung, den grenzenlosen Ozean. Er erlebt den furchtbaren, erhabenen Anblick aus der Sicherheit des Nichtbetroffenen, beobachtet, empfindet dadurch demütig ein Gefühl des Unbehagens. Doch er fühlt sich auch ermutigt, sich mit der scheinbaren Allgewalt der Natur messen zu können.[78] Schiller[79] sieht in der Fähigkeit, das Erhabene zu empfinden, »eine der herrlichsten Anlagen in der Menschennatur«. Das Erhabene müsse zu dem Schönen hinzukommen, um »die Empfindungsfähigkeit des menschlichen Herzens nach dem ganzen Umfang unserer Bestimmung, also auch über die Sinnenwelt hinaus, zu erweitern«.

Schiller empfindet das Gefühl des Schönen als Ausdruck der Freiheit. Das Gefühl des Erhabenen aber gibt ihm eine Kraft, die ihn über die Macht der Natur erhebt und von allem körperlichen Einfluss entbindet. Die Schönheit hält die sinnlichen Triebe mit dem Gesetz der Vernunft in Einklang. Beim Erhabenen haben die sinnlichen Triebe auf die Gesetzgebung der Vernunft keinen Einfluss. Der Geist handelt hier, als ob er unter keinen anderen als seinen eigenen Gesetzen stünde.[80]

Das Schöne ist das dem Menschen Gefällige, gibt ihm kaum Impulse zum Handeln. Das Erhabene hingegen droht über ihm hereinzubrechen, fordert ihn zum Duell, verlangt vom Künstler, dass er mit seiner Vorstellungskraft, seiner Sprache und seinen Bildern über das Faktische hinausgreift und Freiheitsvorstellungen von außerordentlicher Intensität hervorbringt.[81] Das Erhabene erwartet besonders beherzte Freiheit.

Erhaben ist, was den Betrachter staunen lässt, ihn erschüttert. Schön ist, was gefällt. Die moderne Welt des Konsums und der Werbung, der alltägliche Tabubruch, die Verführbarkeit des Konsumenten bieten das Bild eines Menschen, der anpassungsbereit ist und gegen Fremdsteuerung kaum Widerstand leistet. Die Werbe- und Unterhaltungsindustrie räumt dem Konsum alle intellektuellen Widerhaken und Gegenläufigkeiten aus dem Weg. Das Schöne wird klein und flüchtig, glatt und eben.[82] Das Geheimnisvolle, das Verzaubernde, der Mythos erlischt. In der Flut von Reiz und Erregung verschwindet die Schönheit des Verhüllten. Die Werbung nutzt eine Unbeständigkeit des Nachfragers, die Flüchtigkeit der Mode, die Wahllosigkeit des Spontanwunsches. In Zeiten der Vernetzung, Globalisierung und der digitalen Ordnung ist die gesichts- und profillose Nachfragebereitschaft das erwünschte Modell.[83] Werbung, Unterhaltung und Massenkonsum bringen Gegenstände des flüchtigen Gefallens hervor, blenden nicht selten das Gute und Gerechte aus, glätten die eckigen und kantigen Menschen zu nachfragebereiten Figuren. Das Schöne wird zu einer unerheblichen Zugabe, ist entbehrlicher Luxus. Doch wenn das Notwendige nur die Not wendet, entfaltet sich noch nicht etwas Schönes. Schönheit muss als widerstandsfähige Eigenständigkeit zurückgewonnen, als Mut zur Freiheit dem einzelnen Betrachter zurückgegeben werden.

c. Schönheitsideale im Wandel der Zeit

Die Schönheitsideale wandeln sich mit der Zeit. Die äußere Form ist Ausdruck geistigen Strebens. Der Griechenkult der Goethezeit strebt nach Vollkommenheit und Übereinstimmung von Form und Inhalt. Den Unruhen und Ängsten der Französischen Revolution stellt sich das Programm der ästhetischen Erziehung entgegen, die mit Kunst und Literatur zur Humanität führen und den Menschen auf Veränderung vorbereiten will. Für Johann

Joachim Winckelmann ist die vollkommene Abbildung – der »Apollo« von Belvedere – das »höchste Ideal der Kunst«, »über die Menschheit erhaben«, um den Geist mit Schönheiten zu erfüllen, die sich über die Natur erheben«.[84] Die Romantik lässt im Anschluss an Georg Wilhelm Friedrich Hegel[85] das aus dem Geist geborene »Kunstschöne« über das Naturschöne siegen,[86] damit der Mensch nicht seinen Sorgen und dem Alterungsprozess unterworfen werde.[87] Schönheit spiegelt sich nun in einer Idee – dem Ideal, dem Kunstwerk. Die Romantik sehnt sich nach der »Heilung der Welt«, sucht Gegensätze harmonisch zusammenzuführen.[88] Im späten 19. Jahrhundert wird die Ästhetik als Provokation gegen eine bürgerliche Gesellschaft eingesetzt. »Ein bezauberndes und schönes Haupt« lässt »gleichzeitig von Wollust und Trauer träumen«, erlaubt »Vorstellung von Melancholie, Mattigkeit, selbst von Übersättigung«.[89]

Die Kunst der Gegenwart will gelegentlich eine satt und träge gewordene Gesellschaft provozieren. Sie lässt den Übersättigten hungern, versetzt den Übersicherten in Angst und Schrecken, sprengt dem Gelassenen den Boden, der seine Welt trägt. Der idealistische Aufbruch, der diesen Schrecken überwindet, das Dunkle erhellt, bleibt aus. Das Bild endet im Hässlichen. Das Wort schweigt, wenn es Hass und Häme ausgesprochen hat. Diese Kunst will nicht erbauen und beschenken, die Welt nicht reicher und schöner machen, schon gar nicht ermutigen und idealisieren. Sie widmet sich der Realität auch des Schlechten, des Bösen und Hässlichen. Sie arbeitet an Themen und Formen, um mit Schrecklichem zu ängstigen, mit Grauenhaftem zu bedrohen, mit Ekel zu vertreiben, durch Entwürdigung zu kränken, mit Hass zu verfemen und auszugrenzen.[90] Doch diese Kunst verstärkt den Auftrag, sich vom Grauenhaften ab und dem Menschen und der Welt in ihrer Schönheit zuzuwenden. Wie das Recht täglich dem Schlechten und Bösen begegnet, die Welt aber zum Guten verbessern will, so könnte die Kunst in Bewusstsein und Darstellung des Hässlichen und Grauenhaften den Schleier zum Schönen ein wenig lüften. Das Durchscheinen des Schönen kann in alltäglicher Erfahrung sichtbar werden. Das Streben nach dem Besseren ist als Charakter des Menschen zu verteidigen.

Heute prägen bestimmte Schönheitsideale – Jugendlichkeit, Dynamik, Athletik und Fitness – die öffentliche Meinung. Medizin und Biotechnologie widmen sich Methoden, um das Altern zu bekämpfen. Die Suche nach dem »Jungbrunnen« ist intensiv. Insbesondere die plastische Chirurgie gibt vielen Patienten, die geburts- oder unfallbedingt entstellt sind, neues Selbstvertrauen, gesellschaftliche Sicherheit, Bereitschaft zu Aufbruch und Initiative,[91] behandelt aber nicht selten auch Personen, die einen verstellten Blick auf sich selbst haben.

Der Freie kennt Krieg und Frieden, Hässliches und Schönes, Angst und Hoffnung, Grauen und Rettung. Er wahrt Distanz zu diesem Wechselspiel, tritt aber auf die Seite des Schönen. Er lässt sich von diesem Ziel auch leiten, wenn er über das Böse und Hässliche zu stolpern droht. Gelassenheit ist der Wille zur Schönheit, Freiheit der beherzte Schritt zu schönen Begegnungen.

d. Schein und Sein

Die Vorstellungen der Menschen vom Schönen und Guten und ihre Fähigkeit zu idealisieren sind ein Speicher, dem der Freie Früchte entnimmt, um sich daraus zu ernähren. Er muss sich täglich die Früchte auswählen, die seinem gegenwärtigen Bedarf entsprechen, muss die Früchte auch so zubereiten, dass er sie genießen kann. Dieser Speicher führt den Freien also keineswegs in die Welt der Ideale und Abstraktionen. Freiheit fordert die Kraft, sich mit Verstand der Wirklichkeit und beherzt dem Menschen zu widmen. Der Freie lebt in der Welt des Seins, nicht des Scheins.

Doch das Spiel zwischen dem vernünftigen Zugriff auf die Wirklichkeit und der gedanklichen Verfremdung und Verschleierung der Realität ist Inhalt der Freiheit. Die Kunst sucht dem Menschen eine Sichtweise auf Welt und Mensch zu vermitteln, neue Beobachtungen, Entdeckungen und Bewertungen mitzuteilen, indem sie die Wirklichkeit gestalterisch formt. Ironie offenbart in der ersichtlichen Widersprüchlichkeit von Gesagtem und Gemeintem eine Wahrheit. Dichtung verändert, bündelt und vergröbert die Wirklichkeit zum Dramatischen, Spaßhaften, Grotesken, Widersinnigen, um Nachdenklichkeit und Fantasie anzuregen. Die Kunst übertreibt, verschleiert, pointiert, verfremdet, verblüfft, empört und wiegelt auf. Die Lyrik lebt aus dem Pathos des Erlebnisses.[92] Die Sprache ist »Kleid oder Verkleidung der Gedanken«[93]. Das Bild fotografiert, erzählt, verhüllt, überhöht, vergröbert und abstrahiert die Wirklichkeit. Der Ton ist melodisch und harmonisch, leise und lärmend, schrill und atonal, einladend und abstoßend. Kunst spielt mit der Wirklichkeit, zeigt sie in ihrer Formensprache, lässt sie aufscheinen und erscheinen. Sie beleuchtet und erleuchtet die Wirklichkeit. Sie leuchtet ein, will nicht beweisen. Sie blendet und verbirgt. Sein und Schein fließen ineinander.

Einen gänzlich anderen Zugang zur Welt sucht das Recht. Wenn die Streitparteien den Sachverhalt unterschiedlich und verwirrend vorgetragen haben, um »die schwächere Sache zur stärkeren zu machen«[94], wählt der Richter das Beweismittel des »Augenscheins«.[95] Er will vor Ort mit eigenen Augen sehen, welche Mängel ein neu errichtetes Bauwerk tatsächlich hat, mit eigenen Ohren hören, wie stark die Lärmbelästigung der Autobahn auf das benachbarte Grundstück einwirkt, mit eigener Nase riechen, welche Emissionen eine Schweinemästerei verursacht, mit eigener Zunge schmecken, ob der »Holundersaft« tatsächlich nach Holunder schmeckt. Der richterliche Augenschein begnügt sich nicht mit dem Bericht über einen Vertragstext, sondern er liest die Urkunde. Er lässt sich einen Verkehrsverstoß nicht nur schildern, sondern auch Videoaufnahmen vorführen. Er lässt sich die Ähnlichkeit der Raubkopie mit dem Original nicht erläutern, sondern die CD vorspielen. Recht sucht den Sachverhalt tatsächlich zu ermitteln, die Wirklichkeit, die »Wahrheit«, zu erfassen.

Das Leben zwischen Schein und Sein ist insbesondere ein Auftrag der Wissenschaft. Die Wissenschaft geht den Dingen auf den Grund, will die Person des Menschen und die Architektur der Welt verstehen. Dabei sucht die Wissenschaft stets neue Erkenntnisse zu gewinnen, aber auch bestehende zu hinterfragen und als Irrtum zu berichtigen. Wissenschaft ist das Streben nach Wahrheit im Bewusstsein, die volle Wahrheit nie zu erreichen. Wenn der Wissenschaftler sich mit dem Menschen und dem Leben befasst, sammelt er Erfahrungen aus der Vergangenheit, beurteilt sie in der Sicht seiner Gegenwart, entwickelt dann Gesetzmäßigkeiten für die Zukunft. Jahrtausende lang glaubten die Menschen, sie lebten auf einer flachen Scheibe. Heute ist uns selbstverständlich, dass wir auf der Oberfläche einer Kugel leben. Wir bemühen uns, den Platz unseres Erdballs im Weltall – zwischen Planeten und Monden, Sternen und Galaxien, Staub und Gas – zu erkennen.[96] Diese Materien und ebenso die Lichtstrahlen werden von der Schwerkraft angezogen und folgen der Krümmung des Raumes. Sterne, die von der Erde aus gesehen knapp neben der Sonne stehen, erscheinen

»nach außen verschoben«. Ein weit entfernter Stern kann uns heller oder sogar als Doppelstern erscheinen, wenn zwischen ihm und uns ein anderer Stern steht. Die Messungen sind je nach Zeitpunkt und Richtung verschieden. Deswegen gilt – so sagen Experten – für die Sterne: Schein ist Sein.[97]

Auch der Physiker weiß, dass die Dinge ihre wahre Natur verbergen, der Mensch ihre Architektur und Gesetzmäßigkeiten nicht wie eine Nuss knacken, sondern sich ihr nur in einem mühsamen Erkenntnisprozess annähern kann.[98] Die Physik sucht deshalb die Dinge in ihre Bestandteile zu zerlegen oder aus Bestandteilen ein Ding zusammenzusetzen.[99] Die Forschung will verstehen, wie ein Gehirn mit Informationen umgeht, wie es lernt, wie es Vorhersagen macht, wie der Mensch die gewonnenen Erkenntnisse verwendet. Dieses Wissen wird dann genutzt, um einen neuartigen Computer zu bauen, der Informationen ähnlich dem menschlichen Gehirn verarbeitet.[100] Doch wenn die Forschung versucht, die Prozesse der Biologie direkt auf elektronische Schaltungen zu übertragen, so kann sie dem Gehirn nur nahekommen, es simulieren, aber nicht ersetzen. Sie beschreitet »einen neuen Weg vom mikroskopischen Sein zum äußeren Schein«[101].

Will die Wissenschaft menschliches Verhalten voraussagen, ist sie sich der Fehlbarkeit ihrer Prognosen stets bewusst, weil der Mensch frei, beeinflussbar und unstet ist, die Lebensumstände, Impulse und Motive sich ändern. Die Prognosen zur amerikanischen Präsidentschaftswahl 2016 sagten einen deutlichen Vorsprung von Hillary Clinton vor ihrem Rivalen voraus. Das tatsächliche Ergebnis stellt die Frage, wie sicher Prognosen sein können, wie verlässlich Menschen sich ihrer zukünftigen Absichten gewiss sind und sie ihren tatsächlichen Willen auch mitteilen, inwieweit zukünftige Trends und Tendenzen überhaupt gemessen und vermittelt werden können. Wahrscheinlichkeitsmessungen drücken eine Wahr-Schein-Lichkeit aus, erfassen das, was zum Zeitpunkt der Prognose als wahr erscheint.[102] Bei der Wetterprognose kann sich die Voraussage auf die Erfahrung mit Naturgesetzmäßigkeiten stützen. Bei der Wirtschaftsprognose stützt sich die Voraussage auf menschliche Einschätzungen, Vermutungen, weitergedachte Erfahrung. In beiden Fällen bleibt es bei dem Befund, dass der Mensch die Zukunft nicht voraussehen und nicht voraussagen kann. Der Experte zitiert Kierkegaard: »Es ist ganz wahr, was die Philosophie sagt, dass das Leben rückwärts verstanden werden muss. Aber darüber vergisst man den anderen Satz, dass vorwärts gelebt werden muss.«[103]

Der Mensch kann Erfahrungen sammeln, die Natur beobachten, geistig auseinanderlegen und zusammenfügen, sich selbst und andere Menschen zu verstehen suchen. Er kann Gegenstände, Verhaltensweisen, Geschichts- und Geschehensabläufe vergleichen. Er kann erwarten, vermuten, erahnen. Er kann Erfahrungen und Einsichten weiterdenken und vorausdenken. Das Recht nimmt menschliche Grundanliegen, historische Antworten auf Kriege, Bedürfnisse und Ängste, auch Erfahrungen mit Institutionen und Werten auf und schreibt sie in Gesetzen verbindlich vor, um den folgenden Generationen Erfahrungen zu ersparen und die Suche nach dem Glück zu erleichtern. Doch niemand kann die Zukunft voraussehen, die Gesetzmäßigkeiten der Natur voll begreifen und verstehen, die Individualität des Menschen in verlässlichen Verhaltenserwartungen verallgemeinern. Jeder Mensch begegnet nur wenigen Menschen, sieht nur einen Teil der Welt, beobachtet sich, wenn er ins Universum schaut, als einen von 7,6 Milliarden Pünktchen auf dieser Erde, die im Gesamtkosmos fast unsichtbar sind. Der Mensch muss sich bescheiden, wird bescheiden. Er lebt in Grenzen, denkt in Schranken, empfindet in Endlichkeit. Er hat mehr Fragen als Antworten. Vieles, sehr vieles bleibt Geheimnis.

5. Sich verzaubern lassen

Freiheit fordert nicht das stete Bemühen um Sachlichkeit, Rationalisierung und Kühle. Zwar scheint die Geschichte der Moderne durch eine fortgesetzte Entzauberung bestimmt.[104] Doch das Leben der Welt bleibt voll von Geheimnissen und Unerklärbarem, voll Hoffnung und Begeisterung, voll Staunenswertem und Erhabenem. Unsere Gegenwartskultur ist geprägt vom Licht der Aufklärung, ebenso aber auch vom Aufleuchten einer verzaubernden Welt. Der Mensch erlebt eine Welt von verschwenderischer Lebenskraft, Genussfreude und Daseinsbejahung, Wagnis und Leichtigkeit. Zeitgenossen sehen in Botticellis »Geburt der Venus« eine Frauengestalt, die »schöner ist, als es die Wirklichkeit erlaubt«[105]. Sie empfinden beim Hören der Musik von Mozart »Augenblicke der Glückseligkeit«[106]. Romanische Kirchenbauten bieten als »wehrhafte Gottesburgen … den Mächten der Finsternis Trotz«.[107] Gotische Kathedralen lenken den Blick auf die Wege des Lichts, zeigen Lebensfreude, entfalten in Architektur und

Deckengemälden künstlerische Virtuosität. Der Glanz des Werkes lässt die Anstrengung des Werdens vergessen.

Die Epoche einer solchen Kultur der Weltoffenheit, der Verschwendung, des Prunkvollen, Überschäumenden und auch Exzessiven ist der Barock.[108] Die Zeit zwischen Renaissance, Humanismus, Reformation und Gegenreformation einerseits und Aufklärung, Revolution und Industrialisierung andererseits bezeichnet einen historischen Abschnitt prachtvoll großzügiger Lebensart, die im gemeinsamen Erleben von Musik und Gesang, Mimik und Gestik, Tanz und Rhythmus, im Spiel mit Licht, Farben, Gesten und Symbolen in die Gegenwart hineinreicht. Dieses Weltbild, das sich vom ausschließenden Maßstab des Vernünftigen und Berechenbaren distanziert, sich gegen ein Zuviel an Arbeit wehrt, erschließt dem Zauberhaften einen modernen Rahmen. Der Barock unterwirft sich nicht einer dominanten Technik, sondern pflegt insbesondere in seinen Bauten die Kunst der Statik, des Rechnens, der Farbkompositionen und der Darstellungskraft mit einer Leichtigkeit und Pracht, die unbeschwertes Staunen hervorruft. Diese Kunst will virtuos, nicht angestrengt sein.

Das Christentum spricht die Sprache einer kontinuierlichen Verzauberung.[109] Es stellt den Menschen in den Mittelpunkt der Welt, sieht ihn in unmittelbarer Begegnung mit Gott, verkündet als liebenswürdige Religion eine Friedensbotschaft, wirkt nicht durch Macht und Gewalt, sondern durch den Zauber eines Kindes, gibt der Freiheit damit einen das Erfahren und Verstehen übergreifenden Impuls. Auch die Wissenschaft hält den Menschen nicht in der Kühle reiner Vernunft fest. Junge Forschungsteams sind begeistert von ihrem Thema, leben in einem Hoffnungsüberschwang der Erkenntnismöglichkeiten, erfahren ein unbegrenztes Glück beim Forschungserfolg. Wenn sie gedanklich in der Genforschung Sinnzusammenhänge des menschlichen Lebens empfinden, im Recht von einem verbindlichen, unantastbaren und unverletzlichen Weltfrieden träumen, wenn sie nach dem Ursprung der Welt fragen und ihre Ratlosigkeit sie zu einem »Urknall« oder zu »Schwarzen Löchern« führt, sind sie von ihrem Auftrag und Erfolg, je nach Sensibilität, beglückt oder verzaubert.

Kunst verzaubert. Das Kunstwerk wird erst vollständig, wenn der Hörer, Zuschauer und Betrachter diesen Zauber auf sich wirken lässt. Auch der moderne Mensch hofft auf eine Welt, die in Vollkommenheit und Harmonie glänzt, in der das Ungreifbare und das Erhabene schimmern, in der – für die jeweils kurze Zeit der Kunstbegegnung, nicht für den Ernst des alltäglichen Lebens – der Mensch in die Leichtigkeit des Lebens geführt wird. Der Künstler sucht diesen Partner, wird ihm entgegenkommen, wenn nicht eine harsche Mauer des Subventionsgeldes ihn von dieser Begegnung fernhält. Auf den Bildersturm folgte der Barock, auf die Rationalisierung der Theologie die Musik von Bach, Mozart und Schubert, auf den Krieg der Mythos des Geheimnisvollen, der Reiz der verhüllten Schönheit, die Hoffnung auf Verzauberung. Wir staunen, wie schnell nach Kriegen Opernhäuser wiederaufgebaut werden.

Wenn das Grundgesetz als Kernaussage die Würde jedes Menschen garantiert, spricht die Verfassung von einem Menschen mit Vernunft und Willen, Erfahrung und Hoffnung, Körper und Geist. Die Freiheit befähigt und berechtigt den Menschen, sein Leben mit allen seinen Fähigkeiten selbst zu gestalten. Es wäre ein Freiheitsverlust, wenn dem Menschen nichts mehr heilig wäre, er nicht mehr staunen könnte, er von nichts mehr fasziniert wäre. Der Mensch, der seinen Verstand nutzt, ist nicht gehindert, heiter und unbeschwert den Zauber des Augenblicks zu genießen. Er wird gemessenen Schrittes durch sein Leben gehen und dennoch tanzen. Er wird sich mit Ernst dem Problem des anderen widmen und doch gelegentlich heiter und beherzt fragen, ob ein Problem tatsächlich problematisch sei. Er wird allein bei sich sein, und er wird einen anderen lieben wollen. Er lebt eine weitherzige Freiheit.

6. Verheißungsvolle Ziele

Dieses Kapitel schilderte exemplarisch Freiheitsspeicher, in denen Lebenserfahrung und Kulturgeschichte den Menschen zur Freiheit führen, ihn beim Denken über seine Freiheit anregen, ermuntern und warnen können. Die Speicher der Freiheit, Erfahrungen und Vorstellungen von einem gelingenden Leben, können nicht wie der Getreidespeicher[110] als Ort verstanden werden, aus dem der Mensch Früchte – Freiheit und Glück – mitnehmen könnte. Freiheit drängt in die Auseinandersetzung mit verheißungsvollen Zielen in einer unvollkommenen Welt. Der Mensch hofft auf ein gutes Leben, schlichte und schöne Begegnungen. Das Freiheitsrecht berechtigt und befähigt ihn, in der Vielfalt dieser Speicher seinen Weg zu suchen, die Grundlagen seiner Freiheit sachlich, dialogoffen, entwicklungsbewusst, staunend und fasziniert zu begreifen, zu beurteilen und zu verändern. Dabei erhält Freiheit ihren Antrieb und Auftrieb insbesondere durch den Willen, dem Schönen und Vollkommenen zu begegnen, sich von der Welt verzaubern zu lassen.

Der Mensch muss sich zur Freiheit qualifizieren

1. Die Kultur des Maßes

Michelangelo soll einmal – so sagt eine Erzählung – gefragt worden sein, wie es ihm gelungen sei, aus dem Marmor die Figur des David herauszuhauen. Seine Antwort war: Ich habe nur das Zuviel an Marmor weggenommen. Eine solche Aussage kann nur ein Künstler treffen, der sich lange auf die Schöpfung dieses Kunstwerks vorbereitet hat. Er hat die Struktur und Beschaffenheit des Marmors studiert, sein Handwerkszeug geprüft und dessen Handhabung gelernt. Er hat sich jahrzehntelang bemüht, den Menschen zu sehen, zu sezieren, zu verstehen und abzubilden. Er hat den Genius des Künstlers in sich entfaltet. In dieser Qualifikation und Bereitschaft zur Kunst schafft er sein Werk. Er weiß, was zu viel und was zu wenig ist. Er pflegt eine Kultur des Maßes.

Diese Kunst, seine Freiheit zur Entfaltung zu bringen, sucht die Verfassung in einen äußeren Rahmen zu stellen, der dem Einzelnen gediegene Möglichkeiten bietet, seine Freiheit mit Mut und Maß zu entfalten. Die verfassungsrechtlichen Garantien, die den Menschen in seiner Freiheit schützen, achten und fördern, begründen das Recht, frei sein zu dürfen. Der Freiheitsberechtigte wird frei, wenn er sich auf diese Rechte einlässt, sich für die Wahrnehmung dieser Rechte qualifiziert.

2. Freiheit lernen

Wenn die Verfassung die Freiheitsrechte der Bürger garantiert, macht sie ihnen das Angebot, diese Rechte wahrzunehmen und Freiheit zu lernen. Der Bürger entwickelt die Kunst, frei zu sein, sich durch Herrschaft über sich selbst, durch ein gesundes und sportliches Leben, durch die Entfaltung der Fähigkeiten zu Kultur und Wissenschaft, durch Erweiterung von Lebenserfahrung, Urteilskraft und gedanklicher Weite die realen Möglichkeiten der Freiheit zu erschließen.

Freiheit beginnt mit dem Lernen. Das Kind muss das Sprechen und Laufen, das Schreiben und Lesen üben. Schule, Berufsqualifikation und Fortbildung begleiten den Menschen ein Leben lang. Eine wache Aufmerksamkeit für das öffentliche Leben schult politische Urteilskraft.

Der Mensch muss sich ständig zur Freiheit qualifizieren. Dieses ist ein hartes Wort, das der Freiheit nicht die Leichtigkeit und Unbeschwertheit nehmen will, insbesondere nicht einen Leistungsdruck im Wirtschaftsleben, bei der Erziehung und im Prüfungswesen verstärken soll. Gemeint ist, dass jede individuelle Freiheit ihre höchstpersönliche Qualität hat, die von der persönlichen Begabung, vor allem aber der Anstrengung und Bereitschaft zur Freiheit abhängt. Freiheit will errungen werden.

Eine freiheitliche Verfassung überlässt dem Freiheitsberechtigten die selbstbestimmte Gestaltung seines Lebens. Sie erwartet von ihm, dass er grundsätzlich zur Freiheit begabt und bereit ist, sich auf neue Bedingungen der Freiheit einstellt. Aus dieser individuellen Freiheit entsteht ein vielfältiges Gemeinwesen.

a. Freiheit wird in der Persönlichkeit gebildet

Die Fähigkeit zur Freiheit ist persönlichkeitsbedingt unterschiedlich. Der Mensch ist die längste Zeit seines Lebens – bei der Geburt, als Kind und Jugendlicher, als Kranker, Arbeitsloser und Gebrechlicher – hilfsbedürftig. Seine Entscheidungsfähigkeit wächst mit dem Alter. Der Fremde ist mit unserer Lebensweise nicht vertraut, muss sich in Sprache, Lebenskultur und Bildung erst hineinlernen. Wer Sprache und Stimme nicht ausgebildet hat, kann die Freiheit des Schauspielers nicht in Anspruch nehmen. Wer nicht täglich neugierig und anstrengungsbereit ist, wird die Wissenschaftsfreiheit kaum wahrnehmen können. Wer nicht hinreichend körperliche Fitness und Fertigkeiten mitbringt, wird als Bergführer nicht taugen. Die Balance zwischen privater Vertraulichkeit und Transparenz wird nicht gelingen, wenn die Menschen sich ohne Taktgefühl, ohne Verständnis für den anderen begegnen, wenn die Medien nur entlarven und sich empören wollen, die Sachinformation hinter Skandalisierung und Unterhaltung zurücktritt, wenn die öffentliche Aufgeregtheit in Wahl- oder Krisenzeiten zur Orientierungslosigkeit führt.

Freiheit hat Sensibilität, Menschlichkeit, Verantwortung, Weltoffenheit zur Voraussetzung. Eine Ehe ohne Treue wird scheitern. Eine ärztliche Behandlung ohne verantwortliche Zuwendung wird den Patienten schädigen. Eine Erklärung ohne Wissen und Gewissen führt zu Täuschung und Irrtum. Eine Wahlbeteiligung ohne ein Mindestmaß politischer Urteilskraft gefährdet die Demokratie.

Der Freie muss sich für die Ansprüche der modernen Welt immer mehr in Freiheit selbst befähigen. Die digitale Welt bietet dem Kundigen Freiheit, ängstigt den Halbwissenden, treibt den Unwissenden in die Verzweiflung. Politik und Gesetzgebung sind immer weniger zugänglich, werden so schlecht vermittelt, dass selbst der Abgeordnete im Parlament Sinn und Wirkungen seiner Entscheidungen kaum noch versteht. Der Konsument fühlt sich den Allgemeinen Geschäftsbedingungen, Computerprogrammen, auch manchen Fehlinformationen ausgeliefert. In der Aufgeregtheit und Unübersichtlichkeit der Gegenwart muss der Freie distanziert beobachten, ruhig nachdenken, unbefangen beurteilen, sich seiner und seiner Umwelt vergewissern. Freiheit braucht stets die erneuerte Herrschaft über eigene Maßstäbe und eigenes Tun.

b. Freiheit muss verantwortet werden

Allein das rechtliche Freiheitsangebot und die rechtliche Gleichheits- und Sicherheitsgewähr schaffen noch nicht den umsichtigen, selbstkritischen, vertrauenswürdigen Bürger. Weitere Voraussetzung ist vielmehr, dass der Bürger das Freiheitsangebot gemeinschaftsbewusst annimmt, er durch eine innere Bereitschaft zu Staat und Staatsvolk den Zusammenhalt der Rechtsgemeinschaft mitträgt und kulturell festigt, er täglich zur Friedlichkeit des Zusammenlebens beiträgt und sich an Wahlen und möglichst auch am öffentlichen Meinungsaustausch beteiligt. Die freiheitliche Rechtsordnung baut auf das in den Menschen vorhandene Ethos zur verantwortlichen Freiheit. Diese innere Bindung darf die Rechtsordnung nicht organisieren und für verbindlich erklären, wohl aber von ihren Bürgern erwarten und durch freiheitsgerechte Erziehung, Schule, Bildung und Wissenschaft fördern.

Der Verfassungsstaat steht für das rationale Recht der Freiheit, für kulturelle Vielfalt, für das Prinzip der religiösen Neutralität. Er ist kein christlicher, kein atheistischer, kein die Belanglosigkeit des Religiösen vertretender Staat. Für die Wirklichkeit der Freiheit ist aber erheblich, ob der Mensch Erwerb und Wirtschaft als Mittel nutzt, um seine materiellen Lebensbedürfnisse zu befriedigen, oder aber um sich wirtschaftliche Macht und Herrschaft zu erkämpfen. Die Menschen nehmen ihre Freiheit anders wahr, wenn sie als Herrscher Natur und Technik bestimmen oder aber von der IT-Technik und ihren Algorithmen bestimmt werden. Sie tragen eine andere Freiheit in die staatliche Gemeinschaft, wenn die Mehrheit über die Minderheit herrscht oder Freiheit das »Selbsteigentum« meint, die Herrschaft eines jeden über sich selbst, über seinen eigenen Körper und Geist. Freiheit prägt Gesellschaft und Staat.

c. Im Wettbewerb fair bleiben: Wirtschaft, Politik, Sport

Wenn freiheitsberechtigte Bürger dasselbe Ziel verfolgen, aber nur einer dieses Ziel erreichen kann, entsteht Wettbewerb. Die Konkurrenten kämpfen wirtschaftlich um denselben Kunden, politisch um dasselbe Mandat, sportlich um dieselbe Medaille. Dieser Wettbewerb organisiert Freiheit, rechtfertigt die Unterscheidung in Sieger und Besiegte, wenn die Wettbewerbschancen für alle Teilnehmer gleich sind und der Wettbewerb nach fairen Regeln verläuft. Ein sehr erfolgreicher Unternehmer hat mir jüngst gesagt, kein Unternehmer liebe den Wettbewerb. Er brauche ihn. Der Wettbewerb ist nicht ein Mechanismus, der sich selbst erklärt und rechtfertigt, sondern Ausdruck der Freiheit, die das Recht enthält, sich von anderen zu unterscheiden, und dieses Recht zur Unterscheidung – zum besseren Erfolg in Wirtschaft, Politik und Sport – jedem Freien gewährt. Der Wettbewerb schließt Unbeteiligte aus, die gerne beteiligt wären und die Chance zu Einkommen, Mandat und sportlichem Ruhm wahrnehmen würden. Wenn er die Menschen in Sieger und Besiegte trennt, überlässt er die Besiegten ihrem Schicksal, ist in dieser seiner Teilrichtigkeit einsichtig, muss aber durch einen Schutz der Unbeteiligten und der Besiegten ergänzt werden.

Die Wettbewerber allein garantieren noch nicht ein redliches Verfahren. Ihr Erfolg liegt allein in ihrer Stärke und Durchsetzungskraft. Wenn stets der wirtschaftlich Stärkste gewinnt, der Schwache deshalb existenziell verkümmert, ist dies kein freiheitsgerechtes Ergebnis. Wenn die Wahlsieger in ihrer Mehrheit die Politik dominieren, sie aber den Unterlegenen nicht die Chance offenhalten, bei der nächsten Wahl zur Mehrheit zu werden, geht die Demokratie zugrunde. Wenn ein sportlich dominierender Verein jede Meisterschaft für sich erringt, er durch diese Erfolge auch wirtschaftlich so stark wird, dass er die Konkurrenten auf Dauer hinter sich lassen kann, ist der ständige Wechsel von Siegern in immer wieder neuen

Chancen und damit der Kerngedanke des Sports gefährdet. Wenn Wettbewerb sich zu einem System einer Teilrationalität verselbständigt und seine Ergebnisse allein aus der Konkurrenz rechtfertigen will, wird das System scheitern. Der Zusammenhang mit der Idee der Freiheit – die Gleichheit der Freiheitsberechtigten in der Freiheitschance und die soziale Mitbeteiligung der am Wettbewerb nicht Beteiligten in zukünftigen Chancen oder auch in gegenwärtigen Erfolgen – ist verloren gegangen.

Das Wirtschaftsleben organisiert einen Wettbewerb, der in der schroffen Unterscheidung von Sieger und Besiegten Wirkungen von besonderer Härte entfaltet. Viele haben sich um den Auftrag beworben und für die Bewerbung Kapital und Arbeit eingesetzt. Nur einer hat den Zuschlag erhalten. Die anderen gehen leer aus. Der Erfolgreiche wird dann bei dem nächsten Bieterwettbewerb bessere Chancen haben, weil er beim Vollzug des ersten Vertrages Erfahrung und Kapital gewinnt und dadurch Überlegenheitsstrukturen entstehen. Deswegen setzt dieser wirtschaftliche Wettbewerb eine Lauterkeit voraus, die das Recht insbesondere durch Regeln der Vertragsfreiheit, des Wettbewerbs- und Kartellrechts unterstützt. In diesem rechtlichen Rahmen muss dann Maß und Ausgleich letztlich im individuell vereinbarten Tausch nach Treu und Glauben und im Verbot des Wuchers gefunden und bestätigt werden.[1] Wenn Weltkonzerne ihrem Führungspersonal Gehälter und Boni jenseits ihres Verdienstes zuweisen,[2] müssen diese Entscheidungen in die Verantwortlichkeit eines ehrbaren Kaufmanns zurückgeführt werden. Hilfreich wäre eine tatsächliche Entscheidungskompetenz aller Mitglieder des Aufsichtsrats und die Veröffentlichung dieser Entscheidung. Hinzutreten könnte die Bindung der Gehaltsspitzen in einem Fonds, der zur Finanzierung aller dem Vorstand vorwerfbaren Rechtsfehler bereitgestellt und erst nach einer längeren Frist individuell freigegeben wird. Entscheidend aber bleibt die höchstpersönliche Verantwortlichkeit für eigenes Tun auch in einer anonymen Kapitalgesellschaft. Auch dort ist Unternehmerfreiheit verantwortliche Freiheit. Deshalb sollte jedes Vorstandsmitglied mit seinem Gehalt oberhalb des Normalgehaltes persönlich für Fehlentwicklungen des Unternehmens haften. Ein Vorstandsmitglied ist nicht »leitender Angestellter«, sondern verantwortlicher Unternehmer.

Wenn international tätige Unternehmen sich im Spiel mit den verschiedenen Staaten den Regeln des Steuerrechts, des Umweltrechts, des

Arbeitsrechts und des Verbraucherschutzes zu entziehen suchen, sollte das anwendbare Recht nicht nach dem formal bestimmten Firmensitz oder nach einem gewählten Rechtsstatut bestimmt werden, sondern nach der rechtlich nicht gestaltbaren Realität des Betriebsortes, an dem produziert und gehandelt wird. Die digitale Wirtschaft und auch der Finanzmarkt allerdings haben in den meisten Staaten keinen Betriebsort, sondern nur Kunden. Für diesen Markt wird das Recht zunehmend an den Absatzmarkt und an den Ort der Konsumnachfrage anknüpfen müssen.[3] Wer in Deutschland Güter herstellt oder Leistungen erbringt, unterliegt für dieses Tun dem deutschen Recht.

Wenn Unternehmen bestimmte Produkte – der Autotechnik oder der Lebensmittelversorgung – durch Täuschung auf den Markt bringen, fehlt die Ehrbarkeit, die stets bei dem Bild des freien, verantwortlichen Kaufmanns und einer sozialen Marktwirtschaft mitgedacht wird. Auch hier wird die persönliche Verantwortung – die individuelle Haftung für Täuschung und Täuschungserfolg mit eigenem Einkommen – die Freiheitsstrukturen wesentlich verbessern. Wenn dabei alle Mitwissenden – auch die Techniker, die Planer und der Vertrieb – in abgestufter Verantwortlichkeit zur Rechenschaft gezogen würden, könnte ein wirksames Konzept gegen die Unverantwortlichkeit dank Anonymität, die Kernbedrohung eines von Großkapitalgesellschaften bestimmten Marktes, ins Werk gesetzt werden. Auch im Arbeitsleben ist das Prinzip, dass der Stärkste und Dreisteste sich durchsetzt, gemäßigt worden. Die Zusammenarbeit im Betrieb ist bestimmt von einem ausgleichenden kollektiven und individuellen Arbeitsrecht, von Loyalitätspflichten und Arbeitsmoral.[4]

Im politischen Wettbewerb erleben wir gegenwärtig deutliche Kontraste. In den Vereinigten Staaten, aber auch in europäischen Staaten wird der Wahlkampf großsprecherisch geführt, der Konkurrent als Gegner definiert und herabgewürdigt. Dieses Verächtlichmachen überträgt sich auf den Wähler, der die Politiker in ihrem Umgang miteinander beobachtet und dementsprechend einschätzt, teilweise sogar die Tauglichkeit des demokratischen Wettbewerbs für diesen Meinungskampf in Frage stellt. In Deutschland haben wir demgegenüber bei der Bundestagswahl manchen Politiker erlebt, der politische Alternativen klar bekundet, eine persönliche Polarisierung aber bewusst vermeidet, dem politisch andersdenkenden Gegner Wertschätzung bekundet. Einige Politiker praktizieren die

Gelassenheit als vertrauensbegründendes Prinzip und haben damit Erfolg. Dieses Demokratieverständnis wird teilweise als bloße Wahlkampfstrategie gerügt, von den auf Aufgeregtheit bedachten Medien oft auch als konfliktscheu und undemokratisch beanstandet. Es ist aber für die Gegenwart eines friedlichen, kulturgeprägten, wirtschaftlich erfolgreichen und verfassungsbewussten Staatsvolkes ein legitimes und wohl auch notwendiges Echo auf die gelebte politische Kultur in Deutschland. Demokratie fordert Gelassenheit zur Sachauseinandersetzung. Wird diese Fairness, dieses Maß des politischen Wettbewerbs auch in den Medien vermittelt und vom Wähler verstanden, so erzielt unsere Demokratie den in ihr angelegten Erfolg, eine gelassene Freiheit für jedermann, Frieden und Sicherheit nach innen und außen zu gewährleisten. Dann bleiben radikalisierende politische Parteien Randgruppen.

Auch der sportliche Wettbewerb folgt den Regeln ersichtlicher Fairness. Die Schiedsrichter leiten die Wettkämpfe und unterbinden Regelwidrigkeiten im aktuellen Wettbewerb spontan. Die Sportorganisationen haben den Kampf gegen das Doping aufgenommen, beginnen auch, ihre Selbstorganisation von Korruption, Parteilichkeit und Überheblichkeit zu reinigen. Auch der Sport ringt um Fairness, um das tägliche Maß, um Gelassenheit. Wenn in einzelnen Sportarten ein Sportler oder eine Mannschaft so überlegen ist, dass die anderen kaum noch eine Siegeschance haben und die Zuschauer gelangweilt werden, stellt sich die sensible Frage, ob die Sportregeln ausgleichend dem Spitzenpferd besondere Gewichte aufladen oder eine deutsche Meisterschaft in einer Endrunde münden lassen sollen, in der die vier besten der Liga bei gleichem Ausgangspunkt – jeder ist mit null Punkten für diesen Schlusswettkampf qualifiziert – um die Meisterschaft kämpfen. Freiheit ist ein Recht, das stets auch die Freiheitschance des anderen Freien wahrt.

d. Den Ich-Maßstab durch den Wir-Maßstab ersetzen

Freiheit belässt dem anderen das gleiche Freiheitsrecht, begründet nicht eine Herrschaft über andere. Diese Gleichheit in Freiheit ist gegenwärtig gefährdet, wenn freiheitsveranlasste Strukturen der Gesellschaft zu freiheitshemmenden Verhaltensmustern geworden sind. Das ökonomische Prinzip der »Gewinnmaximierung« drängt zu »immer Mehr«. Es ist nie genug. Die stetige Maximierung führt in die Maßstablosigkeit und damit in die Maßlosigkeit. Der technologische Imperativ, alles technisch Mögliche auch tatsächlich zu tun, verweigert die Antwort auf die Frage, ob der technische Fortschritt – der Drohnen, der Algorithmen, der Psychopharmaka – den Menschen nützt oder schadet. Der telekommunikationstechnische Drang, alles Wissen möglichst zu speichern und zu individuell bedrängenden Persönlichkeitsbildern zu kombinieren, schafft neue Herrschaftsstrukturen, die keine Struktur der Mäßigung in sich tragen. Auch ein naturwissenschaftliches Denken, das nur das empirisch Beweisbare als richtig anerkennt, drängt die Gesellschaft auf einen freiheitsstörenden, gelegentlich freiheitszerstörenden Weg.

Freiheit wird immer als Selbstbestimmung des einzelnen Menschen gedacht, der für sich Verhaltensmaßstäbe entwickelt, die verallgemeinerungsfähig sind. Der Freie macht aus dem Ich-Maßstab einen Wir-Maßstab. Nicht ich will bessere Luft und ziehe mich in mein Bergdorf zurück, sondern wir wollen bessere Luft und betreiben deshalb in Deutschland Umweltschutz. Nicht ich will auf meiner Straße eine friedliche Nachbarschaft, sondern wir organisieren in unserem Staat einen allgemeinen inneren Frieden. Nicht ich will für mich stabiles Geld, sondern wir wollen eine allgemeine Währung, bei der jedermann darauf vertrauen darf, dass der im Geld versprochene Wirtschaftswert tatsächlich in reale Wirtschaftsgüter eingelöst werden kann. Den Maßstab setzt nicht der eigenwillige, sondern der nach verallgemeinerungsfähigen Maßstäben suchende Mensch.[5]

Dieses formale Prinzip der Verallgemeinerungsfähigkeit erwartet vom Freiheitsberechtigten, dass er sich verantwortlich und bedacht für das »Gute« entscheidet. Allerdings wird es so viele Vorstellungen von dem »Guten« geben, wie es Freiheitsberechtigte gibt. Das Streben nach dem Guten verwirklicht deshalb allein wegen des Willens zum Guten nicht schon das wahre, schöne, richtige Leben. Es hat aber zwei Vorteile: Es ersetzt die Beliebigkeit und Gleichgültigkeit durch eine verantwortliche Freiheit und sucht bei aller individuellen Verschiedenheit in Kernzielen des Guten nach verallgemeinerungsfähigen, die Gesellschaft prägenden, besseren Lebensbedingungen: Frieden, geistige Weite und Offenheit, Existenzsicherung für jedermann, Gesundheit, Herrschaft des Rechts und nicht von Personen. Sodann wird eine offene, in Individualität freie Gesellschaft im ständigen

Gedankenaustausch mit anderen, in der Bereitschaft zum Lernen von anderen, auch im gemeinsamen Leben, Arbeiten und Denken Ideen hervorbringen, die verbinden, Gemeinschaft schaffen und Maßstäbe bilden. Die Individualität der einzelnen Person, der Zusammenhalt der gesellschaftlichen Gemeinschaft im Recht, das gemeinsame Hervorbringen wertvoller Werke und ein Selbstbewusstsein der Gesellschaft gegenüber dem Staat geben dem Recht Impulse, die das »gute« Zusammenleben in der jeweiligen Gegenwart fördern. Freiheit ersetzt nicht die Idee der Wahrheit und des Guten durch Eigennutz und Willkür, sondern erwartet vom einzelnen Menschen in seiner Würde und Personalität Anstöße zum Besseren. Das Menschenbild einer freiheitlichen Gesellschaft ist die nachdenkliche, verantwortliche, solidarische Person.

e. In Eigenständigkeit »Mechanismen« begegnen

Diese personenbezogene Freiheit stellt Erwartungen in Frage, die allein von »Mechanismen«, von Gesetzmäßigkeiten bloßer Gewohnheit, von technisch erfassten Erfolgswerten eine Entwicklung zum Gemeinwohl erhoffen. Wir hören immer wieder, »der Markt werde es richten«. Das Verfahren der öffentlichen Debatte bringe uns der Wahrheit näher. Das Mehrheitsprinzip gewährleiste Richtigkeit. Die verifizierende und falsifizierende Methode empirischer Wissenschaft erkläre die Welt. In dieser mechanistischen Verselbständigung teilfunktionierender Geschehensabläufe liegt ein Denkfehler. Die Gesetzmäßigkeiten von Natur und Technik sagen, dass das Wasser den Berg herunterfließt. Dieser Kausalablauf ist weder gut noch schlecht. Der Mensch bestimmt, ob das Wasser Energie produzierend den Berg hinabstürzen oder energiespeichernd im Stausee gesammelt werden soll. Die öffentliche Debatte kann im Für und Wider Fehlentscheidungen verhindern, Fehlentwicklungen revidieren, Räume für Sachdiskussionen frei von Zwängen erschließen. Doch eine Debatte kann auch, von Menschen geführt, fehlinformieren, verführen und verletzen. Sie ist wiederum nicht gut oder schlecht, sondern Instrument für gute und schlechte Menschen. Der Markt lässt den Starken gewinnen, den Schwachen verlieren, muss deshalb auf die Freiheitsidee einer Chancengleichheit im Wettbewerb zurückgeführt werden. Gute Gewohnheiten und Konventionen der

Grußformen, der Kleidung, der Festtage und Volksfeste erleichtern alltägliche Begegnung und Gemeinschaftsleben, sind aber gänzlich ungeeignet, einen Menschen über ein Unglück hinwegzutrösten, bei einem Misserfolg aufzufangen, bei Irrwegen auf den rechten Pfad zurückzuführen. Manche Revolutionen stemmen sich gerade gegen verkrustete, nicht hinreichend erneuerte Formen und Strukturen. Geläufige Abläufe, Gewohnheiten und Konventionen gewinnen rechtfertigende Kraft nur, wenn die Menschen sich als Verantwortliche über diese Abläufe ihrer Freiheit vergewissern, die Wirkungen auf individuelle, verantwortliche Entscheidungen zurückführen.

Nicht »Systemgesetzmäßigkeiten« weisen den Weg zu einer besseren Gesellschaft, sondern freiheitsbewusste und freiheitsverantwortliche Personen, die sich in ihrer Gewissensentscheidung selbst zurücknehmen, in ihre Freiheitsentscheidung die Mitbetroffenen einbeziehen und so Gesetzmäßigkeiten der Humanität bestimmen.

Der Mensch muss sich deshalb zur Freiheit qualifizieren, indem er aus einem »System« heraustritt, dieses von außen beobachtet, kritisiert und seine Freiheit im und gegen das System zurückgewinnt. Eine auf die Entscheidung des einzelnen Menschen setzende Gesellschaft widerspricht einer »Steuerungstheorie«, die den Menschen als lenkbares, auch käufliches Objekt versteht, das sich der Steuerungsgewalt politischer oder wirtschaftlicher Mächte unterwirft. Der Mensch wäre nicht mehr in Grenzen seines Rechts frei. Er würde zum steuerbaren Objekt, reagierte nur noch auf die Anreize von Subventionen oder Vertragsangeboten, auf die Bedrohung durch Sonderlasten oder Rechtsentzug.[6] Die Governance-Theorie[7] beobachtet weniger die handelnden und betroffenen Subjekte, mehr die Steuerungsstruktur, den »Mechanismus«, den der Akteur zur Steuerung ins Werk setzen kann. In dieser Perspektive gerät das demokratisch-parlamentarische Gesetz, das auf den freien Bürger rückführbare Regelwerk, aus dem Blick. Der quellenlose Steuerungsmechanismus unterscheidet sich grundsätzlich von den staatsgeprägten demokratischen Rechtsquellen, bei denen das Parlament die Rechtsverbindlichkeit hervorbringt, Bürger, Unternehmen und Institutionen als Adressaten verpflichtet, das Gesetz der Rechtsakt ist, in dem allein seine Verbindlichkeit legitimiert, geäußert und kontrolliert wird.

Je weniger die Regelungsbeteiligten das von der Rechtsgemeinschaft gesetzte Recht und dessen Verbindlichkeit bedenken und nur

Regelungsstrukturen und deren Wirkungen[8] analysieren, desto mehr treten die Rechtssubjekte in das System zurück. Ökonomisches Denken steuert Wirkungszusammenhänge nach Effizienz. Globalsteuerung, Wirtschaftslenkung, allgemeine Umverteilung überwinden Rechtsgrenzen von Kompetenz und Grundrechtschutz. Steuerungsgremien beanspruchen für ihre Willensakte wissenschaftliche Richtigkeit. Die gestaltungsmächtige Theorie verspricht sich ein gutes, gelingendes Zusammenleben weniger von freiheitlichem Handeln des Einzelnen, sondern von der Struktur eines Lebensbereichs, dessen »man« sich bedient. Dieses »man« muss reindividualisiert werden. Das Schiff fährt auf hoher See, ist den Gesetzmäßigkeiten der Natur ausgesetzt und auf die Mechanismen von Motor und Steuertechnik angewiesen. Doch es steuert der Steuermann, und der Kapitän gibt die Richtung vor. Das gibt den Passagieren Sicherheit.

Das Steuerungsinstrument des Verfassungsstaates ist das verbindliche Recht, das den Adressaten anspricht, das ihn in Willen und Bewusstsein bindet, ihn nicht nur einem möglichst unmerklichen Steuerungsimpuls aussetzt. Der Verfassungsstaat führt Recht stets auf den Willen der Beteiligten zurück, ersetzt es nicht durch »Mechanismen«, hinter denen Menschen stehen, die sich hinter technischen, vermeintlichen Gesetzmäßigkeiten zu verbergen suchen.

f. Im Forscherdrang den Irrtum bedenken

Die Rahmenbedingungen, in denen menschliche Freiheit sich entfaltet, verändern sich gegenwärtig in dramatischer Weise. Wissenschaft und Technik bieten täglich neue Erkenntnisse, verbessern das menschliche Leben, entwickeln neue Heilmethoden, eröffnen neue Einflussmöglichkeiten auf den Menschen und seine Psyche, ersetzen im Arbeitsleben Menschen durch Maschinen, speichern, erschließen und kombinieren Wissen. Alle diese Forschungen dienen dem Menschen, folgen sachlichen Zielen, können den Menschen aber auch in seiner Identität, seiner Würde, seiner Freiheit gefährden. Diese Entwicklung wird eine freie Gesellschaft kritisch begleiten, die Freiheitsfähigkeit der Akteure und Betroffenen bewusst schulen.

Seit langem stellt unsere Kultur die Frage, ob der Mensch das Wissen und die Macht haben sollte, seinesgleichen herzustellen. Hier geht es um menschliche Macht, um die Ungewissheit der Forschungsergebnisse, um die Gefahr, dass dem Menschen seine Geschöpfe entgleiten und ihn bedrohen. Auch bei der Antwort auf diese Fragen kann der Mensch irren. Die Fortschritte von Wissenschaft und Technik sind in ihrer Dramatik und Gewalttätigkeit Ausdruck menschlicher Freiheit, damit auch Ausdruck menschlichen Irrtums. »Am Menschen ist nichts wahr, als dass er irrt« und: »Ihr müsst mich nicht durch Widerspruch verwirren! Sobald man spricht, beginnt man schon zu irren.«[9] Oft verengt eine fachliche Spezialisierung die Weite des Denkens und Beurteilens und ruft dadurch Fehler hervor.

Wenn der Wissenschaftler sich anschickt, einen Menschen technisch herzustellen, so braucht er vor allem Distanz gegenüber sich selbst, sollte zunächst in seinem Tun innehalten, um in Forscherverantwortlichkeit sein Forschen und dessen Ergebnis kritisch zu überprüfen. Eine Kernfrage unserer Kultur kann nicht allein aus dem Impuls wissenschaftlicher Neugierde, dem Drang nach mehr Wissen und technischem Können beantwortet werden. Vielmehr wird ein neues Blatt im Buche des Lebens aufgeschlagen, dessen Frage wir verstehen, dessen Bedeutung wir aber noch nicht ermessen. In Goethes »Faust« will der Famulus Wagner in seiner Forscherungeduld – »zwar weiß ich viel, doch möchte ich alles wissen«[10] – zum selbstherrlichen Menschenschöpfer werden. In dieser Tragödie der Übereilungen, die mit der Verwünschung »Fluch vor allem der Geduld« eingeleitet wird,[11] bietet Mephisto dem Forscher die Instrumente ungeduldigen Handelns, die das Tempo naturwissenschaftlichen Forschens und der Forschungsergebnisse ständig beschleunigen. Entsprechend ungeduldig zeigt sich auch das Produkt des Experiments von Wagner und Mephisto. Der Homunculus bewegt sich in der Phiole, sucht übereilt der Flasche zu entweichen. »Möchte gern im besten Sinn entstehen, voll Ungeduld, mein Glas entzwei zu schlagen.« Letztlich entgleitet Wagner sein »großes Werk«. Er wollte den Homunculus zwar unbedingt herstellen, hatte sich aber keine Vorstellungen über die Eigenschaften, die Handlungsweisen und die Wirkungen seines Produkts gemacht.[12] Mephisto hatte diese Entwicklung von Anfang an mit dem Kommentar bedacht: »Dir wird gewiß einmal bei deiner Gottähnlichkeit bange!«[13]

»Zunahme an Wissen ist Zunahme an Unruhe«.[14] Nietzsche verdeutlicht diesen Gedanken Goethes. Er wolle »ein für alle Mal vieles nicht wissen. Die Weisheit zieht auch der Erkenntnis Grenzen.«[15] So lässt Goethe den Famulus gerade hier Halt machen. Vernunftgeleitetes Wissen scheint einen Verzicht auf Wissen aufzudrängen.[16] Der Mensch aus der Genwerkstatt »tritt in ein Zwielicht«. Ein »tiefer Verdacht fällt auf das Subjekt.« »Seine Erbsubstanz ist nicht mehr nur Produkt von Vater und Mutter und dem Chor der zahlreichen Ahnen, sondern Resultat einer technischen Intervention.«[17]

Das 19. Jahrhundert ist Ausgangspunkt einer verschärften Aufmerksamkeit für die Idee, menschliche Wesen durch menschliche Hände hervorzubringen. Das Schicksal technisch produzierter Menschen und die Verflechtung ihres autonomen »Lebens« mit der Lebensgeschichte ihrer »Hersteller« ist theoretische Vorstellung, wirkt aber existenziell bedrohlich. In dem Roman »Frankenstein oder Der moderne Prometheus«[18] schildert Mary Wollstonecraft-Shelley das Schicksal des Forschers Victor Frankenstein, der mit seinem Experiment eine neue Art von Menschen schaffen will, »die mich als ihren Schöpfer und Ursprung verehren; viele glückliche und vortreffliche Wesen würden ihr Dasein mir verdanken«.[19] Frankenstein näht deshalb Leichenteile zusammen und animiert seine Kreatur durch Elektrizität, einer damals noch mysteriösen Kraft, die dem Leben als wesensverwandt galt.[20]

Es entstand ein Monster. Die Kreatur öffnet ihre Augen und richtet einen wässrigen Blick auf ihren Schöpfer. Frankenstein ist durch den Anblick seines Geschöpfes dermaßen geschockt, dass er nur noch einen Gedanken kennt: die Flucht aus dieser Wirklichkeit. So beginnt eine Entwicklung, die ihn letztlich zum Sklaven seiner Kreatur macht.[21]

Dieser Fluch rügt weniger die Überheblichkeit dessen, der ein solches Geschöpf hervorbringt, sondern die Flucht aus der Verantwortung nach dem erfolgreichen Experiment. Der verantwortungslose Schöpfer und die Mitglieder der Gesellschaft fliehen vor dem »Monster«. Dieses bleibt allein, fremd, einsam. Die dramatischen Folgen, mehrere Morde und seine eigene moralische Zerstörung lassen den sterbenden Victor sagen: »Suchen Sie Glück in einem ruhigen Leben und meiden Sie Ehrgeiz, auch wenn es nur der vermeintlich ›unschuldige‹ Ehrgeiz ist, sich in Wissenschaft und Entdeckungen einen Namen zu machen.«[22] Frankenstein, der Klassiker der Philosophie und Medizin studiert hatte, wollte das menschliche Dasein von Krankheit befreien, den Menschen unverwundbar machen und gegen jegliches Übel außer dem eines gewaltsamen Todes immun werden lassen.

Doch selbstkritisch stellt er fest, dass dieses abstrakte Ziel nicht mit den Bedingungen menschlichen Lebens vereinbar ist.[23]

Die moderne Gentechnik vergewissert sich ihres Tuns. Sie fragt, ob genetisch veränderte, deswegen bestandsfähigere und leichter transportierbare Tomaten oder herbizidresistente Getreidesorten produziert werden dürfen. Die Genforschung hat vergewissernde Grundsatzdebatten ausgelöst. Die Forschung an Mäusen und die Fähigkeit der modernen Wissenschaft zur Totalsequenzierung menschlicher Gene suchen bewusst und international den Weg verantwortlicher Forschung, der ein gelassenes Innehalten und Prüfen erforderlich macht.

Die technische Entwicklung der Drohne erlaubt neue Möglichkeiten, um Güter zu transportieren, Geschehnisse zu beobachten, bei See- und Bergnot Hilfe zu leisten. Sie erschließt aber auch moderne Formen der Kriegsführung: Ein Angriff wird ferngesteuert, nicht mehr vor Ort von Menschen riskiert und verantwortet. Dadurch werden Leib und Leben von angreifenden Soldaten nicht mehr gefährdet. Es entsteht aber die Gefahr eines Angriffs leichter Hand, weil der Angreifer mit weniger eigenen Risiken zerstören kann.

Die moderne IT-Technik bietet den Menschen zwar neuartige Instrumente des Begegnens und Verständigens, des Gedächtnisses und der Gedankenkombinationen. Diese drohen jedoch, ein eigenes Potenzial an Wissen, Kombinations- und Entscheidungsfähigkeit aufzubauen, das dann die Menschen beherrscht und lenkt. Deshalb werden die freien Gesellschaften vor allem die Aufgabe haben, ihr Menschenbild und ihre Werte in diese Maschinen und ihre Algorithmen einzubringen. Die IT-Technik erweitert auch die Möglichkeiten und die Neigungen des Menschen zum Spiel, befriedigt damit ein Urbedürfnis des Menschen, sich ohne Zweck und Absicht, auch ohne Anstrengung mit anderen zu messen, allein um der Unterhaltung willen bestimmte Formen und Abläufe zu wiederholen, sich in der Freude an Formen, Bewegungen, Vertrautheiten die Zeit zu vertreiben.[24] Doch dieses Spielerische der Digitaltechnik verändert menschliche Verhaltensweisen, beeinflusst die intellektuelle und psychologische Entwicklung, insbesondere der Jugendlichen, wenn es die Nutzer beharrlich in eine Welt des Scheins und des Unwirklichen entführt. Die Technik bietet auch ein Verführungspotenzial zu Hass und Gewalt, begründet aber vor allem eine Macht des Wissens, die Freiheit bedrängt und zerstört. Auch hier ist ein gedankliches Innehalten geboten. Der Techniker sollte sich aus dem Bann technischen Fortschreitens lösen, sich der Frage vergewissern, welches Können wir wollen. Auch im Sog des Fortschritts werden wir die gelassene Frage nach dem guten Leben stellen.

3. Andere sind mitbetroffen

a. Die Summe individueller Freiheitswahrnehmungen schafft Gemeinwohl

Wer aus seinem Fenster schaut und beobachtet, wie der Regen gegen die Scheiben schlägt, sieht bald ein Mosaik von kleinen und großen Tropfen auf seiner Scheibe. Einige Tropfen sind so schwer, dass sie nach und nach an der Scheibe heruntergleiten, andere Tropfen mit sich nehmen und hinter sich die Spur einer trockenen Scheibe hinterlassen. Das Verharren oder Hinabgleiten des einen Tropfens ist von den benachbarten Tropfen abhängig.

Eine solche Abhängigkeit ist umso wirkungskräftiger, wenn Menschen existenziell aufeinander angewiesen sind. Der Einzelne verdankt seinen Eltern Existenz, Sprache, Zugang zu Gesellschaft und Kultur. Er lernt von seinem Lehrer die Grundfertigkeiten modernen Lebens, wird in die Gesetzmäßigkeiten der Natur und der menschlichen Lebensordnung eingeführt. Er ist in der arbeitsteiligen Wirtschaft, in den sozialen Sicherungssystemen und in der Demokratie mit Wahl und Parlamentarismus auf Gemeinsamkeit und Gegenseitigkeit angelegt. Viele Freiheitsrechte, insbesondere die der Ehe und Familie, der Vereinigung und Versammlung, des Berufs und der Medien, können nur in Gemeinschaft mit anderen ausgeübt werden.

Das Freiheitsprinzip ist für die Organisation von Gesellschaft und Staat letztlich nur erträglich, wenn die Wahrnehmung individueller Freiheit in der Summe aller Freiheitsbetätigungen das Gemeinwohl nicht stört und den anderen Freiheitsberechtigten nicht verletzt. Idealtypisch verbessert das Freiheitsprinzip die allgemeinen Lebensbedingungen für jedermann, weil jeder sein eigenes Leben gut gestaltet, dieses aber in eine Gesellschaft eingebunden ist und die Gesellschaft dadurch an der individuellen Verbesserung freiheitlichen Lebens teilhat. Deswegen beschränkt sich die Konzeption der

Freiheit nicht auf Ziele, die nur den wirtschaftlichen Profit des Einzelnen verfolgen, nur materielle Lebensmöglichkeiten für eine Gruppe zu erweitern suchen, die Selbstbestimmung und Macht über andere mehren wollen. Eine dieser Teilrationalität verpflichtete Freiheit fragt nicht nach Sinn und Lebenserfüllung, lässt die Rechtfertigung eigenen Tuns ins Leere laufen. Der Berechtigte darf sich auf sein Freiheitsrecht berufen, erreicht aber nicht das gemeinschaftliche Ideal der Freiheit. Diese Freiheit schlägt in ihrer Enge in persönliche Unfreiheit um und schafft neue Abhängigkeiten.

b. Arbeiten für andere

Das Berufsleben ist darauf angelegt, dass der eine für den anderen arbeitet, ihm ein Werk schafft oder eine Dienstleistung erbringt. Vertrauensgrundlage dieses arbeitsteiligen Arbeitens und Wirtschaftens ist die Fachqualifikation und die Verlässlichkeit der Berufstätigen. Weil die Ausübung der Freiheit auch andere Menschen betrifft, wachsen die Anforderungen der Qualifikation zu dieser Freiheit.

Wenn der Landwirt Früchte erntet, der Schneider ein Kleid näht, der Architekt ein Haus errichtet, dient diese Freiheitswahrnehmung dem Erwerb des Freiheitsberechtigten, aber auch dem Bedarf des Nachfragers, muss deshalb allgemeinen Qualitätsanforderungen genügen. Der Wissenschaftler mehrt das Wissen der Gesellschaft, um ihr bessere medizinische Heilungsmöglichkeiten zu bieten, den Bau elektronischer Fahrzeuge oder digitale Kommunikationstechniken zu erlauben, das historische und das rechtliche Verständnis menschlichen Zusammenlebens zu vertiefen. Der Journalist informiert und kommentiert, um die Menschen zu unterrichten und die Bürger urteilsfähig zu machen. Der Künstler gibt in seiner Formensprache den Menschen den Impuls, die Wirklichkeit reicher und vielfältiger zu sehen.

Der Betroffene setzt voraus, dass der für andere Handelnde qualifiziert ist und seine Aufgabe sachgerecht erfüllt. Wer den Arzt aufsucht, erwartet Heilung. Wer in Schule und Universität lernen will, vertraut auf die Richtigkeit, Gediegenheit und Verständlichkeit der dort vermittelten Lehren. Wer sich aus allgemein zugänglichen Quellen informiert, setzt auf einen wissenden und verantwortlichen Journalisten als Grundlage individueller

Freiheitsfähigkeit. Wer einen Abgeordneten wählt, erwartet, dass dieser hinreichenden Sachverstand, Urteilskraft und Unbefangenheit mitbringt, um für das Staatsvolk die richtigen Entscheidungen zu treffen. Deswegen sucht der Staat in der Schulpflicht eine Grundbildung zu sichern, vermittelt in den Lehrplänen der Schule, in der Organisation der Universitäten, in der Informationspolitik der Staatsorgane Wissen und Freiheitsethos. Er stellt Anforderungen für die Zulassung zu einem Beruf, trifft durch eine Sozialversicherung allgemeine Vorsorge. Das treuhänderische, dem Kind dienende Elternrecht ist zugleich als Elternpflicht ausgestaltet, das im Kindeswohl seine oberste Richtschnur findet. In der Regel wird selbstbestimmte Freiheit auch in Verantwortung für andere ausgeübt.

c. Sichtbare Begegnung, privates Geheimnis

Freiheit garantiert die Selbstbestimmung des verantwortlichen Individuums, setzt damit voraus, dass der freiheitlich Handelnde für sein Verhalten einsteht und es vor der Rechtsgemeinschaft verantwortet. Wer eine Meinung öffentlich äußert, steht mit seiner Person, seinem Gesicht und seinem Namen für seine Aussage. Er darf sich nicht vermummen oder sonst verbergen. Wer einen Beruf ausübt, muss die für diese Tätigkeit notwendige Qualifikation persönlich und ersichtlich nachweisen. Wer am öffentlichen Straßenverkehr teilnimmt, muss sein Fahrzeug als geeignet kennzeichnen, in der Flüchtigkeit des Verkehrs das Fahrzeug durch ein Nummernschild, sich persönlich durch Führerschein und Fahrzeugpapiere individuell sichtbar machen. Und bei der persönlichen mitmenschlichen Begegnung nennt der Mensch seinen Namen, stellt sich vor.

Doch gegenwärtig entwickelt sich eine Anonymität, die unsere freie Gesellschaft grundlegend gefährdet. Internetnutzer verbreiten in der Anonymität ihres Mediums Verbalangriffe auf ihren Lehrer, Konkurrenten oder Richter, ohne sich je zu verantworten. Die Jugendlichen werden daran gewöhnt, aus dem Hinterhalt angreifen zu können, ohne dafür geradestehen zu müssen. Sie können in Unverantwortlichkeit verletzen. Zugleich beobachten die Betreiber von Netzwerken den Nutzer unbemerkt, sammeln seine Daten, ohne dass ihm dies bewusst wäre, speichern und nutzen diese und geben sie entgeltlich weiter. Der geheime Mitleser und Mitwisser setzt sein Wissen ein, um den Betroffenen zu lenken und zu bewerben, verwertet sein Wissen wirtschaftlich und beteiligt sich auch als wissender Konkurrent am Markt.

Beim Terrorismus ist die Anonymität das Kampfmittel. Der Terrorist taucht plötzlich aus der Unsichtbarkeit auf, zerstört das Leben der zufällig Anwesenden, sucht sich dann wieder in der Anonymität oder durch Suizid der Verantwortlichkeit zu entziehen. Das Recht prallt mit seinen Anordnungen und Sanktionen an diesem Terrorismus ab. Selbst die Androhung einer Todesstrafe würden den Adressaten, der zum Suizid bereit ist, nicht erreichen. Der Staat muss deshalb dem Terrorangriff zuvorkommen, muss auf unsichtbare und nicht spürbare Überwachungstechniken zurückgreifen, um seinem Sicherungsauftrag zu genügen. Die Anonymität des Angriffs verändert strukturell die rechtsstaatliche Gegenwehr. Der Staat begibt sich auf den schmalen Grat zwischen einer unzulänglichen Gefahrenvorsorge und einem Freiheitsverlust durch ein Übermaß an Überwachung.

Bei der privaten Begegnung beansprucht der Mensch, sich in Ausdruck, Kleidung und Sprache selbst so darzustellen, wie es ihm beliebt. Er will auch für sich sein, ohne gesehen und gehört zu werden, ohne antworten und sich verantworten zu müssen. Über seine Privatsphäre verbreitet er den Zauber des Geheimnisses. Das geflüsterte Wort, der persönliche Brief, der individuelle Rat bleiben allein einem Adressaten vorbehalten. Die Vertraulichkeit von Amt, Geschäft und Computer ist rechtlich geschützt. Der Mensch will nicht nur wissen, sondern auch verbergen. Er will staunen, sich überraschen lassen, den Reiz des unverhofften Augenblicks genießen.

Auch das Kunstwerk spielt mit der Sprache des Ersichtlichen und Verschleierten, der fotografischen Prägnanz und der malerischen Abstraktion, der informierenden Sprache und des Denkanstoßes. Die Lehre von den demokratischen Rechtsquellen sucht nach der im Berg verborgenen Quelle des Rechts, breitet über die Menschen einen »Schleier des Nichtwissens«.[25]

Es gehört zu den Freiheiten des Menschen, sich selbst so darzustellen, wie es ihm beliebt. Die Grenzen sind dort erreicht, wo er anderen begegnet und deshalb ersichtlich und verantwortlich sein muss. So darf er sich als Fahrzeugführer nicht verschleiern, sich bei einer öffentlichen Demonstration nicht hinter einer Maske oder einer Vermummung verbergen, im Auftreten vor Gericht oder Behörden nicht gesichtslos werden.[26] Verantwortliche Freiheitswahrnehmung gegenüber anderen fordert grundsätzlich die

Sichtbarkeit. In einer freien Gesellschaft soll jeder Mensch grundsätzlich in Gelassenheit gut über sich denken und den andern achten, ihn ansprechen und anhören, dabei Neues wagen und Vielfalt nicht fürchten, den Dialog in Offenheit und Verantwortlichkeit suchen.

4. Der Staat gestaltet, ermöglicht und begrenzt Freiheit

Der freiheitliche Staat überlässt jedem Menschen die Gestaltung seines Lebens, gibt damit das gesellschaftliche Geschehen, die Wirtschaft, die Kunst und die Wissenschaft in die Hand der freiheitsberechtigten Menschen. Er ordnet nicht an, wer wo zu arbeiten hat, sondern garantiert Berufsfreiheit. Er bestimmt nicht, wer wen zu heiraten hat und wie viele Kinder aus einer Ehe hervorgehen sollen, sondern garantiert die Freiheit von Ehe und Familie. Er übernimmt nicht die Herrschaft über das Wirtschaftsgeschehen, über Kapital und Arbeit, sondern garantiert die Freiheit privater Unternehmen, der Arbeitnehmer, der Tarifvertragsparteien. Er verzichtet strukturell auf das Staatsunternehmen und finanziert sich durch Teilhabe am Erfolg privaten Wirschaftens, also durch Steuern. Er vermittelt Wohnungen allenfalls in Krisen- und Notzeiten, überlässt grundsätzlich den Wohnungsbau und die Wohnungssuche den Freiheitsberechtigten. Kunst und Wissenschaft sind frei. Die Religionsfreiheit ist das elementare Freiheitsrecht, das im 18. Jahrhundert den Kampf um die Menschenrechte geprägt hat.[27] Freiheit macht den Menschen mächtig, den Staat ohnmächtig.

Doch der Staat schafft Freiheitsvoraussetzungen, qualifiziert zur Freiheit, unterstützt und formt die Ausübung von Freiheitsrechten. Damit ist der Staat Garant, potenziell auch Gegner der Freiheit. Das gilt insbesondere für die staatlich ermöglichte Qualifikation zur Freiheit in Schule und Hochschule. Die staatliche Universität gibt dem Studienbewerber eine reale Studienmöglichkeit. Doch die Zulassung der Studienbewerber zum Studium macht aus der Freiheit Gleichheit. Wenn jemand in Freiheit das Studienfach Jura und den Studienort Heidelberg gewählt hat, hätte die Freiheitsgarantie zur Folge, dass er in Heidelberg Jura studieren darf, weil er es so will. Doch die Studienplätze sind rar. Die Zahl der Bewerber ist höher als das Angebot. Deswegen muss der Staat unter den Bewerbern auswählen. Das hat für die nicht zugelassenen Bewerber zur Folge, dass ihre freiheitliche Entscheidung unerheblich wird. Sie müssen ein anderes Fach wählen, an einem anderen Ort studieren, oder auf ein Studium verzichten. Aus Freiheit nach individuellem Wollen wird Gleichheit nach Qualifikation. Die staatliche Organisations- und Vergabegewalt über die Studienplätze ermöglicht und verengt die verfassungsrechtlich garantierte Freiheit zur individuellen Wahl des Studienfachs und des Studienortes und teilt Gleichheit nach staatlichen Maßstäben zu.[28]

Die Aufgaben von Staat und Bürger folgen gegenläufigen Maßstäben. Der freiheitsberechtigte Bürger und der freiheitsverpflichtete Staat begegnen sich aber bei der praktischen Wahrnehmung individueller Freiheit und staatlicher Aufgabe. Der Bürger verändert die gesellschaftliche und damit die staatliche Wirklichkeit, wenn er eine Ware produziert oder eine Dienstleistung erbringt, eine Erfindung macht oder ein Buch schreibt, er eine Ehe eingeht und eine Familie gründet. Die staatliche Aufgabe hängt davon ab, ob der Bürger sich friedlich verhält oder die öffentliche Ordnung stört, er sein Eigentum pflegt oder es vernachlässigt, er sich im Ehrenamt anderen widmet oder an ihnen achtlos vorbeigeht. Das staatliche Gesetz erleichtert eine Erwerbstätigkeit oder erschwert sie. Es schützt das geistige Eigentum individuell oder liefert es den großen Digitalgesellschaften aus. Es stellt Ehe und Familie unter »besonderen Schutz« oder lässt sie in der Allgemeinheit von Lebens- und Erwerbsgemeinschaften aufgehen. Es stützt das Ehrenamt und die Gemeinnützigkeit oder dient allein einer vom Erwerbsleben geprägten Gesellschaft. Es betreibt Freiheitspolitik, die Freiheit für den Einzelnen mehrt oder mindert.

5. Der Freie wehrt Fremdbestimmung ab und gewinnt Kraft zur Selbstbestimmung

Die Qualifikation zur Freiheit dient somit der Gegenwehr gegen Fremdbestimmung und der Entfaltung individueller Selbstbestimmung. Der Mensch erwartet vom Freiheitsrecht zunächst, dass es ihm die Bedrängnisse durch willkürliche Obrigkeit, Naturgewalten und existenzielle Not fernhält. Diese Aufgabe sucht der Staat zu erfüllen. Doch wenn der Mensch rechtlich so befreit ist, muss er seine individuelle Freiheit erst noch erringen. Jeder hat eine eigene Kraft zur Freiheit, bestimmt die Qualität seiner persönlich erlebten Freiheit selbst. Dabei ist der Mensch die längste Zeit seines Lebens – als Kind, Kranker, Arbeitsloser und Gebrechlicher – hilfsbedürftig, im Übrigen nach seiner körperlichen und geistigen Leistungsfähigkeit nur begrenzt in der Lage, seine Freiheitsziele zu erreichen. Die Freiheitswahrnehmung ist oft, insbesondere in Familie und Berufsleben, anderen Menschen gewidmet. Dann wachsen die Freiheitsanforderungen, je mehr andere mitbetroffen sind. Der Staat überlässt diese Freiheitsqualifikation dem Freiheitsberechtigten, kann ihn beim Erlernen der Freiheit aber gestaltend, ermöglichend und begrenzend unterstützen.

Wenn der Mensch seine Ketten abgeschüttelt hat, beginnt er aufzustehen, zu gehen und in das Licht der Sonne zu treten. Ohne Ketten ist er frei, muss nun aber die Kraft zur Freiheit entfalten. Er ist nicht mehr fremdbestimmt, muss jetzt aber immer wieder und immer besser Herrschaft über sich selbst gewinnen. Doch dieses Erfordernis der Freiheit veranlasst nicht eine ständige innere Unruhe, nicht ein ständiges Sich-in-Frage-Stellen, nicht einen beharrlichen Druck zur Selbstdisziplinierung, sondern erwartet eine selbstbewusste Aufmerksamkeit für sich selbst. Der Freie strebt nach einer zentralen Tugend: der beherzten Freiheit.

Freiheitliche Mitgestaltung der Demokratie

1. Zum Einklang mit dem Staatsvolk beitragen

Vor einigen Jahren wurde ich von einem Kollegen in die Hauptstadt eines der Mitgliedsländer der Europäischen Union eingeladen, über das Verhältnis von EU und Mitgliedstaaten zu sprechen. Der Kollege begann seinen Vortrag vor großem Auditorium mit dem Satz, er sei in erster Linie ein überzeugter Bürger seines Staates, in zweiter Linie ein guter Europäer. Dieses Bekenntnis wurde mit tosendem Applaus bedacht. Ich habe dann meinen Vortrag mit dem Satz begonnen, ich sei in erster Linie ein überzeugter Deutscher, in zweiter Linie ein guter Europäer. Die Reaktion war ein überraschtes Schweigen. Ersichtlich erwarten manche Europäer nicht, dass der Deutsche seine Zugehörigkeit zu seinem Staat schätzt und bekundet. Das hängt mit unserer Geschichte zusammen, auch mit unserer kulturellen Suchphase nach der Befreiung von nationalsozialistischer Gewaltherrschaft und Diktatur bis zur Wiedervereinigung, mag auch in einem problematischen Bemühen angelegt sein, den wirtschaftlichen Austausch nicht durch Festlegungen und Bekenntnisse zu stören. Doch ein demokratischer Staat erwartet, dass jeder Staatsangehörige für den Staat eintritt, der ihn schützt, ihm ein Bleiberecht sichert, ihm in existenzieller Not beisteht, ihn grundsätzlich vor Auslieferung und Abschiebungen bewahrt.[1]

Freiheit gewinnt, wer im Einklang mit seinem Nachbarn, der Verfassung seines Staates und dessen politischen Leitgedanken lebt, wer als Teil des Staatsvolkes die Entwicklung seines Gemeinwesens mitbestimmen kann. Demokratie ist eine Staatsform, die Freiheit schafft und erneuert. Sie baut auf den inneren Zusammenhalt zwischen Regierenden und Regierten. Sie kennt keine Herrschaft kraft eigener Macht, persönlicher Überlegenheit oder Erbrecht. Sie kennt nur Menschen, die vom Staatsvolk zur Macht auf Zeit ermächtigt und in den Rechtsrahmen einer Verfassung eingebunden sind. Das Staatsvolk ist der Herrscher, ist sich seiner Verfassungsrechte auch gegenüber der Obrigkeit bewusst, weiß sich durch Gesetze gebunden, die im Lande Frieden sichern, für jedermann Freiheit gewährleisten, ermöglichen und schützen, die allgemeinen Lebensbedingungen menschengerecht gestalten.

Diese Bindung durch ein mehrheitlich beschlossenes Gesetz erlebt der Freiheitsberechtigte in der Gewissheit, dass der Staat seine Grundrechte nicht verletzen darf, er sich gegen eine Verletzung seiner Rechte vor Gericht wehren kann. Die Homogenität des Staatsvolkes – das Leben im Einklang mit einer gemeinsamen Kultur – ist im Grundgesetz in ihrem Kern festgeschrieben. Die Demokratie wird durch die Mehrheit des Staatsvolkes handlungsfähig, empfängt aber im Schutz des einzelnen Menschen Ziel und Maß ihres Handelns.

2. Freiheit in der Kultur des eigenen Staates

a. Das Staatsvolk verhält sich zum Staat wie die Hand zum Handschuh

Ein Staat entsteht, wenn Menschen sich in einer gemeinsamen Sprache verständigen können, sie eine gemeinsame Kultur entwickeln, ähnliche politische, wirtschaftliche, kulturelle Interessen verfolgen, sich Sicherheit nach innen und außen versprechen, sich deshalb Organe geben, die Recht setzen und Recht durchsetzen. Dieser Staat gewährleistet Freiheit und bietet Institutionen, in denen sich der Freie entfaltet. Er ist die demokratische Einheit, in der die freien Bürger ihr politisches Leben gestalten. Er ist heute Geltungsgrund und Bedingung der Freiheit. In einer Demokratie wirkt das Staatsvolk im Staat wie die Hand im Handschuh. Der Handschuh liegt schlaff danieder, bis die Hand hineinfährt und ihm Beweglichkeit verleiht. Der Staat ist handlungsunfähig, bis das Staatsvolk ihn zum Handeln ermächtigt.

In dieser demokratischen Grundidee vertritt der Abgeordnete das Wahlvolk bei der Gesetzgebung. Ihn zeichnet nicht eine besondere berufliche Qualifikation aus, sondern die in der Wahl bestätigte Nähe zum Volk, das im Wahlakt bekundete Vertrauen, dass der Abgeordnete und damit das Parlament strukturell so denkt und entscheidet wie das Volk. Demokratische Repräsentation spiegelt das Staatsvolk in seiner Einheit und Verschiedenheit im Parlament, prägt insoweit die Gesetzgebung. Diese Vorstellung einer repräsentativen Gesetzgebung bestimmt den Auftrag des Parlaments. Der Gesetzgeber regelt die »wesentlichen« Grundsatzfragen des Gemeinwesens.[2] Alle für das Staatsvolk wesentlichen Grundsatzentscheidungen sind dem Parlament vorbehalten. Dieser Vorbehalt muss im Rahmen des ständigen wachsenden Regelungsbedarfs heute aber auch die Bedeutung gewinnen, dass das Parlament sich im Rahmen seiner Gesetzgebung auf die gemeinschaftserheblichen Kernentscheidungen beschränkt, es also nur das Wesentliche regelt. Der durch Wahl qualifizierte Abgeordnete kann und soll nur die Grundsatzfragen des Gemeinwesens beurteilen. Er soll wie der betroffene Bürger denken und sprechen, deshalb Gesetzestexte nur in einer Sprache formulieren, die der Gesetzesadressat durch Lektüre des Gesetzblattes verstehen und sich zu eigen machen kann. Das Parlament entscheidet über den Atomausstieg. Die technischen Sicherheitsstandards einer fortgesetzten Atomwirtschaft und die Abwicklung eines Atomausstiegs bleiben der Exekutive überlassen. Das Parlament beschließt, dass die Wirtschaftsgüter im Einkommen- und im Erbschaftsteuerrecht realitätsgerecht und wirklichkeitsnah bewertet werden. Wie dieser Wert technisch festgestellt wird, bleibt einer Rechtsverordnung der Exekutive vorbehalten. Das Parlament beschließt, welche Feinstaubbelastung in Innenstädten noch zumutbar ist. Die Verordnung sagt, welche Maßstäbe und Messmethoden bei Anwendung des Gesetzes zu verwenden sind. Das Parlament behält eine Kontrollkompetenz, ob die Exekutive die gesetzlichen Grundsatzentscheidungen zielstrebig, verlässlich und unbefangen vollzieht. Der Gesetzestext aber besagt nur etwas, was der Abgeordnete und der Gesetzesadressat verstehen können.

Würde die moderne Gesetzgebung die Verstehbarkeit des Gesetzes für Parlament und Gesetzesadressaten als Mindesterfordernis einer sachlich gerechtfertigten Gesetzgebung anerkennen, würden ganze Rechtsgebiete, insbesondere im Steuerrecht, an diesem elementaren Befreiungsakt rechtlicher Vernunft zerbrechen. Recht kann erst gelten, wenn es in den Köpfen der betroffenen Menschen ankommen kann. Kennt der Mensch das Recht nicht, wird er es auch nicht befolgen. Diese Selbstverständlichkeit hat auch Bedeutung für die Änderung von Gesetzen. Wird eine gesetzliche Neuregelung am 31.12. im Gesetzblatt verkündet und soll sie am darauffolgenden 1.1. gelten, wird diese Geltungsanordnung unwirksam sein. Der Gesetzgeber weiß, dass das Rechtsbewusstsein für neues Recht erst in den Menschen wachsen muss, wir im Übrigen an Silvester das Bundesgesetzblatt nicht lesen.

b. Demokratische Eigenständigkeiten und internationale Gemeinsamkeiten

Jede Demokratie hat eine eigene Kultur, aber auch charakteristische Merkmale, die sie gemeinsam mit anderen Menschen und Staaten prägt. Das Grundgesetz hat 1949 einen kraftvollen Aufbruch zu Rechtsstaat, Demokratie und wirtschaftlicher Prosperität angeleitet, mit der Wiedervereinigung 1989 einen eigenen Weg zu einer friedlichen Revolution gefunden, eine eigene Kultur des Maßes entwickelt und eine besondere Balance zwischen Erinnern und Vergessen gefunden. Auch die oft belächelten »deutschen Tugenden« wie Pünktlichkeit und Sauberkeit sind – als freiheitliche Herrschaft über sich selbst und Rücksichtnahme auf andere – Teil unserer Verfassungsrealität.

Unsere Verfassung hat sich an der Französischen Revolution und den nachrevolutionären Idealen von Freiheit, Gleichheit, Sicherheit orientiert. Wir folgen der Idee der universalen Menschenrechte, des staatenübergreifenden Friedenskonzepts, der Gewaltenteilung, der Entwicklungshilfe und des Umweltschutzes zusammen mit anderen Staaten. Weltweites Wirtschaften, Technik und Verkehr, Digitalisierung und Medien sind auf Grenzüberschreitung angelegt. Die Wissenschaft fordert in einer weltoffenen Gelehrtengemeinschaft bedachte Fragestellungen, weltweit nachvollziehbare Experimente, schlüssige Beweise, folgerichtige Gedankenführung. Wir nähern uns in unseren Lebensformen bei Sport und Reisen, in Theater und Oper, im Fernsehen und der digitalen Welt einander an. Wir genießen die italienische Küche, trinken französischen Wein, sehen amerikanische Filme. Wer in fremde Staaten reist, beobachtet zunächst die Verschiedenheit der Kulturen. Schaut er näher hin, entdeckt er überall Menschliches, das den Menschen Gemeinsame. Keine Kultur ist darauf angelegt, unmenschlich zu sein.

Vieles unserer Kunst prägt nicht allein unsere Kultur, sondern wirkt auch in alle Welt – die Musik von Bach und Mozart, von Beethoven und Wagner, die Malerei von Dürer, Caspar David Friedrich oder die Künstler des Blauen Reiter, die Dichtung von Goethe, Schiller, Kleist und Thomas Mann. Die Frage nach der Eigenheit unserer Demokratie sucht also nicht Menschen, die sich von anderen Menschen fundamental unterscheiden, sondern Menschen, die in Gemeinsamkeit und Begegnung mit anderen ihre Individualität und Identität entwickeln.

c. Sinnstiftende Eigenheiten ohne Eigensinn

Der Freie lebt in Deutschland unter Bedingungen, die der Gemeinschaft einen Sinn geben, uns aber auch vor Eigensinn bewahren. Prägend wirkt – erstens – die deutsche Sprache. Das Kind lernt in deutscher Sprache sprechen, kann in ihr die Welt begreifen und anderen Menschen begegnen. Es wird in dieser seiner Sprache verstanden, kann in dieser Sprache über alles in der Welt reden. So gibt ihm seine Sprache Sicherheit und Zugehörigkeit, zugleich aber auch Freiheit und geistige Weite.

Wir übernehmen von unseren Vorfahren die Sprache, machen uns damit bestimmte Lebenssichten und Erfahrungen, Rationalitäten und Wertungen zu eigen. Wir denken die Weltideen von Würde, Freiheit und Gleichheit des Menschen, von Rechtsstaat und Bundesstaat, von Parlament, Regierung und Rechtsprechung in unserer Sprache. Wir nutzen die Ideen einer Weltwissenschaft als Leitgedanken für die Erneuerung unserer Universität.[3] Goethe verstand die Idee der Weltliteratur, zu der er in seiner deutschen Sprache beitrug, als Menschheitskultur.[4] Die Sehnsucht der Deutschen galt der Antike – einem griechischen Menschenbild, einem römischen Staatsgebilde und der italienischen Renaissance. Das alles war in der Sprache gedacht, in der unsere Eltern uns heute ansprechen, die uns eine Elementarbasis der Gleichheit bietet, die Begegnung und Auseinandersetzung in Freiheit erlaubt.

Die deutsche Sprache hat Eigenheiten aufgenommen, die aus dem Denken in dieser Sprache erwachsen. Sie öffnet uns die Welt, erlaubt uns auch, bestimmte Sprachgedanken – das »Waldsterben«, den »Kindergarten«, den »Staatenverbund« – anderen Sprache zu vermitteln. Sie macht nachdenklich, wenn aus dem »Garten« des Kindes eine »Tagesstätte« – Kita –, aus dem »Staatenverbund« eine Herrschaft der europäischen Exekutive zu werden droht.

Diese Sprache prägt unser Zusammenleben im Recht, in der menschlichen Begegnung, in der öffentlichen Debatte, in Schule und Hochschule. Sprache trägt das Prinzip unseres inneren Friedens. Sie lehrt uns, Recht und Unrecht zu unterscheiden. Der durch das Recht gewährleistete Frieden ersetzt die Gewalt von Faustrecht und Fehderecht durch die Lösung aller Konflikte allein in sprachlicher Auseinandersetzung. Die Letztentscheidung liegt bei der Recht-Sprechung, die den Beteiligten rechtliches Gehör gewährt, in öffentlicher Verhandlung den Streitfall erörtert, das Urteil für jedermann hörbar verkündet, es in deutscher Sprache begründet. Recht lebt in Sprache und ereignet sich in Sprache. Deswegen haben die Demokratie und der Rechtsstaat den Auftrag, die eigene Sprache so zu pflegen und fortzubilden, dass die Entwicklung der Welt in ihr verstanden werden und Recht in ihr gesprochen werden kann.

In Deutschland neigen die Menschen – zweitens – zu stetiger Selbstvergewisserung. Unser Volk hat diese Eigenheit entwickelt, weil es sich jahrhundertelang seines Gebietes und seiner einheitlichen politischen Form nicht gewiss sein konnte, in Kriegen gespalten, aufgeteilt und zerrissen worden ist, religiös erst gegenwärtig zu einer Mitte zwischen gemeinsamer Tradition und individuellem Gewissen findet. Deshalb mühen wir uns um Gelassenheit, Selbstbewusstsein, besonnene Orientierungssicherheit, die andere Staaten als ihr selbstverständliches Erbe weitergeben. Wir ergründen, suchen und fragen wohl mehr als andere.

Die intellektuelle Orientierungssuche betrifft insbesondere Staat und Recht. Einerseits überhöht der Intellekt die Erwartungen an den Staat, ist deshalb vom realen Staat enttäuscht und rückt vom »garstig Lied« des Politischen[5] ab. Andererseits wird die Politik als hohe Staatskunst verstanden, die in abwägender Vorsicht die Zukunft gestaltet, gegenläufige Interessen schonend ausgleicht,[6] alle Kräfte des Menschen zusammenführt und anregt, »um sämtliche Möglichkeiten des Augenblicks auszuloten«[7]. Einerseits scheint der Bürger in einer ständigen Bereitschaft zur Empörung[8] und Aufgeregtheit zu verharren, andererseits gelassen das Recht als Konfliktordnung zu verstehen, die unterschiedliche Meinungen, Interessen und Ideen in sprachlicher Auseinandersetzung löst.[9] Neuerdings begegnen wir der überraschenden Grundsatzfrage: »Demokratie oder Zukunft?«,[10] die in der Entgegensetzung beider Begriffe die Demokratie als Zukunftshindernis versteht. Das Bundesverfassungsgericht sucht die europäische Integration gerade durch eine verstärkte Parlamentarisierung der Entscheidungsprozesse zu formen.[11] Dennoch wird der von den Mitgliedstaaten geprägte Staatenverbund der Europäischen Union[12] teilweise schon

271

als »Verfassungsverbund«[13] gedeutet, so dass die Mitgliedstaaten sprachlich und gedanklich in den Hintergrund gedrängt werden, ohne dass die Europäische Union die Aufgaben eines Verfassungsstaates übernehmen könnte und wollte.

Unsere Gesellschaft folgt in der Digitalisierung, auch in der Flugzeug- und Fahrzeugtechnik geradezu einer Technikeuphorie, erlebt aber bei den Großbaustellen des Berlin-Brandenburgischen Großflughafens oder der Eisenbahntrasse von Basel nach Karlsruhe einen »Turmbau zu Babel«, bei dem die Beteiligten sich nicht mehr verständigen können, die Großvorhaben zu Symbolen des Irrtums, der Überheblichkeit, zum Zeichen der Hybris werden.[14] Wegen der Erfahrung des Nationalsozialismus[15] und der staatlichen Teilung[16] wird verständlich, dass der Staat vorübergehend als Übergangsphänomen verstanden worden ist.[17] Heute müssen wir uns mit der Frage auseinandersetzen, ob der Staat wegen der Globalisierung, der Digitalisierung und der weltweit handelnden Wirtschaftsunternehmen[18] durch ein Regieren jenseits des Nationalstaates[19] abgelöst zu werden, in »postnationalen Netzwerken« aufzugehen droht.[20]

Kulturprägend dürfte für das Deutschland des Grundgesetzes – drittens – eine besondere Bindung zwischen Rationalität und Menschlichkeit sein, die ein ehemals idealisierendes Vernunftverständnis lockert. Im Recht der Verhältnismäßigkeit und der gleichheitsgerechten Unterscheidung gewinnt neben dem sachlich vernünftigen auch der »sonst wie einleuchtende« Grund rechtfertigende Kraft.[21] Ein Leben, das ausschließlich nach Logik, Technik und Vernunft abliefe, wäre inhuman. Der Mensch entfaltet sich in Freiheit nach seinem Willen, nicht nach Gesetzmäßigkeiten der Natur oder der Logik.

Im deutschen philosophischen Denken scheinen Vernunft und Menschlichkeit in besonderer Weise verwoben zu sein. Die deutsche Philosophie sucht das Sittengesetz in einem kategorischen Imperativ zu fassen, der nicht materielle Werte empfiehlt, sondern Gut und Böse nach der Verallgemeinerungsfähigkeit des eigenen Handlungsmaßstabes definiert.[22] Diese Ethik ist rigoros – kategorisch –, eine Pflichtethik, die sich aber aus einer praktischen Vernunft ergibt, deren Triebfeder der vom moralischen Gesetz bestimmte Wille ist, die durchaus Hoffnung und Gefühl, Achtung und Neigung, Bewunderung und Verehrung kennt.[23] Freiheit wird die Moral öffnen, das Freiheitsrecht die Moral menschlicher machen.

Vernunftgeprägtes Denken lebt in der Einsicht, dass menschliches Handeln ebenso durch Hoffen, Staunen und Begeistern Wünschen und Lieben, Kunst und Religion bestimmt ist. Der Wille prägt den Menschen, ist Teil der Vernunft.

d. Alltagsgepflogenheiten

Der ausländische Gast beobachtet und verzeichnet in Deutschland ein ausgeprägtes Ordnungsbewusstsein. Die Menschen hielten an der Ampel, wenn das Signal auf Rot stehe, möge auch am frühen Morgen die Kreuzung gänzlich frei und die Übersicht über herannahende Fahrzeuge unbegrenzt sein. Der Deutsche habe ein besonderes Sicherheitsbedürfnis, erwarte eine formelle Regelhaftigkeit. Er pflege »bürgerliche Tugenden« oder »deutsche Werte« wie Ordnung und Pflichtbewusstsein, Entscheidungsfreude und Verlässlichkeit, Sparsamkeit und Disziplin, Arbeitsbereitschaft und Fleiß, Pünktlichkeit und Sauberkeit.[24] Diese gelegentlich als »Sekundärtugenden« belächelten Eigenheiten sind in einer arbeitsteiligen Wirtschaft unverzichtbare Bedingungen der Freiheit, wenn ein Mensch beim Kfz-Mechaniker seine Bremsen erneuern oder beim Chirurgen sich einer Operation unterziehen muss. Bei der Ampel stellt sich die Frage, ob strikte Ordnungstreue oder eigenverantwortliche Verkehrseinschätzung zu mehr Straßenverkehrssicherheit führt. Praktische Maßstäbe für Verlässlichkeit, Vertrauenswürdigkeit, Gediegenheit und Teamfähigkeit sollten wir pflegen, solange sie nicht in Pedanterie, Formalismen und Bürokratie verkümmern. Wir werden heute besonnen feststellen, dass diese Eigenheiten eine Rechts- und Kulturgemeinschaft nicht tragen, sie aber hilfreiche Stützen für das friedliche Zusammenleben, eine organisierte Aufgabenteilung und die Entfaltung einer Kultur des Vertrauens bieten.

Unter diesen Lebensbedingungen entwickelt sich die individuelle Freiheit. Der Freie kann die Bedingungen für sich verändern, wird sie aber im Alltag zur Grundlage seines Lebens machen. Seine Freiheit wird durch den Staat, die Kultur und die allgemeinen Lebensgewohnheiten geprägt.

3. Freiheitsgefährdung durch Verschuldung

a. Entwicklung der Verschuldungsmaßstäbe

Dieses Leben im Einvernehmen mit dem Staatsvolk, in der Selbstverständlichkeit des staatlichen Rechts, in der guten Alltagsgewohnheit ist die Grundlage der Freiheit, die eine Demokratie erwartet. Der Freie isoliert sich nicht in Individualität und Abgeschiedenheit, sondern entfaltet sich in Begegnung und Zugehörigkeit. Dabei setzt er voraus, dass diese Grundlage seiner Freiheit kontinuierlich besteht und nur durch Freiheitswahrnehmung und parlamentarische Gesetzgebung fortentwickelt wird. Diese Nachhaltigkeit der Demokratie ist gegenwärtig allerdings durch die Staatsverschuldung, durch eine neue Herrschaft der Parteien und durch eine Unverständlichkeit moderner Lebensbedingungen in Gefahr. Sie muss deshalb in beherzter Freiheit erneuert werden.

Der freiheitliche Staat verzichtet auf eigene wirtschaftliche Produktivität, ist deshalb darauf angewiesen, sich aus dem Erfolg privaten Wirtschaftens zu finanzieren. Dieser Staat kann dem Bürger nur das geben, was er ihm vorher steuerlich genommen hat. Diese Gesetzmäßigkeit setzt der staatlichen Ausgabenpolitik eine klare Grenze. Diese sucht der Staat jedoch zu überwinden, indem er Schulden aufnimmt und damit seine finanziellen Leistungen über die Steuererträge hinaus erweitert. Der Staat gibt dem Bürger mehr, als ihm gebührt. Die gegenwärtige Generation gibt Geld im Übermaß aus, das die nachfolgende Generation zurückzuzahlen und zu verzinsen hat. Die Heutigen gewinnen Freiheit und nehmen ihren Kindern Freiheit.

Seit Jahrhunderten finanzieren Landesherren und Staaten ihren Bedarf nicht nur durch Einnahmen aus Regalien, Domänenerträgen und Steuern, sondern auch aus Krediten.[25] Eine opulente Hofhaltung, der Bau von Schlössern, das Halten eines stehenden Heeres, der Ausbau von Landesverwaltung und wirtschaftlichen Unternehmen der Staaten wurden durch eine Staatsverschuldung ermöglicht. Deren Berechtigung war von Anfang an umstritten. David Ricardo versteht die öffentliche Verschuldung als eine »der furchtbarsten Geiseln, die jemals zum Unglück eines Volkes erfunden worden ist«[26]. Abgabenschuldner und Leistungsempfänger des Staates sollen in der Gesamtheit des Staatsvolkes dem Staat dieselbe Summe geben, die sie von ihm durch Leistungen empfangen. Lorenz von Stein erklärt demgegenüber die Staatsschuld in der Zeit beginnender Industrialisierung zu einem normalen Handlungsmittel. »Ein Staat ohne Staatsschuld tut entweder zu wenig für seine Zukunft oder er fordert zu viel von seiner Gegenwart.«[27] Im Rückblick auf das 19. Jahrhundert beobachtet Albert Hensel, alle Erfahrungen mit prachtvoller Hofhaltung, Kriegsfinanzierung und spendablen Staatsleistungen lehrten, dass die »Verausgabung auf Borg« sich nicht bezahlt mache.[28] Die Staatsverschuldung gilt als »das große, jammervolle Hauptridikül« des 19. Jahrhunderts. Die Bereitschaft, »das Vermögen der künftigen Generationen vorweg zu verschleudern«, zeige einen »herzlosen Hochmut«.[29] Die Verfassungen des 19. und 20. Jahrhunderts sind deshalb bemüht, eine staatliche Kreditaufnahme zwar als außerordentliches Finanzierungsinstrument zuzulassen, sie jedoch für den Regelfall auszuschließen.[30] 1969 begrenzte ein Gesetz zur Änderung des Grundgesetzes[31] die Kreditsumme auf die Investitionssumme, den Gegenwartsbedarf auf die Gegenwartslast, um den Staat zu hindern, durch Staatsverschuldung »die Sorgen einer fernen Zukunft« zuzuschieben,[32] der nächsten Generation ein Stück Freiheit zu nehmen.

Die Begrenzung der Kreditsumme in der Investitionssumme wird mit der Überlegung gerechtfertigt, der Verzicht auf gegenwärtigen Konsum zugunsten einer künftigen Wertschöpfung gebe den Investitionsvorteil an die zukünftige Generation weiter, dürfe diese deshalb auch zur Investitionsfinanzierung heranziehen.[33] Dieser Gedanke ist grundsätzlich verfehlt. Jede Generation bemüht sich, ihre Lebensverhältnisse zu verbessern und die Ergebnisse ihres Fortschritts an ihre Kinder weiterzugeben. Der Bau des Elternhauses, Werke der Kunst, Erkenntnisse der Wissenschaft, Entwicklungen der Technik, eine bessere politische Kultur mit mehr Humanität, familiärer Zuwendung und Sozialem sollen der Gegenwart dienen, aber auch der Zukunft nachhaltig nutzen. Jede Generation baut auf das Fundament, das die vorangegangene Generation um ihrer selbst willen geschaffen, dann aber an die nächste Generation weitergegeben hat. Wollten Eltern ihre Kinder zur Finanzierung des Elternhauses heranziehen, weil diese das Familiengut später erben, erschiene dieses kleinmütig, eine Fehlinterpretation des Generationenvertrages. Wir erben von unseren Eltern, pflegen und mehren das Ererbte und geben es unentgeltlich an unsere Kinder weiter.

Das Grundgesetz hat die staatliche Kreditaufnahme 1967 ausdrücklich in den Dienst staatlicher Konjunkturpolitik gestellt.[34] Die staatliche Haushaltspolitik hat den »Erfordernissen des gesamtwirtschaftlichen Gleichgewichts« Rechnung zu tragen. Dieses »magische Viereck«[35] trägt die Magie in das Recht und öffnet die Schleusen für eine kreditfinanzierte Steuerung. Der Staat beansprucht die Befugnis zur antizyklischen Budgetpolitik,[36] sucht in wirtschaftlichen Krisen durch kreditfinanzierte Zusatzausgaben oder Steuersenkungen die Wirtschaft zu beleben, die Produktivität zu steigern, den Beschäftigungsstand zu erhöhen,[37] die unproduktiven Ersparnisse durch produktive Investitionen zu ersetzen.

Die praktische Erfahrung lehrt, dass eine Staatsverschuldung sich nicht selbst finanziert, vielmehr zum »leichten Geld« verführt, sie die Wähler von heute begünstigt und die heute noch wehrlosen Steuerzahler von morgen belastet. Die Ersparnisse werden nicht im Sparstrumpf aufbewahrt, sondern von den Banken für Investitionen ausgeliehen. Sie verschieben den Kapitaleinsatz vom Konsum zur Investition. Zudem kann eine Staatsverschuldung private Investitionen verdrängen, Geldkapital anlocken und damit Einsparchancen verschlechtern.[38] Eine solche aktive Geld- oder Finanzpolitik beschleunigt eine Geldentwertung und richtet dadurch schweren ökonomischen Schaden an. Sie steigert Macht und Gewinn der Kapitalgeber, schwächt Staat und Staatsvolk. Der verfassungsändernde Gesetzgeber hat aus der Krise 2007 die Folgerung gezogen und eine Neuverschuldung grundsätzlich untersagt, den Gesetzgeber zu einem ausgeglichenen Haushalt ohne Einnahmen aus Krediten verpflichtet.[39] Finanzwirtschaftliche Gediegenheit und Redlichkeit wird in der Verschuldungsgrenze zum Verfassungsmaßstab.

b. Die betroffenen Freiheitsberechtigten

Die Globalsteuerung schiebt mit dreister Selbstverständlichkeit die Rechte der Geldeigentümer und der Berufstätigen beiseite. Wer sein Geldeigentum[40] durch Verzinsung nutzen will, wird durch eine »Nullzins«-Politik der Zentralbank seines Nutzungsrechts[41] beraubt, also enteignet. Ein »Negativzins« drängt ihn aus dem ruhenden Eigentum in das angelegte Eigentum, obwohl er in seiner Entscheidung für das Sparen ein Anlagerisiko vermeiden will. Der Sparer hat in Freiheit entschieden, sein Geld zu sparen, um sich später ein Haus zu kaufen, eine Weltreise zu machen oder sich auf schwindende Erwerbsmöglichkeiten im Alter einzurichten. Zentralbanken und Banken können den Geldwert bewusst verändern, insbesondere Geld schöpfen und neues Geld einem Kreis Bevorzugter zuweisen. Dadurch wird der Wert individuellen Geldvermögens verringert, Geldeigentum bewusst und geplant umverteilt. Auch dies ist ein Eigentumseingriff. Zwar garantiert der verfassungsrechtliche Schutz des Individualeigentums nicht stetige Rahmenbedingungen, die den Geldwert stabil halten. Der Grundrechtsberechtigte darf mit seinen Individualrechten nicht hoheitliche Währungs- und Finanzpolitik, nicht die freiheitlichen Vereinbarungen von Preisen, Löhnen und Zinsen, nicht die persönlich-subjektiven Einschätzungen und Bewertungen von Konjunktur und menschlichem Verhalten bestimmen. Doch wenn eine Hoheitsgewalt gezielt Eigentumswerte verändert und neues Eigentum schöpft und verschenkt, damit das Privateigentum einzelner Gruppen oder Völker vermehrt oder vermindert, so müssen diese hoheitlichen Eingriffe in das Eigentum vor der Eigentumsgarantie gerechtfertigt werden.

Wenn die Geld- und Inflationspolitik zur Verschuldung anregt und diese auch dadurch belohnt, dass eine geplante Wertminderung die Schulden faktisch nach und nach tilgt, so wird die Rechtfertigung dieses Freiheitseingriffs noch problematischer. Sie drängt den Anleger in das Risiko, raubt ihm ein Stück selbstbestimmter wirtschaftlicher Vernunft und bezieht bewusst einen Großteil der Schuldner in den Sog eines Wertverfalls ein. Das Verfassungsrecht widerspricht dieser wirtschaftlichen Globalsteuerung und anonymen Eigentümerlenkung strukturell. Die verfassungsrechtlich garantierte Individualfreiheit wird nicht an den Toren des Finanzmarktes abgegeben.[42]

Eine in Statistiken und Daten denkende Konjunktursteuerung übersieht, dass der wirtschaftende Mensch nicht ein beliebig steuerbares Objekt ökonomischer Strategien ist, er seine wirtschaftlichen Entscheidungen auch nicht nur nach ökonomischer Realität – Kosten und Nutzen wägend und gewichtend – trifft, sondern von den Gewohnheiten seines Konsums, der Vertrautheit des Warenangebots, der Werbung, von Ängsten und Sympathien, von Hoffnungen und Gefühlen bestimmt ist. Er kauft seine Kleider nach der Mode. Er beobachtet nur den Markt vor seiner Haustür und in seinem

PC. Eine Analyse des Weltmarktes ist ihm fremd. Er handelt risikobewusst, bemisst dementsprechend sein Kaufverhalten gegenüber neuen Techniken und Aktien. Er folgt seinen Erfahrungen und Gewohnheiten, bleibt deshalb bei der ihm vertrauten Automarke, den ihm bekömmlichen Lebensmitteln und gewohnten Speisen, seiner Tageszeitung und seinem Lieblingsautor. Er beurteilt die Zukunft nach seiner Lebenssicht, seinem Familienstand und seinem Finanzpotenzial, entscheidet dementsprechend über Hauskauf oder Lebensversicherung, Familienvertrauen oder Bankenvertrauen, Selbsthilfe oder Fremdhilfe. Zudem beobachtet der Bürger kritisch, ob die Konjunktur durch die Produktion umweltverträglicher oder umweltschädlicher Waren, den Verkauf von Arzneimitteln oder Drogen, durch Spekulation auf den Aufstieg oder den Niedergang von Staaten und Unternehmen belebt wird. Diese Voraussetzungen und Inhalte eines Wirtschaftswachstums lassen sich nicht zählen, sondern nur im Freiheitsverständnis beurteilen.

Viele Menschen gewichten auch die ökonomischen Ziele eines Einkommenszuwachses und nichtwirtschaftliche Ziele neu. Sie handeln aus Ehr- und Pflichtgefühl, aus Selbstlosigkeit zugunsten von Armen und Schwachen, wehren sich aus Anstand und Ehrlichkeit gegen schuldenfinanzierte Marktstrukturen, deren Zerbrechlichkeit sie als verantwortlicher Haushaltsvorstand erfahren haben. Sie verbringen viel Zeit in der Familie und bei kultureller Gestaltung. Sie übernehmen gemeinnützig Verantwortung. Ihnen sind Freunde und Geselligkeit, Ehre und Dankbarkeit wichtiger als Gewinn und Erwerbstätigkeit. Sie ziehen deshalb eine Teilzeitbeschäftigung der Vollbeschäftigung vor. Prägend ist dabei insbesondere der für die Zukunft von Wirtschaft, Kultur und Staat bestimmende Gedanke, elterliche Verantwortlichkeit für die eigenen Kinder wahrzunehmen.

Stabilitäts- und Schuldenpolitik sind deswegen wieder auf die Ideen und Handlungsmaßstäbe des freien Bürgers zurückzuführen. Dieser erwartet eine Stabilität von Kultur, Recht und Wirtschaftswesen. Wachstum und Prosperität stehen im Dienst seiner breitgefächerten Freiheit, enthalten für sich genommen keinen Eigenwert. Die Bürger hätten durchaus Verständnis, wenn die deutsche Politik den hohen Standard an Kultur, Recht und Wirtschaft dadurch sichert, dass sie zeitweilig auf Wachstum, grundsätzlich auf Inflation verzichtet.

Allerdings sind die Bürger nicht nur Opfer, sondern vor allem auch Täter der Staatsverschuldung. Sie drängen ihren Staat in die Verschuldung, erwarten höhere Staatsleistungen und niedrigere Steuern, suchen einen übermäßigen Gegenwartsreichtum zu Lasten ihrer Kinder zu finanzieren, die Darlehen zurückzahlen müssen, ohne die Darlehenssumme noch nutzen zu können. Deswegen seien die Wirkungen von Staatskrediten nochmals bewusst gemacht. Die Bundesrepublik Deutschland – Bund, Länder und Gemeinden – hat in den Jahren 1950 bis 2008 1,6 Billionen Euro Schulden aufgenommen, in der gleichen Zeit 1,5 Billionen Zinsen bezahlt.[43] Kreditsumme und Schuldensumme sind fast gleich hoch. Die Zinsen sind bezahlt, die Steuererträge insoweit an den Finanzmarkt abgeflossen. Die Darlehensschuld ist geblieben, weil der Staat Darlehen nicht tilgt, sondern verlängern lässt. Der Hinweis, das Darlehen finanziere gesamtwirtschaftliches Wachstum, verkehrt die Wirklichkeit. Die These von der Notwendigkeit ständigen Wirtschaftswachstums[44] folgt dem Prinzip der Maßstabslosigkeit und damit der Maßlosigkeit. Ein kreditfinanziertes Wachstum ist oft Scheinwachstum, das durch die bleibenden Schuldenlasten in sein Gegenteil verkehrt werden kann. Wird ein Darlehensversprechen niemals erfüllt, ist dem Vertragsrecht und dem Währungsvertrauen das Fundament entzogen. Die eingesetzten Mittel – die Darlehensschuld und die Abhängigkeit des Darlehensnehmers vom Kreditgeber – sind eine gegenwärtige Last.

c. Armut des Staates ist Armut der Bürger

Ist ein Staat hoch verschuldet und droht ihm die Zahlungsunfähigkeit, so ist seine Armut letztlich die Armut seiner Bürger. Dieses ist keine theoretische Annahme, sondern war in Argentinien Realität. Dieses Land ist zwar ein bedeutsamer Exporteur von Lebensmitteln, hat durch seine Schuldenkrise aber viele Menschen in den Hunger getrieben. Deswegen braucht das Weltfinanzrecht eine Resolvenzordnung, die überschuldeten Staaten aus ihrer Not hilft, die Kreditgeber zur Wiedergewinnung der Stabilität heranzieht und dem Staatsvolk einen handlungsfähigen Staat zurückgibt.[45] Ein Staat kann nicht, wie ein privates Unternehmen, bei Zahlungsunfähigkeit in die Insolvenz gehen, so dass er in Zukunft als Rechtssubjekt am Wirtschaftsgeschehen nicht mehr beteiligt ist und sein Restvermögen unter den Gläubigern verteilt wird. Ein Staatsvolk hat einen Anspruch auf

Existenz seines Staates. Die Resolvenzordnung muss die Fortexistenz des Staates gewährleisten. Die Europäische Union spannt deshalb »Rettungsschirme« für gefährdete Staaten auf. Die Mitgliedstaaten zahlen vorübergehende Finanzhilfen, wecken bei den Begünstigten aber mit wachsender Dauer der Hilfen die Erwartung, diese vorübergehenden Hilfen könnten zu einem dauerhaften Umverteilungssystem unter den Staaten institutionalisiert werden. Dieses würde die finanzlabilen Staaten in Erwartung einer Fremdhilfe leichtsinnig machen, die finanzstabilen Staaten in ihrer Gediegenheit entmutigen. Aus dem Rettungsschirm wird eine Finanzfalle.

In der Krise haften alle – auch die staatlichen – Gläubiger, die sich auf das riskante Geschäft eingelassen haben, nicht aber die Steuerzahler anderer Staaten, die für das Risikogeschäft schlechthin nicht verantwortlich sind. Geboten ist eine Rückbesinnung auf die Freiheit: Anleger und Kreditgeber stehen im freiheitlichen Risiko. Der unbeteiligte Steuerzahler hat sich in Wahrnehmung seiner Freiheit von diesen Risiken ferngehalten. Organisiert werden müssten schonende Übergänge von der Krise in die Normalität finanzautonomer Staatlichkeit. Jeder Staat, jede Demokratie verantwortet das, was sie tun.

Das Unionsrecht kennt die geeigneten Prinzipien.[46] Es will in einer vorbeugenden rechtlichen Ordnung die Staaten vor der Finanzkrise bewahren. Deswegen darf sich kein Staat um mehr als 3 Prozent seines Bruttoinlandsprodukts pro Jahr verschulden. Der öffentliche Schuldenstand darf nie mehr als 60 Prozent des Bruttoinlandsprodukts betragen. Staatliche Kredite müssen am Markt aufgenommen werden, dürfen nicht durch die Zentralbanken finanziert werden. Jeder Staat soll erfahren, dass sinkendes Vertrauen in seine Bonität höhere Zinsen zur Folge hat. Dieses ist eine ökonomisch verlässliche Kreditbremse. Vor allem sucht das Europarecht ein solides Haushaltsverhalten jedes Mitgliedstaates durch die finanzielle Eigenverantwortlichkeit aller Staaten zu sichern. Für die Schulden eines Mitgliedstaates dürfen weder die Union noch die anderen Mitgliedstaaten haften oder in sonstiger Weise einstehen.

Dieses Recht allerdings wird gegenwärtig zunehmend missachtet. Der Weg zurück zum Recht und zur Finanzstabilität muss erst noch gefunden werden. Zunächst muss in allen Staaten – nicht nur in Deutschland – auf eine Neuverschuldung kategorisch verzichtet werden. Alle zusätzlichen Staatseinnahmen sind zur Schuldentilgung zu verwenden. Die Aufgaben des Staates und seine Finanzierung sind so zu bemessen, dass die regelmäßigen Staatseinnahmen die Obergrenze der Staatsausgaben bilden. Dabei sind insbesondere alle Subventionen und Steuervergünstigungen systematisch zurückzuführen. Findet der Staat so zu einer Kultur des Maßes zurück, gewinnt er wieder Stabilität, hält den Geldwert stabil, sichert dem Staat Wachstum im Recht, gibt dem europäischen Rechtsverbund neuen Zusammenhalt.[47]

4. Freiheit garantiert der Staat, nicht die Parteien

a. Übertragene Herrschaft

In einer Demokratie wird politische Herrschaft nicht als eigenes Recht, sondern als vom Volk übertragener Auftrag wahrgenommen. Die Befugnis zur Herrschaft folgt aus der Anerkennung und Zustimmung der Wähler, die einen Auftrag zur Herrschaft erteilt haben und diesen begrenzen und auch widerrufen können. Der Regierende bleibt in der politischen Gleichheit des Staatsvolkes gebunden. Das parlamentarische Regierungssystem wurzelt im Staatsvolk, erwartet wechselnde Übergänge vom Staatsvolk zum Staat und zurück, richtet die staatlichen Hoheitsentscheidungen auf den Willen des Staatsvolkes aus.

Die wesentlichen Impulse empfängt eine Demokratie durch die freie Selbstbestimmung des Bürgers. Wenn dieser eine Ehe schließt, eine Familie gründet, einen Beruf wählt, eine Firma aufbaut oder sein eigenes Haus errichtet, er sein Leben friedlich führt und die in der arbeitsteiligen Gesellschaft erwarteten Leistungen erbringt, schafft er die freiheitliche Grundstruktur, auf die Demokratie aufbaut. Dabei lebt er in einem politischen Umfeld, das vom Staat bestimmt und von den politischen Parteien beeinflusst wird. Doch die Unterschiede zwischen freiheitlicher Selbstbestimmung und demokratischer Mitverantwortlichkeit bleiben grundsätzlich. In eigenen Angelegenheiten entscheidet der Mensch selbstverantwortlich und selbstbewusst. Bei der demokratischen Wahl ist er mitbeteiligt, selten Vordenker, meist Mitdenker, auch einmal Mitläufer. Bei der freien Gestaltung seines Lebens kann der freie Mensch sich grundlegend von anderen unterscheiden, seiner Zukunft einen gänzlich individualbestimmten Verlauf geben. Bei der

Wahlentscheidung hat der Mitläufer die gleiche legitimierende Kraft wie der Vordenker und beide können mehrheitlich überstimmt werden.

b. Der Gesetzgeber lässt den Freiheitsraum offen

Nach dieser Idee einer freiheitlichen Demokratie entscheidet das Parlament die Grundsatzfragen des Zusammenlebens, überlässt aber die Gestaltung des einzelnen Lebens dem Freiheitsberechtigten als eigene Angelegenheit. Der Abgeordnete ist der Generalist, der über die Struktur und Ordnung des Gemeinwesens entscheidet, nicht der Fachmann, der zur Erkenntnis und Beantwortung von Spezialfragen geeignet und befugt wäre. In unserer arbeitsteiligen Gesellschaft muss grundsätzlich jeder, der einen Beruf mit Auswirkung auf andere ausübt, im Vorhinein durch Prüfungen und Erfahrungsnachweis belegen, dass er diesen Beruf eigenständig ausüben kann. Selbst wenn jemand ein Fahrzeug auf öffentlichen Straßen führen will, braucht er vorher den Führerschein. Will er hingegen in Parlament und Regierung das Staatsschiff lenken, ist es formal ausreichend, dass er volljähriger Deutscher ist. Damit unterstellt das Recht nicht ein Naturtalent, das jedermann mit hinreichender politischer Begabung ausstattet. Vielmehr erwartet das demokratische Wahlverfahren, dass die Parteien geeignete Kandidaten auswählen, die Wähler die Kandidaten wählen, die ihren Erwartungen am ehesten entsprechen und die ihre politischen Anliegen bestmöglich vertreten. Im Parlament spiegelt sich das Staatsvolk wider.

Dieses Auswahlverfahren bestätigt den Auftrag des Parlaments, gesetzlich nur die wesentlichen[48], grundsätzlichen Fragen des Gemeinwesens zu entscheiden. Vieles ist freiheitsgerecht der Gesellschaft überlassen, bleibt also ungeregelt. Anderes kann im Rahmen der Gesetze besser von der Exekutive geregelt werden. Der Bundestag allerdings verheddert sich derzeit in Gegenwarts- und Detailfragen. Freiheit droht in einer Normenflut zu ersticken.[49] Das Parlament wird seinen Rang als legitimierende und grundsatzverantwortliche Mitte der Demokratie nur zurückgewinnen, wenn es nur die für die Allgemeinheit des Staatsvolkes wesentlichen Regelungen trifft, so den Bürger vor Übernormierungen bewahrt. Erst dieses Wesentlichkeits-Parlament entspricht dem Auftrag des Wählers und dem Prinzip der Freiheit.

c. Parteien organisieren den Staat

Der Verfassungsauftrag des Parlaments wird in der Realität durch die Parteien verwirklicht. Die Parteien wirken nicht nur bei der politischen Willensbildung des Volkes mit,[50] sondern bestimmen mit ihren programmatischen und personellen Alternativen die Strukturen der Politik, beeinflussen mit ihrer Organisationskraft und ihrem politischen Gestaltungswillen die Realität der Staatlichkeit, beanspruchen in ihrem Selbstverständnis nicht selten einen Zugriff auf den Staat. Die Parteien gestalten wesentlich die Wirklichkeit unserer Demokratie, verankern den Gedanken von Demokratie und Recht im Staatsvolk, praktizieren alltäglich das Prinzip von Mehrheitsentscheidung und Minderheitenschutz, haben dem politischen System auch seit Jahrzehnten Festigkeit und Stetigkeit gegeben.

Diese Demokratie setzt einen Abgeordneten voraus, der wägend und gewichtend – auch einmal in Distanz zu Eigeninteressen – entscheidet. Der Gewählte übernimmt nach seiner Wahl den Auftrag, seine Kraft dem Wohl des deutschen Volkes widmen, seinen Nutzen mehren, Schaden von ihm wenden zu wollen.[51] Die Verfassung sieht den Abgeordneten mit der Wahl in einer inneren Distanz zu seiner Partei. Die Parteien haben die Aufgabe, dem Wähler Kandidaten vorzuschlagen. Der Wähler entscheidet dann, welcher Kandidat ein Mandat bekommt, das ihn zum Vertreter des ganzen Volkes macht und von Aufträgen und Weisungen freistellt. Dieses Ideal wird in der Realität einer von den Parteien organisierten Demokratie wesentlich zurückgenommen. Die gewählten Abgeordneten versammeln sich entsprechend ihrer Ankündigung im Wahlkampf nach ihrer Parteizugehörigkeit, bilden Fraktionen, in denen für die parlamentarische Arbeit kein »Fraktionszwang« gilt, wohl aber die Absprache unter den Abgeordneten, ihre gemeinsamen parteipolitischen Anliegen in Abstimmung miteinander zu verfolgen, sich die Arbeit im Parlament untereinander – spezialisierend je nach Ausschüssen – aufzuteilen und dementsprechend auch ihr Abstimmungsverhalten aufeinander abzustimmen. Diese Bindungen in der Fraktion beruhen nicht auf einer Anordnung der Fraktionsführung, sondern auf der Entscheidung der Abgeordneten und ihrer Debatten in der Fraktion.

Haben die Parteien ihren Koalitionspartner für eine Regierungsbildung gefunden, suchen sie sich in voluminösen Koalitionsvereinbarungen, die sie »Koalitionsvertrag« nennen, auf eine gemeinsame Regierungspolitik zu verständigen. Diese Vereinbarungen sind zwar nicht verbindlich,[52] weil allein die Abgeordneten entscheidungsbefugt und an Aufträge und Weisungen nicht gebunden sind. Zudem ist eine Politik von heute nicht in der Lage, in einem Vierjahresplan die Fragen und Antworten zukünftiger Politik vorauszusehen und vorzuschreiben. Die Koalitionsvereinbarungen sind deshalb nur eine Orientierungshilfe für die Abgeordneten, die nun im Parlament über das Zustandekommen einer Regierung – die Wahl des Bundeskanzlers – entscheiden.

Wenn jetzt der Vorstand einer Partei sich diesem Verfassungsauftrag zum Parlamentsentscheid verweigert und die Entscheidung über die Regierungsbildung einer parteilichen Gruppe – der »Basis« seiner Partei – überlassen will, sucht er einer Gruppe ein besonderes Abstimmungsrecht zuzuweisen, die vom Wähler nicht gewählt worden, auch besonders parteilich befangen ist und nicht das ganze Volk repräsentiert. Sie entscheidet schlechthin ohne Entscheidungskompetenz. Zudem sind je nach Parteisatzung dort auch Heranwachsende und Ausländer abstimmungsberechtigt. Eine solche Abstimmung ist rechtlich unerheblich, schafft aber faktische Bindungen, weil der Parteivorstand die Beachtung des Basisvotums verspricht, der einzelne Abgeordnete sich »seiner« Basis besonders verpflichtet fühlt und von ihr auch eine spätere Wiederkandidatur erhofft. Dieses Verfahren entrechtet den Abgeordneten, missachtet den Wähler. Einzelne Bürger erhalten ein Mitbestimmungsprivileg, das Demokratie und Rechtsstaat nicht erlauben. Wahlberechtigte Bürger könnten ein solches Vorzugsabstimmungsrecht nur gewinnen, wenn sie dieser bevorzugten Partei beiträten, in vielen Fällen also eine Parteimitgliedschaft entgegen ihrem politischen Willen begründeten. Zudem müssten sie sich ihr Sonderabstimmungsrecht durch Beitragszahlung »erkaufen«. Die Demokratie muss dieser Entwicklung Einhalt gebieten.

d. Das Recht setzt auf die einzelne Person

Der freie Bürger hat unmittelbare – nicht von einer Partei vermittelte – Rechte gegen seinen Staat. Auch das Prinzip der unmittelbaren Wahl[53] müssen wir so weiterdenken, dass sich nach der Wahl zwischen Stimmabgabe und Stimmerfolg keine Parteientscheidungen schieben können. Wenn der freie Bürger sein Freiheitsrecht oder Wahlrecht wahrnimmt, trifft allein er die Entscheidung. Er bestimmt ohne weiteres Zutun anderer. Werden seine Rechte durch eine staatliche Entscheidung verletzt, so setzt er sich gegen den einstimmigen Willen von Bundestag und Bundesrat, auch den einstimmigen Willen von Regierung und Gesamtvolk durch, weil er als einzelne Person mit individuellen, unveräußerlichen und unverletzlichen Rechten ausgestattet ist und diese Rechte gerichtlich durchsetzen kann. Auch eine gesellschaftliche Minderheit – religiöse, ethnische oder standespolitische Gruppierungen – und ebenso eine parlamentarische Fraktion können ihre Rechte gegen die Mehrheit letztlich mit Hilfe des Bundesverfassungsgerichts wahren. Die Zwischengewalt einer Partei ist nirgends vorgesehen. Das Verfassungsrecht und seine gerichtliche Durchsetzbarkeit hält Staat und Staatsvolk in seiner herkömmlichen und erprobten Verfasstheit zusammen.

5. Verständlichkeit des politischen Lebens

a. Verheißung einer »guten, alten Zeit«

Wenn unsere Lebensbedingungen anspruchsvoller werden, der Mensch die Entscheidungen und Verantwortlichkeiten in Staat und Europäischer Union nicht mehr versteht, er sich von den Vertragsbedingungen der internationalen Unternehmen überrumpelt fühlt, ihn die Technik gelegentlich in Ratlosigkeit stürzt, so wünscht er sich eine einfache, übersichtliche Welt, in der er sein Leben in Freiheit versteht und beherrscht. Die Menschen möchten ihr bisheriges Leben in bewährter Weise fortsetzen, feste Gewohnheiten und erprobte Entscheidungen verstetigen. In diesem Anliegen liegt der Kern des berechtigten Wunsches nach der »guten alten Zeit«.

Wenn allerdings eine Politik den Menschen verspricht, sie könne ihnen das einfache Leben mit einem einmaligen Kraftakt zurückgeben, ihnen ein Stück der Vergangenheit problemlos erhalten und werde die Herrschenden mit Mut und Entschiedenheit in ihre Schranken weisen, weicht diese Politik vor der Wirklichkeit zurück. Sie pflegt die Geste der Empörung gegen eine als eigensüchtig und abgehoben definierte Führungsschicht, beansprucht, den »wahren Willen« des Staatsvolkes zu kennen, erklärt sich zum Sprecher dieses »Volkes«, dessen Absichten nicht diskutiert werden müssen, sondern von ihrem Vordenker und Vorsprecher abschließend formuliert werden.

Sie verheißt höhere Renten, ohne dass die Beiträge erhöht würden. Sie verspricht mehr Staatsleistungen, will aber zugleich die Steuern senken. Sie fordert ein staufreies Fahren auf Autobahnen, ohne zugleich zu sagen, ob, wo und wie sie weitere Autobahnen bauen oder vorhandene erweitern will.

Diese Politik der verheißungsvollen, aber uneinlösbaren Worte rechtfertigt ihr Tun nicht durch das Volk, sondern formt Gruppeninteressen zu einem gemeinsamen Handlungsprogramm, das keiner parlamentarischen Debatte bedarf, weil es »richtig« ist. Sie sucht nicht im Dialog nach dem richtigen Weg, bemüht sich nicht um politischen Ausgleich und eine Annäherung an eine Lösung in gemessenen Schritten, sondern führt ein kräftiges Schwert, das den Knoten durchzuschlagen verspricht. Der realistische Blick auf die Welt ist entrückt. Die demokratische Suche nach dem Besseren erübrigt sich. Versuch und Irrtum sind ausgeschlossen. Der demokratische Bürger darf nur noch applaudieren, demonstrieren, »richtig« wählen.

b. Die Reaktion: »Alternativlosigkeit« der eigenen Vorstellungen

Doch auch die Reaktion auf eine verkürzte Politikdarstellung verlässt häufig die Wege einer diskussionsoffenen Demokratie. Wer den anderen Standpunkt als »indiskutabel«, »unvertretbar«, »abwegig« zurückweist und seine eigenen Vorstellungen als »alternativlos« festzuschreiben sucht, verkürzt die Diskussion gerade über die Fragen, die für den Bürger grundsätzlich und dringlich sind. Die Bürger beobachten, dass die ökonomische oder kulturelle Entwicklung nicht alle Menschen erreicht, manche – insbesondere die Mütter – in beruflichen Aufstiegsmöglichkeiten benachteiligt werden. Die Bürger widersprechen einer Finanzpolitik, die den Kurs der Aktien in ungeahnte Höhen treibt, ihnen selbst aber den jährlichen Sparbuchzins von 3 % wegnimmt. Sie sind beunruhigt wegen der ständig wachsenden Überforderung der Staaten durch Neuverschuldung und insbesondere der Mitfinanzierung hochverschuldeter anderer Staaten, ohne dass die dafür erforderlichen harten Entscheidungen von Leistungsverzicht oder Steuererhöhung für einen ausgeglichenen Haushalt genannt würden. Eine Kultur des gegenseitigen Respekts fordert, mit dem Bürger über seine Ansprüche und die Folgen der möglichen Lösungen zu sprechen. So wird das Staatsvolk nicht durch die Verheißung von Halblösungen gespalten, sondern in der Gemeinsamkeit von Problembewusstsein und Antwortbereitschaft geeint. Die Probleme werden nicht leichter, aber zu einer gemeinsamen Aufgabe.

c. Wiederherstellung der Verfassungsstruktur

Der Bürger gewinnt wieder mehr Übersicht und Sicherheit im politischen System, wenn er sich der Gediegenheit unseres Verfassungssystems gewiss sein kann. Das Grundgesetz hat sich in Krisen und Erneuerungsaufträgen bewährt. Einige Entwicklungen verdienen aber Nachdenken und politische Aufmerksamkeit.

1. Ein Kernproblem liegt in der Entwicklung des Parlamentarismus und der politischen Parteien, die nach dem Grundgesetz[54] »bei der politischen Willensbildung des Volkes mitwirken«, aber nicht zur beherrschenden Organisation im Staat werden dürfen. Zwar gehört es zur verfassungsrechtlichen Erfolgsgeschichte der Bundesrepublik, dass die politischen Parteien – im Gegensatz zur »klientelbasierten Parteienpolitik« der Weimarer Republik[55] – die Willensbildung im Staatsvolk programmatisch ordnen, personell strukturieren, langfristig nach den Wertungen des Grundgesetzes verstetigen. Kernauftrag der Parteien ist es, auf die politische Willensbildung Einfluss zu nehmen und an der Vertretung des Volkes im Bundestag oder im Landtag mitzuwirken.[56] Doch die Abgeordneten haben meist eine ausschließlich politische Erwerbsbiografie, kaum noch persönliche Erfahrung mit dem herkömmlichen Berufsleben und der Unabhängigkeit, die eine Rückkehr in diesen Beruf bietet. Dadurch entsteht die Gefahr, dass das freie Mandat durch den Parteieinfluss in Frage gestellt wird und damit ein Kernstück der parlamentarisch-repräsentativen Demokratie wie auch der innerparteilichen Demokratie zerstört zu werden droht.[57]

Steht das Parlament vor Grundsatzentscheidungen, hören die Abgeordneten gelegentlich aus dem Fraktionsvorstand, diese Entscheidung werde für ihre Gewissensentscheidung »freigegeben«. Diese Freigabe ist die verfassungsrechtliche Regel. Das Grundgesetz garantiert die Freiheit des Abgeordneten, der an Aufträge und Weisungen nicht gebunden und nur seinem Gewissen unterworfen ist.[58] Wir müssen unseren Parlamentarismus wieder vom Kopf auf die Füße stellen. Der Abgeordnete ist frei, Informationen und Meinungen, Interessenanliegen und politische Programme unvoreingenommen entgegenzunehmen, sie zu werten und zu beurteilen, sich dann selbstverantwortlich eine Meinung zu bilden. Er lässt sich von seiner Überzeugung leiten, schuldet weder Partei noch Fraktion Gehorsam.[59] In dieser Freiheit und Eigenverantwortlichkeit des Mandats wird sich der Abgeordnete in vielen Fragen, auf die sich andere Mitglieder seiner Fraktion oder des Bundestages spezialisiert haben, beraten lassen, im Vertrauen auf das Zusammenwirken der Mitglieder einer Fraktion auch einer Mehrheitsmeinung der Fraktion zustimmen und seine eigene Ansicht nach Abwägung zurückstellen.[60] Das Ideal, dem jeder Abgeordnete folgen möge, ist nicht die Freiheit des Einzelkämpfers, sondern die Freiheit des im Staat, im Parlament, in der Fraktion, in der Partei kooperierenden Abgeordneten, der sich durchzusetzen vermag, aber auch bereit ist, die Konsequenzen seiner abweichenden Auffassung zu tragen.[61] Der Abgeordnete ist deswegen nicht – wie ein Grundrechtsträger – zur individuellen Selbstbestimmung frei, sondern er beansprucht parlamentarische, organschaftliche Freiheit als Repräsentant des Staatsvolkes, als Organ im Bundestag, in der selbstbestimmten Verantwortlichkeit seines Amtes.[62] Nur dieser Abgeordnete, der die politischen Debatten im Parlament erlebt und gestaltet, der die anderen Abgeordneten zu überzeugen sucht, sich der Allgemeinheit des Staatsvolkes verpflichtet weiß, gibt dem Parlament Profil und Stärke als Mittelpunkt der Demokratie und des Staates.

2. Wir haben heute nicht das Problem, dass große Teile des gebildeten Bürgertums Gegner von Demokratie und Verfassungsstaat wären.[63] Dennoch neigen europäische Politiker dazu, den Kern der Demokratie, das Parlament, zu vernachlässigen und allein auf Gewaltenteilung und Grundrechtschutz zu verweisen.[64] Intellektuelle sprechen vom postdemokratischen Zeitalter, von der postfaktischen Demokratie, von der Menschenrechts- oder Gewaltenteilungsdemokratie.[65] Diese Leichtfertigkeiten spielen mit dem Feuer. Unser politisches System baut auf die Würde und Freiheit des einzelnen Menschen, seine demokratische Mitgestaltung durch

Wahrnehmung des Wahlrechts, auf die Wahl der Abgeordneten und des Parlaments als Repräsentanten des Staatsvolkes. Deswegen sind alle wesentlichen Entscheidungen dem Parlament vorbehalten.[66]

Manche Informationsmedien suchen die parlamentarische Debatte in mediale Gesprächs- und Fragerunden zu verlegen. Diese sind auf unterhaltsame Antithesen, Streitgespräche und Empörungsrituale angelegt, verharren auch in lärmenden Übertreibungen eines ständigen parteilichen Wahlkampfes, schaffen so Distanz zu dem informationsbedürftigen Bürger und seiner Suche nach sachlicher Information. Dabei werden vielfach die großen politischen Gemeinsamkeiten fast aller Parlamentsparteien in Grundsatzfragen der Politik, in der aktuellen Abstimmung über Gesetzesvorhaben und in der Einschätzung der Lebensbedingungen in Deutschland ausgeblendet. Die Integrationschance gemeinsamer politischer Erfolge wird verfehlt. Geschürt wird Enttäuschung, Unzufriedenheit, Empörung, obwohl Gelassenheit in der gegenwärtigen politischen Wirklichkeit möglich wäre.

3. Wirtschaftlich leben wir in Deutschland in einer lang währenden Prosperität, an der – entgegen manchen parteilichen Wahlkampfaussagen – die weitaus überwiegende Zahl der Menschen in Deutschland teilhat. Die Menschen haben allen Grund, sich in diesem Wirtschaftssystem von Vollbeschäftigung, Geldwertstabilität, sozialer Sicherungssysteme und kraftvoller familiärer Beistandsgemeinschaften sicher zu fühlen. Wenn dennoch die Unsicherheit gegenüber der zukünftigen Entwicklung wächst, hat dieses handfeste Gründe, die politisch erörtert werden müssen. Der Bürger spürt, dass er in seinen Leistungserwartungen den Staat überfordert, der Staat mehr Geld ausgibt, als er durch Abgaben einnimmt, diese Fehlentwicklung auch strukturell in einer Demokratie angelegt ist, in der ein Staat die Wünsche seiner Bürger zu erfüllen und nicht kritisch in das Gemeinwohl einzubetten sucht.

Wenn der Staat dann in die Staatsverschuldung ausweicht, diese nicht mit einer besonderen wirtschaftlichen Notlage begründen kann, sondern mit abstrakten Zielen wie Wachstum oder – so die Europäische Zentralbank neuerdings – einem Inflationsziel von 2 % zu erläutern sucht, so denkt der Bürger an seine eigene Schuldnererfahrung, die eine Darlehensschuld als eine Last empfindet, die möglichst bald getilgt werden soll. Der Deutsche Bundestag sieht das ebenso. Er hat 2009[67] ein verfassungsrechtliches Verbot der Neuverschuldung eingeführt, das entsprechend

den Übergangsvorschriften[68] für den Bund bereits seit 2016 greift, in der
Vorwirkung für die Länder auf das Haushaltsjahr 2020 deren Haushalts-
disziplin schon wesentlich verbessert hat. Doch besteht eine wachsende
Ungewissheit, ob die verschwenderisch erscheinende Geldpolitik der Europäischen Zentralbank[69] eine Scheinstabilität des Geldes organisiert, ob
die hochverschuldeten Mitgliedstaaten ihre Haushaltsdefizite rechtswidrig[70] auf die Bundesrepublik abwälzen können, uns damit eine – insoweit
nicht ganz fern der Weimarer Republik – unbestimmte, in Höhe und Laufzeit kaum absehbare Geldschuld droht. Der Finanzmarkt mit seiner extre-
men Spekulations- und Risikobereitschaft qualifiziert gescheiterte Finanz-
institute als »systemisch« – too big to fail –, leitet daraus einen »Anspruch«
auf staatliche Finanzierung ab. Vor allem aber irritiert, dass die Akteure der
Europäischen Union diese Entwicklung des Finanzwesens ohne jeden Gedanken an das Erfordernis einer parlamentarischen Bewilligung von Ausgaben und Schulden betreiben. Selbst wenn die Betroffenheit der einzelnen
Personen ersichtlich ist – die Aktien steigen, der Sparer verliert die üblichen Zinsansprüche –, werden diese individuellen Benachteiligungen einer
»Struktur«-Politik in Kauf genommen, obwohl ein Parlament der Mitgliedstaaten eine solche Umverteilung niemals billigen würde.

4. In der Geschichte des deutschen Verfassungsstaates konnte sich ein
gelassenes Vertrauen auf die Verfassung und ein Selbstvertrauen der Politik auf ihr verfassungsrechtliches Fundament entwickeln, das sich nunmehr gegenüber neuen Fragen zu bewähren hat. Das Grundgesetz hat vor
allem den inneren Frieden im Recht in Deutschland gefestigt. Der innere
Friede bei Großdemonstrationen, Sportveranstaltungen und Volksfesten
bleibt aber eine polizeiliche Aufgabe, ist bei Terrorangriffen mit suizidbe-
reiten Tätern bedroht, aber nicht grundsätzlich gefährdet. Das Zusammenleben der friedensgewohnten Bürger in Deutschland mit Flüchtenden, die gerade dem Krieg und dem täglichen Kampf ums Überleben
entronnen sind, fordert elementare Verstehens- und Verständigungsbe-
mühungen. Die Begegnung von Christentum und Islam macht aus der
Religionsfreiheit, die bisher eine Religionszweiheit der beiden christlichen
Konfessionen war, eine freiheitliche Begegnung mit einer Religion, die
sich mit der Säkularität und Aufklärung in Deutschland erst auseinander-
zusetzen beginnt. Der Islam bietet dem Staat nach seiner Organisations-
struktur keine auf Dauer verlässlichen Sprecher, die – wie im Christentum

die Bischöfe – für ihre Kirche verbindlich sprechen: Doch Christen wie Muslime suchen denselben einen Gott und entwickeln dabei unterschiedliche Formen, Riten und Symbole. Durch diese Verschiedenheiten und Konflikte werden Rechtsstaat und Recht nicht verdrängt, sondern gefordert. Dabei verlangt Toleranz den intellektuellen Kraftakt, die Freiheit bei der Frage nach Gott und dem Sinn des Lebens strikt von der Gegenwehr gegen Unterdrückung, Gewalt und politische Bevormundung zu unterscheiden.

5. Die in Deutschland gefestigte Rechtstreue droht einer gelegentlichen Rechtsvergessenheit der Mächtigen zu weichen. Kompetenzträger der Europäischen Union vernachlässigen in Fragen der Verschuldung, der finanziellen Umverteilung unter den Mitgliedstaaten, der Kompetenzdisziplin und des Respekts vor den Mitgliedstaaten als Herren der Verträge die Frage nach dem geltenden Recht. Soweit sie sich nicht an das selbstgesetzte Recht gebunden fühlen, gefährden und zerstören sie Vertrauen in die Union als Rechtsgemeinschaft. International tätige Unternehmen bewegen sich zwischen den Rechtsordnungen einzelner Staaten, suchen dort einen – fiktiven – Standort des bequemsten Arbeits-, Steuer-, Umwelt- und Sozialrechts, höhlen den Zusammenhalt der Industriestaaten in gemeinsamen Rechtsstandards aus. Der Europäische Gerichtshof betont neuerdings die »Maßgeblichkeit der Zweckbindung« einer Maßnahme durch die europäischen Organe, bei der sie einen »weiten Ermessensspielraum« haben,[71] die nicht – wie die teleologische Auslegung – die Regelungsabsichten des zuständigen Gesetzgebers erkundet, sondern den Willen der ermächtigten Organe zur Neugestaltung unterstützt.

Das Gegenwartsproblem der Bundesrepublik ist weniger, dass Recht durch Gewalt gefährdet wäre, die prinzipielle Rechtsbereitschaft und Rechtstreue der Bürger in Frage stünde. Vielmehr stehen wir vor der klassischen Aufgabe des Rechts, die Mächtigen der Politik, der Wirtschaft und der Verbände in ihren Kompetenzen und ihrer Verantwortung für die Freiheit der Menschen strikt in den Rahmen des Rechts zurückzuführen. Recht bändigt Macht und wahrt für jedermann den gleichen Frieden. Erneut kämpfen wir für eine Kultur des Maßes und damit der Freiheit.

6. Freiheit bestimmt die Demokratie und Demokratie befreit

Eine Gesamtwürdigung von Freiheit und Demokratie sieht somit in der Freiheit die Grundlage, die eine Kulturgemeinschaft zusammenhält, in der die Körperschaft eines demokratischen Staates atmet, und ein Herrschaftsrecht, das zur Mitbestimmung dieses Staates berechtigt. Der freie Mensch genießt die rechtlich gewährleisteten Freiheitsrechte und lebt nach den Gesetzen seines Staates und den Gesetzmäßigkeiten seines Umfeldes. Der Mensch ist von der Kultur geleitet, die Besonderheiten eines Staatsvolkes zum Ausdruck bringt, aber auch die alle Menschen prägenden Gemeinsamkeiten des Humanen und die Errungenschaften moderner Verfassungsstaaten rechtlich aufnimmt. Der Deutsche ist in eine solche Kultur hineingewachsen. Der Flüchtende und Neuankömmling muss sich in diese Kultur erst hineinlernen. Alle Freiheitsberechtigten bestimmen mit der Gestaltung ihres Lebens Demokratie und Staatskultur. Ihre Familie, ihr Beruf, ihr Haus, ihre tägliche Friedlichkeit leisten einen Beitrag zu einer gelingenden Gemeinschaft. Ihre Leistungen in einer arbeitsteiligen Gesellschaft, ihr Bemühen um Freiheit und demokratische Mitbestimmung prägen Wirtschaft und Demokratie. Die politischen Parteien tragen wesentlich zur Verfassungsstaatlichkeit bei, dürfen aber nicht die staatlichen Herrschaftsstrukturen bestimmen. Gewählt ist der Abgeordnete. Dieser hat Macht auf Zeit. Abgeordneter und Regierungsmitglied sind heute Regierende, werden morgen wieder Regierte sein.

In dieser Umgebung von Freiheit und Demokratie ist sich der Freie seiner rechtlich garantierten Freiheitsrechte gewiss, muss aber aus eigener Kraft seine Bereitschaft und Qualifikation zur Freiheit immer wieder erneuern. Er nimmt seine persönliche Freiheit beherzt wahr, gewinnt als verantwortlicher Demokrat Einfluss auf seinen Staat, prägt mit seinem Lebensstil und seinen Lebenssichten Staat, Wirtschaft und Kultur. Der Freie ist freiheitsberechtigt, gibt anderen ein Stück Freiheit und gestaltet das Gemeinwesen mit.

XII.

Neue Freiheitsräume in einer technisch veränderten Welt

1. Werde 100 Jahre alt!

Bei einem runden Geburtstag hat ein guter Freund, ein forschender Arzt, mir das wohlgemeinte Wort zugerufen: »Werde 100 Jahre alt! Danach, so sagt die Statistik, stirbt kaum noch ein Mensch.« Mit diesem Satz wünschte er mir Gesundheit und ein langes Leben, wollte mich aber vor allem warnen, Daten, Statistiken und Bilanzen allzu ernst zu nehmen. Der medizinische Empiriker wusste, dass die erhobenen Daten so gut sind wie die gestellten Ausgangsfragen. Dem erfahrenen Steuerrechtler war geläufig, dass die Steuerbilanz viel besagt und viel bewirkt, sie die Realität in Zahlen wiedergeben, aber auch Steuern sparen will.

Das Grundgesetz garantiert in Art. 1 die »unantastbare« Menschenwürde und die »unverletzlichen und unveräußerlichen« Menschenrechte. Wir unterscheiden antastbare und unantastbare, verletzliche und unverletzliche, veräußerliche und unveräußerliche Rechte. In unserer heutigen, von Zahl, Rechnung und Digitalisierung bestimmten Welt werden wir die Unterscheidung von zählbaren und unzählbaren Wirklichkeiten und Rechten hinzufügen müssen.

2. Technik als Stütze und als Bedrohung der Freiheit

Technik befreit und beherrscht den Menschen. Doch es ist fast immer gelungen, eine zunächst als Bedrohung empfundene technische Entwicklung – die Erfindung des Autos, des elektrischen Lichts, der Medien – durch Herrschaft über die Technik in den Dienst des Menschen zu stellen. Dementsprechend muss auch das Recht der Freiheit für die jeweilige Gegenwart immer wieder fortentwickelt und nachjustiert werden. Wir suchen gegenwärtig beim Umwelt- und Datenschutz, bei der Genforschung und neuen Operationstechniken, bei der Atom- und der Verkehrssicherheit einen Weg, um die technischen Neuerungen für den Menschen zu nutzen, ohne ihn durch Gefahren der Technik zu bedrängen.

Doch in der Gegenwart ereignet sich ein technischer Umbruch, der unser Alltagsleben fundamental verändern wird. Maschinen übernehmen die Aufgabe, Waren – Fahrzeuge, Computer, Kleidung und Lebensmittel – zu produzieren. Roboter erbringen Dienstleistungen in der Industrie, im Handel, auch in der Begleitung und Betreuung von Menschen. Computer erschließen Wissen, bieten dem Menschen ein technisches Gedächtnis, kombinieren Daten in einer Breite und Geschwindigkeit, die dem Menschen nicht möglich wäre. Drohnen und bald auch selbststeuernde Fahrzeuge übernehmen Verkehr und Transport.

So wird der Mensch technisch elementar entlastet. Die körperliche Arbeit erbringt die Maschine. Handelsgeschäfte werden weitgehend digital geschlossen, erfüllt und abgewickelt. Die Computer dienen als Rechnungs-, Bilanz- und Planungsbüros. Das Verkehrswesen wird zunehmend von Drohnen und selbststeuernden Fahrzeugen übernommen. Algorithmen formulieren und verbreiten Erfahrungen und Verhaltensmaßstäbe. Das Internet vermittelt Wissen, kombiniert und präsentiert Erfahrungen und Einsichten und bekundet Willen. Die Köpfe und Sinne des Menschen, seine Lebenssichten und Planungen, werden frei für anderes.

Doch die Menschen fühlen sich durch Technik auch bedroht. Die Maschine und das Internet verdrängen den Erwerbstätigen, der sein Einkommen mit Hand und Kopf verdient. Zahlen, Daten und Algorithmen bestimmen den Rhythmus des Alltagslebens. Die Freiheit wird im Takt der Uhren, Termine und technischen Abläufe gebunden. Der Mensch findet Daten, Meinungen und Denkvorschläge in einem von anderen programmierten Computer, bildet seine Kenntnisse, Vorstellungen und Absichten nicht mehr unmittelbar in der Begegnung mit anderen Menschen und der Natur, nicht in selbstbestimmter Geschichtlichkeit und Erfahrung. Wer in seinem Alltagsleben auf Hilfe angewiesen ist, empfängt vom Computer nicht das freundliche Lächeln, das ermutigend menschliche Wort, die tröstend aufgelegte Hand. Computer und Drohnen können zu ständigen Beobachtern werden, in die Privatsphäre eindringen, den Zauber des Geheimnisses durch das grelle Licht allgemeinen Wissens zerstören. Medien, die sich »sozial« nennen, verbreiten Fehlinformationen, verleiten zu Beleidigungen und Gehässigkeiten aus der Anonymität, organisieren Unverantwortlichkeit. Die Aufgabe, die naturwissenschaftlich-technische Entwicklung im Dienst des Menschen voranzutreiben, gleichzeitig und gleichrangig aber die menschliche Herrschaft über die Technik zu gewährleisten, stellt sich gegenwärtig besonders anspruchsvoll.

3. Freiheitliche Distanz zur Technik

Technik bestimmt unsere tägliche Fahrt zur Arbeit, versorgt uns mit Energie und Wärme, entlastet uns von körperlicher Anstrengung, erschließt uns neue Wege der alltäglichen Kommunikation, des Wissensspeichers, der Wissenskombination und der Beobachtung. Sie bringt uns täglich die Bilder, Worte und Texte des Fernsehens und der digitalen Medien ins Haus. Der Mensch beobachtet Kausalabläufe und setzt dieses Wissen planmäßig ein: Er nimmt die Kraft des Windes in Windkraftanlagen auf und nutzt sie als Energieträger. Er gibt dem Patienten ein Medikament, das die Krankheit heilt. Er bohrt einen Tunnel und erspart sich dadurch den Weg über das Gebirge. Er dringt in den Weltraum vor und erahnt das Universum.

Der wissensdurstige Mensch befragt sein Internet, erhält dort formatierte Antworten, die eingegebene Daten kombinieren, nicht aber die Freiheit anregen, über das Vorgegebene hinauszudenken. Dieses technikbezogene Denken beobachtet, plant und kalkuliert die Realität der natürlichen Umwelt, berechnet deren Veränderbarkeit im Dienst bestimmter Zwecke, stößt Kausalabläufe zu bestimmten Erfolgen an. Es eilt von einer Chance zur nächsten, hält nie still, kommt nicht zur Besinnung, pflegt kein »besinnliches Denken«, das nach dem Sinn des Menschen und seiner Welt fragt.[1]

Diese radikale Form eines technisierten Lebens löst den Menschen aus der Bodenständigkeit seiner bisherigen Sinnfragen. Er erwartet Antworten von technischen Apparaturen und Automaten, Lebenserleichterungen von technischen Anlagen und Einrichtungen. Doch muss er immer wieder in seinem Verhältnis zur Natur und zur Technik auch Distanz zu den Dingen gewinnen. Er muss die nutzbaren und nützlichen Gegenstände »auf sich beruhen lassen«[2], weil sie ihn nicht berühren. Er braucht mehr »Gelassenheit zu den Dingen« und zugleich die Offenheit für den in der technischen Welt verborgenen Sinn, die »Offenheit für das Geheimnis«.[3] Beides – die Gelassenheit zu den Dingen und die Offenheit für das Geheimnis – fallen uns niemals von selbst zu, sind »nichts Zu-fälliges«, sondern gedeihen nur »aus einem unablässigen herzhaften Denken«.[4]

Wir leben mit Rätseln, mit Geheimnissen, mit nicht gestellten und mit unbeantworteten Fragen. Wir leben in einer nicht gänzlich erklärbaren Welt. Doch die Selbstverständlichkeiten des Alltags werden dem

Menschen in seinem Denken Sicherheit geben. Er sieht die Pflanzen knospen und blühen, Gebäude beim Richtfest und beim Verfall. Er nimmt den Stein in die Hand, der in Wind und Wetter des Berggipfels spitz und eckig bleibt, in dem Jahrtausende fließenden Wasser aber zum runden Kiesel[5] geschliffen wird. Der tägliche Blick in den Garten oder auf die Silhouette der Stadt geben im Unscheinbaren des Immerselben die Ruhe zu echter Besinnung.

Diese »Offenheit für das Geheimnis« stellt uns vor neue Fragen, deutet Antworten allenfalls an. Sie sagt etwas ganz Einfaches und dadurch etwas Grundsätzliches.[6] Sie will uns nicht bessere Kenntnisse zur Beherrschung der Welt geben, auch nicht eine bestimmte Zukunft gestalten, sondern fragt uns, wozu wir jenes, was wir schaffen und tun, eigentlich unternehmen. Der Mensch, der arbeitet, der nach Erfolg strebt, plant und rechnet, soll innehalten, zur Ruhe kommen. Dabei bleiben wir bei den Lehren von Sokrates und Seneca: Auch der weiseste Mann kann die Zukunft nicht voraussagen. Er weiß höchstens deutlicher, »dass wir und warum wir nichts wissen können«.[7] Doch die Naturwissenschaften lehren, dass das Fragen oft erhellender ist als das Antworten, die Mathematik über die Zahlen hinausdenkt und der Philosophie begegnet. Die Natur kennt Gesetzmäßigkeiten und Harmonie, aber auch Widersprüche, Zufälligkeiten, Ratlosigkeiten.

Dieses Denken verweist auf das Naheliegende, das Hier und Jetzt. Diese Aufmerksamkeit für das Gegenwärtige und Nächstliegende erlebt das Menschliche in seinen Wurzeln, seiner die Sinne prägenden Aktualität. Der Mensch soll nicht nur die Wirklichkeit in effektiv nützliche Anwendbarkeit umgestalten, erst recht nicht in die Ungebundenheit und Leichtsinnigkeit des Spekulierens fliehen, sondern sich beherzt Einsicht in seine, das ist die gegenwärtige Welt erschließen, sie ergründen und verstehen.

Fragen sind damit nicht nur Anlass für neue Antworten, sondern gewinnen in der Offenheit und Unsicherheit des Fragens eine eigenständige Bedeutung. Sie vermitteln die Erfahrung einer tiefgründigen Frag-Würdigkeit.[8]

Dieses gelassene Denken ist ein erfahrenes Denken, das sich auf ein befreiendes und öffnendes Beobachten, Erleben, Meinen und Wissen einlässt, ein für Gefühl und Sinne offenes Denken pflegt, in dem das Herz und das Unbegriffene ernst genommen wird. So gerät der Mensch ins Staunen.

Diese Offenheit, dieses Ringen um den Sinn ist eine Lebensweise, nicht Haltung und Tugend.[9] Sie erfüllt sich in Verwunderung und Verehrung, weniger in Moral.

Das gelassene Denken verdrängt nicht das begreifende und zupackende Denken der Naturwissenschaft, sondern ergänzt es. Beide Lebensweisen befreien den Menschen: Die wissenschaftliche Suche nach dem für den Menschen Allgemeinen, nach den Gesetzmäßigkeiten und Gesetzen, gibt geistige Weite. Das sich individuell vergewissernde Denken, das die Befangenheit in der dinglichen Welt hinter sich lässt, gibt Distanz zur Regel und fordert persönliche Verantwortlichkeit. Dieses Denken ist dem Recht geläufig, das die Formen menschlichen Miteinanderlebens aus den einzelnen Lebenserfahrungen abstrahieren und verallgemeinern muss. Der Satz »Du sollst nicht töten« ist eine allgemeine, für Jedermann und alle Zeiten geltende Aussage, die einem Menschen die Herrschaft über das Leben des anderen Menschen abspricht. Diese Regel gilt. Sie ist allgemeinverbindlich. Jedermann wird einsehen, dass er sie zu beachten hat. Doch er wird sie durchbrechen, wenn er sich nur in Notwehr retten kann, eine Tötung deshalb gerechtfertigt ist. Ist er noch unmündig, geisteskrank oder hat er in Angst, Furcht oder Schrecken das Maß der Notwehrhandlung überschritten, so ist er weniger oder nicht schuldig. Das staatliche Strafrecht begründet eine allgemeine Regel, handhabt sie jedoch je nach der individuellen Verantwortung des schuldigen oder unschuldigen Menschen. Die allgemeine Regel entwickelt das menschlich Allgemeine, die Humanität, vergewissert sich aber des Individuellen, des Persönlichen, des Humanen.

Wissenschaft, Technik und Recht müssen die Individualität des Menschen und die Besonderheit des Einzelfalls zur Entfaltung bringen. Verallgemeinernde Regelbildung erleichtert das Leben, befreit in wachsenden Erkenntnissen und technischen Entlastungen den Menschen. Doch diese Befreiung würde zugleich Unfreiheit schaffen, wenn der Mensch fest an technische Gegenstände gebunden, in wissenschaftlichen Rationalitäten begrenzt und von rechtlichen Bindungen eingezäunt wäre, er nicht zur Freiheit befähigt, sondern in der Freiheitswahrnehmung beengt würde. Wissenschaft, Technik und Recht sind Bedingungen moderner Freiheit, drängen den Freien aber auch in alltägliche Bequemlichkeiten, unbedachte Nutzungsgepflogenheiten, geistige und körperliche Entlastungen, die eigene Kräfte schwächen und erlahmen lassen. Wer sich eine einfache Rechnung technisch vorrechnen, jeden Weg in der Großstadt am Navigator vorzeichnen, die Begegnung mit anderen Menschen digital vermitteln lässt, setzt persönliche Fähigkeiten außer Funktion und lässt sie erschlaffen. Der Blick auf das Gerät ist nicht das Erlebnis der Welt. Wir erleben auf öffentlichen Straßen Jugendliche, die nebeneinander hergehen und miteinander telefonieren, statt mit Blick und Gegenblick, mit Gesichtsausdruck und Händedruck miteinander zu sprechen.

Der Freie ist bereit, seinen Umgang mit der Technik und den Umgang der Technik mit ihm zu hinterfragen, ohne alle Fragen beantworten zu können. Bleiben Fragen unbeantwortet, kann er dennoch gleichzeitig an der Lösung wissenschaftlicher, technischer und lebenspraktischer Fragen mitwirken. Es entspricht seinem freiheitsbewussten Lebensprinzip, wissenschaftliche Richtigkeiten anzuerkennen, aber für die bessere Erkenntnis und die Fülle des Lebens jenseits dieser Teilrationalität offen zu sein. Er wird technische Fortschritte nutzen und genießen, aber auch die in ihnen angelegte Bedrohung des Menschen – eine Verfremdung des Denkens und die Verdrängung des Humanen – beanstanden. Er wird das Recht als friedenstiftende Ordnung befolgen, sich aber für ein besseres Recht einsetzen. Gelassene Freiheit lebt mit dem Zweifel und in dem Bewusstsein, dass der Mensch irrt, widersprüchlich handelt, seinen Blick verengt, in Eigeninteressen befangen ist. Vor allem widmet sich gelassene Freiheit auch der Kunst, der Religion, der Geselligkeit, dem Spiel, dem Staunen, Träumen, Hoffen. Erkenntniszweifel und der Wille zur irrationalen Leichtigkeit sind dem Menschen eigen. Sie können ebenso Ausgangspunkt seines Handelns sein wie Vernunft und lebensbereichseigene Rationalität.

4. Gezählte Ordnung und erzählte Vielfalt

In der Welt moderner Technik lernt der Mensch wieder, den Anderen im Erzählen an der Geschichte eines Menschen teilhaben zu lassen, nicht nur im Zählen das menschliche Leben in eine vorgedachte zählbare Ordnung einzuzwängen. Der Erzähler schildert dem Hörer die Vielfalt, die Unvorhersehbarkeit, auch die Unvernunft des Lebens. Der Zähler informiert über das Leben in einer Ordnung, die ihm rational aufgedrängt worden ist.

a. Die Teilrationalität des Zählens

Unsere Welt haben wir in Zahlen geordnet. Wir bestimmen die Zeit nach Stunden und Minuten, datieren die Geschichte in Jahreszahlen, vereinbaren Preise in Geldsummen, erfassen Güter in zählbaren Werten, erheben Steuern in prozentualen Anteilen am Einkommen und Umsatz, bewerten Leistungen in Noten und Rankingplätzen, ordnen Gesetze nach Paragrafen und Straßen nach Hausnummern. In der Zahl zerteilt und fixiert der Mensch die Wirklichkeit: Wissenschaftliches Vergleichen, Bewerten und Beurteilen drängt auf ein zählbares Ergebnis. Das Bilden von Modellen und Mustern strebt in der Zählbarkeit nach einem Rationalitätsgewinn.[10] Fließende Übergänge – von der Jugend bis zum Erwachsenenalter, von der Tages- zur Nachtzeit, vom Wertverzehr zum Wertverlust – werden in Zahlen fixiert und zu Rechtsmaßstäben handhabbar gemacht. Schwellen- oder Höchstwerte für Schadstoffe und Lärm benennen zulässige Höchstgrenzen. Stichtage formalisieren Zeitpunkte für Wahlberechtigung, Klage und Verjährung.[11] Die Prognose des jährlich zu erwartenden Bruttoinlandsprodukts (BIP) kündet der Unternehmensplanung und der haushaltsrechtlichen Begrenzung der Staatsverschuldung eine bis zu zwei Stellen nach dem Komma zuverlässige Voraussage an,[12] verheißt in der Zahl eine Sicherheit, die nur eine orakelähnliche Wahrscheinlichkeit sein kann. Selbst in der Kunst, die nicht in empirischer Realitätsgerechtigkeit, sondern in produktiv-ästhetischer Form die Welt zu verstehen sucht, lässt sich der Aufbau und die kompositorische Gewichtung eines Bildes durch mathematische Formeln verdeutlichen, erklären und erlernen. Leonardo Da Vincis berühmte Proportionsskizze (1492) oder der seit 1202 bekannte »Goldene Schnitt« künden von mathematischen Grundlagen für Künstlererziehung und Kunstkonzeptionen.[13] Bedeutung und Wert eines Kunstwerkes wird in Zahlen ausgedrückt, wenn bei einem Kunstauftrag, einem Kunstkauf oder einer Kunstversteigerung die vereinbarte Summe die Kunstgeschichte zur Wirtschaftsgeschichte macht, die durch den Kunstmarkt, den Status eines Künstlers, auch durch Patronage geprägt ist.[14] Die Zahl steht hier oft weniger für Wert als für Zeitgeschmack.

b. Messen und Ermessen

Bei der Suche nach dem Regelhaften, dem Typischen, dem Muster wird der Unterschied zwischen dem Messen des Zählbaren und dem Ermessen nicht zählbarer Menschlichkeit bewusst. Wenn die Justitia ihre Waage auspendelt, will sie nicht zählen, sondern das Recht Armer und Reicher, Mächtiger und Ohnmächtiger gleich wägen und gewichten. Wenn das Gesetz in seiner äußeren Gliederung Paragrafen folgt, sieht es in der Zahl keine innere Ordnung des Rechts, sondern nur eine schematische Orientierungs- und Auffindungshilfe. Niemand würde die Paragrafenzahlen addieren oder subtrahieren, um daraus eine Rechtserkenntnis zu erzielen. Wenn bei der Wahl und bei der parlamentarischen Abstimmung das Abstimmungsergebnis gezählt wird, bestimmt diese Zählung den politischen Gegenwartserfolg der Mehrheit, sagt aber nichts über den Wert der Unterlegenen und die Richtigkeit der nicht erfolgreichen Entscheidungsalternative. Wenn bei der Darstellung unterschiedlicher juristischer Meinungen von einer »herrschenden Meinung« die Rede ist, Mehrheitsmeinung und Mindermeinung unterschieden werden, ist dies eine Hilfe bei der Analyse der Literaturrecherche, jedoch kein Autoritäts- oder Richtigkeitsbeweis. Die Suche nach der rechtlichen Lösung bestimmt sich nicht nach der Anzahl der Argumente oder der ein Argument vertretenen Autoren, nicht nach der Anzahl der Literaturmeinungen und Gerichtsentscheidungen. In einer offenen Debatte über das Recht herrscht nicht die Zahl, sondern die Kraft des Arguments, sodann die rechtlich vermittelte Autorität zur Letztentscheidung insbesondere des Parlaments oder eines Verfassungsgerichts.[15]

Grundsätzlich verkümmern die Individualität und Würde eines Menschen in der Zahl. Wenn der Mensch Schmerz empfindet und dagegen Heilung sucht, ist er nicht Teil des »Patientengutes«, dessen Not statistisch bewertet werden könnte. Wenn er sich vom Kleinkind bis zum Alter entwickelt, erfassen wir diese Individualität in rechtlichen Stichtagen der beschränkten Geschäftsfähigkeit, der Religionsmündigkeit, des Wahlalters und des Rentenrechts, können aber die sich formende und formbare Persönlichkeit nicht in Alterskohorten begreifen, die den Menschen in der typisierenden Zugehörigkeit zu einem Abschnitt einer Gesamtentwicklung sehen. Wenn der Mensch seine Kleidung und seine Nahrung nach persönlichem Belieben kauft, mag er in einer Nachfragestatistik erfasst werden, beteiligt sich aber rechtserheblich nur nach seinem individuellen Vertrag, den er für seine Bedürfnisse geprüft und abgeschlossen hat.

Das Bundesverfassungsgericht betont, dass der Mensch in seiner Würde und den aus dieser Würde fließenden Freiheitsrechten, insbesondere dem Recht auf Leben und körperliche Unversehrtheit, nicht in die Anonymität einer großen Zahl entschwinden und dann nur noch in dieser Allgemeinheit beurteilt werden darf. Der Mensch ist als Einzelner Rechtssubjekt, darf sich individuell in Freiheit selbst bestimmen und entfalten, behält in der Gemeinschaft grundsätzlich als gleichberechtigtes Glied seinen Eigenwert.[16] Der Staat hat diese Individualität zu achten, zu schützen und zu fördern, darf den Menschen nicht zum Objekt staatlicher Gewalt machen.[17] Der in einem Flugzeug als Geisel festgehaltene Mensch fühlt sich in seiner Ausweglosigkeit und Unentrinnbarkeit wehr- und hilflos der von Terroristen geplanten Zerstörung ausgeliefert. Wenn diese das Flugzeug auf ein Stadion steuern, beansprucht die Geisel grundsätzlich zu Recht, nicht dadurch »verdinglicht und zugleich entrechtlicht« zu werden, dass der Staat das Flugzeug abschießt, um die Menschen im Stadion zu retten. Ferdinand von Schirach hat dieses Geschehen dramatisiert und vor dem Gerichtsurteil zwei Fassungen für den Fortgang des Dramas angeboten, über den die Zuschauer mehrheitlich zu entscheiden haben.[18] Wenn man die Lebenssituation der Geiseln würdigt, die dem Tod geweiht sind und nur noch wenige Minuten bis zum Aufprall leben werden, wird die Alternative für die staatliche Entscheidung deutlich: Der Staat kann nur noch das Leben der Menschen im Stadion aus der Krisenlage befreien und retten. Er ist deshalb verpflichtet, diesem Schutzauftrag zu entsprechen. Er zählt nicht die wenigen Geiseln und die vielen Stadionbesucher. Diese formale Quantifizierung würde dem Schutz der individuellen Würde und des individuellen Lebens nicht gerecht, würde messen, wo zu ermessen ist. Die Alternative aber, entweder alle beteiligten Menschen – im Flugzeug und im Stadion – durch Untätigkeit zu töten oder aber die Menschen im Stadion zu retten, formuliert klar den verfassungsrechtlichen Auftrag.[19] Der Staat rettet, was er retten kann. Wenn der Autor des Dramas und der Regisseur des Theaters die Zuschauer über den weiteren Fortgang des Stücks mehrheitlich abstimmen lässt, ist dieses ein Zugeständnis an moderne Zahlengläubigkeit. Der einzelne Theaterbesucher wird aus einer ihn bedrängenden Nachdenklichkeit entlassen, zur Bekundung einer vielleicht noch unausgewogenen

Spontanentscheidung veranlasst und dann mit einer mehrheitlichen Richtigkeit – einer Richtigkeit für diesen Abend – beruhigt.

c. Messtechniken und nicht zählbare Realität

Das messende Vergleichen setzt messbare Größen voraus: Menschen, Gegenstände, Zustände, Eigenschaften. Wir können nur innerhalb einer Ordnung zählen und messen, in die sich der Zählgegenstand einfügen lässt. Ein Großteil der das menschliche Leben bestimmenden Wirklichkeit ist nicht zählbar: Die Freude, die Begeisterung, die Liebe, die Trauer, die Hoffnung, die Enttäuschung ereignen sich subjektiv im Innenleben des Menschen, werden höchstpersönlich erlebt und wahrgenommen, verschließen sich der Verallgemeinerung in einem für jedermann geltenden Maß. Nicht messbar ist auch das Einzigartige: die Individualität einer Person, die erste Begegnung, das Gefühl des bestandenen Examens, das gelungene Werk. Diese Erfahrung lässt sich nicht wiederholen, nicht in Zählbarkeit verallgemeinern. Das Zählen und Messen stößt an seine Grenzen. Es gibt eine Realität, die nicht zählbar ist.[20] Auch diese ist Gegenstand des Rechts.

Messtechniken können die Welt so vergrößern oder verkleinern, wie es menschlicher Beobachtung nicht möglich wäre. Die Nanotechnologie stellt Werkzeuge und Maschinen in immer kleineren Größen her, scheint dabei keine Grenzen zu kennen. Sie will das »Unmögliche möglich machen«. Die »Nanotechnologie« – die »Zwergenwelt« – erschließt eine Welt der allerkleinsten Maßstäbe. Ein Haar können wir uns noch vorstellen; es hat einen Durchmesser von 30 bis 40 Mikrometer (ein Mikrometer ist der Millionste Teil eines Meters, der tausendste Teil eines Millimeters). Betrachten wir Gebilde, von denen tausend und mehr auf den Durchmesser eines Haares gehen, nähern wir uns dem Bereich der Nanotechnik. Dort messen wir die Größen in »Nanometern«, also Milliardstel oder 0,000.000.001 Metern. Auf einen Nanometer passen etwa zwei bis zehn Atome.[21] Wir denken und handeln in einer Welt, die wir nie erleben, nie mit eigenen Vorstellungen begleiten können.

Bald wird ein Kleinstroboter den menschlichen Körper durchwandern, um Kanäle zu weiten, brüchige Stellen zu reparieren, krankhafte Ablagerungen zu entfernen. Computer haben ein Rechenvermögen entwickelt, das dem Menschen bisher unmöglich erschien.[22] Eine Maschine spielt besser Schach als ihr menschlicher Gegner, errechnet das Universum in Dimensionen, die menschlichen Beobachtern verschlossen wären, bildet menschliche Gene ab, die der Mensch allein nicht entdecken könnte. Doch nur der Mensch beobachtet die Welt mit persönlichen Erfahrungen, Gefühlen, Eindrücken, Wertungen und Hoffnungen, die kein Computer nachahmen kann. Gegenwärtig gilt als wichtigstes Beispiel das Wiedererkennen von Gesichtern, das dem Menschen leichter fällt als einem Computer, weil er ein Gesicht mit persönlicher Begegnung, mit einem Dialog, mit gemeinsamem Fühlen und Empfinden, vielleicht auch mit übereinstimmenden Absichten und Vorhaben verbindet.[23] Und die Technik kann immer nur das, was ihr der Techniker erlaubt.

d. Sicherheit in Programmvorgaben

Die Uhr, der Geldschein, der Kalender, Geschichtsdaten, Statistiken, Tabellen und Bilanzen ordnen unseren Alltag, lenken Unternehmen, formen Forschungsvorhaben, prägen Heil- und Erziehungskonzepte, bestimmen Zukunftspläne, Risikoabschätzungen und Erfolgsberichte. Eine »Hochrechnung« sagt Wahlergebnisse voraus. Die Fortschreibung von empirischen Zahlen prognostiziert die Zukunft. Die Zahl taktet Studienabläufe und Qualifikationserfordernisse bei der Studienbewerbung, definiert Wartezeiten und Bewährungszeiten im beruflichen Aufstieg. Computer und Roboter erfassen die Wirklichkeit in einer formatierten Sichtweise, drängen Individualität und Privatheit – Freude und Schmerz, Hoffnung und Enttäuschung, Mut und Ängstlichkeit, Liebe und Zuwendung – in eine technische Irrealität. Internationale Organisationen zwingen Vertragspartner in ihr Computerprogramm, reduzieren die Vertragsfreiheit auf vorgegebene Sprach- und Erklärungsprogramme, unterbreiten vordefinierte Angebote auf Unterwerfung.

In dieser Bedrängnis durch Zahl und Maß, die nicht mehr Zeichen für die Wirklichkeit sind, aber beanspruchen, die Wirklichkeit zu sein, suchen wir Abstand von einer allein in einer Teilperspektive des Zählbaren beobachteten Welt, besinnen uns auf die begrenzte Aussagekraft von Programmvorgaben, kämpfen uns zurück in die Herrschaft über die Zahl. Die

Zahl zählt nicht nur die Wirklichkeit, sondern verbreitet auch Irrtümer und veranlasst Fehllenkungen. Die Zahl gibt Anlass nachzudenken.

Wenn der Mensch würfelt, eine Münze wirft, aus Zählreihen Antworten ableitet, in Zahlen Messlatten für Arbeitsziele, Kursentwicklungen, Wachstumsfortschritte vorschreibt, vermindert er die Rationalität, mehrt die Willkür. Die Zahl steht für Zufall oder Vermutung. Das Lottospiel, der Toto-Tipp, insbesondere auch Wetten am Finanzmarkt pflegen das Spiel, werfen den Würfel, lassen die Kugel kreisen, genießen die Freude an der Unvernunft. Die Messlatten sind Erwartungen, Wünschbares, planwirtschaftliche Vorgaben.

Die Zahl ist das verlässliche Maß für das Wiegen und Gewichten, gibt Zeit und Raum eine Ordnung, begründet Rhythmus und Maß für Entwicklung, Geschichte und Musik. Zugleich entfaltet die Zahl eine Magie, wird zum Geheimnis, abstrahiert eine Wirklichkeit zu einem Gedanken, zu einer Vermutung, zu einer Fiktion. Die Zahl zähmt das Chaos und führt in das Wirrwarr. Die Zahl vermittelt die Präzision »bis zur vierten Stelle« hinter dem Komma, drückt aber auch die gewollte Unbestimmtheit aus, wenn jemand darauf verweist, etwas schon »tausend Mal« gesagt zu haben. Wer nicht einmal »bis drei zählen« kann, steht außerhalb des Gesprächs, von Vernunft und Respekt. Auch das Zählen der Wirklichkeit stößt an seine Grenzen, wenn diese zu bewerten ist. Fragt der Steuerprüfer, was ein Sack Sand wert ist, lautet die Antwort: Sand in der Sahara ist Gemeingut, also null Euro wert. Sand im Betonmischer ist ein Wirtschaftsgut, also fünf Euro wert. Sand im Getriebe ist ein Schaden, muss also mit minus 500 Euro verbucht werden. Wenn diese Werte später in der Bilanz auftauchen, erscheinen sie fraglos richtig, weil die bloße Zahl die Fragwürdigkeit des Zählens verschweigt.

Der Umgang mit Zahlen löst sich von der Wirklichkeit, von der Gebundenheit im Realen, wenn wir uns die symbolische Bedeutung der Zahl in der Geschichte bewusst machen. In der Antike[24] war die Zahl Drei das Symbol für Anfang, Mitte und Ende, Ausdruck der Proportion bei einem gleichschenkligen Dreieck, christlich Ausdruck der »Dreieinigkeit« Gottes, der Auferstehung »am dritten Tage«. In der Rechtsgeschichte gewinnen die drei Zeugen einen besonderen Beweiswert. Ein wissenschaftliches Beratungsgremium von Gewicht braucht mindestens drei Personen. Berufungsvorschläge – für die Besetzung eines Lehrstuhls oder eines Bischofssitzes – enthalten eine »Dreierliste«.

Die »Vier« ist die Zahl der Natur, der Welt, des Irdischen.[25] Es gibt vier Himmelsrichtungen, vier Jahreszeiten, vier Elemente (Erde, Luft, Feuer, Wasser), historisch auch vier Weltteile. Die Vier ist aber auch die Zahl des Menschen als kleiner Kosmos, als »homo quadratus«, der mit ausgestreckten Armen ebenso breit wie hoch ist und damit die Höhe und Breite eines idealen Quadrats anzeigt. Die Vier wird auch zur Zahl der moralischen Vollkommenheit (vier Kardinaltugenden: Mäßigung, Gerechtigkeit, Weisheit, Tapferkeit[26]).

Das Geheimnis der »Fünf« liegt darin, dass sie, mit sich selbst multipliziert, immer wieder auf sich selbst zurückkommt: $5 \times 5 = 25$, $\times 5 = 125$, $\times 5 = 625$ usw. Es gibt fünf Finger der Hand, fünf Sinne, in der antiken Welt fünf Planeten (Merkur, Venus, Mars, Jupiter, Saturn), in der Bibel das Gleichnis von den fünf Talenten und den fünf Plagen. Leonardo da Vinci zeichnet in seinem berühmten Renaissancebild des Menschen eine Harmonie, die im Nabel ihren Mittelpunkt findet, während die Geraden, die Endpunkte ihrer Gestalt verbinden, ein Pentagon bilden. Und noch heute ziehen wir aus einer logisch anspruchsvollen Darlegung die »Quintessenz«, den Fünfergehalt eines systematischen Rechenplaners.[27]

Die Zahl programmiert das Denken in die Verlässlichkeit einer mitgegebenen Ordnung, weitet es aber auch in die erzählende Deutung einer vorgefundenen Weltharmonie.

5. Menschliche Erfahrung und Algorithmen

a. Selbstbestimmung und Fremdsteuerung: die formatierte Freiheit

Der Mensch lebt aus seinen Erfahrungen, verallgemeinert die darin enthaltenen Lebensklugheiten, entwickelt sie zu Handlungsanweisungen, um die vor ihm liegende Zukunft nach diesen Regeln zu bewältigen. Die Erfahrungen des Kochs führen zu Kochrezepten, die er an andere weitergibt. Die Praxis des Arztes entwickelt Heilempfehlungen, die er in Zukunft stetig anwendet und dadurch Krankheiten heilt. Der Kaufmann formuliert nach seiner Praxis einen Vertragstypus, der einen angemessenen Interessenausgleich zwischen Verkäufer und Käufer in seiner Branche und für sein Produkt gewährleistet, legt diesen Vertrag in Zukunft seinen Geschäften zugrunde. Der Gesetzgeber erklärt eine erprobte und bewährte Regel – das Mehrheitsprinzip in der Demokratie bei gleichzeitigem Minderheitenschutz – für verfassungsrechtlich verbindlich, um die friedliche und freiheitliche Zukunft des Gemeinwesens auf dieser Basis zu gewährleisten. Verdichtet sich eine solche Regel zu einem systematischen, logischen System, das verstandesmäßig verlässlich angewandt und auf Fehler kontrolliert werden kann, bezeichnen wir das als Handeln nach Wissen und Erfahrung. Die technische Verwendung dieses Systems nennen wir Algorithmen.

Unsere heutige Welt ist geprägt durch mechanische und elektronische Geräte, die von Algorithmen gesteuert und bestimmt werden. Die Heizung im Keller, der Thermostat der Dusche, die Signale im Straßenverkehr, der PC und das Auto folgen technischen Vorgaben, werden durch eine von Ingenieuren und Wissenschaftlern entwickelte Programmatik bestimmt. Die Technik setzt Kausalitäten, Erfahrungsregeln und Steuerungssignale ins Werk. Wissenschaftler und Ingenieure bringen ihre Handlungsanweisungen technisch zur Wirkung, ohne dabei als Menschen einen Menschen anweisen zu müssen. Gerät ein Auto auf schneeglatter, steil abfallender Straße ins Rutschen, nimmt der Computer die Daten der akuten Notlage auf und setzt sie in ein behutsam ausgewogenes Brems- und Sicherungsverhalten des Fahrzeugs um. Die Technik des Fahrzeugs dient der Sicherheit in einer Verlässlichkeit, die der Fahrer nicht hätte erreichen können.

Doch die Technik beansprucht überlegene Fähigkeiten, drängt den Menschen in eine Untätigkeit, damit er die Technik nicht stört. Hätten andere Algorithmen das Fahrzeug in den Abhang gelenkt, fühlte der Fahrer sich ausgeliefert. Die Technik entwickelt eine Herrschaft, die vom Betroffenen weder kontrolliert noch verstanden wird, sich der Rechtskontrolle weitgehend entzieht, den Menschen in eine technische Abhängigkeit bringt. An der Börse entscheiden im Hochfrequenzhandel Computer über die Ausführung und die Maßstäbe eines Tauschgeschäftes automatisch. Gegenwärtig sollen an den europäischen Börsen rund die Hälfte der Geschäfte von solchen technischen »Staubsaugern für Gewinne« durchgeführt werden. Diesen Geschäften fehlt der Vertrag, der Konsens als Rechtfertigungsgrund für den Tausch. Kriminalbehörden entwickeln ein Programm zur Früherkennung einer Terrorgefahr, das aus dem bisherigen Verhalten von Menschen und Menschengruppen ein Risikoprofil ableitet. Der Doktorand findet in seinem Computer die Rechenmethode und die vorrangig empfohlene Literatur, die von anderen Nutzern am meisten geklickt oder von den Anbietern manipulativ angeboten werden. Auswahlkriterien sind nicht Qualität, sondern bisherige Gewöhnung oder Verkäuferempfehlungen. Ein oberflächlicher Nutzer der Suchmaschine empfindet sie aber als »Wahrheit«. Die Maßstäbe und die Auswahl dieses Wissens bleiben in der Dunkelheit eines Datenspeichers. Der Nutzer wird über die hier wirksamen Mechanismen nicht aufgeklärt. Er verharrt in erwarteter Kritikunfähigkeit, in einer formatierten Freiheit.

b. Künstliche Intelligenz?

Das Beruhigungsstichwort lautet: Der intelligente, aber auch bescheidene Mensch müsse sich auf die »künstliche«, dem Menschen überlegene Intelligenz einrichten. Allerdings ist diese »Intelligenz« das Ergebnis von Willen und Lenkung anderer Menschen. Die Algorithmen erzeugen nicht eine Objektivität aller derzeit verfügbaren Daten und Informationen über eine gesellschaftliche Realität. Sie folgen auch nicht dem Gedanken einer Demokratie, in dem jeder gleichberechtigt eine Stimme abgibt. Vielmehr bieten die Daten allenfalls ein Wissens- und Meinungsbild des Teils der Menschen, die im jeweiligen System aktiv sind und die Daten auswählen. Soweit die Nutzer beteiligt werden, schalten sich gelegentlich (Ro) Bots in die »Abstimmung« ein, täuschen eine menschliche Stimmabgabe vor, die ein Mensch gar nicht abgegeben hat. So erzeugen sie Scheinmeinungen und manipulierte Vorstellungen, wecken Erwartungen und Hoffnungen einer Allgemeinheit, die nicht existiert, begründen politische und wirtschaftliche Trends, die nicht von Menschen gewollt und praktiziert, sondern von Anbietern manipuliert werden.

Die aktuelle Politik fordert deshalb, die großen Internetplattformen müssten verständlicher, durchsichtiger, transparenter werden. Die Menschen sollten aus ihren »Echokammern« heraustreten, in denen sie nur noch ihre eigene Auffassung bestätigt sehen oder die Empfehlungen von Gleichgesinnten entgegennehmen. Die Plattformen von Facebook und Google wirkten andernfalls als Wissens- und Meinungsschleuse, die den

Menschen in eine Scheinwelt führen und einen Realitätsverlust veranlassen. Wenn sie zudem die ohne Wissen des Betroffenen gewonnenen Daten weitergeben, auch zum Gegenstand von Handel und Erwerb machen, sollten alle datengebenden Nutzer politisch zusammenwirken, um diese Herrschaft der geheimen Beobachter unverzüglich zu beenden.

Diese Transparenz muss Verantwortlichkeiten schaffen. Die Veranstalter von Internetplattformen sollten ihre Datenbasis und Datenauswahl öffentlich vorstellen, ihre Auswahlmaßstäbe und Entscheidungen vor den Nutzern rechtfertigen, die Wege zu einer bevorzugten Sichtbarkeit eigener Produkte oder Meinungen darlegen oder auch sperren. Übermäßig belastende oder rechtswidrige Daten sind auszusondern, lenkende Daten zu kennzeichnen und Zweckbindungen von Daten zu begründen. Verantwortlichkeit fordert Sanktionen – Haftung für Schäden und Strafe für grobe Rechtsverletzungen. Vor allem aber hat das Recht – das Parlament – zu entscheiden, wem das neue Wirtschaftsgut, das Wissen, gehört, wer mit den Daten Geschäfte machen darf.

c. Systeme vollziehen den Willen von Menschen

Computerprogramme und Datensysteme haben keinen eigenen Willen, sondern vollziehen technisch den Willen anderer Menschen. Sie haben keine Freiheit, tragen damit keine Verantwortung, sondern werden von freien Menschen beherrscht, stehen deshalb in deren Verantwortlichkeit. Maschinen haben keine Macht, sondern sind Instrumente der Macht. Sie müssen deshalb kontrolliert werden, auch wenn die Techniker einwenden, ein technisches System dürfe in seiner Funktionssicherheit nicht durch rechtliche Kontrollen gestört werden.

Der Verfassungsstaat ist durch eine Sensibilität für Übermacht entstanden. Er ist die Antwort auf Diktatur, Willkür, Unterdrückung. Er steht heute vor der Aufgabe, die Macht der Techniker und Ingenieure, der Veranstalter großer Internetplattformen aus dem Versteck der Maschine herauszuholen, sie in die Ersichtlichkeit öffentlicher Verantwortlichkeit zu rücken. Das Recht hat sie für ihre Aussagen und Lenkungen in Pflicht und Verantwortung zu nehmen. Die Betroffenen treten aus der Anonymität einer verführbaren, ständig Daten gebenden, in der Ungewissheit gehaltenen

Masse in das Licht des verstehenden und wehrbereiten Individuums. Sie werden in Zukunft nicht ständig durch Nutzung einer Technik unbewusst Daten preisgeben. Sie wahren wägend und wertend ihre Rechte gegen die vermeintliche technische Übermacht. Technik dient dem Menschen. Er veranlasst und beherrscht Algorithmen.

6. Die moderne Technik als Akt der Befreiung

a. Ein klassisches Freiheitsideal wird erstmals erfüllbar

Je lebhafter der wissenschaftlich-technische Fortschritt dem Menschen neue Handlungsmöglichkeiten bietet, desto lauter werden die Einwände gegen diese Neuerungen. Das erleben wir auch in der Gegenwart. Doch bietet diese auch eine einmalige Chance, erstmals den klassischen Traum[28] zu verwirklichen, von der Arbeit in Industrie und Handel, Handwerk und körperlicher Arbeit befreit und für die geistig-kulturelle Tätigkeit frei zu sein. Die Entlastungsleistung von Maschinen und Robotern, von Computern und Drohnen wird das Erwerbsleben grundlegend verändern. Körperlich anstrengende Arbeit wird sich erübrigen. Die Technik wird monotones Sammeln und Darstellen von Daten durch Menschen überflüssig machen. Sie wird Standarderklärungen, Rechnungen und Bilanzen für die Menschen erstellen. Die Wiederholung von Organisationsakten und technischen Abläufen bleibt der Technik überlassen. Der Mensch wird zum Erfinder, zum Organisator, zum Planer und zum Kontrolleur des Wirtschaftsgeschehens. Er gibt Impulse, entwickelt Phantasien und Erfindungskraft für neue Produkte und Dienstleistungen, erdenkt neue Programme, verbessert Algorithmen, setzt neue Systeme und Steuertechniken ins Werk. Der Mensch sitzt im Schiff nicht mehr auf der Ruderbank, sondern steuert als Kapitän.

Damit werden Gestaltungskraft und Lebenszeit, Erneuerungswille und Impulsbereitschaft, Entscheidungsmut und Zukunftsträume frei. Der Mensch wird in seiner neuen Freiheit sein Leben grundlegend neu gestalten dürfen und müssen. Das Erwerbsleben wird leichter, verliert an Bedeutung, verschiebt sich von der Arbeit zu Konzeption, Erneuerung, Aufsicht und Korrektur. Der Status eines Menschen bestimmt sich weniger durch die Erwerbsarbeit. Sein Rang löst sich von der Höhe seines Einkommens. Die Herrschaft über Produktion und Handel, Dienstleistungs- und Kreativgemeinschaft muss neu definiert werden.

b. Die Chance ideeller Freiheit

Der moderne Mensch wird die technische Befreiung nutzen, um vermehrt ideell von seiner Freiheit Gebrauch zu machen. Er wird sich mehr seiner Familie widmen, seinen Freundeskreis pflegen, vielleicht musizieren, malen und dichten, lesen und diskutieren. Er bemüht sich vermehrt um die Erziehung und Begleitung seiner Kinder, wendet sich ermutigend und pflegend alten Menschen zu. Er dient der Politik und dem Gemeinwohl, begleitet und unterstützt Menschen in Not und Konflikten durch praktischen Beistand und tägliche Begegnung. Er schützt die Umwelt und leistet Entwicklungshilfe. Der technische Umbruch gibt Anlass, die Herrschaft über die Technik immer wieder zu erneuern, die technischen Programme mit den Wertungen unserer Verfassung auszustatten. Doch bietet die technische Erneuerung vor allem eine bisher nicht gekannte Chance der Befreiung, die unser Alltagsleben, die rechtlichen Verantwortlichkeiten und Werte, die Grundgestimmtheit in Freiheit verändern wird.

c. Arbeit für alle und Einkommen für jeden

Der technische Befreiungsakt stürzt die Menschen nicht in die Arbeitslosigkeit. Ihnen bieten sich vielfältige und gehaltvolle Möglichkeiten sinnstiftender und gemeinschaftsdienlicher Tätigkeit. Wir werden diese Arbeit grundsätzlich neu bedenken und dann die Einkommensströme nach diesen Leistungen neu bemessen müssen. Die Menschen können in Ehe und Familie eine neue Nähe und ein beruflich entspanntes Vertrauen gewinnen und vermitteln. Sie werden in Schule und Hochschule in kleineren Einheiten lehren und erziehen, in Forschung und Entwicklung eine neue Zukunft erdenken. Sie können in Politik, Vereinen und gemeinnützigen Einrichtungen das Gemeinschaftsleben bürgernah gestalten, in Sport und Freizeit Leib und Seele zusammenhalten. Das Recht wird in einer komplizierter werdenden Welt einfacher und verständlicher konzipiert werden müssen. Die Staatsaufgaben sind gegenüber den international tätigen Wirtschaftsunternehmen, der digitalen Welt und dem Finanzmarkt weltoffen fortzuentwickeln. Wenn die USA militärisch und digital Europa bestimmen, Russland uns mit Energie versorgt und China zum wichtigsten Wirtschaftspartner wird, werden Wirtschaft und Gesellschaft sich – neben der Politik – um eine neue Orientierung auch in der täglichen Begegnung bemühen müssen. Der Städtebau braucht Möglichkeiten des individualgerechten Wohnens und des selbstbestimmten Eigentums. Umweltschutz und Alltagsbedarf sind in einem langfristigen Prozess aufeinander abzustimmen. Die Lebensstrukturen müssen, bedacht als Herrschaft des Menschen über die Technik, fortgebildet werden. Täglich wird der freie Mensch neue Aufgaben entdecken und suchen.

Auch in dieser modernen Arbeitswelt braucht der Mensch ein Einkommen, das er durch Leistung verdient hat. Bisher wird die Entwicklung der Technik meist mit der kritischen Frage begleitet, wieviel Tausende an Arbeitsplätzen sie überflüssig mache. Die Gegenwehr gegen einen solchen Verlust an Arbeitsplätzen verharrt im Binnenbereich des bisherigen Erwerbslebens. Sie sucht durch kürzere Wochenarbeitszeiten und früher endende Lebensarbeitszeiten die weniger werdenden Plätze auf mehr Menschen zu verteilen. Weitere Erwerbsarbeit wird durch zusätzliche Prüf- und Kontrollstellen, Bestätigungs- und Erneuerungsverfahren, Berichts-, Nachweis- und Bilanzierungspflichten geschaffen. Auch die Informationsfreiheitsgesetze, ein immer mehr bedrängender Datenschutz und die Umgestaltung des Finanzmarktes scheinen fast beliebig mehr Erwerbsquellen erschließen zu können. Organisierte Interessen werden in neuen Behörden und Non-Governmental Organisationen verselbständigt und bieten neue Berufsfelder. All dieses ist nicht sinnlos und nicht nur bürokratisch. Doch die Übertreibungen befremden und das Verharren in der bisherigen Erwerbsstruktur begründet Zweifel, ob diese Neuerungen das Erwerbsleben verbessern.

Der neue Arbeitsmarkt sollte zunächst die Chance zur ideellen Freiheit nutzen, den Menschen in Familie, Freundeskreis, Ehrenamt, Jugendarbeit und Altenbetreuung, Erziehen, Lehren und Forschen, Sport, Umweltschutz und Entwicklungshilfe Aufgaben anbieten. Diese Tätigkeiten sind anstrengende und wertvolle Arbeit, rechtfertigen deshalb ein Einkommen. Doch dazu müssen neue Einkommensquellen erschlossen werden. Dabei stehen Gesellschaft und Recht vor einer Grundsatzentscheidung. Sie könnten die Finanzierung dieser neuartigen – bisher oft nicht entgoltenen – Arbeit dem Staat überlassen, der Maschinen und Daten besteuern würde, damit eine Finanzmacht gewönne, um Menschen mit einem Individualeinkommen auszustatten. Die Menschen gerieten dadurch aber in eine große Staatsabhängigkeit. Deshalb sollte nicht der Staat, sondern die Gesellschaft die entgeltwürdige Leistung modern definieren und selbst die Einkommensströme anders leiten. Die Internetnutzer könnten den wirtschaftlichen Wert der von ihnen bereitgestellten Daten für sich beanspruchen und dadurch ein Einkommen gewinnen. Dabei mag unterschieden werden, wer Daten bereitstellt, wer diese Daten zu einer Aussage zusammenfügt (Information), wer aus ihnen Folgerungen für menschliches Verhalten zieht (Intelligenz), wer aus ihnen Erkenntnisse auf Dauer ableitet (Wissen), wer aus ihnen Gesetzmäßigkeiten, Einsichten und Verstehen für die Zukunft gewinnt (Wissenschaft), wer aus ihnen wägend und gewichtend Maßstäbe entwickelt (Klugheit), wer sie in ihrer Bedeutung für die Menschen fragend und rechtfertigend bewertet (Weisheit). Genossenschaftsähnliche Verbünde könnten den Erfolg einer technisch produzierten Ware auf alle Beteiligten – auf die Erfindungs-, Organisations-, Technik-, Verwaltungs-, Vertriebs- und Reparaturstufe – verteilen. Die Nachfrager nach maschinenproduzierten Gütern könnten an Maschinenerträgen beteiligt werden und in Strukturen ähnlich der Privatversicherung Berechtigungspunkte sammeln. Behutsam zu bedenken wäre deshalb auch, wer Eigentümer des Produktivkapitals (Aktie, Anleihe, Fonds) sein, damit die Herrschaft über den Ertrag von Produktionsmitteln gewinnen soll.

Die Moderne wird eine neue gesellschaftliche Ethik der Leistung entwickeln müssen. Entgeltwürdig ist nicht nur die innerhalb eines Berufsrechtsverhältnisses erbrachte Leistung, sondern auch die Arbeit, die bisher der Privatsphäre zugeordnet wird. Entgeltwürdig ist nicht nur die Arbeitstätigkeit, sondern auch der Arbeitserfolg. Wer ein Kind gut erzogen, einen Ausländer die deutsche Sprache erfolgreich gelehrt, selbst fließend chinesisch gelernt hat, verdient in seiner Anstrengung Anerkennung, in seiner gemeinwohldienlichen Leistung Einkommen. So entwickelt sich eine Hochkultur der Arbeit in Deutschland, macht unsere Gesellschaft attraktiv und lockt Menschen an. Sollten zu viele Menschen in diese Gesellschaft drängen, finden Staat und Recht ein Maß in der Einwanderungspolitik, nicht im Verzicht auf eine Hochkultur.

Wenn das Recht zunächst eine der wichtigsten gesellschaftlichen Leistungen, das Erziehen der Kinder, als entgeltwürdig anerkennt, deshalb die Mütter erstmals für ihre Leistung angemessen bezahlt, verschiebt dieser Akt der Einkommensgerechtigkeit Rang und praktische Bedeutung von herkömmlicher Erwerbsarbeit zur Familienarbeit. Sodann sind weitere Lern-, Lebensführungs- und Leitprinzipien zu erarbeiten, die dem Verantwortungsträger, dem Erfinder, dem Zuwendungsbereiten, dem Friedensstifter, dem Erzieher und Vorbild, dem Maßstab- und Ideengeber die unterschiedlich zugemessene Anerkennung durch Honor und Honorar zuspricht.

Diese Denkanstöße sind noch keine Lösungsvorschläge, mögen aber bewusst machen, vor welch großen Aufgaben uns die Fortschritte von Wissenschaft und Technik stellen. Diese Freiheit zum Neuen, noch Ungewohnten und Unerprobten fasziniert. Wir werden diesen Auftrag mit einem beherzten Aufbruch aufnehmen, in neuer Weite und Voraussicht denken, in der Bereitschaft zum Abenteuer erfolgreich sein. Kleinmut und Zögerlichkeit steht uns nicht zu. Dem widerspricht unsere Freiheitserfahrung der letzten 70 Jahre, unser Gestaltungsmut im Fortschreiten mit der Entwicklung von Wissenschaft, Technik und Recht, Europa- und Weltpolitik, unser Gespür für beherzte Freiheit.

7. Freiheit als Macht zur Selbstbestimmung

Wenn wir die Menschen in ihren Freiheiten beobachtet, begleitet und gewürdigt haben, kennen wir Glanz und Not dieses Rechts. Freiheit ist angeboren und rechtlich garantiert, muss aber von jedem Menschen täglich errungen werden. Er muss sich in der Natur behaupten, gegen die Bedrohung durch Krieg, Diktatur und Krankheit ankämpfen, in der modernen Welt von Wirtschaft, Wissenschaft und Technik der Maßstabgeber bleiben, auch gegenüber parlamentarisch gesetzten Regeln und den in der Technik der Algorithmen überbrachten Gesetzmäßigkeiten seinen Raum der Freiheit verteidigen. Dazu braucht der Mensch Urteilskraft und Gestaltungswillen. Deshalb fordert eine von der Antike bis zur Gegenwart reichende Freiheitstradition den Mut, seinen Verstand zu nutzen. Freiheit erwartet heute insbesondere freiheitliche Selbstgewissheit in den auf das Ökonomische, auf das Technische, auf das Selbstbezügliche verengten Lebensbereichen, setzt auf die Bereitschaft, sich von diesen partiellen Vernünftigkeiten zu lösen und nach der Gesamtvernunft zu fragen. Zugleich will sich der Freie in der Humanität der Geselligkeit, der Freundschaft, von Musik und Tanz, von Lied und Poesie, von Bildern und Symbolen, von Hoffen und Vertrauen, von Charme und Geheimnis, von Glauben und Lieben entfalten. Wir brauchen den Mut zur Vernunft, aber auch den Mut, die Vernunft als alleiniges Lebensprinzip in Frage zu stellen.

Freiheit soll wachsen. Dieses Wachstum meint nicht eine Mehrung des wirtschaftlichen Gewinns oder des Bruttosozialprodukts, sondern sucht vor allem von den Zwängen konventioneller Steuerungsstrukturen und Systembindungen zu befreien. Diese Freiheitschancen sind real, aber nicht ohne Voraussetzungen. Der Mensch muss sich zur Freiheit qualifizieren. Dies gelingt in der Erziehung durch seine Familie, durch die Bildung seines Umfeldes, durch Ausbildung, Studium und Erlernen von beruflichen Fertigkeiten, in Muße und Gelassenheit, in politischer Nachdenklichkeit, in philosophischer Kraft des Fragens, in religiöser Empfindlichkeit. Der Mensch ist frei, wenn er nicht existenziell durch Macht und Naturgewalt, durch Krankheit und Hunger, durch Angst bedroht ist, wenn die anderen Menschen sein Leben, seine Körperintegrität, seine Ehre und sein Eigentum achten, wenn er sein eigenes Leben beherzt selbst gestalten und in der Gemeinschaft demokratisch mitwirken darf.

Um diese Voraussetzungen zu sichern und zu stärken, gewährleisten die modernen Verfassungen die Freiheit als Freiheitsrecht. Aus Idee und intellektuellem Postulat wird ein verbindlich durchsetzbarer Anspruch. Der Verfassungsstaat lässt den Freiheitsanspruch gegen sich selbst gelten und setzt ihn gegenüber anderen Menschen durch – dem äußeren Feind, dem inneren Störer und Rechtsverletzer, der Existenzgefährdung durch Krankheit, Arbeitslosigkeit, Altersgebrechlichkeit und Not.

Das Verfassungsrecht gewährleistet Freiheit nach einem realistischen, den Menschen ganzheitlich erfassenden Menschenbild. Der Freie braucht seinen Mut, um zu verstehen, aber auch um zu wollen, zu vertrauen und zu handeln. Er unterscheidet mit Verstand und Gefühl, um richtig entscheiden zu können. Er ist menschlich, also unzulänglich, aber bemüht, sich dem Ideal des Friedens, der Gerechtigkeit, der Wahrheit, der Gesundheit anzunähern. Er ringt um den vollständigen und lichten Blick auf Mensch und Welt, sucht zu erfahren, zu erkennen, zu ergründen. Er ist gesellig und charmant, bedacht und heiter, kreativ und virtuos. Er erkennt die Natur nur verschleiert und lebt mit dem Geheimnis. Er will hoffen und wagen, staunt vor dem Unbegreiflichen und erlebt das Erhabene. Er kann verehren, danken, glauben.

Er teilt ein Stück seiner Biografie mit anderen, begegnet ihnen in ihrer Individualität und Freiheit, ihrer Spontaneität und Widersprüchlichkeit. Er spricht mit den Menschen in einer gemeinsamen Sprache und findet darin eine Quelle des Friedens, auch der persönlichen Zufriedenheit. Er teilt »Freud und Leid« mit ihnen, sucht die gegenseitige Wertschätzung, will lieben und geliebt werden. Er weiß sich für sich und andere verantwortlich, entfaltet Wissen und Gewissen. In dieser menschlichen Weite bleibt er gelassen, lässt vieles auf sich beruhen, pflegt eine Kultur des Maßes.

Die verfassungsrechtliche Gewährleistung der Freiheit folgt diesem Bild des mutigen, gelassenen, vertrauenswürdigen Menschen, wenn sie das Gemeinwesen in der Hand der Freien belässt. Dieses Freiheitsvertrauen erwartet, dass aus verantwortlicher Freiheit Gemeinsinn wächst und Gemeinwohl entsteht. Der freie Mensch handelt beherzt, versteht Freiheit als Wagnis, als Chance, als eigenen Weg.

Anhang

Anmerkungen

I. Freiheit von Fremdbestimmung und Herrschaft über sich selbst

1   Im Siebenjährigen Krieg (1756–1763) hatten alle damaligen europäischen Großmäch-te um die Vorherrschaft in Mitteleuropa gekämpft.

2   *I. Kant,* Zum ewigen Frieden. Ein philosophischer Entwurf (1795), in: Königlich Preußische Akademie der Wissenschaften (Hrsg.), Immanuel Kants gesammelte Schriften, Bd. 8, 1923, 340ff.

3   Vgl. zur Entwicklung exemplarisch: Ewiger Landfriede nach der Goldenen Bulle von 1356, *Kaiser Karl IV.,* Die goldene Bulle Kaiser Karl IV. vom Jahr 1356, deutsche Übers. v. W. D. Fritz, 1978; *M. v. Padua,* Der Verteidiger des Friedens [1324], in: W. Kunzmann (Übers.)/H. Kusch (Bearb. u. Einl.), 1958, 13f., 157f., 248f.; *E. v. Rotter-dam,* Die Klage des Friedens [1517], in: B. Hannemann (Hrsg.), Die Klage des Frie-dens – Querela Pacis, 1985.

4   *I. Kant,* a.a.O., 349f.

5   Vgl. im Einzelnen und zu den Unterschieden in Vertragsformen des modernen Völ-kerrechts: *K. Ipsen,* Ius Gentium – ius pacis? Zur Antizipation grundlegender Völker-rechtsstrukturen der Friedenssicherung in Kants Traktat zum ewigen Frieden, in: R. Merkel/R. Wittmann (Hrsg.), »Zum ewigen Frieden«. Grundlagen, Aktualität und Aussichten einer Idee von Immanuel Kant, 1996, 290f.

6   *I. Kant,* a.a.O., 386.

7   *A. Smith,* Theorie der ethischen Gefühle [Aufl. letzter Hand 1790], auf der Grundlage der Übersetzung v. W. Eckstein, H. D. Brandt (Hrsg.), 2010.

8   *A. Smith,* ebd, 6f, 14f, 29f, 178f.

9   *A. Smith,* ebd., 32f (Zitat S. 34).

10 *Platon,* Apologie des Sokrates, E. Heitsch (Übers.), 2002, 33f. (40c–42a).

11 *T. Hobbes,* Leviathan [1651], I. Fetscher (Hrsg.), 1966, Neuausgabe 1984, 14. Kapitel, 99.

12 *J. Locke,* Zwei Abhandlungen über die Regierung [1689], W. Euchner (Hrsg.), ⁵1992, 2. Abhandlung, 7. Kapitel, § 90.

13 Zum Folgenden vgl. *K.-E. Hain*, Freiheit und Institutionen, in: ders. (Hrsg.), Wanderungen und Wandlungen des Rechts, 2017, 1f.; *U. Schliesky*, Begriff und Bedeutung des Staates, in: ders. (Hrsg.), Gespräche über den Staat, 2017, 12 (15f.).

14 *T. Hobbes*, a.a.O., 99.

15 *J. Locke*, Zwei Abhandlungen über die Regierung [1689], W. Euchner (Hrsg.), ⁵1992, 2. Abhandlung, 7. Kapitel, § 90, 255.

16 *J.-J. Rousseau*, Der Gesellschaftsvertrag [1762], H. Dehnhardt/W. Bahner (Übers.), ³1988, 1. Buch, 6. Kapitel, 49, sieht den Einzelnen mit seinen Rechten am besten in der Gesamtheit des Volkes und einer Mehrheit aufgehoben, eines aus Freiwilligkeit und Einsicht erwachsenen Zusammenschlusses von Bürgern.

17 *I. Kant*, Grundlegung zur Metaphysik der Sitten (1785), in: Königlich Preußische Akademie der Wissenschaften (Hrsg.), Immanuel Kants gesammelte Schriften, Bd. 4, 1911, 384 (420f., 446f.).

18 *I. Kant*, Metaphysik der Sitten (1797), in: Königlich Preußische Akademie der Wissenschaften (Hrsg.), Immanuel Kants gesammelte Schriften, Bd. 6, 1907, 203 (229f.).

19 BVerfGE 45, 187 (227) – Lebenslange Freiheitsstrafe.

20 *P. Kirchhof*, Verfassung, Theorie und Dogmatik, in: J. Isensee/ders. (Hrsg.), HStR XII, ³2014, § 273 Rn. 33f.

21 Zu dieser klassischen Rechtsformel vgl. Art. 13 der Genfer Kirchenordnung von 1576; *J. J. Moser*, Justiz-Verfassung, Neues Teutsches Staatsrecht, 8,2, 1774, 711; § 1007 Österreichisches ABGB, 1811; vgl. auch § 38 Deutsches Richtergesetz; zur früheren Formel bei Abgabe der Steuererklärung BFH (BStBl. II, 1971, 726; BStBl. II, 1987, 77f.; BStBl. II, 1999, 203 [204]).

22 Zur Bedeutung des Gewissens als Kontrollinstanz, die darüber wacht, dass das Ich die Grenzen der eigenen Persönlichkeit nicht sprengt, *N. Luhmann*, Die Gewissensfreiheit und das Gewissen, in: ders., Ausdifferenzierung des Rechts – Beiträge zur Rechtssoziologie und Rechtstheorie, 1981, 326 (333f.).

23 *W. Höfling*, Sittlichkeit und Freiheit, in: JuS 2017, 617f.

24 Gemäß § 138 Abs. 1 BGB ist ein Rechtsgeschäft, das gegen *die guten Sitten* verstößt, nichtig. Gemäß § 817 S. 1 BGB ist der Empfänger zur Herausgabe verpflichtet, wenn der Zweck einer Leistung in der Art bestimmt war, dass der Empfänger durch die Annahme gegen ein gesetzliches Verbot oder gegen *die guten Sitten* verstoßen hat. Gemäß § 826 BGB ist derjenige, der in einer gegen *die guten Sitten* verstoßenden Weise einem anderen vorsätzlich Schaden zufügt, dem anderen zum Ersatz des Schadens verpflichtet. Gemäß § 8 Abs. 2 Nr. 5 MarkenG sind Marken von der Eintragung ausgeschlossen, die gegen die öffentliche Ordnung oder *die guten Sitten* verstoßen. Gemäß § 3 Nr. 3 DesignG sind Muster, die gegen die öffentliche Ordnung oder gegen *die guten Sitten* verstoßen, vom Geschmacksmusterschutz ausgeschlossen. Gemäß § 2 S. 1 Hs. 1 PatG werden für Erfindungen, deren gewerbliche Verwertung gegen die öffentliche Ordnung oder *die guten Sitten* verstoßen würde, keine Patente erteilt. Gemäß § 33a Abs. 2 Nr. 2 GewO ist Schaustellungen von Personen die Erlaubnis zu versagen, wenn zu erwarten ist, dass die Schaustellungen den *guten Sitten* zuwiderlaufen werden. Gemäß § 228 StGB handelt derjenige, der eine Körperverletzung mit Einwilligung der verletzten Person vornimmt, nur dann rechtswidrig, wenn die Tat trotz der Einwilligung gegen die *guten Sitten* verstößt.

25 *Horaz*, Sämtliche Werke, lateinisch und deutsch, H. Färber (Hrsg.), ¹⁰1985, 178f.; *E. v. Repgow*, Sachsenspiegel, 1235, III 42, §§ 1, 3, 6; *T. v. Aquin*, Collationes in decem

praeceptis, Textum Taurini, 1954; *I. Kant*, Kritik der reinen Vernunft (1787), in: Königlich-Preußische Akademie der Wissenschaften (Hrsg.), Immanuel Kants gesammelte Schriften, Bd. 4, 1911, 1 (522f.); *A. Smith*, Theorie der ethischen Gefühle (Aufl. letzter Hand 1790), auf der Grundlage der Übersetzung v. W. Eckstein, H. D. Brandt (Hrsg.), 2010, 5f., 178f.

26 Art. 60 Abs. 2 GG; der Bundespräsident kann diese Befugnisse auf andere Behörden übertragen, Art. 60 Abs. 3 GG.

27 Vgl. BVerfGE 45, 187 (242f.) – Lebenslange Freiheitsstrafe – dort gestützt auf Art. 1 Abs. 1 GG, Art. 2 Abs. 2 S. 2 GG, Art. 20 Abs. 3 GG (Rechtsstaatsprinzip, Verhältnismäßigkeitsgrundsatz).

28 BVerfGE 1, 264 (275f.) – Bezirksschornsteinfeger; BVerfGE 48, 346 (357) – Witwenurteil; BVerfGE 83, 89 (107f.) – Hundert-Prozent-Erstattungsgrenze; BVerfGE 86, 81 (87) – Bauakademie, Einigungsvertrag; BVerfGE 98, 365 (385) – Versorgungsanwartschaften; BVerfGE 115, 381 (389) – Dauerpflegschaften.

29 Art. 16 Abs. 2 S. 1 GG; zu S. 2 vgl. auch BVerfGE 113, 273 – Europäischer Haftbefehl; BVerfGE 18, 112 – Auslieferung (Fremdenlegionär); BVerfGE 60, 348 – Auslieferung (Libanon).

30 *G. Morgenthaler*, Gleichheit und Rechtssystem – Widerspruchsfreiheit, Folgerichtigkeit, in: R. Mellinghoff/U. Palm (Hrsg.), Gleichheit im Verfassungsstaat, 2008, 51 (54f.).

31 *J. Isensee*, Philosophie der Grenze: Zur räumlichen Reichweite von Staat und Recht, in: ZRPh, NF1, 2017, 17.

32 *G. Dahm/J. Delbrück/R. Wolfrum*, Völkerrecht, Bd.1/1, ²1989, 419f.; *J. Isensee*, Philosophie der Grenze, ebd., 17 (22f.), dort auch vervollständigend und ergänzend die historischen Fälle von Machtansprüchen der Seemächte und zum Weltbürgerrecht auf »Bedingungen der allgemeinen Hospitalität«.

33 Vgl. *G. Jellinek*, Allgemeine Staatslehre, ³1914, 394; zum Selbstbestimmungsrecht des Volkes in der Weltgemeinschaft vgl. *U. Vosgerau*, Das Selbstbestimmungsrecht des Volkes in der Weltgemeinschaft, in: J. Isensee/P. Kirchhof (Hrsg.), HStR XI, ³2013, § 228, dort insbesondere Rn. 13 zum defensiven und offensiven – auf Errichtung eines neuen Staates, auf Sezession gerichteten – Selbstbestimmungsrecht.

34 Abkommen über die Rechtsstellung der Flüchtlinge v. 28.7.1951, verkündet mit Gesetz v. 1.9.1953, BGBl. 1954 II, 559, in Kraft getreten am 22.4.1954 gem. Bekanntmachung des Bundesministers des Auswärtigen v. 25.4.1954, BGBl.1954 II, 619.

35 Vgl. im Einzelnen *M. Kau*, Ein Recht auf Migration? – Die Migrationskrise aus der Perspektive des Völkerrechts, in: A. Uhl (Hrsg.), Migration und Integration, die Migrationskrise als Herausforderung des Rechts, 2017, 38; *K. Hailbronner*, Eine Krise des Rechts? – Die Migrationskrise aus der Perspektive des europäischen und des nationalen Rechts, in: A. Uhl (Hrsg.), ebd., 58.

36 Allgemeine Erklärung der Menschenrechte, am 10.12.1948 von der UN-Vollversammlung angenommen, zu Entstehen und Rechtscharakter *C. Tomuschat*, Gewährleistung der Menschenrechte durch die Vereinten Nationen, in: J. Isensee/P. Kirchhof (Hrsg.), HStR X, ³2012, § 208 Rn. 5f.

37 *K.-P. Fritzsche*, Menschenrechte, ³2016, 138.

38 Verordnung (EU) Nr. 604/2013 des Europäischen Parlaments und des Rates v. 26.7.2013 zur Festlegung der Kriterien und Verfahren zur Bestimmung des Mitglied-

staats, der für die Prüfung eines von einem Drittstaatsangehörigen oder Staatenlosen in einem Mitgliedstaat gestellten Antrags auf internationalen Schutz zuständig ist, ABl. 2013, L180, sowie Verordnung (EG) Nr. 562/2006 des Europäischen Parlaments und des Rates v. 15.3.2006 über einen Gemeinschaftskodex für das Überschreiten der Grenzen durch Personen, ABl. 2006, L105, S. 1, in der durch die Verordnung (EU) Nr. 610/2013 des Europäischen Parlaments und des Rates v. 26.6.2013, ABl. 2013, L182, S. 1 – Schengener Grenzkodex; zur Geltung der VO auch in der Krise *D. Thym*, Flüchtlingskrise vor Gericht – zum Umgang des EuGH mit der Dublin III-Verordnung, in: DVBl 2018, 276 (278f.) mit Nachweisen.

39 Zu Einzelheiten vgl. *A. Dietz*, Ausländer- und Asylrecht, Einführung, [2]2017, 197; zum Aufnahmeersuchen innerhalb von drei Monaten und den Rechtsfolgen einer Fristüberschreitung vgl. EuGH, Urt. v. 26.7.2017, C-617/16 – Tsegezab Mengesteab gegen Bundesrepublik Deutschland; *D. Thym*, Flüchtlingskrise vor Gericht , ebd., 276; zur Geltung dieses Verfahrens auch in Ausnahmesituationen wie dem Flüchtlingszustrom 2015 EuGH, Urt. v. 26.7.2017, C-490/16 – A.S. gegen Republik Slowenien; EuGH, Urt. v. 26.7.2017, C-646/16 – Khadija Jafari, Zainab Jafari gegen Bundesamt für Fremdenwesen und Asyl.

40 Zur Zulässigkeit eines Mehrheitsbeschlusses zur Umverteilung von Flüchtlingen vgl. EuGH, Urt. v. 6.9.2017, C-643/15 u. C-647/15 – Slowakische Republik und Ungarn gegen Rat der EU.

41 Art. 16a Abs. 2 S. 1 GG.

42 Sog. Non-Refoulment-Prinzip, Art. 33 Genfer Flüchtlingskonvention.

43 Präambel des Vertrages über die Europäische Union v. 7.2.1992, BGBl. II 1992, 1252, 2. Spiegelstrich.

44 Zur Zulässigkeit eines »Mehrheitsbeschlusses zur Umverteilung von Flüchtlingen« vgl. EuGH, Urt. v. 6.9.2017, C-643/15 u. C 647/15 – Slowakische Republik und Ungarn gegen Rat der EU.

45 International Monetary Fund (IMF): A fair and substantial contribution by the financial sector, Interim Report for the G-20, 2010, 19.

46 *D. Schäfer*, Finanztransaktionssteuer: kurzfristigen Handel verteuern, Finanzmärkte stabilisieren, DIW Wochenbericht Nr. 8, 2012, 9.

47 International Monetary Fund (IMF): A fair and substantial contribution by the financial sector, a.a.O.

48 Vgl. bereits *Epikur*, Gnomologium Vaticanum, 25: »Armut ist, wenn sie am Endziel der Natur gemessen wird, größer als Reichtum; Reichtum, der keine Grenzen hat, ist große Armut.«

49 Zum Ausgangspunkt vgl. *R. Mayntz*, Governance Theory als fortentwickelte Steuerungstheorie?, in: G. F. Schuppert (Hrsg.), Governance-Forschung, [2]2006, 11; zu den völkerrechtlichen Folgerungen C. *Walter*, Grundlagen und Rahmenbedingungen für die Steuerungskraft des Völkerrechts, in: ZaöRV 2016, 363 (367).

50 Vgl. *C. Osterloh-Konrad*, Zur Legitimation steuerlicher Umverteilung, in: StuW 2017, 305.

51 Zum Ausgangspunkt dieses Gedankens L. *Erhard*, Wohlstand für alle (1957), [8]1964, 133f., 222f.: Erfolg der Wirtschaftspolitik in der Suche nach Expansion, einer »überwundenen Bescheidenheit«, aber auch der staatlichen Überwachung der Freiheit; je

besser der Wohlstand gemehrt wird, »umso seltener werden die Menschen in einer nur materiellen Lebensführung und Gesinnung« versinken; zur betriebswirtschaftlichen Sicht *U. Thielemann*, Ethik als Erfolgsfaktor? The Case against the business case und die Idee verdienter Reputation, in: A. G. Scherer/M. Patzer (Hrsg.), Betriebswirtschaftslehre und Unternehmensethik, 2008, 245: Orientierung an maximalem Gewinn als Betriebs- und Investitionsstrategie; zur marktkritischen Sicht auf die Aufgaben des Staates vgl. *J. Frisch*, Machtmissbrauch im politischen Diskurs, 2013, 105f.: demokratischer Rechtsstaat als eine marktunabhängige Ordnungssphäre, die »die selbstzerstörerischen Auswirkungen des anarchischen freien Warenaustausches« kompensieren, Korruption wie auch die Wahrnehmung von Klassen- und Kapitalinteressen durch den Staat abschaffen soll.

52 Vgl. den Sachverhalt zu BVerfGE 97, 67 – Schiffsbauverträge.

53 Vgl. im Einzelnen *J. Kämmerer*, Subventionen, in: J. Isensee/P. Kirchhof (Hrsg.), HStR V, [3]2007, § 124 Rn. 5f.; *H. Zacher*, Verwaltung durch Subventionen, in: VVDStRL 25 (1967), 308 (317); *M. Rodi*, Die Subventionsrechtsordnung, 2000, 18f.

54 Gesetz zur Förderung der Stabilität und des Wachstums der Wirtschaft v. 08.06.1967, BGBl. I 1967, 582; § 12 mit Abs. 4 (Subventionsabbauliste) begründet eine Pflicht zum Subventionsabbau; zum Wendepunkt vom Subventionsabbau zur Subventionsbereitschaft vgl. Sechster Subventionsbericht vom 17. November 1977, BT-Drucks. 8/1195; im Übrigen 20. Bericht der Bundesregierung über die Entwicklung der Finanzhilfen des Bundes und der Steuervergünstigung für die Jahre 2003 bis 2006, BT-Drucks. 16/1020, 17, 19f.

55 *L. Michael*, Rechtsetzende Gewalt im kooperierenden Verfassungsstaat, 2002; *F. Schoch*, Entformalisierung staatlichen Handelns, in: J. Isensee/P. Kirchhof (Hrsg.), HStR III, [3]2006, § 37 Rn. 30, 40f., 50f m.w.N; zur Verantwortlichkeit der Abgeordneten vgl. *M. Morlok*, Informalisierung und Entparlamentarisierung politischer Entscheidungen als Gefährdungen der Verfassung? in: VVDStRL 62 (2003), 37 (76).

56 Vgl. *M. Morlok*, ebd., 37 (77f).

57 *F. Schoch*, Entformalisierung staatlichen Handelns, ebd., § 37, Rn. 40f., 50f.; dazu auch *M. Morlok*, ebd., 37 (76).

58 *F. Schoch*, ebd., § 37 Rn. 38.

59 Vgl. BVerfGE 105, 185 (187) – UMTS-Erlöse; die Entscheidung betrifft die Verteilung des Aufkommens, nicht dessen Erhebung.

60 *M. Rossi*, Erscheinungsformen nichtstaatlicher Einflüsse auf die staatliche Gesetzgebung, in: M. Kloepfer (Hrsg.), Gesetzgebungsoutsourcing, 2011, 69f.; *U. Battis*, Outsourcing von Gesetzentwürfen?, in: ZRP 2009, 201; *J. Krüper*, Lawfirm – legibus solutus?: Legitimität und Rationalität des Gesetzgebungsverfahrens und das »Outsourcing« von Gesetzentwürfen, in: JZ 2010, 655; zu den verfassungsrechtlichen und politischen Grenzen siehe *J. Krüper*, Lawfirm – legibus solutus?, ebd., 655 (658); vgl. auch § 161 AktG: Empfehlungen der »Regierungskommission Deutscher Corporate Governance Kodex« mit faktischer Zwangswirkung, *M. Wolf*, »Corporate Governance – Der Import angelsächsischer ›Self-Regulation‹ im Widerstreit zum deutschen Parlamentsvorbehalt«, in: ZRP 2002, 59 (60).

II. Gelassenheit befreit

1 Zur literarischen Parallele vgl. *D. Kehlmann,* Tyll, 2017, 33f.

2 Vgl. *A. Smith,* Theorie der ethischen Gefühle [Aufl. letzter Hand 1790], auf der Grundlage der Übersetzung v. W. Eckstein, H. D. Brandt (Hrsg.), 2010, 7.

3 *F. Löser,* Meister Eckharts Freiheitsbegriff in seinen deutschen Texten. Eine Skizze zu historischem Hintergrund, Wortbedeutung und Quellen, in: R. D. Schiewer (Hrsg.), Meister-Eckhart-Jahrbuch 12, 2018, 15f.

4 *F. Löser,* ebd., 15.

5 S. *Meder,* Rechtsgeschichte, ⁴2011, 237; *R. Sprandel,* Verfassung und Gesellschaft im Mittelalter, ⁵1994, 114; *H. Hattenhauer,* Europäische Rechtsgeschichte, ⁴2004, 268 Rn. 770f.

6 *K. Andermann,* Das Huhn im Recht, Hühnerhaltung und Zinshühner im Spiegel der spätmittelalterlichen und frühneuzeitlichen Überlieferung, in: A. Deutsch/P. König (Hrsg.), Das Tier in der Rechtsgeschichte, 2017, 365 (367) mit Nachweisen.

7 *F. Kluge,* Etymologisches Wörterbuch der Deutschen Sprache, ²⁴2002, 314; *F. Löser,* Meister Eckharts Freiheitsbegriff in seinen deutschen Texten, a.a.O., 16.

8 *B. Hasebrink,* Die Anthropologie der Abgeschiedenheit. Urbane Ortlosigkeit bei Meister Eckhart, in: Meister-Eckhart-Jahrbuch 7/2013, 2014, 139 (139f.); *D. Mieth,* Das Freiheitsmotiv bei Meister Eckhart, in: F. Löser/D. Mieth (Hrsg.), Meister-Eckhart-Jahrbuch 7/2013, 2014, 155f.

9 *F. Löser,* Meister Eckharts Freiheitsbegriff in seinen deutschen Texten, a.a.O., 16.

10 Im Mittelalter wegen der Schöpfungsgleichheit aller Menschen, *E. v. Repgow,* Sachsenspiegel [1235], III 42, §§ 1, 3, 6, umstritten; die Leibeigenschaft war ein Ausgangspunkt für die Bauernkriege, *D. Mieth,* Das Freiheitsmotiv bei Meister Eckhart, a.a.O., 156.

11 *F. Löser,* Ledic und vrî: Aspekte von Freiheit und eigenschaft in Meister Eckharts deutschen Texten, in: R. D. Schiewer (Hrsg.), Meister-Eckhart-Jahrbuch 12, 2018, 139f., 145f.; *F. Löser,* Meister Eckharts Freiheitsbegriff in seinen deutschen Texten, a.a.O., 21f, 25f.

12 *B. Hasebrink,* Die Anthropologie der Abgeschiedenheit. Urbane Ortlosigkeit bei Meister Eckhart, in: Meister-Eckhart-Jahrbuch 7/2013, 2014, 150.

13 Er ist »unmittelbar« frei für Gott: *B. Hasebrink,* Die Anthropologie der Abgeschiedenheit, a.a.O., 153f; *F. Löser,* Ledic und vrî: Aspekte von Freiheit und eigenschaft in Meister Eckharts deutschen Texten, a.a.O., 139f.; *F. Löser,* Meister Eckharts Freiheitsbegriff in seinen deutschen Texten, a.a.O., 21f.

14 *D. Mieth,* Das Freiheitsmotiv bei Meister Eckhart, a.a.O., 170.

15 *B. v. Clairvaux,* Apologia ad Guillelmum Abbatem, in: ders., Sämtliche Werke, G. B. Winkler (Hrsg.), 1992, 193f.: »Wir (Mönche) haben alles für Unrat gehalten, was schön glänzt, was durch Wohllaut schmeichelt, was lieblich duftet, süß schmeckt und sich angenehm berühren lässt, kurz alle Ergötzlichkeiten des Körpers«.

16 *U. Eco,* Kunst und Schönheit im Mittelalter, ⁹2016, 19.

17 Zur Semantik der Gelassenheit vgl. *B. Hasebrink/S. Bernhardt/I. Früh,* Semantik der Gelassenheit, 2012, Vorwort, 9f.

18   *B. Hasebrink/S. Bernhardt/I. Früh*, ebd., 12.

19   *A. Smith,* Theorie der ethischen Gefühle [Aufl. letzter Hand 1790], auf der Grundlage der Übersetzung v. W. Eckstein, H. D. Brandt (Hrsg.), 2010, 30f, 178f.

20   Seneca an Serenus (2), zit. nach *Seneca,* Von der Gelassenheit, B. Zimmermann (Übers.), ³2012, 21.

21   *A. Smith*, a.a.O., 30f., 178f.

22   *W. Schmid*, Gelassenheit. Was gewinnen wir, wenn wir älter werden?, ¹⁸2015, 7f.

23   *W. Schmid*, ebd., 81.

24   *B. Hasebrink/S. Bernhardt/I. Früh*, Semantik der Gelassenheit, 2012, Vorwort, 9f., 11f.

25   *B. Hasebrink/S. Bernhardt/I. Früh*, ebd., 150f.; *D. Mieth*, Das Freiheitsmotiv bei Meister Eckhart, in: F. Löser/D. Mieth (Hrsg.), Meister-Eckhart-Jahrbuch 7/2013, 2014, 70f.

26   *D. Mieth*, ebd., 171.

27   *D. Mieth*, ebd., 160.

28   *B. Hasebrink*, Die Anthropologie der Abgeschiedenheit. Urbane Ortlosigkeit bei Meister Eckhart, in: Meister-Eckhart-Jahrbuch 7/2013, 2014, 150f.; *D. Mieth*, ebd., 170f.

29   Brüder Grimm, Kinder- und Hausmärchen, 3. Bd. [1857], H.-J. Uther (Hrsg.), 1996, 21, »Das Hirtenbübchen«; vgl. nunmehr mit einem entsprechenden Motiv *D. Kehlmann,* Tyll, 2017, 341.

30   Köchel-Verzeichnis 506, Wien, vermutlich Ende 1752, J. A. Blumauer (1755–1798); diese Parallele bei *F. Löser,* Meister Eckharts Freiheitsbegriff in seinen deutschen Texten. Eine Skizze zu historischem Hintergrund, Wortbedeutung und Quellen, Meister-Eckhart-Jahrbuch 12/2018, 13.

31   *H.-G. Soeffner*, Muße – Absichtsvolle Absichtslosigkeit, in: B. Hasebrink/P. P. Riedl (Hrsg.), Muße im kulturellen Wandel, Semantisierungen, Ähnlichkeiten, Umbesetzungen, 2014, 34 (37f.).

32   *H.-G. Soeffner*, ebd., 38.

33   *B. Hasebrink*, Zwischen Skandalisierung und Auratisierung. Über gemach und muoze in höfischer Epik, in: B. Hasebrink/P. P. Riedl (Hrsg.), ebd., 139.

34   Vgl. *G. Schmoller*, Grundriss der allgemeinen Volkswirtschaftslehre, Bd. 1, 1900, 218f. (mit der Entwicklung des modernen »Maschinenzeitalters«, und der Unterscheidung zwischen dem die menschliche Arbeit erleichternden Werkzeug und der die menschliche Arbeit verdrängenden Maschine); *M. Weber*, Die protestantische Ethik und der Geist des Kapitalismus [1904], in: ders. (Hrsg.), Gesammelte Aufsätze zur Religionssoziologie, Bd. 1, 1920 (überarbeitete Fassung), 166f.: Der Beruf ist Berufung des Menschen zu einer bestimmten Tätigkeit; »nicht Arbeit an sich, sondern rationale Berufsarbeit ist eben das von Gott Verlangte« (174).

35   Vgl. *H.-G. Soeffner*, Muße – Absichtsvolle Absichtslosigkeit, ebd., 38, und *M. Weber*, Die protestantische Ethik und der Geist des Kapitalismus, ebd., 168.

36   *H.-G. Soeffner*, ebd., 38.

37   Grundsatzkritik bei *K. Marx*, Das Kapital. Kritik der politischen Ökonomie, Bd. 3, Buch III: Der Gesamtprozess der kapitalistischen Produktion, F. Engels (Hrsg.), in: Werke, Bd. 25, hrsg. vom Institut für Marxismus-Leninismus beim ZK der SED, 1969, 33 (828); *H.-G. Soeffner*, ebd., 39.

38   *T. Veblen*, Theorie der feinen Leute. Eine ökonomische Untersuchung der Institutio-
     nen, 1899, Nachdruck 1986; *H.-G. Soeffner*, ebd., 40.

39   *H.-G. Soeffner*, ebd., 40f, 43.

40   *S. Brant*, Narrenschiff [1494], H.-J. Fischer (Hrsg.), 2007, 111 (»Entschuldigung des
     Dichters«): Er wolle »weder Gunst noch Geld« für sein Werk empfangen, sondern
     habe es »durch Gottes Ehre und Nutz der Welt« geschrieben.

41   *M. Luther*, Vorrede zu der Bibelausgabe von 1545: Seine Arbeit der Bibelübersetzung
     habe ihn zwar »eitel Müh und Arbeit« gekostet, er habe das Werk jedoch umsonst
     empfangen und begehre dafür nichts.

42   Zur weiteren Entwicklung einer entgeltwürdigen Autorenleistung, aber auch der so-
     zialen Verantwortung von Autor und Verleger für die Verbreitung der Literatur und
     die Entwicklung des Bildungswesens vgl. *P. Kirchhof*, Der Gesetzgebungsauftrag zum
     Schutz des geistigen Eigentums gegenüber modernen Vervielfältigungstechniken,
     1988, 7f.

43   BVerfGE 7, 377 (404) – Apothekenurteil.

III. Die Kraft der Freiheitsidee in der Entwicklung zum Verfassungsstaat

1   Denis Diderot, Mémoires pour Catherine II, texte établi d'après l'autographe de Mar-
     cou, avec introduction, bibliographie et notes par Paul Vernière, Paris 1966, Nr. 124,
     S. 117, zit. nach *V. Sellin*, Gewalt und Legitimität: Die europäische Monarchie im
     Zeitalter der Revolutionen, 2011, 145f. mit Nachweisen.

2   *V. Sellin*, ebd., 147, zur Interpretation von Katharina auf von Justi, dem Repräsentan-
     ten der Kameralwissenschaften, zurückgreifend.

3   Das nennt Seneca Gelassenheit, vgl. *Seneca*, Von der Gelassenheit, B. Zimmermann
     (Übers.), 2010, 18.

4   So berichtet *Seneca*, ebd., 22, 24, 29.

5   *Seneca*, ebd., Nachwort v. B. Zimmermann, 91 (94f.).

6   Seneca an Serenus, zit. nach: *Seneca*, ebd., 37.

7   Aristoteles, Politik I 2; O. Höffe, Geschichte des politischen Denkens, 2016, 81ff.

8   Dieses Grundmotiv kehrt dann bei *A. Smith*, Theorie der ethischen Gefühle [Aufl.
     letzter Hand 1790], auf der Grundlage der Übersetzung v. W. Eckstein, H. D. Brandt
     (Hrsg.), 2010, 5f., 178f., in der »urmenschlichen Neigung« wieder, in Arbeitsteilung
     und Tausch Probleme zu lösen, dem anderen in Sympathie und Empathie zu begeg-
     nen und so Maßstäbe von Moral und Gerechtigkeit zu entwickeln.

9   *Seneca*, a.a.O., 46.

10   Fragmente aus Epikurs Schriften nach der Ausgabe von *H. Usener*, Epicurea, 1877
     (Nachdruck 1966), 219.

11   Epikur, zit. nach *H. Usener*, ebd., 221.

12   *Epikur*, Philosophie des Glücks, B. Zimmermann (Übers.), ^{5}2011, 103f.

13   Zum Folgenden: *B. Zimmermann*, Seneca, Von der Gelassenheit, 2010, 105f.

14   Serenus an Seneca, in: *Seneca*, a.a.O., 11.

15 *Seneca*, ebd., 105f.

16 *R. Zimmermann*, The Law of Obligations, 1992; *M.-P. Weller*, Die Vertragstreue, 2009, 58f.

17 *C. de Montesquieu*, Betrachtungen über die Ursachen von Größe und Niedergang der Römer [1734, anonym], in: L. Schuckert (Hrsg.), 1957, 73f.

18 Vgl. *E. Rudolph*, Einleitung: Wusste die Renaissance, dass es sie gab? in: ders. (Hrsg.), Die Renaissance und ihr Bild in der Geschichte, 1998, 1f.; *V. Reinhardt,* Die Renaissance in Italien – Geschichte und Kultur, 2007, 7f.

19 *L. Schorn-Schütte*, Die Reformation – Vorgeschichte, Verlauf, Wirkung, ⁶2016, 35f.

20 Vgl. auch *E. Rudolph*, Die Renaissance – Eine Plünderung Athens? in: ders. (Hrsg.), a.a.O., 131f.; zum Begriff der Epochen: *M. H. Jung*, Reformation und Konfessionelles Zeitalter (1517–1648), 2012, 9.

21 *J. Nida-Rümelin*, Humanismus als Leitkultur, 2006, 37f.

22 *O. Meynersen,* Humanismus als immer wiederkehrendes europäisches Kulturprinzip, in: Gymnasium 101, 1994, 136 (148f.).

23 *E. v. Repgow*, Sachsenspiegel [1235], III 42, §§ 1, 3, 6.

24 Schwabenspiegel (ca. 1275): *H. Derschka*, Der Schwabenspiegel, 2002, 58, 168.

25 *J. Steinruck*, Das Ringen um die Reform der Kirche in der ersten Hälfte des 15. Jahrhunderts, 2001, 5f.

26 Zur Eroberung Konstantinopels, der Hauptstadt des Byzantinischen Reiches, durch muslimische Türken (1453) vgl. *W. A. Euler*, Die Bedeutung des Nikolaus von Kues für die Ökumene, in: A. Berlis (Hrsg.), Im Himmel Anker werfen. Vermutungen über Kirche in der Zukunft, FS f. Joachim Vobbe, ²2008, 302f.

27 *Cusanus*, de beryllo [ca. 1458/59], in: E. Hoffmann/P. Wilpert/K. Bormann (Hrsg.), Heidelberger Akademie der Wissenschaften, Heft 2, 1977; *ders.*, De docta ignorantia [1440], in: E. Hoffmann/P. Wilpert (Hrsg.), Heidelberger Akademie der Wissenschaften, Heft 15a, 1964.

28 Die Frage, ob ein Erfolg cusanischer Reformen die Reformation im 16. Jahrhundert erübrigt hätte, wird von *J. Görres*, Guter Rath in alter Zeit, in: Rheinischer Merkur vom 27. 2. 1815 bejaht, von *H. Jedin*, Geschichte des Konzils von Trient. Bd. 1: Der Kampf um das Konzil, 1949, 4f. und von *E. Iserloh*, Reform der Kirche bei Nikolaus von Kues, in: *ders.*, Kirche – Ereignis und Institution, 1985, 186 zurückhaltender beurteilt und von *H. G. Senger*, »Reformatio generalis«. Reform und »Re-formation« bei Cusanus, in: A. Berlis (Hrsg.), FS Vobbe, ebd., 315 (324) offengelassen.

29 *B. Hanssler*, Die Idee der Völkergemeinschaft bei Nikolaus von Kues, in: MFCG, Bd. 9 (1971), 190; *G. Wenz*, De pace fidei. Nikolaus von Kues als Theoretiker eines christlichen Ökumenismus, in: MFCG, Bd. 28 (2003), 189 (207).

30 *Cusanus*, Reformatio generalis, 1459, insbes. Nr. 19; dazu *W. A. Euler*, Die Bedeutung des Nikolaus von Kues für die Ökumene, in: FS Vobbe, ²2008,, 302 (307, 308f.).

31 *M. Luther*, Von der Freiheit eines Christenmenschen [November 1520], WA 7, 20.

32 *M. Heckel*, Luthers Traktat »Von der Freiheit eines Christenmenschen« als Markstein des Kirchen- und Staatskirchenrechts, in: ZThK 109 (2012), 122 (124f.); vgl. auch *Cusanus,* De pace fidei, 1493; sowie *J. Locke*, Ein Versuch über den menschlichen Verstand, 1690, Buch 1, Kap. 3; Buch 2, Kap. 21, § 53.

33   *E. Iserloh*, Evangelismus und Katholische Reform in der italienischen Renaissance, in: A. Buck (Hrsg.) Renaissance – Reformation. Gegensätze und Gemeinsamkeiten, 1984, 35; *M. H. Jung*, Reformation und Konfessionelles Zeitalter (1517–1648), 2012, 10.

34   *M. H. Jung*, ebd., 82f.

35   Vgl. zum Gewissensbegriff Luthers: *H. J. Scholler*, Die Freiheit des Gewissens, 1958, 47f.; *M. Borowski*, Die Glaubens- und Gewissensfreiheit des Grundgesetzes, 2006, 74f.

36   Zur Bedeutung der Reformation als Erneuerung des Rechts vgl. *M. Heckel*, Martin Luther, Reformation und das Recht, 2016.

37   Vgl. *C. Binkelmann*, Theorie der praktischen Freiheit, 2007, 314, 324.

38   *I. Kant,* Beantwortung der Frage: Was ist Aufklärung (1784), in: Königlich Preußische Akademie der Wissenschaften (Hrsg.), Immanuel Kants gesammelte Schriften, Bd. 8, 1923, 384, S.33 (35).

39   *Quintus Horatius Flaccus (Horaz)*, Epistulae I, 2, Zeile 40f. [ca. 20 v. Chr.]; dazu *C. Becker*, Vom Gleichheitssatz zum arbeitsrechtlichen Diskriminierungsverbot, 2015, 32, 39f.

40   *E. v. Repgow*, Sachsenspiegel [1235], in: P. Kaller (Übers. u. Einl.), Der Sachsenspiegel: In hochdeutscher Übersetzung, 2002, 116f.

41   *T. v. Aquin*, Collationes in decem praeceptis, Textum Taurini 1954.

42   *E. Rudolph*, Einleitung. Die Renaissance – eine Aufklärung?, in: ders. (Hrsg.), Die Renaissance und ihre Antike, 1998, 1f.

43   *A. Smith,* Theorie der ethischen Gefühle [Aufl. letzter Hand 1790], auf der Grundlage der Übersetzung v. W. Eckstein, H. D. Brandt (Hrsg.), 2010, 30f.; dazu *G. Streminger*, Adam Smith – Wohlstand und Moral, eine Biografie, 2017, 65f.; *F. v. Harbou*, Empathie als Element einer rekonstruktiven Theorie der Menschenrechte, 2014, 223f.

44   *A. Smith*, ebd., 5f.; *G. Streminger*, ebd., 67–68.

45   *G. Streminger*, ebd., 67f.

46   *J.-J. Rousseau*, Diskurs über die Ungleichheit [1753], H. Meier (Übers. u. Hrsg.), ⁴1997, 103; vgl. auch *A. Meyer*, Die Epoche der Aufklärung, 2010, 61.

47   *H. Brandt*, Das Ende der Antike, Geschichte des spätrömischen Reiches, 2001, 104f.

48   *C. de Montesquieu*, Betrachtungen über die Ursachen von Größe und Niedergang der Römer [1734, anonym], in: L. Schuckert (Hrsg.), 1957, 80f.

49   *C. de Montesquieu*, ebd., 73f., 76, 78f., 165.

50   *C. de Montesquieu*, ebd., 73f.

51   *C. de Montesquieu*, ebd., 173.

52   *C. de Montesquieu*, ebd., 173.

53   *J. Burckhardt*, Weltgeschichtliche Betrachtungen, veröffentlicht v. J. Oeri, 1905, 167, 169f.

54   *J. Burckhardt*, ebd., 171; vgl. auch *ders.*, Die Zeit Constantin's des Großen, in: H. Leppin/M. Keßler/M. Mangold (Hrsg.), Jacob Burckhardt Werke, 2013, 214f., dort bis zu der Veranschaulichung, dass selbst das Gesicht, die Kleidung, die Gesundheit und die Kunst vom Schönen zum Hässlichen wechsle.

55   *H. Brandt*, Das Ende der Antike, Geschichte des spätrömischen Reiches, 2001, 7f., 104f.

56   *A. Demandt*, Der Fall Roms, ²2014, 243f.

57 *A. Demandt*, ebd., 584.

58 Zum Folgenden: *D. Borchmeyer*, Marquis Posa ist große Mode. Schillers Tragödie »Don Carlos« und die Dialektik der Gesinnungsethik, in: W. Müller-Seidel/W. Riedel (Hrsg.), Die Weimarer Klassik und ihre Geheimbünde, 2003, 127.

59 *F. Schiller*, Die Räuber, Karl Moor am Schluss, Fünfter Akt, Zweite Scene, 1782, in: Schillers Werke, Nationalausgabe, Bd. III: Die Räuber, H. Stubenrauch (Hrsg.), 1953.

60 Vgl. *F. Schiller*, Don Karlos, 1805, Dritter Akt, Zehnter Auftritt, Vers. 2975f., (die Audienzszene Marquis Posas bei Philipp II.), in: Schillers Werke, Nationalausgabe, Bd. VI: Don Karlos, P. Böckmann (Hrsg.), 507f.; vgl. auch *F. Schiller*, Briefe über Don Karlos, Elfter Brief, dort beschreibt Schiller am Beispiel des Marquis Posa »dass der uneigennützigste, reinste und edelste Mensch aus enthusiastischer Anhänglichkeit an seine Vorstellung von Tugend und hervorzubringendem Glück willkürlich handeln könne wie der selbstsüchtigste Despot … Wahre Größe des Gemüts führt oft nicht weniger zur Verletzung fremder Freiheit als der Egoismus und die Herrschsucht, weil sie um der Handlung, nicht um des einzelnen Subjekts willen handelt. Eben weil sie in steter Hinsicht auf das Ganze wirkt, verschwindet nur allzu leicht das kleinere Interesse des Individuums in diesem weiten Prospekt.«, in: Schillers Werke, Nationalausgabe, Bd. XXII: Vermischte Schriften, H. Meyer (Hrsg.), 1958; dazu auch *H.-J. Schings*, Die Brüder des Marquis Posa, 1996, 163f.

61 *F. Schiller*, Don Karlos, 1805, Dritter Akt, Zehnter Auftritt, Vers. 3035f., in: Schillers Werke, ebd., Bd. VII/1: Don Karlos, 509: »Ich liebe die Menschheit, und in Monarchien darf ich niemand mehr lieben als mich selbst.«

62 Vgl. dazu *T. Mann*, Betrachtungen eines Unpolitischen, 1918, 169f., 281, 295, der dort Marquis Posa als Symbolfigur einer Verbindung mit abstrakter Gesinnungsethik und politischem Terrorismus deutet. Thomas Mann betont den Gegensatz von persönlicher Ethik und Sozial-Philantrophie, von Liebesfähigkeit im Engen (Nächstenliebe) und allgemeiner Liebe, die nichts kostet; ferner *M. Weber*, Politik als Beruf [Rede 1919], ²1926, 57f., dort die Unterscheidung zwischen Verantwortungsethiker und Gesinnungsethiker.

63 *F. Schiller*, An einen Weltverbesserer, 1795, in: Schillers Werke, Nationalausgabe, Bd. I: Gedichte, J. Petersen/F. Beißner (Hrsg.), 1943, 259.

64 *F. Schiller*, Brief an den Prinzen von Augustenburg vom 13. Juli 1795, in: Schillers Werke, Nationalausgabe, Bd. XXVI: Briefwechsel. Schillers Briefe 1. 3. 1790 – 17.5.1794, E. Nahler/H. Nahler, (Hrsg.), 1992, 261f.

65 *J. W. v. Goethe*, Reineke Fuchs, mit 36 Illustrationen v. W. v. Kaulbach, 1886, Klappentext.

66 *P. Kirchhof*, Gleichheit vor dem Gesetz, in: T. Maunz/G. Dürig (Hrsg.), Grundgesetz Kommentar, 2015, Art. 3 Abs. 1 GG Rn. 84.

67 *F. Schiller*, Worte des Glaubens, 1797, 2. Strophe, in: Schillers Werke, Nationalausgabe, Bd. II/1: Gedichte. Letzte Gestalt, N. Oellers (Hrsg.), 1983; vgl. *I. Kant*, Kritik der praktischen Vernunft (1788), in: Königlich-Preußische Akademie der Wissenschaften (Hrsg.), Immanuel Kants gesammelte Schriften, Bd. 5, 1913, S. 1 (71f.); anders *J. J. Rousseau*, »Der Mensch ist frei geboren, ist aber allenthalben in Ketten«, in: ders., Du contrat social, Livre I., Chap. I., 1762, 3.

68 *W. Pauli*, Die Verfassung der Paulskirche und ihre Folgewirkungen, in: J. Isensee/P. Kirchhof (Hrsg.), HStR I, ³2003, § 3 Rn. 52f.; zu den Wirkungen auf das Grundgesetz Rn. 54f.

69 *W. Pauli*, ebd., § 3 Rn. 47, 50.

70 *G. Dürig*, Der Grundrechtssatz von der Menschenwürde, in: AöR 81 (1956), 117f.; *ders.*, Die Menschenwürde, in: T. Maunz/G. Dürig (Hrsg.) Grundgesetz Kommentar, 1958, Art. 1 Rn. 5f.; zusf. *ders.*, Art. Gleichheit II, in: R. Herzog/H. Kunst/W. Schneemacher (Hrsg.), Staatslexikon Bd. II, ⁷1986, 1067f.

71 Die Verfassungsbeschwerde des Art. 93 Abs. 1 Nr. 4a GG ist erst durch das 19. Gesetz zur Änderung des Grundgesetzes v. 29.1.1969, BGBl I, 97 in das Grundgesetz eingefügt worden; das BVerfGG allerdings kennt die Verfassungsbeschwerde bereits seit dem Gesetz v. 12.3.1951, BGBl I, 243 (252); der Parlamentarische Rat hatte – abweichend vom Herrenchiemseer Entwurf – keine Verfassungsbeschwerde vorgesehen, vgl. *C. Kreuter-Kirchhof*, Verfassungsgerichtsbarkeit im Dienst der Verfassung, in: J. Isensee/P. Kirchhof (Hrsg.), HStR XII, ³2014, § 272 Rn. 17 m. N.

72 *E. R. Huber*, Deutsche Verfassungsgeschichte seit 1789, Bd. II, ²1968, 133f.; *A. Laufs*, Rechtsentwicklung in Deutschland, ⁶2006, 249f.

73 *G. Mann*, Deutsche Geschichte des 19. und 20. Jahrhunderts, 1958, 110.

74 *A. Laufs*, Für Freiheit und Einheit: Das Nationalfest der Deutschen zu Hambach 1832, in: JuS 1982, 325 (330).

75 Vgl. auch *A. Laufs*, ebd., 325.

76 Der Deutsche Bund wurde 1815 auf dem Wiener Kongress als Nachfolger des Heiligen Römischen Reiches Deutscher Nation geschaffen; er war eine lockere Vereinigung von 39 Staaten und freien Städten unter Mitwirkung von drei außerdeutschen Herrschern (England für Hannover, Dänemark für Holstein, Niederlande für Luxemburg), vgl. *J. Bühler*, Das Hambacher Fest, deutsche Sehnsucht vor hundert Jahren, 1932, 12f.; für eine Einführung *W. D. Gruner*, Der deutsche Bund, 2012, 13f.

77 *W. D. Gruner*, ebd., 55.

78 *W. D. Gruner*, ebd., 55f.

79 *A. Laufs*, a.a.O., 325; *W. D. Gruner*, ebd., 56.

80 *E. R. Huber*, Deutsche Verfassungsgeschichte seit 1789, Bd. II, ²1968, 133f.

81 *V. Valentin*, Das Hambacher nationale Fest, 1932, 25; *A. Laufs*, a.a.O., 329.

82 *A. Laufs*, ebd., 328 mit Nachweisen.

83 *A. Laufs*, ebd., 329 mit Nachweisen.

84 Vgl. die unter diesem Titel herausgegebene Anthologie: Soviel Anfang war nie. Deutscher Geist im 19. Jahrhundert. Ein Lesebuch, H. Glaser (Hrsg.), 1981.

85 *W. D. Gruner*, a.a.O., 56f; A. Laufs, a.a.O., 327f.; E. R. Huber, a.a.O.

86 *A. Laufs*, ebd., 329f.

87 *H. Heine*, Über Ludwig Börne [1840], in: H. Schanze (Hrsg.), 3. Bd.: Schriften über Frankreich, 411.

88 *Johann Georg Wirth* in seiner Rede auf dem Hambacher Fest, in: *E. R. Huber*, Deutsche Verfassungsgeschichte seit 1789, Bd. 2, ²1968, 144; vgl. auch die Rede des Burschenschafters Karl Heinrich Brüggemann, in: *V. Valentin*, Das Hambacher Nationalfest, 1932, 106: E. R. Huber, ebd., 145.

89 Vgl. im Einzelnen *W. Pauly*, Die Verfassung der Paulskirche und ihre Folgewirkungen, in: J. Isensee/P. Kirchhof (Hrsg.), HStR I,³2003, § 3 Rn. 17f.

90 *W. Siemann*, Die Deutsche Revolution von 1848/49, 1985, 127.

91 *W. Conze*, Staats- und Nationalpolitik. Kontinuitätsbruch und Neubeginn [1983], in: ders. (Hrsg.), Gesellschaft, Staat, Nation, 1992, 448.

92 *W. Pauly*, a.a.O., § 3 Rn. 43.

93 *T. Nipperdey*, Die Deutsche Einheit in historischer Perspektive (1985), in: ders., Nachdenken über die Deutsche Geschichte, ²1986, 211; *R. Wahl,* Die Entwicklung des deutschen Verfassungsstaates bis 1866, in: J. Isensee/P. Kirchhof (Hrsg.), HStR I, ³2003, § 2 Rn. 31f.

94 Brief an den preußischen Gesandten und Paulskirchenabgeordneten Christian Karl Josias v. Bunsen von Dezember 1848, in: E. R. Huber (Hrsg.), Dokumente zur Deutschen Verfassungsgeschichte, Bd. I, ³1978, 402f.

95 *K. Binding,* Der Versuch der Reichsgründung durch die Paulskirche [1892], Neudr. 1998, 16; vgl. *W. Pauly*, Die Verfassung der Paulskirche und ihre Folgewirkungen, in: J. Isensee/P. Kirchhof (Hrsg.), HStR I,³2003, § 3 Rn. 4, 50.

96 *H. Preuß*, Vorschläge zur Abänderung der Reichsverfassung und der preußischen Verfassung, mit Begründung [1917], in: ders., Staat, Recht und Freiheit, 1964, 298.

97 *W. Pauly*, a.a.O., § 3 Rn. 54f.

98 *W. Pauly*, ebd., § 3 Rn. 47, 50.

99 *W. Pauly*, ebd., § 3 Rn. 46.

100 *U. Wehler,* Deutsche Gesellschaftsgeschichte, Bd. 2, 1987, 775.

101 *A. Schopenhauer*, Die Welt als Wille und Vorstellung [1859], Bd. I/3, in: L. Lütkehaus (Hrsg.), Gesamtausgabe, ²2002, 489 (§ 67).

102 *A. Schopenhauer*, Die Welt als Wille und Vorstellung [1859], Bd. II/3, ebd., 591 (§ 41).

103 *A. Schopenhauer*, Die Welt als Wille und Vorstellung [1859], Bd. I/3, a.a.O., 520f. (§ 70).

104 *A. Herman*, Propheten des Niedergangs, Der Endzeitmythos im westlichen Denken, 1997, 96 (Burckhardt und Nietzsche); *G. Mattenklott*, Ordnung und Entropie. Götterdämmerung nach Wagner, in: G. R. Kaiser (Hrsg.), Poesie der Apokalypse, 1991, 145 (150).

105 *A. Schopenhauer*, a.a.O.; *A. Herman*, ebd., 113f.

106 *R. Safranski*, Schopenhauer und die wilden Jahre der Philosophie, ²2002, 173.

107 *A. Schopenhauer*, a.a.O., 409 (§ 57).

108 *J. Lauster*, Die Verzauberung der Welt, ⁵2017, 532.

109 *A. Schopenhauer*, a.a.O., 405 (§ 56).

110 *A. Herman*, Propheten des Niedergangs. Der Endzeitmythos im westlichen Denken, 1998, 6f.; *P. Widmer*, Art. »Niedergang, Untergang«, Spalte 842, in: J. Ritter/K. Gründer/G. Gabriel (Hrsg.), Historisches Wörterbuch der Philosophie, Bd. 6, Mo–O, 1984; vgl. ferner zu Oswald Spengler: *A. Herman*, ebd., 214f.; *P. Widmer,* ebd., Spalte 843f.

111 *C. Floros*, Gustav Mahler, 2010, 27; *J. Lauster*, Die Verzauberung der Welt, ⁵2017, 578.

112 Vgl. *J. Lauster*, ebd., 575.

113 *E. R. Huber*, Das Kaiserreich als Epoche verfassungsstaatlicher Entwicklung, in: J. Isensee/P. Kirchhof (Hrsg.), HStR I, ³2005, § 4 Rn. 3, 8f., 63f.

114 *E. R. Huber*, Dokumente zur deutschen Verfassungsgeschichte, Bd. II, 1986[3], 219f.

115 *E. R. Huber*, ebd., § 4 Rn. 3, 9.

116 *E. R. Huber*, ebd., § 4 Rn. 63f.

117 Reichsgesetzblatt 1919, Nr. 152, 1383f.

118 Zur Diskussion ihrer Schwächen vgl. *E. R. Huber*, Dokumente zur deutschen Verfassungsgeschichte, Bd. 6, 1993, 1264f.; *H. Schneider*, Die Reichsverfassung vom 11. August 1919, in: J. Isensee/P. Kirchhof (Hrsg.), HStR I, [3]2003, § 5 Rn. 87f.

119 *T. Heuss*, Zwei Reden im Parlamentarischen Rat über das Grundgesetz 1948/49, 2009, 50f.

120 *H. Schneider*, a.a.O., § 5 Rn. 89; *E. Friesenhahn*, Zur Legitimation und zum Scheitern der Weimarer Reichsverfassung, in: K. D. Erdmann/H. Schulze (Hrsg.), Weimar, Selbstpreisgabe einer Demokratie, 1980, 81 (87).

121 Zu deren Geschichte und Entstehung vgl. *H. Schneider*, Die Reichsverfassung vom 11. August 1919, a.a.O., § 5 Rn. 4f.; *H. Mommsen*, Ist die Weimarer Republik an Fehlkonstruktionen der Reichsverfassung gescheitert? Chancen und Scheitern der ersten deutschen Republik, in: M. Schultheiß/J. Roßberg (Hrsg.), Weimar und die Republik, 2009, 105 (107f.); zur Beauftragung des – linksliberalen – Staatsrechtslehrers Hugo Preuß und damit der Anerkennung des staatsrechtlichen Sachverstandes des »liberalen Lagers« vgl. *H.-A. Winkler*, Weimar, a.a.O., 99f.; *H. Schneider*, Die Reichsverfassung vom 11. August 1919, ebd., § 5 Rn. 5; zur Weimarer Reichsverfassung als »hingenommener Verfassung« vgl. *H.-A. Winkler*, Weimar, ebd., 99f.

122 *H. Schneider*, Die Reichsverfassung vom 11. August 1919, ebd., § 5 Rn. 18f.

123 *H.-A. Winkler*, Weimar 1918–1933. Die Geschichte der ersten deutschen Demokratie, [4]2005, 601f.; *S. Haffner*, Von Bismarck zu Hitler, 1987, 151f.

124 *H. Schneider*, a.a.O., § 5 Rn. 2f.; *H.-A. Winkler*, ebd., 99f.

125 *H.-A. Winkler*, ebd., 143f., 357f.; *S. Haffner*, Von Bismarck zu Hitler, a.a.O., 188f., 195f.

126 Eine Übersicht über die Ergebnisse der Wahlen zum Deutschen Reichstag v. 1919–1933 bei *H. Schneider*, Die Reichsverfassung vom 11. August 1919, a.a.O., § 5 unter D (hinter Rn. 89).

127 Zum Folgenden *R. Grawert*, Die nationalsozialistische Herrschaft, in: J. Isensee/P. Kirchhof (Hrsg.), HStR I, [3]2003, § 6 Rn. 53f.

128 Einladung des bayerischen Ministerpräsidenten Ehard zu einer Ministerpräsidentenkonferenz für alle vier Zonen 7. Mai 1947, in: Akten zur Vorgeschichte der Bundesrepublik Deutschland 1945–1949, Bd. 2, Bundesarchiv und Institut für Zeitgeschichte, 1979, 424; in der Begrüßungsansprache sagte Ministerpräsident Ehard: »Wir sollten eine Antwort finden auf die drängende Frage: Wie kommen wir durch den nächsten Winter?«, Ministerpräsidentenkonferenz in München 6./7. Juni 1947, Begrüßungsansprache von MinPräs. Ehard, in: Akten zur Vorgeschichte der Bundesrepublik Deutschland 1945–1949, ebd., 513.

129 *P. Kirchhof*, 70 Jahre Bayerische Verfassung, Festrede v. 01.12.2016.

130 BVerfGE 30, 173 (193) – Mephisto; BVerfGE 32, 98 (108) – Gesundbeter; BVerfGE 33, 23 (29) – Eidesverweigerung aus Glaubensgründen; BVerfGE 47, 327 (369) – Hessisches Universitätsgesetz; BVerfGE 107, 104 (118) – Anwesenheitsausschluss im JGG-Verfahren; *H. Weinkauff*, Die gegenwärtige Lehre (1947), in: H. Schütz (Hrsg.),

Justitia, 1987, 161f., »Der strenge Rechtsstaat auf dem Boden eines Naturrechts, das die Werte des Christentums und der Menschlichkeit« verwirkliche. Der Staat muss »sich selbst, auch in seiner Gesetzgebung, wieder unter das Rechtsgebot stellen«; zur Darstellung der Lehre Weinkauffs: D. *Herbe*, Hermann Weinkauff (1894–1981), 2008, 122f.; im Übrigen die Rede von *Josef Wintrich* zu seiner Amtseinführung als Präsident des Bundesverfassungsgerichts, in: JZ 1954, 454; gegen den Rückgriff auf die Wertordnung vgl. *T. Rensmann*, Wertordnung und Verfassung, 2007, 138f.

131 *T. Rensmann*, Wertordnung und Verfassung, 2007, 269f.; *ders.*, Die Menschenwürde als universaler Rechtsbegriff, in: C. Thies (Hrsg.), Der Wert der Menschenwürde, 2009; vgl. auch Art. 1 Abs. 1 u. 2 GG, Art. 2 S. 1 des Vertrages über die Europäische Union in der Fassung des Reformvertrages, ABl. Nr. C 115/13, 09.05.2008, Art. 21 Abs. 1 S. 1 des Vertrages über die Europäische Union sowie Art. 1 und die Präambel (Abs. 1) der Charta der Grundrechte der Europäischen Union v. 7. 12. 2000, ABl. Nr. C 364/1; Präambel der Charta der Vereinten Nationen v. 26.06.1945, BGBl. 1973 II, 431f.

132 BVerfGE 1, 14 (52) – Südweststaat, BVerfGE 145, 106 (143) – Nicht genutzte Verluste einer Kapitalgesellschaft, stRspr des BVerfG.

133 *T. Heuss*, Zwei Reden im Parlamentarischen Rat über das Grundgesetz 1948/49, 2009, 52.

134 *T. Heuss*, ebd.; vgl. *F. Hölderlin*, Hälfte des Lebens, 1805, Gedicht, 1. Strophe.

135 *J. Habermas*, Die neue Unübersichtlichkeit, 1985, 141 (143f.), dort zu »utopischen Energien«, die angesichts der weltweiten Gefährdung allgemeiner Lebensinteressen erschöpft zu sein scheinen.

136 Vgl. D. *Willoweit*, Recht und Willkür, in: Rechtstheorie 43 (2012), 143 (156f.)

137 *J. A. Frowein*, Die Identität der Bundesrepublik Deutschland als Völkerrechtssubjekt, in: J. Isensee/P. Kirchhof (Hrsg.), HStR VIII, ¹1995, § 196 Rn. 2.

138 *C. Schmid*, Erinnerungen, 1979, 318f., über die Beratungen im Parlamentarischen Rat berichtend; vgl. auch das Memorandum des Auswärtigen Amtes in: ZaöRV 23 (1963), 452; G. *Ress*, Die Rechtslage Deutschland nach dem Grundlagenvertrag vom 21. Dezember 1972, 1978, 217f.; BVerfGE 36, 1 (15f.) – Grundlagenvertrag; BVerfGE 2, 266 (277) – Notaufnahmegesetz; BVerfGE 3, 288 (319f.) – Dienstverhältnis von Berufssoldaten; BVerfGE 5, 85 (126) – KPD-Verbot; BVerfGE 6, 309 (336, 363) – Reichskonkordat.

139 *H.-J. Große Kracht*, 50 Jahre Böckenförde-Theorem, in: ders./K. Große Kracht (Hrsg.), Religion, Recht, Republik: Studien zu Ernst-Wolfgang Böckenförde, 2014, 155 (158).

140 *E.-W. Böckenförde*, Die Entstehung des Staates als Vorgang der Säkularisation, in: Säkularisation und Utopie, FS f. Ernst Forsthoff, 1967, 75 (92).

141 *E.-W. Böckenförde*, ebd., 75 (93).

142 *E.-W. Böckenförde*, ebd.

143 *H. Schmidt*, Ethos und Recht in Staat und Gesellschaft, in: G. Gorschenek (Hrsg.), Grundwerte in Staat und Gesellschaft, 1977, 13 (18); von E.-W. Böckenförde inspiriert, Biografisches Interview mit Ernst-Wolfgang Böckenförde, in: in: H.-J. Große Kracht/K. Große Kracht (Hrsg.), a.a.O., 307 (350).

144 *H. Schmidt*, ebd., 13 (21).

145 Vgl. Kap. II (Art. 3 bis 7) und Kap. III (Art. 8 u. 9) Einigungsvertrag.

146 BVerfGE 82, 316 – Beitrittsbedingte Änderung des Grundgesetzes.

147 BVerfGE 82, 322 (337) – Erste Gesamtdeutsche Wahlen (Vereint wählen, getrennt zählen.); BVerfGE 84, 90 (131) – Bodenreform (Enteignung 1945–1949); BVerfGE 84, 133 (146) – Warteschleife; BVerfGE 92, 277 (316) – Spione; BVerfGE 95, 96 (127) – Mauerschützen.

148 Zu den unterschiedlichen Rechtsfolgen eines verfassungswidrigen Gesetzes (Nichtigkeitsentscheidung, Unvereinbarkeitsentscheidung, Appellentscheidung) vgl. die Rechtsprechungsnachweise bei *P. Kirchhof,* Gleichheit vor dem Gesetz, in: T. Maunz/G. Dürig (Hrsg.), Grundgesetz Kommentar, 2015, Art. 3 Abs. 1 Rn. 98f.

149 *H. Arendt,* Die Freiheit, frei zu sein [1967], 2018, 8f.

IV. Der freie Mensch muss Ungewissheiten ertragen

1 *S. M. Maul,* Die Wahrsagekunst im Alten Orient. Zeichen des Himmels und der Erde, 2013, 315f.; *ders.,* Die Wissenschaft von der Zukunft, Überlegungen zur Bedeutung der Divination im Alten Orient, in: E. Cancik-Kirschbaum/M. van Sess/J. Marzahn (Hrsg.), Babylon. Wissenskultur in Orient und Okzident, 2011, 135f.

2 Zu den römischen Opferdeutern Art. »Augures«, in: H. Cancik/H. Schneider (Hrsg.), Der neue Pauly – Enzyklopädie der Antike, Bd. 2 Ark–Ci, 1997, 279f., und Art. »Haruspices«, ebd., Bd. 5 Gru–Iug, 167f.

3 *V. Rosenberger,* Griechische Orakel. Eine Kulturgeschichte, 2001, 53; *M. Maasz,* Das antike Delphi, 2007, 12f.

4 Strittig, ob die »berauschenden Dämpfe« historisch belegt sind, vgl. *M. Maasz,* Das antike Delphi, ebd.

5 *J. Fontenrose,* The Delphic Oracle, 1978, 302; *V. Rosenberger,* Griechische Orakel, a.a.O., 162.

6 Gesetz über die Bildung eines Sachverständigenrates zur Begutachtung der gesamtwirtschaftlichen Entwicklung v. 14.8.1963, BGBl. III, Gliederungs-Nr. 700-2, zul. geänd. durch Art. 128 der VO v. 31.10.2006, BGBl. I, 2407; zur Organisation des Rates vgl. *W. Wiegard,* Politikberatung im internationalen Vergleich, in: 40 Jahre Sachverständigenrat, 1963–2003, 67 (74f.)

7 Statistisches Bundesamt, Volkswirtschaftliche Gesamtrechnung, Bruttoinlandsprodukt ab 1970, 1. Vierteljahr 2017 (Stand Mai 2017), 46f.; *J. Döpke/U. Fritzsche,* Growth and inflation forecasts for Germany, DIW Berlin 2004, 46f.; *H. Dicket/H. Glismann,* Haben sich die Konjunkturprognosen des Sachverständigenrates verbessert?, Wirtschaftsdienst 2002, 736.

8 *E.-W. Böckenförde,* »Der freiheitliche säkularisierte Staat ...«, in: S. Schmidt/M. Wedell (Hrsg.), »Um der Freiheit willen ...«, FS f. Burkhard Reichert, 2002, 19 (20f.); *H.-J. Große Kracht,* 50 Jahre Böckenförde-Theorem, in: ders./K. Große Kracht (Hrsg.), Religion, Recht, Republik: Studien zu Ernst-Wolfgang Böckenförde, 2014, 155 (175).

9 Die Virginia Bill of Rights v. 12.6.1776, in: D. Gosewinkel/J. Masing (Hrsg.), Die Verfassungen in Europa 1789–1949, 2006, 134, §§ 1 u. 3; ähnlich die Unabhängigkeitserklärung der Vereinigten Staaten v. 4.7.1776, in: D. Gosewinkel/J. Masing (Hrsg.), ebd., 136, Präambel; Französische Verfassung v. 3.9.1791 (mit der Erklärung

der Menschen- und Bürgerrechte v. 26.8.1789), in: D. Gosewinkel/J. Masing (Hrsg.) ebd., 165, Präambel:»allgemeine Wohlfahrt«; Verfassung der Französischen Republik v. 24.6.1793, in: D. Gosewinkel/J. Masing (Hrsg.), ebd., 193, Präambel, Art. 1:»Wohlfahrt«; Verfassung v 4.11.1848, in: D. Gosewinkel/J. Masing (Hrsg.), ebd., 301, I:»Wohlstand«.

10   Thomas Mann über die Erzählungen Heinrich von Kleists:»Er weiß auf die Folter zu spannen – und es fertigzubringen, dass wir's ihm danken.« *T. Mann*, Heinrich von Kleist und seine Erzählungen, in: H. Kopmann (Hrsg.), Thomas Mann, Sämtliche Werke, [7]1994, 840 (841f.).

11   Vgl. *A. Fill*, Das Prinzip Spannung, 2003, 10f.; *D. Wellershoff*, Ein unbestimmtes Etwas im Dunkeln. Wie Spannung entsteht und was sie bedeutet, in: ders., Das geordnete Chaos. Essays zur Literatur, 1992, 86 (91).

12   Zum Übergang vom Vergessen zum Erinnern (am Beispiel der Friedensverträge) *E. Wolfrum*, Krieg und Frieden in der Neuzeit. Vom Westfälischen Frieden bis zum Zweiten Weltkrieg, 2003, 28f.; *ders.*, Frieden in der Neuzeit, in: Praxis Geschichte, 2011, 4f.; Osnabrücker Friedensvertrag zwischen dem Kaiser und Schweden, in: K. Müller (Bearb.), Die Westfälischen Friedensverträge 1648, [2]1966, Art. II; zum grundrechtlichen Anspruch einer Person darauf, dass eine Information über sie zum gegenwärtigen Zeitpunkt»nicht mehr ins Bewusstsein gerückt wird«, vgl. EuGH, NJW 2014, 2257 –»Recht auf Vergessenwerden«.

13   *E. Wolfrum*, Erinnerungskultur und Geschichtspolitik als Forschungsfelder, in: J. Scheunemann (Hrsg.), Reformation und Bauernkrieg, Erinnerungskultur und Geschichtspolitik im geteilten Deutschland, 2010, 28f.; *ders.*, Frieden in der Neuzeit, in: Praxis Geschichte 2/2011, 4f.

14   Der Versailler Vertrag verpflichtete das Deutsche Reich zu Reparationszahlungen in unbegrenzter Höhe. Diese Schulden waren während des II. Weltkriegs nicht mehr bedient worden. Das Londoner Schuldenabkommen von 1953 sah vor, dass die Schulden weiter erfüllt, Zinszahlungen aber erst im Falle einer Wiedervereinigung Deutschlands fällig werden sollten. Mit der Wiedervereinigung – am 3. Oktober 1990 – wurden dann neue Anleihen aufgelegt, um die noch offenen Zinszahlungen mit einer Laufzeit von 20 Jahren zu ermöglichen. Deutschland hat am 3. Oktober 2010 – 92 Jahre nach dem Vertragsschluss von Versailles – seine Kriegsschuld gegenüber Frankreich und Belgien endgültig beglichen. Zur Darstellung in der Öffentlichkeit vgl. *Die Welt* v. 23.8.2016, »Deutschlands Reparationszahlungen laufen aus«; *Handelsblatt* v. 1.10.2010»Das späte Ende des Versailler Vertrags«; dpa-Meldung v. 1.10.2010»Deutschland begleicht letzte Schulden aus Erstem Weltkrieg«; Gesetz über den Friedensschluss zwischen Deutschland und den alliierten und assoziierten Mächten v. 16.7.1919, RGBl. 1919, Nr. 140, 157, Art. 227, 228, 229, 231; *E. Wolfrum*, Krieg und Frieden in der Neuzeit, ebd., 118.

15   BVerfGE 45, 187 (239) – Lebenslange Freiheitsstrafe; BVerfGE 98, 169 (201f.) – Entgelt für Gefangenenarbeit.

16   BVerfGE 35, 202 (203f., 235f.) – Lebach; *C. Roxin*, Strafrecht, Allgemeiner Teil, [4]2006, § 4 Rn. 8f.; anders das englische Recht, *M. Allen*, Textbook on Criminal Law, [9]2007, 3f.

17   Art. 60 Abs. 2 GG.

18   *K. Stern*, Idee der Menschenrechte und Positivität der Grundrechte, in: HStR VII, [3]2011, § 184 Rn. 66; *W. Kasper*, Die theologische Begründung der Menschenrechte, in: D. Schwab (Hrsg.), Staat, Kirche, Wissenschaft in einer pluralistischen Gesell-

schaft: FS f. Paul Mikat, 1989, 99; *E. Dassmann*, »Ohne Ansehen der Person«. Zur Frage der Gleichheit aller Menschen in frühchristlicher Theologie und Praxis, FS f. Paul Mikat, ebd., 475 (488); *H.-J. Große Kracht*, 50 Jahre Böckenförde-Theorem, in: ders./K. Große Kracht (Hrsg.), Religion, Recht, Republik: Studien zu Ernst-Wolfgang Böckenförde, 2014, 155 (165f.).

V. Freiheit, Gleichheit, Sicherheit

1   Art. 3 Abs. 1 des Grundgesetzes: »Alle Menschen sind vor dem Gesetz gleich.«

2   Zu dieser Voraussetzung von Freiheit vgl. *H. Arendt*, Die Freiheit, frei zu sein [1967], 2018, 24f.

3   Zu dieser »öffentlichen Freiheit« als »eine handfeste lebensweltliche Realität« vgl. *H. Arendt*, ebd., 22.

4   BVerfGE 1, 14 (52) – Südweststaat; BVerfGE 145, 106 (143) – Nicht genutzte Verluste einer Kapitalgesellschaft; stRspr des BVerfG.

5   *H. Hofmann*, Vielfalt, Sicherheit und Solidarität statt Freiheit, Gleichheit, Brüderlichkeit? in: J. Bitzer/H.-J. Koch (Hrsg.), Sicherheit, Vielfalt, Solidarität, FS für Erhard Denninger,1998, 101 (113).

6   Vgl. *M. Ozouf*, Brüderlichkeit, in: F. Furet/dies. (Hrsg.), Kritisches Wörterbuch der Französischen Revolution, Bd. II, 1996, 1037 (1042); vgl. *H. Hofmann*, Vielfalt, Sicherheit und Solidarität statt Freiheit, Gleichheit, Brüderlichkeit, ebd., 101 (112f.).

7   Grundsätzlich zum Freund-Feind-Denken *C. Schmitt*, Der Begriff des Politischen [1932], [7]1963, 26.

8   So die Forderung des Abbé Sieyès' vgl. *E. J. Sieyès*, Préliminaire de la Constitution. Reconnaissance et Exposition raisonnée des Droits de l'Homme et du Citoyen [1789], übersetzt in: E. Schmitt/R. Reichardt (Hrsg.), Emmanuel Joseph Sieyès. Politische Schriften 1788–1790, [2]1981, 239 (248); zu den Schutzpflichten als Revolutionsthema vgl. *G. Robbers*, Sicherheit als Menschenrecht, 1987, 64f.; *W. Rudolf*, Die französische Menschenrechtserklärung und ihre Wirkungen, in: E. Denninger (Hrsg.), Kritik und Vertrauen, FS f. Peter Schneider, 1990, 430f.

9   *H. Arendt*, Die Freiheit, frei zu sein, a.a.O., 27: Die Revolutionäre in Frankreich »sahen sich plötzlich mit noch einer Befreiungsaufgabe konfrontiert, nämlich das Volk insgesamt aus dem Elend zu befreien und die Menschen zu befreien, damit sie frei sein konnten.«; *M. Ozouf*, a.a.O.; *H. Hofmann*, a.a.O., 112f.; *A. Hense*, Mehrperspektivistische Annäherungen an das Phänomen Solidarität und das Solidarprinzip, in: M. Schulte/E. Pattaro/M. Atienza/B. Topornin/D. Wyduckel (Hrsg.), Theorie des Rechts und der Gesellschaft, FS für Werner Krawietz, 2003, 525f.

10   *W. Schieder*, Art. »Brüderlichkeit«, in O. Brunner/W. Conze/R. Koselleck (Hrsg.), Geschichtliche Grundbegriffe, Bd. 1, 1972, 552f.

11   *W. Schieder*, ebd.; *H. Hofmann*, a.a.O.

12   Zum Begriff und zum Folgenden *U. Volkmann*, Solidarität, in: H. Kube/R. Mellinghoff/G. Morgenthaler/U. Palm/T. Puhl/C. Seiler (Hrsg.), Leitgedanken des Rechts, FS f. Paul Kirchhof, Bd. I, 2013, § 4; *O. Depenheuer*, Solidarität und Freiheit, in: J. Isensee/P. Kirchhof (Hrsg.), HStR IX, [3]2005, § 194 Rn. 12f; *J. Isensee*, Solidarität – Sozialethische Substanz eines Blankettbegriffs, in: ders. (Hrsg.), Solidarität in Knappheit, 1998, 97f.; *H. Hofmann*, ebd., 112f.; *A. Hense*, a.a.O., 525f.

13 *U. Volkmann,* ebd., § 4 Rn. 1.

14 *O. Depenheuer,* a.a.O., § 194 Rn. 12.

15 *H. Hofmann,* a.a.O., 113f.

16 *O. Depenheuer,* a.a.O., § 194 Rn. 13.

17 *H. Hofmann,* a.a.O.; *U. Volkmann,* a.a.O.

18 *E. Denninger,* Rechtsperson und Solidarität, 1967, 217, unterscheidet zwischen »personaler Solidarität« und »singularisierender, distanzierender Solidarität«.

19 *E. Denninger,* ebd., 218; *H. Hofmann,* a.a.O., 115.

20 Vgl. auch *E. Denninger,* ebd., 218, dort allerdings verbunden mit einer Absage an die Verbindlichkeitsansprüche universaler Wertsysteme; vgl. auch *H. Hofmann,* a.a.O., 114f.

21 *J. Isensee,* Solidarität – Sozialethische Substanz eines Blankettbegriffs, in: ders. (Hrsg.), Solidarität in Knappheit, 1998, 101f.; *O. Depenheuer,* a.a.O., § 194 Rn. 22.

22 *O. Depenheuer,* ebd., § 194 Rn. 22.

23 Vgl. BVerfGE 101, 158 – Maßstäbegesetz, dort S. 214f. zur Entwicklung der Maßstäbe.

24 *G. Dahm/J. Delbrück/R. Wolfrum,* Völkerrecht, Bd. I/1, ²1988, 127f.; *F. Becker,* Gebiets- und Personalhoheit des Staates, in: J. Isensee/P. Kirchhof (Hrsg.), HStR XI, ³2013, § 220 Rn. 109.

25 *C. Schmitt,* Der Begriff des Politischen [1932], ⁷1963, 26.

26 *C. Schmitt,* ebd., 26f., 33f.

27 Bulletin, hrsg. vom Presse- und Informationsamt der Bundesregierung, Nr. 3, 11.1.1989, 14; *A. K. Flohr,* Feindbilder in der internationalen Politik, 1993, 120; ebenso *Der Spiegel* Nr. 50/1988, 21 (22).

28 *Das Parlament* Nr. 48, 25. Dezember 1988, 6.

29 Beide Zit. hat *A. K. Flohr* ihrem Werk vorangestellt, a.a.O., 1.

30 Vgl. *A. K. Flohr,* ebd.; *J. Berghold,* Feindbilder und Verständigung, Grundfragen der politischen Psychologie, ²2005; *B. Pörksen,* Die Konstruktion von Feindbildern – zum Sprachgebrauch in neonazistischen Medien, ²2005; *S. Satjukow/R. Gries,* Unsere Feinde, Konstruktionen des Anderen im Sozialismus, 2004.

31 Für die Zeit um 1913: *M. Epkenhans,* Großmächte zwischen Krisendiplomatie und Aufrüstung, in: Aus Politik und Zeitgeschichte, 63. Jahrg., 12/2013, 9f.; *C. Nübel,* Bedingt kriegsbereit. Kriegserwartungen in Europa vor 1914, 22f.; für die Zeit um 1938: *A. Krämer,* Hitlers Kriegskurs, Appeasement und die »Maikrise« 1938, 2014; für die Zeit des »Kalten Krieges«: *G. Wettig,* Chruschtschows Berlin-Krise 1958 bis 1963, 2006; für die Kuba-Krise 1962: *R. Steininger,* Die Kuba-Krise, 1962, 2011.

32 Vgl. *D. Grimm,* Ursprung und Wandel der Verfassung, in: J. Isensee/P. Kirchhof (Hrsg.), HStR I, ³2003, § 1 Rn. 16f.

33 BVerfGE 1, 14 (52) – Südweststaat; BVerfGE 145, 106 (143) – Nicht genutzte Verluste einer Kapitalgesellschaft, stRspr.

34 Art. 33 Abs. 2 GG.

35 §§ 1 u. 3 der Virginia Bill of Rights vom 12. Juni 1776, in: D. Gosewinkel/J. Masing (Hrsg.), Die Verfassungen in Europa 1789–1949, 2006, 134; ähnlich die Unabhän-

gigkeitserklärung der Vereinigten Staaten vom 4. Juli 1776, das., Französische Verfassung vom 3. September 1791 (mit der Erklärung der Menschen- und Bürgerrechte vom 26. August 1789), 165: »allgemeine Wohlfahrt«; Verfassung der Französischen Republik vom 24. Juni 1793, das. 193, Präambel, Art. 1:»Wohlfahrt«; Verfassung vom 4. November 1848, das., 301 I:»Wohlstand«.

36 BVerfGE 33, 303 (330f.) – Numerus clausus; BVerfGE 96, 288 (304) – Integrative Schule; BVerfGE 125, 175 (222) – Hartz IV; BVerfG v. 19.12.2017 – 1BvL3/14, NJW 2018, 361 – Humanmedizin.

37 BVerfGE 125, 39 (78) – Adventssonntage Berlin.

38 Vgl. ausdrücklich Art. 1 Abs. 1 GG (Menschenwürde); Art. 6 Abs. 1 GG (Ehe und Familie).

39 Vgl. zur Entwicklung BVerfGE 39, 1 (55) – Schwangerschaftsabbruch I; BVerfGE 53, 30 (63) – Mülheim-Kärlich; BVerfGE 85, 191 (211) – Nachtarbeitsverbot.

40 Vgl. Art. 1 Abs. 1 des Herrenchiemseer Entwurfs:»Der Staat ist um des Menschen Willen da, nicht der Mensch um des Staates Willen.«, in: JöR N. F. 1 (1951), 48; dazu kritisch gegen diese »heimliche Polemik« gegen Hegel Theodor Heuß, Zwei Reden im Parlamentarischen Rat über das Grundgesetz 1948/49, (8.9.1948), 2009, 69; O. Depenheuer, Solidarität und Freiheit, in: J. Isensee/P. Kirchhof (Hrsg.), HStR IX, ³2005, § 194 Rn. 3.

41 Der Abgeordnete F. Eberhard (SPD) sah den Staat dabei aber von Anfang an als verpflichtet an, die Grundrechte zu schützen und zu wahren, in: JöR N. F. 1 (1951), 57; vgl. auch den Abgeordneten A. Süsterhenn (CDU), in: JöR N. F. 1 (1951), 42, sowie Art. 1 Abs. 2 S. 2 des Herrenchiemseer Entwurfs.

42 J. Isensee, Das Grundrecht als Abwehrrecht und als staatliche Schutzpflicht, in: ders./P. Kirchhof (Hrsg.), HStR IX, ¹1992, § 191 Rn. 1; C. Hillgruber, Grundrechtlicher Schutzbereich, Grundrechtsausgestaltung und Grundrechtseingriff, in: J. Isensee/P. Kirchhof (Hrsg.), HStR IX, ²2014, § 200 Rn. 1f.

43 J. Isensee, ebd., § 191 Rn. 13; O. Depenheuer, Solidarität und Freiheit, a.a.O., § 194 Rn. 26f., 60f.; zur sozialen Sicherheit vgl. Art. 22 der Allgemeinen Erklärungen der Menschenrechte, Res. 217 A (III) der Generalversammlung der Vereinten Nationen, abgedruckt in: Universal Declaration of Human Rights, GAOR III (Part I – Resolutions), Doc. A/810, 71f.

44 M. Burgi, Vom Grundrecht auf Sicherheit zum Grundrecht auf Opferschutz, in: O. Depenheuer/M. Heintzen/M. Jestaedt, Staat im Wort, FS für Josef Isensee, 2007, 655f.; G. Robbers, Sicherheit als Menschenrecht, 1987, 64f.; W. Cremer, Freiheitsgrundrechte, 2003, 258f.

45 D. Murswiek, Grundrechte als Teilhaberechte, in: J. Isensee/P. Kirchhof (Hrsg.), HStR IX, ³2011, § 192 Rn. 1f.

46 Die Bedeutung des Grundrechts als subjektives öffentliches Recht, als Institutsgarantie und als objektive Wertordnung führt in eine wertbestimmte Anwendung, Verfassungstheorie und Verfassungsdogmatik wirken unmittelbar zusammen: E. Denninger, Freiheitsordnung – Wertordnung – Pflichtordnung, in: JZ 1975, 545; C. Starck, Maximen der Verfassungsauslegung, in: J. Isensee/P. Kirchhof, HStR XII, ³2014, § 271 Rn. 56f.

47 Zum sprachlichen Zusammenklang von Wert und Würde vgl. W. Pfeifer, Etymologisches Wörterbuch des Deutschen, Version 1.0.169, Art.»Wert«, abrufbar unter http://www.dwds.de/?qu=wert (zuletzt abgerufen 6.5.2016); F. Kluge/E. Seebold, Etymolo-

gisches Wörterbuch der deutschen Sprache, ²⁴2002, Art. »Wert 2«, 985; *G. Köbler*, Deutsches Etymologisches Wörterbuch, 1995, Art. »Wert«, 464.

48 BVerfG, Beschl. v. 11.4.2018 – 1 BvR 3080/09 – Stadionverbot.

49 BVerfGE 89, 214 (232) – Bürgschaftsvertrag einer 21-jährigen unerfahrenen Tochter zugunsten ihres Vaters.

50 BVerfGE 85, 214 (218) – Eigenverantwortliche Entscheidung des gekündigten Mieters über seinen Wohnbedarf (anders bei Überbelegung, die gegen bau- oder polizeirechtliche Vorschriften verstößt).

51 BVerfG, Beschl. v. 11.4.2018 – 1 BvR 3080/09 – Stadionverbot Rn. 39f., dort zulässig bei tatsächlich begründeter Besorgnis künftiger Störungen.

52 BVerfGE 33, 303 (333) – Numerus Clausus (mit Hinweis auf die begrenzt verfügbaren öffentlichen Mittel und die parlamentarische Haushaltsverantwortung); BVerfG v. 19.12.2017 – 1 BvL 3/14, NJW 2018, 361 – Humanmedizin.

53 Vgl. dazu BVerfGE 83, 60 (71) – Ausländerwahlrecht; vgl. auch BVerfGE 129, 124 (177) – EFS.

54 BVerfGE 8, 122 (133) – Volksbefragung Hessen; Art. 29 GG gewährleistet nur eine Volksabstimmung für ein Teilvolk, nicht für das gesamte deutsche Staatsvolk.

55 Vgl. BVerfGE 89, 155 (171) – Maastricht; BVerfGE 123, 267 (321) – Lissabon.

56 Der Abgeordnete Fritz Eberhard (SPD), in: JöR N. F. 1 (1951), 57.

VI. Frei sein in guter Verfassung

1 *H. Sturmberger*, Aufstand in Böhmen – Der Beginn des Dreißigjährigen Krieges, 1959, 7f.; *D. Jütte*, Defenestration as Ritual Punishment: Windows, Power and Political Culture in Early Modern Europe, in: Journal of Modern History, 2017, 1f.; *C. V. Wedgwood*, Der 30jährige Krieg (1965), 1990, 62f.; vgl. auch *P. Milger*, Gegen Land und Leute – Der Dreißigjährige Krieg, 1998; *J. Füllenbach*, Am hellichten Tage, in: *Prager Zeitung* v. 22.1.2014, abrufbar unter: http://www.pragerzeitung.cz/index.php/ prag-er-leben/17339-am-hellichten-tag (Stand: 4.4.2018).

2 Altes Testament, Zweites Buch der Könige, Kap. 9.

3 *K. Jaspers*, Vom Ursprung und Ziel der Geschichte [1949], in: T. Fuchs/J. Halfwassen/R. Schulz, Gesamtausgabe, Bd. I/10, 2017, 57f.

4 *K. Jaspers*, ebd., 17f., 13, 3.

5 Altes Testament, 1. Buch Mose.

6 *G. Frege*, Logische Untersuchungen [1918], ⁴1993, 30; *K. Lüderssen*, Genesis und Geltung in der Jurisprudenz, 1996, 43f.

7 *T. Morus*, Utopia [1516], G. Ritter (Übers.), 1986; zur Entwicklung des Begriffs »Utopie« seit dem frühen 19. Jahrhundert zu einem politischen Kampfbegriff, sodann aber auch zum Medium für den Entwurf alternativer Lebensmöglichkeiten: *J. Habermas*, Die neue Unübersichtlichkeit, 1985, 142f.

8 *J. W. v. Goethe*, Sämtliche Werke nach Epochen seines Schaffens, Münchener Ausgabe, K. Richter (Hrsg.), Westöstlicher Divan, Bd. 11.1.2, 1998, 216 (in der Auseinandersetzung mit den vier letzten Büchern Moses).

9 Exodus 24,12.

10   Exodus 32,19; 34.

11   *D. Willoweit*, Recht und Willkür, in: Rechtstheorie 43 (2012), 143 (153f.).

12   Dazu und zum Folgenden *D. Willoweit*, ebd., 143 (153).

13   *R. Stammler*, Recht und Willkür [1895], in: ders., Rechtsphilosophische Abhandlungen und Vorträge, Bd. 1, 1925, 85f., 97.

14   *D. Willoweit*, a.a.O., 143 (156).

15   *W. Ebel*, Geschichte der Gesetzgebung in Deutschland, ²1958; *D.* Willoweit, ebd., 143 (146f.).

16   Vgl. *J. Habermas*, a.a.O., 141 (143f.).

17   BVerfGE 9, 338 (349) – Hebammenaltersgrenze; BVerfGE 42, 64 (72) – Teilungsversteigerung (Michelstadt).

18   Vertrag über die Europäische Union vom 7. Februar 1992, BGBl. 1992 II/12, 152, nunmehr geltend in der konsolidierten Fassung, ABl Nr. C 83/13 vom 30. März 2010.

19   Vertrag über die Europäische Union, Präambel.

20   Zur Auslegung von Gesetz und Verfassung vgl. *M. Jestaedt*, Verfassungstheorie als Disziplin, in: O. Depenheuer/C. Grabenwarter (Hrsg.), Verfassungstheorie, 2010, § 1 Rn. 60f.; *W. Hassemer*, Dogmatik zwischen Wissenschaft und richterlicher Pragmatik, in: G. Kirchhof/S. Magen/K. Schneider (Hrsg.), Was weiß Dogmatik? 2012, 3 (6f.); *C. Waldhoff*, Kritik und Lob der Dogmatik, das., 17 (30f.); *C. Starck*, Maximen der Verfassungsauslegung, in: J. Isensee/P. Kirchhof, HStR XII, ³2014, § 271 Rn. 19f.; *C. Kreuter-Kirchhof*, Verfassungsgerichtsbarkeit im Dienst der Verfassung, in: J. Isensee/P. Kirchhof (Hrsg.), HStR XII, ³2014, § 272 Rn. 47f.

21   Dazu *P. Kirchhof*, Der Antwortcharakter der Verfassung, in: M. Anderheiden/R. Keil/S. Kirste/J. P. Schaefer (Hrsg.), Verfassungsvoraussetzungen, Gedächtnisschrift für Winfried Brugger, 2013, 447 (447f.)

22   *F. A. v. Hayek*, Die Überheblichkeit der Vernunft, in: Hanns Martin Schleyer-Preis 1984 und 1985, 1985, 55.

23   *Thukydides*, Geschichte des Peloponnesischen Krieges [431–411 v. Chr.], I. Teil: Buch I–IV, G. P. Landmann (Übers.), 1993, Buch III, Rn. 37f.

24   *F. A. v. Hayek*, a.a.O., 48f.

25   *P. Kirchhof*, Die Identität der Verfassung, in: J. Isensee/P. Kirchhof (Hrsg.), HStR II, ³2004, § 21 Rn 10.

26   *P. Kirchhof*, Der Bürger in Zugehörigkeit und Verantwortung, in: J. Isensee/P. Kirchhof (Hrsg.), HStR XII, ³2014, § 283 Rn. 36.

27   *P. Kirchhof*, Die Identität der Verfassung, a.a.O., § 21 Rn 10.

28   Art. 79 Abs. 2 GG.

29   Zuletzt: Gesetz v. 13.7.2017 BGBl. I, 2346 (Nr. 47).

30   Art. 79 Abs. 3 GG.

31   BVerfGE 50, 57 (77) – Zinsbesteuerung; BVerfGE 81, 156 (205f.) – Ausbildungsförderungsgesetz; BVerfGE 145, 106 (143) – Nicht genutzte Verluste einer Kapitalgesellschaft, std. Rspr.

32   *C. Hillgruber*, Die Herrschaft der Mehrheit. Grundlagen und Grenzen des demokratischen Majoritätsprinzips, AöR 127 (2002), 460; *P. Badura*, Staatsrecht, ⁶2015, 344.

33 BVerfGE 121, 266 (295) – Landeslisten.

34 Art. 38 Abs. 1 S. 1 GG.

35 Art. 42 GG.

36 Art. 38 Abs. 1 S. 2 GG.

37 Das Recht der Gesetzesvorlage, Art. 76 GG, das Zusammenwirken von Bundestag und Bundesrat, der Vermittlungsausschuss und die Rechte der parlamentarischen Minderheiten, Art. 76f. GG.

38 *P. Schindler*, Datenhandbuch zur Geschichte des deutschen Bundestages 1949 bis 1999, Bd. 2, 1999, 1954: einstimmig verabschiedete Gesetze in der ersten Wahlperiode (WP) 19,3 %, zweite WP 58,4 %, dritte WP 63,7 %, vierte WP 71,0 %, fünfte WP 71,1 %, sechste WP 70,2 %, siebte WP 70,5 %, achte WP 61,9 %, neunte WP 51.5 %, zehnte WP 15,6 %, elfte WP 17,3 %, zwölfte WP 27,6 %.

39 Vgl. *P. Badura*, Staatsrecht, a.a.O., 344; *R. Mussgnug*, Das Mehrheitsprinzip, in: FS für Eckart Klein, 2013, 249.

40 BVerfGE 89, 155 (186) – Maastricht.

41 *U. Hufeld*, Urkundlichkeit und Publizität der Verfassung, in: J. Isensee/P. Kirchhof, HStR XII, ³2014, § 59 Rn. 2f.; *W. Graf Vitzthum*, Form, Sprache und Stil der Verfassung, in: O. Depenheuer/C. Grabenwater (Hrsg.), Verfassungstheorie, 2010, § 10 Rn. 5f.

42 Art. 79 Abs. 1 S. 1 GG.

43 Mit der Säkularisation 1803 sollte die geistliche Herrschaft vieler Stifte und Klöster beendet werden. Deshalb wurden Bibliotheken und Kunstschätze beschlagnahmt, zum Teil verkauft, versteigert oder zerstört, auch staatlichen Sammlungen eingegliedert: *B. Fassbender*, Wissen als Grundlage staatlichen Handelns, in: J. Isensee/P. Kirchhof (Hrsg.), HStR IV, ³2006, § 76 Rn. 43 m. N.

44 *B. Fassbender*, ebd., § 76 Rn. 41.

45 *B. Fassbender*, ebd., § 76 Rn. 42 mit Nachweisen; nach dem Zweiten Weltkrieg bemühte sich die Bundesrepublik Deutschland, die Kulturgüter des von den Siegermächten aufgehobenen Landes Preußen – vgl. Kontrollratsgesetz Nr. 46 betr. die Auflösung Preußens v. 25.2.1947, in: I. v. Münch (Hrsg.), Dokumente des geteilten Deutschland, Bd. 1, ²1976, 54 – unter dem Dach der Stiftung Preußischer Kulturbesitz zusammenzuführen und dieser Stiftung die Aufgabe zu übertragen, die Kulturgüter »für das deutsche Volk zu bewahren, zu pflegen und zu ergänzen« – § 3 Abs. 1 Stiftungsgesetz »Preußischer Kulturbesitz« (PrKultbG) v. 25.7.1957, BGBl. I, 841.

46 *M. Wagner*, Aktenvernichtungen in der Zeit der »Wende«, in: Deutschlandarchiv 33 (2000), 608 (612f., 619); *W. Rudolf*, Datenerbe aus der deutschen Teilung und Datenschutz, in: J. Isensee/P. Kirchhof (Hrsg.), HStR IX, ¹1997, § 220 Rn. 4f.

47 *R. Wahl*, Die Entwicklung des deutschen Verfassungsstaates bis 1866, in: J. Isensee/P. Kirchhof (Hrsg.), HStR I, ³2003, § 2 Rn. 3.

48 BVerfGE 124, 300 (328, 345f.) – Wunsiedel.

49 Vgl. BVerfGE 124, 300 (320).

50 Vgl. *U. Hufeld*, Urkundlichkeit und Publizität der Verfassung, in: J. Isensee/P. Kirchhof (Hrsg.), HStR XII, ³2014, § 259 Rn. 7f.

51 *U. Hufeld*, Die Verfassungsdurchbrechung: Rechtsproblem der Deutschen Einheit und der europäischen Einigung. Ein Beitrag zur Dogmatik der Verfassungsänderung, 1997, 46f.

52 Art. 23 Abs. 1 S. 2 GG.

53 Art. 23 Abs. 1 S. 3 GG verweist auf Art. 79 Abs. 2 u. 3, dem Erfordernis der verfassungsändernden Mehrheit und die inhaltliche Identitätsgarantie der Verfassung, nicht aber auf Art. 79 Abs. 1, der eine Verfassungsänderung nur durch Textänderung erlaubt.

54 Der Abgeordnete *G. Verheugen*, Gemeinsame Verfassungskommission, Stenografischer Bericht v. 26.6.1992, 10, dazu *U. Hufeld*, Die Verfassungsdurchbrechung, a.a.O., 132f.

55 Vgl. insbes. die Europavorbehalte für den europäischen Haftbefehl in Art. 16 Abs. 2 S. 2 GG, für das Kommunalwahlrecht der Unionsbürger in Art. 28 Abs. 1 S. 3 GG, aber auch in der Verpflichtung der zur Währungspolitik ermächtigten Europäischen Zentralbank auf die »Sicherung der Preisstabilität« in Art. 88 S. 2 GG; zum Ganzen *U. Hufeld*, Urkundlichkeit und Publizität der Verfassung, ebd., § 259 Rn. 27.

56 EuGH, Urt. v. 5.2.1963 – C 26/62 – van Gend & Loos.

57 EuGH, Urt. v. 15.7.1964 – C 6/64 – BStBl. II 1964, 1038 – Costa; vgl. nunmehr auch Art. 4 Abs. 3 des Vertrages über die Europäische Union (EUV) v. 7.2.1992, BGBl. 1992 II, 1252, i.d.F. v. 9.3.2010, BGBl. 2010 II, 151.

58 *D. Grimm*, Europa ja – aber welches? Zur Verfassung der europäischen Demokratie, 2016, 36.

59 Art. 3 Abs. 2 des Vertrages über die Europäische Union (EUV) v. 7.2.1992, BStBl. 1992 II, 1252, i.d.F. v. 9.3.2010, BGBl. 2010 II, 151.

60 Zur Besonderheit der Verfassungssprache vgl. *M. Hilf,* Die sprachliche Struktur der Verfassung, in: J. Isensee/P. Kirchhof (Hrsg.), HStR XII, [3]2014, § 262 Rn. 25 et passim; *W. Graf Vitzthum*, Form, Sprache und Stil der Verfassung, in: O. Depenheuer/C. Grabenwater (Hrsg.), Verfassungstheorie, 2010, § 10 Rn. 12f.; *P. Kirchhof,* Deutsche Sprache, in: J. Isensee/P. Kirchhof (Hrsg.), HStR II, [3]2004, § 20 Rn. 30f.

61 Vgl. *P. Kirchhof,* Verfassung, Theorie und Dogmatik, in: J. Isensee/P. Kirchhof (Hrsg.), HStR XII, [3]2014, § 273 Rn. 6.

62 Zu dieser Erwartung R. v. Jherings an den Gesetzgeber vgl. *P. Kirchhof,* Deutsche Sprache, ebd., § 20 Rn. 35.

63 BVerfGE 74, 51 (57) – für den Satz »Politisch Verfolgte genießen Asylrecht«, jetzt Art. 16a GG.

64 Art. 5 Abs. 1 S. 2 GG.

65 *M. Bullinger*, Freiheit von Presse, Rundfunk, Film, in: J. Isensee/P. Kirchhof (Hrsg.), HStR VII, [3]2009, § 163 Rn. 6f.

66 Art. 38 Abs. 3 GG regelt, dass »das Nähere« über das Wahlverfahren das Gesetz bestimmt; man hätte also auch die Persönlichkeitswahl stärker betonen oder die Hälfte des Parlaments direkt, die andere Hälfte über die Parteilisten wählen können.

67 BVerfGE 18, 112 (116) – Auslieferung nach Frankreich (dort: nicht schlechthin ausgeschlossen); BVerfGE 60, 348 (354) – Auslieferung nach Libanon (im Ergebnis offengelassen); das Recht auf Leben gemäß Art. 2 Abs. 2 GG und die Wertentscheidung des Art. 102 GG schließen eine Auslieferung und Ausweisung bei drohender Todesstrafe regelmäßig aus; *H. D. Jarass/B. Pieroth*, Grundgesetz für die Bundesrepublik Deutschland, Kommentar, [14]2016, Art. 102 Rn. 3 mit Nachweisen.

68 Zum Zusammenhang von Würdegarantie und Rechtsfähigkeit BVerfGE 45, 187 (227, 239) – Lebenslängliche Freiheitsstrafe; BVerfGE 109, 133 (149) – Langfristige Sicherungsverwahrung; BVerfGE 125, 175 (222) – Hartz IV.

69 Art. 2 Abs. 2 S. 2 GG.

70 Zur – umstrittenen – Ableitung des Wortes von »persona«, der »Maske«, in der ein
    Schauspieler spricht, vgl. *U. Palm*, Person im Ertragssteuerrecht, 2013, 44f. mit Nach-
    weisen.

71 *Cicero*, De officiis liber I, 107, 115, *U. Palm*, ebd., 45f.

72 *H. Hattenhauer*, Persona und personae acceptio. Christlicher Beitrag zur römischen
    Personenlehre, in: M. Avenarius/R. Meyer-Pritzl/C. Möller (Hrsg.), Ars Iuris, FS f.
    Okko Behrends, 2009, 193 (200f.).

73 *U. Palm*, a.a.O., 68f. mit Nachweisen.

74 *K. Stern*, Die Idee der Menschen- und Grundrechte, in: D. Merten/H.-J. Papier
    (Hrsg.), Grundrechte, Bd. I, [1]2004, § 1 Rn. 33f. *L. Osterloh/A. Nußberger*, in:
    M. Sachs (Hrsg.), GG, Kommentar, [8]2018, Art. 3 Rn. 291f.

75 *K. Stern*, Idee der Menschenrechte und Positivität der Grundrechte, in: J. Isensee/P.
    Kirchhof (Hrsg.), HStR IX, [3]2011, § 184 Rn. 9f.; *W. Brugger*, a.a.O., § 186 Rn. 12.

76 *K. Stern*, Die Idee der Menschen- und Grundrechte, ebd., § 1 Rn. 8; *U. Palm*, ebd., 69.

77 *K. Stern*, ebd., § 1 Rn. 8; *U. Palm*, a.a.O., 69; *G. Dürig* in: T. Maunz/G. Dürig
    (Hrsg.), GG Art. 1 Abs. 1 Rn. 19; *W. Wertenbruch*, Der Staat aus personaler Sicht,
    1984, 11, dazu *U. Palm*, ebd., 286f.

78 BVerfGE 115, 118 (152) – Luftsicherheitsgesetz; vgl. auch BVerfGE 88, 203 (251) –
    Schwangerschaftsabbruch (Beratungskonzept); BVerfGE 87, 209 (228) – »Tanz der
    Teufel«.

79 Vgl. BVerfGE 34, 238 (245) – Tonband; BVerfGE 80, 367 (373f.) – Tagebuch; BVer-
    fGE 103, 21 (31) – Genetischer Fingerabdruck; BVerfGE 112, 304 (317) – GPS-Ob-
    servation.

80 Art. 2 Abs. 1 GG.

81 Bürger, ahd. Burgari, vom lat. burgensis und franz. Bourgeois, Bewohner einer Burg,
    Burgmann, DRW. II, Sp588; *R. Auty* u. a. (Hrsg.), Lexikon des Mittelalters, Bd. II,
    Bettlerwesen bis Codex von Valencia, 10. Lfg., 1983, 1006; zum Begriff des Bürgers
    in der Antike vgl. *E.-W. Böckenförde*, Geschichte der Rechts- und Staatsphilosophie,
    Antike und Mittelalter, [2]2006, 14f.; *U. Manthe*, Geschichte des Römischen Rechts,
    [4]2011, 11.

82 Vgl. auch Art. 9 des Vertrages über die Europäische Union (EUV) v. 7.2.1992, BSt-
    Bl. 1992 II, 1252 i.d.F. v. 9.3.2010, BGBl. 2010 II, 151 (Unionsbürger als Annex zur
    Staatsbürgerschaft).

83 *J. v. Eichendorff*, Preußen und die Konstitutionen [um 1832], in: ders., Politische und
    historische Schriften, Streitschriften, Werke, Bd. V, 1988, 129.

84 In Großbritannien galt die weibliche Erbfolge – die Nichte König Wilhelms IV.,
    Victoria, wurde Königin. In Hannover galt die männliche Erbfolge; der Bruder König
    Wilhelm IV., Ernst August, übernahm die Herrschaft, vgl. *A. Laufs*, Rechtsentwick-
    lungen in Deutschland, [5]2006., 254; *E. R. Huber*, Deutsche Verfassungsgeschichte
    seit 1789, Bd. II, [3]1988, 96f.; *J. Ipsen*, Macht versus Recht, Der Hannoversche Verfas-
    sungskonflikt 1837-1840, 2017, 40f., 189f., 191f., 201f.

85 Einen Eid auf das Grundgesetz von 1833 hatte tatsächlich nur Gervinus geschworen;
    die übrigen Sechs lehrten schon vor 1833 in Göttingen und hatten keinen Eid auf die
    neue Verfassung geleistet, *A. Laufs*, ebd., 256.

86 *J. Ipsen*, ebd., 189f.

87 *A. Laufs*, a.a.O., 255f.

88 *A. Laufs*, ebd., 257.

89 *J. Ipsen*, a.a.O., 194f.

90 *J. F. Herbart*, Erinnerung an die Göttingische Katastrophe im Jahr 1837 – Ein Posthumum, 1942, 33f.

91 *J. Grimm*, Über meine Entlassung, Basel 1838, 20.

92 *J. Ipsen*, a.a.O.

93 Zu dieser »öffentlichen Freiheit« vgl. *H. Arendt*, Die Freiheit, frei zu sein [1967], 2018, 24f.

94 Art. 20 Abs. 4 GG; zum Widerstandsrecht gegen den pflichtvergessenen Herrscher seit der Antike bis zur Unabhängigkeitserklärung der USA und Art. 2 der französischen Deklaration 1789 vgl. *M. Sachs*, in: ders., GG, Kommentar, [7]2014, Art. 20 Rn. 173.

95 *J. Isensee*, Das legalisierte Widerstandsrecht, 1969, 7f.; *M. Sachs*, ebd., Art. 20 Rn. 173.

96 § 63 Bundesbeamtengesetz (BBG) v. 5.2.2009, BGBl. I, 160, zul. geänd. d. Art. 1 des Gesetzes v. 8.6.2017, BGBl. I, 1570; § 36 Beamtenstatusgesetz (BeamtStG) v. 17.6.2008, BGBl. I, 1010, zul. geänd. d. Art. 2 des Gesetzes v. 8.6.2017, BGBl. I, 1570.

VII. Gesetzmäßigkeiten der Natur und Gesetze des Menschen

1 *G. Schwab*, Die schönsten Sagen des klassischen Altertums [1838/1839/1840], 1986, 186f.

2 Brüder Grimm, Kinder- und Hausmärchen [1857], KHM 20, H.-J. Uther (Hrsg.), Bd. II, 1996, 112.

3 *S. Schaal/K. Kunsch/S. Kunsch*, Der Mensch in Zahlen, [4]2016, 27f.: Übereinstimmungen im Genom von Schimpanse und Mensch: 98,8 %.

4 *W. Singer*, Verschaltungen legen uns fest: Wir sollten aufhören, von Freiheit zu sprechen, in: C. Geyer (Hrsg.), Hirnforschung und Willensfreiheit. Zur Deutung der neuesten Experimente, 2004, 30 (31).

5 *C. Geyer*, Vorwort, ebd., 9.

6 *W. Singer*, a.a.O., 35.

7 *W. Singer*, Ein neues Menschenbild? Gespräche über Hirnforschung, 2003, 12.

8 *W. Prinz*, Der Mensch ist nicht frei. Ein Gespräch, in: C. Geyer (Hrsg.), a.a.O., 20 (22).

9 *W. Prinz*, ebd., 23.

10 *W. Prinz*, ebd., 26, dort aber auch mit dem Zusatz, dass niemand bisher wisse, wie es zur Ich-Erfahrung kommt.

11 *B. Libet*, Haben wir einen freien Willen?, in: C. Geyer (Hrsg.), a.a.O., 268, 271, 279, 282f., 285f.

12 *B. Libet*, ebd.

13 Anders *W. Prinz*, a.a.O., 22; *G. Roth*, Worüber dürfen Hirnforscher reden, in: *C. Geyer* (Hrsg.), a.a.O., 73.

14 *W. Singer*, Verschaltungen legen uns fest: Wir sollten aufhören, von Freiheit zu sprechen, in: C. Geyer (Hrsg.), Hirnforschung und Willensfreiheit. Zur Deutung der neuesten Experimente, 2004, 63.

15 *A. Einstein*, Mein Glaubensbekenntnis, Caputh [1932], im Auftrag der Deutschen Liga für Menschenrechte auf Schallplatte publiziert.

16 *S. Hawking*, Einsteins Traum. Expeditionen an die Grenzen der Raumzeit, H. Kober (Übers.), 1993, 127f.; Hawking warns on rise of the machines, *Financial Times* v. 2.12.2014; vgl. auch *ders.*, Eine kurze Geschichte der Zeit. Die Suche nach der Urkraft des Universums, H. Kober (Übers.), 1988, 213f.

17 Vgl. die englische Bill of Rights v. 23. Oktober 1689, in: D. Gosewinkel/J. Masing (Hrsg.), Die Verfassungen in Europa 1789–1949, 2006, 119 (120): 4. Abs.: »... die genannten geistlichen und weltlichen Lords und die Communen, ... nun zu einer vollen und freien Repräsentation dieses Volkes sich versammelt, ... geben sie zuvörderst die Erklärung ab (wie ihre Vorfahren in gleichen Fällen gewöhnlich getan haben), indem sie ihre alten Rechte und Freiheiten in vollem Anspruch nehmen und sich zusichern«; Unabhängigkeitserklärung der Vereinigten Staaten v. 4. Juli 1776, in: D. Gosewinkel/J. Masing (Hrsg.), ebd., 136, 2. Abs.: »Wir halten folgende Wahrheiten für klar und keines Beweises bedürfend, nämlich: dass alle Menschen gleich geboren, dass sie von ihrem Schöpfer mit gewissen unveräußerlichen Rechten begabt sind, dass zu diesem Leben, Freiheit und Streben nach Glückseligkeit gehöre.«; Art. 1 der Französischen Verfassung v. 3. September 1791 (mit der Erklärung der Menschen- und Bürgerrechte v. 26. August 1789, in: D. Gosewinkel/J. Masing (Hrsg.), ebd., 165: »Die Menschen werden frei und gleich an Rechten geboren, und bleiben es ...«, Art. 2: »Der Endzweck aller politischen Gesellschaft ist die Erhaltung der natürlichen und unverjährbaren Menschenrechte. Diese Rechte sind die Freiheit, das Eigentum, die Sicherheit, der Widerstand gegen Unterdrückung.«; Französische Verfassung v. 4. November 1848, in: D. Gosewinkel/J. Masing (Hrsg.), ebd., 301: »III. Sie (die Französische Republik) erkennt Rechte und Pflichten an, welche älter und höher sind als die positiven Gesetze. IV. Sie hat zu ihren Grundsätzen die Freiheit, die Gleichheit und die Unabhängigkeit. Sie hat zu ihren Grundlagen das Familienleben, das Eigentum und die öffentliche Ordnung.«

18 § 1 der Virginia Bill of Rights vom 12. Juni 1776, in: D. Gosewinkel/J. Masing (Hrsg.), ebd., 134; ähnlich der zweite Absatz der Unabhängigkeitserklärung der Vereinigten Staaten vom 4. Juli 1776, das., 136; ähnlich Präambel, Art. 1, 3, 6 der Verfassung der Französischen Republik vom 24. Juni 1793, 193; vgl. auch Präambel und Art. 2 der Verfassung vom 3. September, Präambel, Art. 1 und 2; Verfassung der Französischen Republik vom 5. Fructidor III (22. August 1795), das., 206f.; Abs. I und III der Verfassung vom 4. November 1848, das., 301 III; sowie Präambel der Verfassung der Vierten Republik vom 27. Oktober 1946, das., 360.

19 Grundsatzausschuss, JöR nF 1 (1951), 48.

20 Grundsatzausschuss, JöR nF 1 (1951)., 52; vgl. auch *Herdegen*, in T. Maunz/G. Dürig, GG, Kommentar, Präambel, Rn. 41f. (Stand Dezember 2015); Art. 1 Abs. 2, Rn. 17ff. (Stand: Dezember 2015); vgl. auch zu Art. 2 Abs. 1 GG (»Sittengesetz«) *U. Di Fabio*, in: T. Maunz/G. Dürig, GG, Kommentar, Art. 2 Abs. 1 Rn. 45 f. (Stand: Dezember 2015); für eine Übersicht über andere moderne Verfassungen vgl. *P. Häberle*, Vergleichende Verfassungstheorie und Verfassungspraxis, 2016, 150f.

21   *C. F. v. Weizsäcker*, Die Tragweite der Wissenschaft, 1990, 115f.

22   *K. Kroeschell*, Deutsche Rechtsgeschichte, Bd. 1, ¹³2008, 35f.; *D. Willoweit*, Recht und Willkür, in: Rechtstheorie 43 (2012), 143 (149 f.).

23   *H. Grotius*, De jure belli ac pacis libri tres [1625], 1701, Lib. I Cap. I n. IV; *F. Wieacker*, Privatrechtsgeschichte der Neuzeit, ²1967, 279f.; *D. Willoweit*, Recht und Willkür, ebd., 143 (151 f.).

24   *I. Turgenjew*, Vorabend [1860], in: ders., Gesammelte Werke in Einzelbänden, Bd. III, 1994.

25   Vgl. das Erlebnis von Martin Luther in Stotternheim, *H. Schilling*, Martin Luther, eine Biografie, 2015, 76f.

26   *H. Böll*, Wanderer kommst du nach Spa, in: J. Schubert (Hrsg.), Heinrich Böll, 2010, 223f.

27   Vgl. *J. W. v. Goethe*, Die Leiden des jungen Werther [1774]; der Roman löste eine »Epidemie von Selbstmorden« aus, vgl. *M. Andree*, Wenn Texte töten, über Werther, Medienwirkung und Mediengewalt, 2006, 9; dieses »Kultbuch«, so *H.-P. Herrmann*, in: ders. (Hrsg.), Goethes »Werther«, Kritik und Forschung, 1994, Einl., erregte »einen Erfolgssturm, der alle Grenzen überschritt« und »buchstäblich die Welt verrückt vor Sterbenswonne« machte; *T. Mann*, Goethes »Werther« (1939/1941/1953), das., 88f. (Zitat: S. 88).

28   Vgl. *H. J. Christoffel v. Grimmelshausen*, Der abenteuerliche Simplicissimus, teutsch [1669], 616.

29   *M. Weber*, Gesammelte Aufsätze zur Religionssoziologie, Bd. I, 1920, 94 (203f.).

30   *K. Marx*, Die deutsche Ideologie I [1845], in: K. Marx/F. Engels, Werke, Bd. 3, 1969, 9f.

31   Vgl. Abschnitt 2 dieses Kapitels.

32   *S. Freud*, Eine Schwierigkeit der Psychoanalyse, in: Zeitschrift für Anwendung der Psychoanalyse auf die Geisteswissenschaften, 1917, 7: »... daß Ich nicht Herr sei im eigenen Haus«.

33   *K. R. Popper*, Logik der Forschung, ¹¹2005, 266.

34   *M. Schweiker/J. Hass/A. Novokhatko/R. Halbleib* (Hrsg.), Messen und Verstehen in der Wissenschaft. Interdisziplinäre Ansätze, 2017, insbes. 3f., 11f., 277f.

35   Deutlicher die Flüchtigkeit der Wissenschaft betonend: *K. R. Popper*, Logik der Forschung, a.a.O., 68f.

36   *A. Wulf*, Alexander von Humboldt und die Erfindung der Natur, 2015, 58f.

37   *K. Goedeke*, Grundriss zur Geschichte der deutschen Dichtung, ³1910, Vierter Bd., II. Abteilung, Vom siebenjährigen bis zum Weltkriege, Buch VI, § 233, 98.

38   *J. W. v. Goethe*, Sämtliche Werke nach Epochen seines Schaffens, Münchener Ausgabe, K. Richter (Hrsg.), Bd. 12, 1989, Zur Naturwissenschaft überhaupt, besonders zur Morphologie, Erfahrung, Betrachtung, Folgerung durch Lebensereignisse verbunden, 384f.

39   *J. W. v. Goethe*, Sämtliche Werke nach Epochen seines Schaffens, Münchener Ausgabe, K. Richter (Hrsg.), Bd. 6.1, 1986, Faust I. Eine Tragödie (1808), Nacht, Vers 672–675; Wahlverwandtschaften, Bibliothek deutscher Klassiker, Bd. 8, 1994, 296 (300f.).

40   *A. Wulf*, a.a.O., 58.

41   *A. Wulf*, ebd., 58 m. N.

42 *I. Kant*, Kritik der reinen Vernunft (1787 2. Auflage), in: Königlich-Preußische Akademie der Wissenschaften (Hrsg.), Immanuel Kants gesammelte Schriften, Bd. 3, 1911, Vorrede S. 7ff.

43 *A. v. Humboldt*, Brief an Wilhelm Gabriel Wegener v. 27. Februar 1789, in: A. v. Humboldt, Briefe, 1973, 44.

44 *A. v. Humboldt*, Brief an Goethe v. 3. Januar 1810, in: J. W. v. Goethe, Humboldt-Briefe, 1909, 305.

45 *A. v. Humboldt*, Kosmos, Entwurf einer physischen Weltbeschreibung [1845–1850], Bd. 1, 70.

46 *H.-G. Gadamer*, Wahrheit und Methode, Bd. I, 1990, 25.

47 Vgl. *H.-G. Gadamer*, ebd., 33.

48 Anklänge an *H.-G. Gadamer*, ebd., 107f., dort als Teil einer eigenen Philosophie.

49 Zum grundsätzlichen Verständnis der Geschichtswissenschaft vgl. *M. Bloch*, Mélanges historiques, Tome I, Paris, 1963; *C. Tilly*, Big Structures, Large Processes, Huge Comparisons, New York, 1984; *M. Werner/B. Zimmermann*, De La Comparaison À L'Histoire Croisée, Seuil, 2004; *V. Sellin*, Einführung in die Geschichtswissenschaft, 2005, 32f., 140f.; *H. Kaelble*, Der historische Vergleich, eine Einführung zum 19. und 20. Jahrhundert, 1999, 12f.; *J. Kocka*, Historische Komparatistik in Deutschland, in: H.-G. Haupt/ders. (Hrsg.), Geschichte und Vergleich, Ansätze und Ergebnisse international vergleichender Geschichtsschreibung, 1996, 47f., zu den historischen Vergleichsmethoden, ihrer Entwicklung und Kritik vgl. *H. Kaelble*, ebd., 12f., 14f.; *T. Welskopp*, Stolpersteine auf dem Königsweg: Methodenkritische Anmerkungen zum internationalen Vergleich in der Gesellschaftsgeschichte, Archiv für Sozialgeschichte 35, 1995, 339; zur Hermeneutik vgl. *H.-G. Gadamer*, a.a.O., 295f; kritisch M. Böhl/W. Reinhard/P. Walter *(Hrsg.)*, Hermeneutik, 2013, 11f.

50 *H. Kaelble*, ebd., 100; vgl. auch *B. Schneidmüller*, Grenzerfahrung und monarchische Ordnung, Europa 1200–1500, 2011, 24f. zur Unschärfe historischer Begriffe von Raum und Zeit, dort zu Mittelalter und Spätmittelalter als bloßer begrifflicher Konvention.

51 *H.-U. Wehler*, Sozialgeschichte und Gesellschaftsgeschichte, in: W. Schieder/V. Sellin (Hrsg.), Sozialgeschichte in Deutschland, Bd. I, 1986, 33f.; *J. Kocka*, Historische Sozialwissenschaften heute, a.a.O., 5.

52 *C. Meier*, Aktueller Bedarf an historischen Vergleichen: Überlegungen aus dem Fach der Alten Geschichte, in: H.-G. Haupt/J. Kocka (Hrsg.), ebd., 239.

53 Vgl. für eine kritische Darstellung *T. Welskopp*, Historische Erkenntnisse, in: G. Budde/D. Freist/H. Günther-Arndt (Hrsg.), Geschichte, Studium-Wissenschaft-Beruf, 2008, 122ff.; *V. Sellin*, Mentalität und Mentalitätsgeschichte, a.a.O., 21f.

54 *T. Welskopp*, ebd., 124.

55 *R. Koselleck*, Vergangene Zukunft. Zur Systematik geschichtlicher Zeiten, 1979, 38f., 206f.; *T. Welskopp*, ebd., 124-126.

56 *T. Nipperdey*, Deutsche Geschichte 1800–1866, Bürgerwelt und starker Staat, 1983, 498f.

57 *H. Kaelble*, a.a.O., 26f.

58 *V. Sellin*, Einführung in die Geschichtswissenschaft, 2005, 147f.

59 *M. Weber*, Die »Objektivität« sozialwissenschaftlicher und sozialpolitischer Erkenntnis, in: J. Winckelmann (Hrsg.), Gesammelte Aufsätze zur Wissenschaftslehre, ²1951, 188.

60 *V. Sellin*, a.a.O.

61 *M. Weber*, a.a.O., 191 f.

62 *V. Sellin*, a.a.O., 151 f.

63 *J. G. Droysen*, Historik, Bd. I, Rekonstruktion der ersten vollständigen Fassung der Vorlesungen [1857], P. Leyh (Hrsg.), Grundriss der Historik in der ersten handschriftlichen Fassung (1857/1858) und in der letzten gedruckten Fassung (1882), 1977, 477; *T. Nipperdey*, a.a.O., 498ff.

64 *H. Kaelble*, a.a.O., 35f.; *T. Welskopp*, a.a.O., 125ff.; *C. Meier*, a.a.O., 239f.; für den Vergleich von Epochen und Kulturen: *J. Osterhammel*, Transkulturell vergleichende Geschichtswissenschaft, in: H.-G. Haupt/J. Kocka (Hrsg.), Geschichte und Vergleich, Ansätze und Ergebnisse international vergleichender Geschichtsschreibung, 1996, 271; *T. Nipperdey*, ebd., 498f.

65 *C. Meier*, ebd., 239 (246).

66 Exemplarisch *R. Koselleck/U. Spree/W. Steinmetz*, Drei Bürgerliche Welten? Zur vergleichenden Semantik der bürgerlichen Gesellschaft in Deutschland, England und Frankreich, in: H.-J. Puhle (Hrsg.), Bürger in der Gesellschaft der Neuzeit, 1991, 14f.

67 Vgl. *K. Jaspers*, Vom Ursprung und Ziel der Geschichte, 1955, 101f.

68 H. Kaelble, a.a.O., 56.

69 Vgl. dazu *H. Kaelble*, ebd., 56f.; C. *Meier*, a.a.O., 251f., 257f.

70 *V. Sellin*, a.a.O., 36f.

71 *V. Sellin*, ebd., 34f.

72 *M. Birthler*, Rede bei der Entgegennahme des Hanns-Martin-Schleyer-Preises am 15. Mai 2015 in Stuttgart.

73 *S. Lenz*, Gelegenheit zum Staunen, 2014, 27.

74 *Thukydides*, Geschichte des Peloponnesischen Krieges [431–411 v. Chr.], I. Teil: Buch I-IV, in: G. P. Landmann (Übers.), 1993, Buch III, 42.

75 Vgl. *H.-G. Gadamer*, a.a.O., 103f.

76 *D. Grimm*, Ursprung und Wandel der Verfassung, in: J. Isensee/P. Kirchhof (Hrsg.), HStR I, ³2003, § 1 Rn. 18f. m. N.; *H. Maier*, Die Lehre der Politik an den deutschen Universitäten vornehmlich vom 16.–18. Jahrhundert, in: ders., Die Deutschen und ihre Geschichte, Bd. 5, 2010, 111 (142f.) mit Nachweisen.

77 Zu dieser Verallgemeinerung im Dienste einer Allgemeingültigkeit, einer sittlichen Richtigkeit vgl. trotz deutlicher Unterschiede *I. Kant*, Grundlegung zur Metaphysik der Sitten (1785), in: Königlich-Preußische Akademie der Wissenschaften (Hrsg.), Immanuel Kants gesammelte Schriften, Bd 4, 1911, 386 (421) (Kategorischer Imperativ); *A. Smith*, Theorie der ethischen Gefühle [Aufl. letzter Hand 1790], auf der Grundlage der Übersetzung v. W. Eckstein, H. D. Brandt (Hrsg.), 2010, 29f. (»Harmonie der Gesellschaft«); *J.-J. Rousseau*, Der Gesellschaftsvertrag [1762], H. Dehnhardt/W. Bahner (Übers.), ³1988, 1. Buch, 6. Kapitel, 49 (Gesamtheit des Volkes in Freiwilligkeit und Einsicht); *J. Rawls*, A Theory of Justice (1971), Neudruck 2005, 136ff.; [dt.: *J. Rawls*, Eine Theorie der Gerechtigkeit, ¹1975, 159ff. (»Schleier des Nichtwissens«)].

78 M. *Weber*, Die »Objektivität« sozialwissenschaftlicher und sozialpolitischer Erkenntnis, in: J. Winckelmann (Hrsg.), Gesammelte Aufsätze zur Wissenschaftslehre, ²1951, 188.

79 T. *Hobbes*, Leviathan or The Matter, Form and Power of a Commonwealth, Ecclesiastical and Civil, 1651, abgedruckt in: M. Oakeshott (Hrsg.); T. *Hobbes*, Leviathan or The Matter, Form and Power of a Commonwealth, Ecclesiastical and Civil, 1946, [dt.: I. Fetscher (Hrsg.), Leviathan oder Stoff, Form und Gewalt eines kirchlichen und bürgerlichen Staates, ⁵1992, 110f.].

80 S. v. *Pufendorf*, De statu hominum naturali, in: Dissertationes Akademicae selectiones, 1677, § 13.

81 J. *Locke*, Two treatises of government [1689/90], P. Laslett (Hrsg.), 1960, book II, chap. II, § 4, 287.

82 W. *Heun*, Freiheit und Gleichheit, in: D. Merten/H.-J. Papier (Hrsg.), Handbuch der Grundrechte in Deutschland und Europa, Bd. II, 2006, § 34 Rn. 9.

83 O. *Dann*, Art. »Gleichheit«, in: O. Brunner/W. Conze/R. Koselleck (Hrsg.), Geschichtliche Grundbegriffe, Bd. II, ¹1979, 997 (1011).

84 Vgl. schon Magna Charta libertatum v. 15. Juni 1215, nachgedr. in: D. Gosewinkel/J. Masing, Die Verfassungen in Europa 1789-1919, 2006, 93 (2. Abs.) und Fn. 350 und 650.

85 *Thukydides*, Geschichte des Peloponnesischen Krieges [431–411 v. Chr.], I. Teil: Buch I-IV, G. P. Landmann (Übers.), 1993, Buch III, Rn. 36f., 42.

86 *Thukydides*, ebd., Buch III, Rn. 46.

87 *Thukydides*, ebd., Buch III, Rn. 48.

88 Zu dieser historischen Perspektive E. *Flaig*, Die Mehrheitsentscheidung. Entstehung und kulturelle Dynamik, 2013, 318f.

89 Vgl. I. *Kant*, Grundlegung zur Metaphysik der Sitten (1785), in: Königlich-Preußische Akademie der Wissenschaften (Hrsg.), Immanuel Kants gesammelte Schriften, Bd. 4, 1911, 386, 421 (Kategorischer Imperativ): »Handle so, als ob die Maxime deiner Handlung durch deinen Willen zum allgemeinen Naturrecht werden sollte.«

90 So schon das Corpus Juris Civilis, [533], Institutiones, Vorschriften des Naturrechts und des Völkergemeinrechts und des Zivilrechts, O. Behrends/R. Knütel/B. Kupitsch/H. H. Seiler (Hrsg.), Corpus Iuris Civilis. Die Institutionen. Text und Übersetzung, 2007, 2.

91 Rechtlich: »Freiheit, Gleichheit, Sicherheit«, zur rechtlichen Maxime im Unterschied zur politischen »Freiheit, Gleichheit, Brüderlichkeit« vgl. P. *Kirchhof*, Der Antwortcharakter der Verfassung, in: M. Anderheiden/R. Keil/S. Kirste/J. P. Schaefer (Hrsg.), Verfassungsvoraussetzungen, Gedächtnisschrift für Winfried Brugger, 2013, 447 (459f.).

92 Art. 29 Abs. 3 GG: »Der Volksentscheid findet in den Ländern statt, aus deren Gebiet oder Gebietsteilen ein neues oder neu umgrenztes Land gebildet werden soll«, dazu J. *Hellermann*, in: V. Epping/C. Hillgruber (Hrsg.), GG, Kommentar, ²2013, Art. 29, Rn. 16.

93 § 21 Abs. 8 GemO Baden-Württemberg: »Der Bürgerentscheid hat die Wirkung eines Gemeinderatsbeschlusses. Er kann innerhalb von drei Jahren nur durch einen neuen Bürgerentscheid abgeändert werden.«; Art. 18a Abs. 13 Gemeindeordnung für den Freistaat Bayern: »Der Bürgerentscheid hat die Wirkung eines Beschlusses des Gemeinderats. Der Bürgerentscheid kann innerhalb eines Jahres nur durch einen neuen Bürgerentscheid

abgeändert werden, es sei denn, dass sich die dem Bürgerentscheid zugrundeliegende Sach- und Rechtslage wesentlich geändert hat.«; § 8b Abs. 7 Hessische Gemeindeordnung:»Der Bürgerentscheid, der die nach Abs. 6 erforderliche Mehrheit erhalten hat, hat die Wirkung eines endgültigen Beschlusses der Gemeindevertretung. Die Gemeindevertretung kann einen Bürgerentscheid frühestens nach drei Jahren abändern.«

94   *A. Wulf,* Alexander von Humboldt und die Erfindung der Natur, 2015, 63 m. N.

VIII. Quellen der Freiheit

1   *Herodot* (5. Jhd. v. Chr.), H. Färber/M. Faltner (Hrsg.), Herodot – Historien, Erster Band, 1963, 201.

2   *A. Doren,* Die Chronik des Salimbene von Parma [1250]. Nach der Ausgabe der Monumenta Germaniae, Band 1, 1914, 359.

3   *W. Schreibmüller,* Bilanz einer 150jährigen Kaspar Hauser-Forschung, in: Genealogisches Jahrbuch 31, 1991, 43 (48).

4   *A. v. Feuerbach,* Kaspar Hauser oder Beispiel eines Verbrechens am Seelenleben eines Menschen, 1832, 41f.

5   Vgl. § 1 der Virginia Bill of Rights v. 12. Juni 1776, in: D. Gosewinkel/J. Masing (Hrsg.), Die Verfassungen in Europa 1789–1949, 2006, 134:»Alle Menschen sind von Natur frei und unabhängig und haben gewisse angeborene Rechte.«; Art. 1 der Französischen Verfassung vom 3. September 1791 (mit der Erklärung der Menschen- und Bürgerrechte v. 26. August 1789), das., 165:»Die Menschen werden frei und gleich an Rechten geboren, und bleiben es.«

6   *E. Achermann,* Imputatio, impositio und die Verbindlichkeit von Zeichen, in: C. Lieb/C. Strosetzki (Hrsg.), Philologie als Literatur- und Rechtswissenschaft, 2013, 13f.

7   *P. Kirchhof,* Freiheit als Prinzip in Recht und Politik, in: M. Thurner (Hrsg.), Freiheit: Begründung und Entfaltung in Philosophie, Religion und Kultur, 2017, 174.

8   *F. Nietzsche,* Vom Nutzen und Nachteil der Historie für das Leben, in: ders., Kritische Studienausgabe 1, 1999, 243 (265).

9   *T. Heuss,* Reden an die Jugend, 1956, 32.

10   Vgl. *J. Brandstädter,* Positive Entwicklung, Zur Psychologie gelingender Lebensführung, 2011, 219f.

11   *G. W. Leibniz,* Directiones ad rem Medicam pertinentes: Ein Manuskript aus den Jahren 1671/72 über die Medizin, abgedruckt in: F. Hartmann/M. Krüger, Studia Leibnitiana, Bd. 8, Heft 1 (1976), 40f. (60f.).

12   *H. H. Klein,* Der Status des Abgeordneten, in: J. Isensee/P. Kirchhof (Hrsg.), HStR III, ³2005, § 51 Rn. 32.

13   BVerfGE 138, 102 (114) – Äußerung einer Bundesministerin »Ideologie von Hitler«.

14   BVerfGE 105, 252 (269) – Glykol.

15   BVerfG, Urt. v. 27.2.2018 – 2 BvE 1/16 –»Rote Karte für die AfD«.

16   BVerfGE 124, 300 (322) – Wunsiedel.

17   1. Strophe der Marseillaise:»Auf Kinder des Vaterlandes, / der Tag des Ruhmes ist gekommen! / Gegen uns ist der Tyrannei / blutiges Banner erhoben. / Hört ihr auf den Feldern / diese wilden Soldaten brüllen? / Sie kommen bis in eure Arme, / um

euren Söhnen, euren Gefährtinnen die Kehlen durchzuschneiden. / Zu den Waffen, Bürger, / formiert eure Truppen, / marschieren wir, marschieren wir! / Unreines Blut / tränke unsere Furchen!«, vgl. *U. Ragozat*, Die Nationalhymnen der Welt, ein kulturgeschichtliches Lexikon, 1982, 13f. mit Nachweisen der Texte der Nationalhymnen (in alphabetischer Reihenfolge).

18 Vgl. auch die Nationalhymnen von Albanien, China, Irland, Italien, Polen, Rumänien, Vietnam, jeweils bei *U. Ragozat*, ebd.

19 *U. Eco*, Kunst und Schönheit im Mittelalter, a.a.O., 16f.; *B. Großfeld*, Zeichen und Zahlen, ²1995, 9f.

20 *F. Hölderlin*, »Patmos«-Hymne, in: F. Beißner (Hrsg.), Hölderlin, Sämtliche Werke, Große Stuttgarter Ausgabe, Bd. 2, 1951, 165 (172), Zeile 24–26.

21 Vgl. *K. Erlemann*, Was bleibt, ist die Pointe! Gleichnistheorie und Gleichnisauslegung seit Adolf Jülicher, in: K. Erlemann/I. Nickel-Bacon/A. Loose, Gleichnisse – Fabeln – Parabeln, 2014, 17 (20).

22 *K. Erlemann*, Was bleibt, ist die Pointe! Gleichnistheorie und Gleichnisauslegung seit Adolf Jülicher, ebd., 26.

23 *J. W. v. Goethe*, Reineke Fuchs, mit 36 Illustrationen v. W. v. Kaulbach, 1886 und oben III. 4.

24 *Augustinus*, Ausgewählte Schriften, Bd. 8, Ausgewählte Praktische Schriften homiletischen und katechetischen Inhalts, 1925, 175.

25 *J. Grimm*, Von der Poesie im Recht, Zeitschrift für die geschichtliche Rechtswissenschaft 2, 1816, 25–99; zur Bedeutung der Historischen Rechtsschule für die Märchenforschung vgl. *J. Laeverenz*, Märchen und Recht, 2001, 25f.

26 *A. Möhlenkamp*, Rechtsinstitute und Vertragstypen in Grimms Märchen, in: H. Lox/S. Lutkat/D. Kluge (Hrsg.), Dunkle Mächte im Märchen und was sie bannt – Recht und Gerechtigkeit im Märchen, Forschungsbeiträge aus der Welt der Märchen (EMG), Bd. 32, 2007, 234 (249).

27 *J. Laeverenz*, Märchen als rechtsgeschichtliche Quelle?, a.a.O., 154 (262f.).

28 *H.-J. Uther*, Der letzte Wunsch, in: H. Lox/S. Lutkot/D. Kluge (Hrsg.), a.a.O., 226.

29 § 138 Abs. 2 Bürgerliches Gesetzbuch v. 1.1.1900, RGBl. 1896, 195.

30 Zur Legitimität durch Verfahren und Legitimitätsglauben: *M. Weber*, Wirtschaft und Gesellschaft, ⁵1980, 19f., 156.

31 Zur Weitergabe von Wissen, Lebenssichten und Lebensformen in der Generationenfolge, gestützt auf Gedächtnis und Autorität hin zur mitgestaltenden Moderne vgl. *A. Assmann*, Zeit und Tradition, kulturelle Strategien der Dauer, 1999, 63f., 67f.; *S. N. Eisenstadt*, Tradition, Wandel und Modernität, 1979, 227f.

32 *J. Grimm*, a.a.O.; dazu *A. Möhlenkamp*, Rechtsinstitute und Vertragstypen in Grimms Märchen, in: H. Lox/S. Lukat/D. Kluge (Hrsg.), a.a.O., 234f. (236); schon *Eike von Repgow* in der Vorrede des Sachsenspiegels:»Diz recht en habe ich selbir nicht erdacht / ez haben von aldere an uns gebracht / unse guten vorevaren«. Hochdeutsch: *E. v. Repgow*, Sachsenspiegel [1235], P. Kaller (Übers. u. Einl.), Der Sachsenspiegel: In hochdeutscher Übersetzung, 2002.

33 *P. Kirchhof*, Der Antwortcharakter der Verfassung, in: M. Anderheiden/R. Keil/S. Kirste/J. P. Schaefer (Hrsg.), Verfassungsvoraussetzungen, Gedächtnisschrift für Winfried Brugger, 2013, 447.

34   H.-G. Gadamer, Wahrheit und Methode, Bd. I, 1990, 2 (für philosophische Texte).

35   H.-G. Gadamer, ebd., 2.

36   Vgl. K. Jaspers, Freiheit und Autorität, in: ders., Vernunft und Freiheit, Ausgewählte
     Schriften, Sonderausgabe des Europäischen Buchklubs, 1960, 357 (359f.).

37   K. Jaspers, ebd., 357 (362): »die Bereitschaft zur vollendeten Ohnmacht zu Leiden,
     Scheitern und Tod, zum Verzicht auf jede Macht, die nicht Liebe ist.«

38   2. Kor 8,9.

39   Für eine Übersicht T. Stehl, in: M. S. Aßländer (Hrsg.), Handbuch der Wirtschafts-
     ethik, 2011, 466f.

40   F. A. v. Hayek, Die Verfassung der Freiheit, in: ders., Gesammelte Schriften in deut-
     scher Sprache, Bd. 3, ³2005, 201; vgl. auch F. A. v. Hayek, Recht, Gesetz und Freiheit,
     in: ders., Gesammelte Schriften in deutscher Sprache, Bd. 4, 2003, 293, 419f.; zu
     »Versuch und Irrtum« auch: R. Zippelius, Grundbegriffe der Rechts- und Staatssozio-
     logie, ³2012, Tübingen, 28f.

IX. Kulturerfahrungen als Freiheitshilfen

1   A. Smith, Der Wohlstand der Nationen [1776], ⁶1993, 558.

2   Zur Gleichheit nach der immer gleichen »Aufnahmefähigkeit der Mägen« vgl. die Ver-
     teidigungsrede des Gracchus Babeuf [1797], in: J. A. Scott (Hrsg.), Gracchus Babeuf.
     Die Verschwörung für die Gleichheit, 1988, 65.

3   G. Kurz, Das Wahre, Schöne, Gute – Aufstieg, Fall und Fortbestehen einer Trias,
     2015, 19f.

4   Zum Folgenden G. Kurz, ebd., 15f.

5   Aristoteles, Politik I 2, VII 9; O. Höffe, Geschichte des politischen Denkens, 2016,
     67f.

6   J. Hirschberger, Geschichte der Philosophie, Bd. 1, 1960, 228.

7   J. Hirschberger, ebd., 232.

8   Aristoteles, Nikomachische Ethik, X 7, 10; Politik III 4,5.

9   Aristoteles, ebd.; i O. Höffe, Geschichte des politischen Denkens, 2016, 54ff.

10   J. Hirschberger, a.a.O., Bd. 1, 234f.

11   Unter dem Titel »Auserlesene Gedichte von Weiland Gottlieb Biedermaier, Schul-
     meister in Schwaben, Erzählungen des alten Schartenmaier: mit einem Anhang von
     Buchbinder Horatius Treuherz«, vgl. W. Busch, Einfachheit als Programm? Das Bieder-
     schöne, in: H. Ottomeyer/K. A. Schröder/L. Winters, Biedermeier. Die Erfindung der
     Einfachheit, 2006, 84.

12   L. Winters, Die Wiederentdeckung des Biedermeier, in: H. Ottomeyer/K. A. Schrö-
     der/L. Winters, ebd., 31 (34).

13   H. Ottomeyer, Die Erfindung der Einfachheit, in: ders./K. A. Schröder/L. Winters,
     ebd., 43 (45f.).

14   H. Ottomeyer, ebd., 43 (46f.).

15   B. Roehrl, Realismus in der bildenden Kunst, Europa und Nordamerika 1830–2000,
     2013, 13f.

16 *J. Meyer*, Geschichte der modernen französischen Malerei, 1867, 621f.

17 *B. Roehrl*, a.a.O., 13f., 92f. mit Nachweisen der französischen und der englischen bildenden Kunst; *S. Bocola*, Die Kunst der Moderne, zur Struktur und Dynamik ihrer Entwicklung, 1997, 109f.

18 *S. Bocola*, ebd.: »...sie einem Krokodil den Appetit verderben würde!«.

19 *B. Roehrl*, a.a.O., 93f.

20 *W. Häusler*, Versuch über die Einfachheit oder: Die Ordnung der Vielfalt in Politik, Bildung und Kunst der bürgerlichen Gesellschaft, in: H. Ottomeyer/K. A. Schröder/L. Winters, a.a.O., 97 (98f.); vgl. auch *W. Busch*, Einfachheit als Programm? Das Biederschöne, in: H. Ottomeyer/K. A. Schröder/L. Winters, ebd., 83 (88).

21 Vgl. *W. Busch*, ebd.; *W. Häusler*, ebd.

22 *W. Gropius*, Internationale Architektur, 1925, 6.

23 *W. Gropius*, ebd., 6f.

24 W. Gropius, ebd., 6f.

25 *U. N. Schneede*, Die Kunst der Klassischen Moderne, 2009, 60f.

26 *U. N. Schneede*, ebd., 60.

27 Lexikon der Kunst, 1. Bd., 1987, Art.»Abstrakte Kunst«, 15.

28 *Meister Eckart*, Vom Schauen Gottes und von Seligkeit, Meister Eckharts Schriften und Predigten, aus dem Mittelhochdeutschen, H. Büttner (Übers. u. Hrsg.), 1923, Erster Band, 205; vgl. auch *N. v. Kues*, Die belehrte Unwissenheit, Philosophisch-theologische Werke, Bd. 1, Buch 2, 2002, 11.

29 *M. Maier*, Genügsamkeit – einfacher leben, damit andere leben können, in: R. Walter (Hrsg.), Einfach leben – wie geht das? 2013, 137 (139).

30 *A. Glück*, Maßhalten – Zeit fürs Wesentliche, in: R. Walter (Hrsg.), ebd., 131f.

31 *M. Maier*, Genügsamkeit, ebd.,137.

32 *A. Grün*, Gesundheit – das einfache Leben tut gut, in: R. Walter (Hrsg.), ebd., 49f.

33 A. Grün, ebd.

34 Vgl. *N. Brantschen*, Freude – eine Herrlichkeit, zu leben, in: R. Walter (Hrsg.), ebd., 25 (27f.).

35 Vgl. *R. Gronemeyer*, Die neue Lust an der Askese, 1998, 26f.

36 *U. Bredel/C. Maaß*, Leichte Sprache – theoretische Grundlagen, Orientierung für die Praxis. 2016; *E. Broszinsky-Schwabe*, Interkulturelle Kommunikation – Missverständnisse und Verständigung, ²2017; *J. Kercher*, Verstehen und Verständlichkeit von Politikersprache, 2013; *P. Kirchhof*, Deutsche Sprache, in: J. Isensee/P. Kirchhof (Hrsg.), HStR II, ³2004, § 16 Rn. 1f; *ders.*, Wissenschaft und Gesellschaft. Begegnung von Wissenschaft und Gesellschaft in Sprache, Symposium zur Hundertjahrfeier der Heidelberger Akademie der Wissenschaften, Heidelberg, 2010; *ders.*, Rechtsprechen heißt sprechen über das Recht, in: T. Walter (Hrsg.), Die Mündlichkeit im Rechtsleben, 2016, 119f.

37 Vgl. *R. Walter*, Schwerer werden, leichter sein, in: ders., a.a.O, 9 (11f.).

38 *H. Hesse*, Siddhartha, 1922.

39 *H. Hesse*, Narziß und Goldmund, 1929.

40 *H. Böll*, Anekdote zur Senkung der Arbeitsmoral, 1963, in: R. C. Conrad (Hrsg.), Heinrich Böll, Kölner Ausgabe, Bd. 12, 1959–1963, 2008, 441.

41 Vgl. dazu J. Ritter (Hrsg.), Historisches Wörterbuch der Philosophie, Bd. 2, 1972, Art. »Einfachheit«.

42 *H. Böll*, a.a.O., 441.

43 § 34 Einkommensteuergesetz (EStG) in der Fassung der Bekanntmachung v. 8.10.2009, BGBl. I 2009, 3366, ber. 2862, zuletzt geändert durch Gesetz v. 23.12.2016, BGBl. I 2016, 3131.

44 1 %; 0,03 %; 0,002 % des Listenpreises eines Kraftfahrzeugs, § 8 Abs. 1 Satz 2 (i.V.m. § 6 Abs. 1 Nr. 4 Satz 2), Satz 3 und Satz 5 EStG, ebd.

45 § 32a Abs. 1 und 2 EStG, ebd.: (1) Die tarifliche Einkommensteuer ab dem Veranlagungszeitraum 2018 bemisst sich nach dem zu versteuernden Einkommen. Sie beträgt vorbehaltlich der §§ 32b, 32d, 34, 34a, 34b und 34c jeweils in Euro für zu versteuernde Einkommen 1. bis 9 000 Euro (Grundfreibetrag): 0; 2. von 9 001 Euro bis 13 996 Euro: (997,8 × y + 1 400) × y; 3. von 13 997 Euro bis 54 949 Euro: (220,13 × z + 2 397) × z + 948,49; 4. von 54 950 Euro bis 260 532 Euro: 0,42 × x – 8 621,75; 5. von 260 533 Euro an: 0,45 × x – 16 437,7. Die Größe »y« ist ein Zehntausendstel des den Grundfreibetrag übersteigenden Teils des auf einen vollen Euro-Betrag abgerundeten zu versteuernden Einkommens. Die Größe »z« ist ein Zehntausendstel des 13 996 Euro übersteigenden Teils des auf einen vollen Euro-Betrag abgerundeten zu versteuernden Einkommens. Die Größe »x« ist das auf einen vollen Euro-Betrag abgerundete zu versteuernde Einkommen. Der sich ergebende Steuerbetrag ist auf den nächsten vollen Euro-Betrag abzurunden.

46 *M. Henssler/U. Preis*, Diskussionsentwurf eines Arbeitsvertragsgesetzes, 2. Fassung NZA, Beilage zu Heft 21/2007, 3f.; *H. Sendler/M. Kloepfer*, Umweltgesetzbuch, Bundesministerium für Umwelt, Naturschutz und Reaktorsicherheit (Hrsg.), Entwurf der unabhängigen Sachverständigenkommission beim Bundesministerium für UNR, 1998; dazu: *M. Kloepfer/W. Durner*, Der Umweltgesetzbuch-Entwurf, DVBl. 1997, 1081; *P. Kirchhof*, Bundessteuergesetzbuch, ein Entwurf, 2011.

47 Zum römischen »tributum« vgl. *L. v. Stein*, Lehrbuch der Finanzwissenschaft, Bd. I, 41878, 226; *H. Philipp*, Art. »Tributum«, in: W. Kroll/K. Mittelhaus (Hrsg.), Paulys Real-Encyclopädie der Classischen Altertumswissenschaft, 13. Halbbd., 1939, 1 (7, 54, 61); *M. Stolleis*, Pecunia Nervus Rerum, 1983, 63f.

48 *K. Häuser*, Abriß der geschichtlichen Entwicklung der öffentlichen Finanzwirtschaft, in: HdbFW, Bd. I, ³1977, 3 (27); *A. Tautscher*, Geschichte der deutschen Finanzwissenschaft bis zum Ausgang des 18. Jahrhunderts, in: HdbFW, Bd. I, ²1952, S. 382 (385f.).

49 *M. Weber*, Grundriß der Sozialökonomie, Bd. III, 1922, 729f.

50 *K. Häuser*, a.a.O., 29; *A. Tautscher*, a.a.O., 384.

51 *P. Kirchhof*, Die Steuern, in: J. Isensee/ders. (Hrsg.), HStR V, ³2003, § 118 Rn. 2f.

52 Diese galt lange auch als Bedingung des Wahlrechts (»poll tax«), vgl. *K. Tippke*, Die Steuerrechtsordnung, ²2000, 473.

53 Vgl. *K. Vogel*, Rechtfertigung der Steuer: Eine vergessene Vorfrage, in: Der Staat, 1986, 481 (496f.); *P. Kirchhof*, Empfiehlt es sich, das Einkommensteuerrecht zur Beseitigung von Ungleichbehandlungen und zur Vereinfachung neu zu ordnen?, Gutachten F für den 57. Deutschen Juristentag 1988, F 16f.

54 *P. Kirchhof*, Die Steuern, a.a.O., § 118 Rn. 3f.

55 Zum Folgenden *P. Kirchhof*, Bundessteuergesetzbuch, a.a.O., 43f., 358f.; die USt ist europarechtlich vereinheitlicht: Sechste Richtlinie 77/388/EWG des Rates v. 17.5.1977 zur Harmonisierung der Rechtsvorschriften der Mitgliedstaaten über die Umsatzsteuern – Gemeinsames Mehrwertsteuersystem: einheitliche steuerpflichtige Bemessungsgrundlage, ABl. Nr. L 145 v. 13.6.1977, 0001–0040; Gleiches gilt für andere individuelle Steuern: Richtlinie 92/83/EWG des Rates v. 19.10.1992 zur Harmonisierung der Struktur der Verbrauchsteuern auf Alkohol und alkoholische Getränke, ABl. Nr. L 316 v. 31.10.1992, 0021–0027.

56 *P. Kirchhof*, ebd., 43f.

57 *P. Kirchhof*, ebd., 112f., 812f.

58 Zum Folgenden *P. Kirchhof*, ebd., 80f., 582f.

59 *P. Kirchhof*, ebd.

60 BVerfGE 125, 1 (33 f.) – Körperschaftsteuerminderungspotenzial, Halbeinkünfteverfahren (keine Ausweichmöglichkeit durch »Schütt-aus-Leg-ein-Verfahren« und »Leg-ein-Hol-zurück-Verfahren); BVerfGE, DStR 2015, 31 Rn. 246 ff. – Verschonung des Betriebsvermögens im Erbschaftsteuerrecht; vgl. auch BVerfGE 122, 374 (396) – »Anlagensplitting« gegenüber dem EEG.

61 BGH NJW 2009, 842 (845) – Verzicht auf künftige Unterhaltsvereinbarungen.

62 BGH, NJW 2013, 3167 – Schwarzarbeit; auch der bereicherungsrechtliche Anspruch auf Wertersatz gegen den Besteller wird verneint, BGH, NJW 2014, 1805.

63 EuGH v. 20.6.2013, C-653/11 – Paul Newey; EuGH v. 17.12.2015, C-419/14 – WebMindLicenses.

64 *G. de Michele*, Kap. I, Das ästhetische Ideal Griechenlands, in: U. Eco (Hrsg.), Geschichte der Schönheit, 2004, 37 (39); *W. Perpeet*, Antike Ästhetik, ²1988, 21f.; *J. Zirfas*, Die Antike, Der schöne Schein von Proportionalität und Harmonie, in: J. Zirfas/L. Klepacki/J. Bilstein/E. Liebau, (Hrsg.) Antike und Mittelalter, Bd. 1, 2009, 29; *E. Grassi*, Die Theorie des Schönen in der Antike, 1980, 27; *W. Haug*, Gab es eine mittelalterliche Ästhetik aus platonischer Tradition?, in: V. Olejniczak Lobsien/C. Olk (Hrsg.), Neuplatonismus und Ästhetik: zur Transformationsgeschichte des Schönen, 2007, 19.

65 *J. Zirfas*, ebd., 40; *W. Perpeet*, ebd., 67.

66 *A. Schmitt*, Symmetrie und Schönheit, in: V. Olejniczak Lobsien/C. Olk (Hrsg.), Neuplatonismus und Ästhetik, a.a.O., 2007, 59 (60) – für Platon und Aristoteles.

67 *W. Perpeet*, a.a.O., 62f.

68 *W. Perpeet*, ebd., 22.

69 *G. de Michele*, Das ästhetische Ideal Griechenlands, in: U. Eco (Hrsg.), a.a.O., 37 (48f.); *W. Perpeet*, ebd., 50.

70 *E. Grassi*, a.a.O., 197f: Ein Schiff sei nicht schön, wenn es kunstvoll bemalt, sondern wenn es fest gebaut ist.

71 *U. Eco*, Kunst und Schönheit im Mittelalter, ⁹2016, 41; Einheit in der Verschiedenheit, Proportion und Harmonie der Dinge, vgl. *Augustinus,* Confessiones, IV, 15, 24.

72 *U. Eco,* ebd., 179f. – dort auch zur »Naturüberwindung« im Begriff des »Kunstschönen«, das vom Künstler geschaffene Abbild, welches das »Naturschöne« noch übertrifft; vgl. auch *M. Jäger*, Die Theorie des Schönen in der italienischen Renaissance, 1990, 40.

73 Vgl. insgesamt *E. Grassi*, a.a.O., 50f.

74 *U. Eco*, a.a.O., 49, 63, 77, zur Regelmäßigkeit und Symmetrie geometrischer Formen 67.

75 *U. Eco*, ebd., 80.

76 *U. Eco*, ebd., 82, 121f.

77 *I. Kant*, Kritik der Urteilskraft (1790), in: Königlich-Preußische Akademie der Wissenschaften (Hrsg.), Immanuel Kants gesammelte Schriften, Bd. 5, 1913, 165 (260 f).

78 *I. Kant*, ebd.

79 *F. Schiller*, Über das Erhabene [1801], in: G. Fricke/H. T. Göpfert (Hrsg.), Friedrich Schiller – Sämtliche Werke, 5. Bd., ⁴1967, 792 (806).

80 *F. Schiller*, ebd.; vgl. auch *K. H. Bohrer*, Das absolut Hässliche und das absolut Schöne, in: M. Krüger (Hrsg.), Was ist noch schön an den Künsten? Eine Vortragsreihe der Bayerischen Akademie der Schönen Künste, 2015, 57 (63f.).

81 *K. H. Bohrer*, ebd., 57 (62f., 64f.).

82 *B.-C. Han*, Die Errettung des Schönen, ⁴2015, 9f.

83 *B.-C. Han*, ebd., 30f., 60f., 72.

84 *J. J. Winckelmann*, Geschichte der Kunst des Altertums [1764)], in: A. Borbein/M. Kunze (Hrsg.), Winckelmann – Schriften und Nachlass, Bd. 4, 5, Statuenbeschreibungen, 2012, 14 Rn. 10f.

85 *G. W. F. Hegel*, Vorlesung zur Aesthetik im Wintersemester 1820/1821, in: N. Hebing (Hrsg.), Gesammelte Werke, Bd. 28/1, 2015, 35.

86 *R. Reschke*, Art. »Schönheit«, in: K. Barck/M. Fontius/D. Schlenstedt/B. Steinwachs/F. Wolfzettel (Hrsg.), Ästhetische Grundbegriffe, Bd. V, 2003, 410; zu Botticelli, der in seiner Venus »das ,Kunstschöne zur Manifestation des göttlich Schönen« macht, vgl. *D. Dombrowski*, Botticelli. Ein Florentiner Maler über Gott, die Welt und sich selbst, 2010, 75; *J. Lauster*, Die Verzauberung der Welt, ⁵2017, 271.

87 Zum Kunstschönen: *M. Jäger*, Die Theorie des Schönen in der italienischen Renaissance, 1980, 4f.

88 *G. Germann*, Ästhetisch-plastische Chirurgie in der modernen Mediengesellschaft, in: Plastische Chirurgie 2005, 141 (143).

89 *C. Baudelaire*, Raketen – Mein bloßgelegtes Herz, 1948, 15.

90 *M. Pauen*, Die Ästhetik des Hässlichen – Grauenhafte Probleme und eine schöne Bescherung, in: H. F. Klemme/ders./M.-L. Raters (Hrsg.), Im Schatten des Schönen – Die Ästhetik des Hässlichen in historischen Ansätzen und aktuellen Debatten, 2006, 211, 214f.

91 Vgl. *G. Germann*, Ästhetisch-plastische Chirurgie, a.a.O., 141 (145 f.).

92 *M. Kundera*, Das Leben ist anderswo, 1973, 234 pointiert: »Die Lyrik ist ein Gebiet, in dem jede Behauptung zur Wahrheit führt.«

93 *L. Wittgenstein*, Tractatus logico-philosophicus [1921], 4, 002 – Tagebücher 1914–1916 – Philosophische Untersuchungen, Werksausgabe, Bd. 1, 1989, 25.

94 So die Formel der Sophisten bei Benutzung der Mehrdeutigkeit eines Begriffs, vgl. *E. Friedell*, Kulturgeschichte Griechenlands – Leben und Legende der vorchristlichen Seele, 1994, 64; bisweilen auch übersetzt: »um Unrecht zu Recht zu machen«.

95 § 371 ZPO, § 86 StPO.

96 Zum Folgenden: *J. Wambsganss,* Die Signatur der Sterne. Licht auf krummen Wegen, Ruperto Carola, Forschungsmagazin der Universität Heidelberg, Dezember 2017, 129.

97 J. Wambsganss, ebd.

98 *K. Meier,* Vorbild Gehirn. Die Atome des Denkens, Ruperto Carola, Forschungsmagazin der Universität Heidelberg, Dezember 2017, 26, dort mit dem Zitat von Wilhelm Busch:»Mein Kind, es sind allhier die Dinge, gleichwohl, ob große, ob geringe, im Wesentlichen so verpackt, dass man sie nicht wie Nüsse knackt.«

99 *K. Meier,* ebd., 26.

100 *K. Meier,* ebd.

101 *K. Meier,* ebd., 28.

102 *F. Krüger,* Wahr Schein Lich. Prognosen auf dem Prüfstand, Ruperto Carola, Forschungsmagazin der Universität Heidelberg, Dezember 2017, 32 (34f.).

103 *F. Krüger,* ebd., 36.

104 *M. Weber,* Die »Objektivität« sozialwissenschaftlicher und sozialpolitischer Erkenntnis, in: J. Winckelmann (Hrsg.), Gesammelte Aufsätze zur Wissenschaftslehre, [2]1951, 188f.

105 *D. Dombrowski,* Botticelli. Ein Florentiner Maler über Gott, die Welt und sich selbst, 2010, 75; *J. Lauster,* Die Verzauberung der Welt, [5]2017, 272.

106 *H. Küng,* Musik und Religion, Mozart-Wagner-Bruckner, 2006, 38f., 47f. (Zitat S. 47), im Anschluss an *K. Barth,* Wolfgang Amadeus Mozart 1756/1956, 1956, 11f., 22f., 34.

107 *E. H. Gombrich,* Die Geschichte der Kunst, [16]2000, 173; *J. Lauster,* a.a.O., 232.

108 *P. Hersche,* Muße und Verschwendung, Bd. II, 2006, 937f.; vgl. auch *J. Lauster,* ebd., 528.

109 J. Lauster, ebd., 13.

110 *A. Smith,* Der Wohlstand der Nationen [1776], [6]1993, 558.

X. Der Mensch muss sich zur Freiheit qualifizieren

1 Vgl. dazu *A. Smith,* Der Wohlstand der Nationen [1776], [6]1993,, *L. Erhard,* Wohlstand für alle (1957), [8]1964, 223f.

2 Zu Entwicklung und Maßstäben von Managementvergütungen *R. F. Göx,* Wachstum und Höhe von Managementvergütungen, in: Perspektiven der Wirtschaftspolitik 4, PWP 2016, 311.

3 *A. Cloer/C. Gerlach,* Die »virtuelle Betriebsstätte«: ein angemessenes Instrument zur Besteuerung der »digitalen Wirtschaft«?, in: FR 2018, 105f. (mit Darstellung der Entwürfe der OECD und der EU und Kritik).

4 § 241 II BGB: Allgemeine Pflicht zur gegenseitigen Rücksichtnahme und Interessenförderung, § 79 I BetrVG: Verschwiegenheitspflicht der Betriebsratsmitglieder, § 60 HGB, § 113 GewO: Zum Wettbewerbsverbot des ArbeitN *S. Edenfeld* in: W. Erman (Hrsg.), BGB, [15]2017, § 611 BGB, Rn. 482ff.; zur Treuepflicht *M. Quecke,* in: M. Henssler/H. J. Willemsen/H.-J. Kalb (Hrsg.), Arbeitsrecht, Kommentar, [5]2012, 41 KSchG, Rn. 248.

5 Vgl. auch RGZ 48, 114 (124f.) – »Anschauung des ehrbaren Kaufmanns im Handels-
verkehr«; BGHZ 10, 228 (232) – »Anstandsgefühl aller billig und gerecht Denkenden«.

6 Zum Ausgangspunkt der Steuerungstheorie vgl. *R. Mayntz*, Governance Theory
als fortentwickelte Steuerungstheorie?, in: G. F. Schuppert (Hrsg.), Governance-
Forschung, [2]2006, 11; zu den völkerrechtlichen Folgerungen *C. Walter*, Grundlagen
und Rahmenbedingungen für die Steuerungskraft des Völkerrechts, in: ZaöRV 2016,
363 (365f.).

7 *R. Mayntz*, ebd., 11 (16).

8 Differenzierend *R. Mayntz*, ebd., 11 (16); *C. Walter*, ebd., 363 (367f.).

9 *J. W. v. Goethe*, Sämtliche Werke nach Epochen seines Schaffens, Münchener Ausgabe,
K. Richter (Hrsg.) Bd. 11.1.1, 1998, Gedicht: Spruch, Widerspruch, 54.

10 *J. W. v. Goethe*, ebd, Bd. 6.1, 1986, Faust I. Eine Tragödie (1808), Nacht, Vers 600f.
(Wagner zu Faust).

11 *J. W. v. Goethe*, ebd., Studierzimmer, Vers 1605 (Faust zu Mephistopheles).

12 *J. Schummer*, Das Gotteshandwerk. Die künstliche Herstellung von Leben im Labor,
2011, 179.

13 *J. W. v. Goethe*, a.a.O., Studierzimmer, Vers 2050 (Mephistopheles zum Schüler).

14 *J. W. v. Goethe*, ebd., Bd. 16, 1985, Aus meinem Leben. Dichtung und Wahrheit,
1808-1831, 2. Teil, 8. Buch, 332f.

15 *F. Nietzsche*, Götzendämmerung [1889], Stuttgart 1964, Sprüche und Pfeile, Aph. 5.

16 *M. Osten*, Goethes künstlicher Mensch, in: L. Mancino-Cremer/D. Borchmeyer
(Hrsg.), Homunculus – der Mensch aus der Phiole, 2003, 11f.

17 *D. Grünbein*, Leute, wollt ihr ewig sterben? *Der Spiegel* 13.11.2000, Heft 46/2000,
270 (272).

18 *M. Wollstonecraft Shelley*, Frankenstein or The Modern Prometheus, [1818], A. Pech-
mann (Übers., Hrsg.), 2006.

19 *M. Wollstonecraft Shelley*, ebd., 49.

20 *C. Rehmann-Sutter*, Zwischen den Molekülen. Beiträge zur Philosophie der Gentechnik, 2005, 283 (285f.).

21 *M. Wollstonecraft Shelley*, a.a.O., 127.

22 *M. Wollstonecraft Shelley*, ebd., 246; vgl. auch *J. Schummer*, a.a.O., 179f.

23 *C. Rehmann-Sutter*, a.a.O., 299.

24 Zum Spiel vgl. *H.-G. Gadamer*, Wahrheit und Methode, Bd. I, 1990, Bd. I, 107f.

25 *J. Rawls*, A Theory of Justice [1971], Neudruck 2005, 136f [dt.: J. Rawls, Eine Theorie der Gerechtigkeit, [1]1975, 159f. – ein schöner, aber etwas schleierhafter Gedanke].

26 Vgl. dazu *L. Michael/D. Dunz*, Burka im Gericht – über die Verpflichtung, dem Ge-
richt »Gesicht zu zeigen«, DÖV 2017, 125 m. N.; zur Rechtsprechung vgl. EuGH,
GrK, Urt. v. 14.03.2017 – C 157/15, DVBl 2017, 30 – Kopftuchverbot in Unterneh-
men stellt keine unmittelbare Diskriminierung dar; BVerfG, Beschl. v. 27.01.2015 – 1
BvR 441/10, BVerfGE 138, 296 – zur Frage des Kopftuchverbots in Schulen; BVerfG,
Beschl. v. 18.10.2016 – 1 BvR 354/11, DVBl 2017, 138 – Zum Kopftuchverbot in
Kitas, dort mit dem Erfordernis einer konkreten Gefährdung des Schulfriedens und
des Friedens in einer Kita.

27 G. *Jellinek,* Die Erklärung der Menschen- und Bürgerrechte, ⁴1927, 44f., dort auch *W. Jellinek,* Vorwort zur 3. Auflage 1919, X f.

28 BVerfGE 33, 303 (329f.) – Numerus clausus I; BVerfG v. 19.12.2017 – 1 BvL 3/14; 1 BvL 4/14 – Humanmedizin, Staatsvertrag 2018.

XI. Freiheitliche Mitgestaltung der Demokratie

1 Zum Europäischen Haftbefehl vgl. BVerfGE 113, 273 – Europäischer Haftbefehl; zur Vorlage an den EuGH BVerfG v. 19.12.2017 – 2 BvR 424/17.

2 Zu dieser ursprünglich den Gesetzesvorbehalt erweiternden Formel BVerfGE 68, 1 (86f.) – Pershing 2; BVerfGE 98, 218 (251) – Rechtschreibreform; BVerfGE 89, 155 (187) – Maastricht; BVerfGE 123, 267 (606f.) – Lissabon; *F. Ossenbühl,* Vorrang und Vorbehalt des Gesetzes, in: J. Isensee/P. Kirchhof (Hrsg.), HStR V, ³2007, § 101 Rn. 49f.

3 *D. Borchmeyer,* Was ist deutsch?, 2017, 678f.

4 *D. Borchmeyer,* ebd., 44f.

5 *J. W. v. Goethe,* Sämtliche Werke nach Epochen seines Schaffens, Münchener Ausgabe, hrsg. von K. Richter, Bd. 6.1, 1986, Faust I. Eine Tragödie (1808), Auerbachs Keller, Vers 2092.

6 *D. Johannsen,* Politik als Staatsklugheit und Staatskunst. Ein Beitrag zur Geschichte der politischen Wissenschaft in Deutschland, 1972; *C. P. Dijon de Monteton,* Die Politik in der Kunst und die Kunst in der Politik, 2013.

7 *F. Gilbert,* Machiavelli und Guicciardini – Politics and History in sixteenth Century Florence, 1965, 199.

8 *S. Hessel,* Empört Euch!, ¹⁸2011.

9 Vgl. BVerfGE 89, 155 (185) – Maastricht, mit Nachweisen.

10 *A. Zielcke,* Demokratie oder Zukunft?, in: Bayerische Akademie der Schönen Künste, Jahrbuch 26/2012, 52f.

11 BVerfGE 134, 366 – OMT-Vorlage; EuGH – Rs C-62/14 – Gauweiler u. a.; BVerfGE 142, 123 – OMT-Urteil.

12 Vgl. BVerfGE 89, 155 (182f.) – Maastricht.

13 *I. Pernice,* Europäisches und nationales Verfassungsrecht, in: VVDStRL 60 (2001), 148 (163f.).

14 *M. Fischer,* Von Babylon bis Stuttgart 21. Großbaustellen in der öffentlichen Debatte, in: Bayerische Akademie der Schönen Künste, Jahrbuch 26/2012, 21 (24).

15 *R. Grawert,* Die nationalsozialistische Herrschaft, in: J. Isensee/P. Kirchhof (Hrsg.), HStR I, ³2003, § 6 Rn. 1f.

16 *O. Luchterhandt,* Die staatliche Teilung Deutschlands, in: J. Isensee/P. Kirchhof (Hrsg.), HStR I, ebd., § 10 Rn 1f.; *G. Brunner,* Das Staatsrecht der Deutschen Demokratischen Republik, in: J. Isensee/P. Kirchhof (Hrsg.), HStR I, ebd., § 11 Rn.1f.

17 *C. Schmitt,* Der Begriff des Politischen [1932], ⁷1963, Vorwort, 10; *E. Forsthoff,* Der Staat der Industriegesellschaft, 1971, 11f.; zu der vorausgehenden Tradition in der Philosophie seit Fichte, Marx, Nietzsche: *J. Isensee,* Staat und Verfassung, in: ders./P.

Kirchhof (Hrsg.), HStR II, ³2004, § 15 Rn. 18; zur Gegenwartsdiskussion *S. Haack*, Verlust der Staatlichkeit, 2007.

18 Vgl. *C. Tietje*, Die Staatsrechtslehre und die Veränderung ihres Gegenstandes: Konsequenzen von Europäisierung und Internationalisierung, in: DVBl 2003, 1081 (1085); *R. Wahl*, Der Einzelne in der Welt jenseits des Staates, in: ders./J. Wieland (Hrsg.), Recht des Menschen in der Welt, 2002, 59f.; *G. F. Schuppert*, Staatswissenschaft, 2003, 317f.; *P. Saladin*, Wozu noch Staaten?, 1995, 11f.; *H. Steiger*, Geht das Zeitalter des souveränen Staates zu Ende?, in: Der Staat 41 (2002), 331 (337); vgl. auch *W. Reinhard*, Geschichte der Staatsgewalt, ²2000, 509f.

19 *M. Zürn*, Regieren jenseits des Nationalstaates, 1998, 166f.

20 *J. Habermas*, Die postnationale Konstellation, 1998, 124; schließlich glaubt eine Theorie, die Debatte abschließen zu können: Der Staat sei heute kein Argument mehr, vgl. *C. Möllers*, Staat als Argument, 2000.

21 BVerfGE 1, 14 (52) – Südweststaat; BVerfGE 145, 106 (143) – Nicht genutzte Verluste einer Kapitalgesellschaft, stRspr.

22 *I. Kant*, Kritik der praktischen Vernunft [1788], in: Königlich Preußische Akademie der Wissenschaften (Hrsg.), Immanuel Kants gesammelte Schriften, 1913, AA 05: 132–134.

23 *I. Kant*, ebd., AA 05: 127–138; ders., Kritik der Urteilskraft, ebd. Bd. V, 1908, 49, 216ff. sowie J. G. Herder, Vom Erkennen und Empfinden der menschlichen Seele, Bemerkungen und Träume, 1778, insbes. S. 47f.

24 Vgl. auch *D. Borchmeyer*, a.a.O., 927.

25 Eine Übersicht bei *W. Höfling*, Staatsschuldenrecht, 1993, 109f.; *H. Pünder*, Staatsverschuldung, in: J. Isensee/P. Kirchhof (Hrsg.), HStR V, ³2007, § 123 Rn. 2f.

26 *D. Ricardo*, Untersuchungen über das Anleihesystem [1820], in: K. Diehl/P. Mombert (Hrsg.), Das Staatsschuldenproblem, 1980, 94 (108).

27 *L. v. Stein*, Lehrbuch der Finanzwissenschaft, ²1871, 666; dazu BVerfGE 79, 311 (353) – Staatsverschuldung (Haushaltsgesetz 1981).

28 *A. Hensel*, Der Finanzausgleich im Bundesstaat in seiner staatsrechtlichen Bedeutung, 1922, 169f.

29 *J. Burckhardt*, Weltgeschichtliche Betrachtungen, veröffentlicht v. J. Oeri, 1905, 133.

30 § 51 der Paulskirchenverfassung, in: *E. R. Huber* (Hrsg.), Dokumente zur deutschen Verfassungsgeschichte, Bd. I, ³1978, 380: Staatsanleihe geknüpft an ein »außerordentliches Bedürfnis«, ähnlich die Verfassung des Deutschen Reiches von 1871, RGBl., 63 f., dazu Staatssekretär des Inneren *A. Graf v. Posadowsky-Wehner* in der Reichstagssitzung v. 9.6.1902, StB. 5501 B und v. 12.12.1905, StB. 239 B, Art. 37 Weimarer Reichsverfassung: Kredite »nur bei außerordentlichem Bedarf« und in der Regel »nur für Ausgaben zu werbenden Zwecken«, dazu *F. Saemisch*, Das Staatsschuldenwesen, in: G. Anschütz (Hrsg.), Handbuch des Deutschen Staatsrechts, Bd. 2, 1932, 435 (438); vgl. schon Art. 73 der Verfassung des Norddeutschen Bundes v. 26.7.1867, GBl. S. 1.

31 20. Gesetz zur Änderung des Grundgesetzes v. 2.5.1969, BGBl. I, 357 (Art. 109 und 115).

32 So schon *A. Hensel*, a.a.O.; *F. Terhalle*, Finanzwissenschaft, 1930, 538f.; sodann *H. Pünder*, a.a.O., § 123 Rn. 3f. mit Nachweisen.

33 *H. Pünder*, ebd., § 123 Rn. 3f.; Sachverständigenrat zur Begutachtung der gesamtwirtschaftlichen Entwicklung, Staatsverschuldung wirksam begrenzen – Expertise im
Auftrag des Bundesministeriums für Wirtschaft und Technologie, 2007, 49f., 74f.:
investitionsabhängige Verschuldung als »Goldene Regel der Finanzpolitik«.

34 15. Gesetz zur Änderung des Grundgesetzes v. 8.6.1967, BGBl. I, 581; Gesetz zur
Förderung der Stabilität und des Wachstums der Wirtschaft v. 8.6.1967, BGBl. I,
582; zu den politischen Grundlagen und Wertungen vgl. die abweichende Meinung
der Richter U. Fabio und R. Mellinghoff, BVerfGE 119, 96 (155) – Staatsverschuldung (Bundeshaushalt 2004).

35 Zum »magischen Viereck« vgl. § 2 des Gesetzes zur Förderung der Stabilität und des
Wachstums der Wirtschaft v. 8.6.1967, BGBl. I, 182.

36 *J. M. Keynes*, The General Theory of Employment, Interest and Money, 1936, dazu
BVerfGE 79, 311 (331) – Staatsverschuldung (Haushaltsgesetz 1981).

37 *J. M. Keynes*, The General Theory of Employment, a.a.O.; Sachverständigenrat zur
Begutachtung der gesamtwirtschaftlichen Entwicklung, a.a.O., 45f.; zur Darstellung
der Rechtsmaßstäbe: *H. Pünder*, Staatsverschuldung, ebd., § 123 Rn. 8f.; *M. Heint-
zen*, Staatshaushalt, in J. Isensee/P. Kirchhof (Hrsg.), HStR V, ³2007, § 120 Rn. 21.

38 *M. Friedman*, Die Gegenrevolution der Geldpolitik, in: P. Kalmbach (Hrsg.), Der
neue Monetarismus, 1943, 47f; vgl. auch *F. A. v. Hayek*, Die Überheblichkeit der Vernunft, in: Hanns Martin Schleyer-Preis 1984 und 1985, 1985, 55, Hayek fordert eine
Kultur des Sparens, die ein »moderner Erzengel des Rationalismus, John Maynard
Keynes, lächerlich gemacht hat, an deren Stelle er uns vorgeschlagen hat, Inflation zu
verwenden statt zu sparen, um Kapital aufzubauen«.

39 Art. 109 und Art. 115 des GG i.d.F. der 57. Änderung des GG v. 29.7.2009, BGBl. I;
2248.

40 Das Geldeigentum ist in Zeiten, in denen die meisten Menschen die ökonomische
Grundlage ihrer Freiheit im Lohnanspruch, im Sozialversicherungsanspruch und
in einer Kapitalbeteiligung finden, ein durch Art. 14 GG geschütztes Eigentum,
BVerfGE 45, 142 (179) – Kaufpreisanspruch; BVerfGE 51, 193 (216f.) – Warenzei-
chen; BVerfGE 70, 278 (286) – Steuerlicher Erstattungsanspruch; BVerfGE 78, 58
(71) – Ausstattungsschutz; BVerfGE 79, 174 (191) – Erbbaurecht; BVerfGE 83, 201
(209) – Vorkaufsrecht; BVerfGE 89, 1 (6) – Mieterrecht; vgl. auch BVerfGE 70, 191
(199) – Fischereirechte; stRspr.

41 Zum Inhalt der Eigentümerfreiheit (Besitz, Verwaltung, Nutzung, Verfügung) vgl.
BVerfGE 97, 350 (369f.) – Euro.

42 BVerfGE 97, 350 (369f.) – Euro.

43 *S. Becker/W. v. Rotberg*, Staatsverschuldung 2020, Deutsche Bank Research, 2011, 8.

44 § 1 StabG v. 08.06.1967, BGBl. I, 582.

45 *P. Kirchhof*, Deutschland im Schuldensog, 2012, 149; *H. Mayer*, Die Notwendigkeit
einer Staatsinsolvenzordnung, in: Argumente und Materialien zum Zeitgeschehen,
Bd. 102 (2015), Brexit und Grexit – Voraussetzungen eines Austritts, 43f.; *K. Berens-
mann/A Herzberg*, Insolvenzrecht für Staaten: Ein Vergleich von ausgewählten Vor-
schlägen, Discussion Paper des Deutschen Institut für Entwicklungspolitik, 9/2007;
M. Hüther/C. Paulus/K. Berensmann, Zur Diskussion gestellt: Braucht Europa eine
Insolvenzordnung für Staaten?, in: ifo Schnelldienst, Bd. 63 (2010), Ausgabe 23, 3f.

46   *P. Kirchhof,* Deutschland im Schuldensog, 2012, 89f., 145f.

47   Vgl. im Einzelnen, *P. Kirchhof,* ebd., 145f.

48   Die Wesentlichkeitsthese wirkt lange kompetenzbegründend: BVerfGE 68, 1 (86f.) –
     Pershing 2; BVerfGE 98, 218 (251) – Rechtschreibreform; BVerfGE 89, 155 (187) –
     Maastricht; BVerfGE 123, 267 (606f.) – Lissabon, muss nunmehr kompetenzbegren-
     zend gedacht werden.

49   Dazu *U. Karpen,* Gesetzgebungslehre, ²2008, 9f., 30f.; zur Überproduktion von
     Recht in der EU vgl. *P. Kirchhof,* Der deutsche Staat in der Europäischen Union, in:
     J. Isensee/P. Kirchhof (Hrsg.), HStR X, ³2012, § 214 Rn. 57f.; *F. Reimer,* Das Parla-
     mentsgesetz als Steuerungsmittel und Kontrollmaßstab, in: W. Hoffmann-Riem/E.
     Schmidt-Aßmann/A. Voßkuhle (Hrsg.), Grundlagen des Verwaltungsrechts, Bd. 1,
     ²2012, § 9 Rn. 99.

50   So Art. 21 Abs. 1 S. 1 GG.

51   Vgl. Art. 56 GG für den Amtseid des Bundespräsidenten:»Ich schwöre, dass ich mei-
     ne Kraft dem Wohl des deutschen Volkes widmen, seinen Nutzen mehren, Schaden
     von ihm wenden, das Grundgesetz und die Gesetze des Bundes wahren und vertei-
     digen, meine Pflichten gewissenhaft erfüllen und Gerechtigkeit gegen jedermann
     üben werde. So wahr mir Gott helfe.« Der Eid kann auch ohne religiöse Beteuerung
     geleistet werden. Er gilt auch für den Bundeskanzler und die Bundesminister, Art. 64
     Abs. 2 GG, gleichlautend nach den Beamtengesetzen auch für die Beamten. Für die
     Abgeordneten ist diese Widmung ihres Amtes Idee, nicht förmliche eidliche Aussage;
     zu dem früher vielfach geforderten Abgeordneteneid, der heute in der Pflichtenstel-
     lung des »Amtes« zum Ausdruck kommt, vgl. *H. H. Klein,* Status des Abgeordneten,
     in HStR III, ³2005, § 51 Rn. 1 mit Fußnote. 5.

52   Koalitionsvereinbarungen schaffen zwar eine »politische Geschäftsgrundlage« für Re-
     gierungsbildung und Regierungsarbeit, verbleiben jedoch im rechtlich unverbindlichen
     »Vorfeld« der von den Staatsorganen zu treffenden Entscheidungen, *M. Schröder,* Bil-
     dung, Bestand und parlamentarische Verantwortung, in: J. Isensee/P. Kirchhof (Hrsg.),
     HStR III, ³2005, § 65 Rn. 1 m.N.; vgl. auch zur Grundsatzproblematik *K. v. Schließen,*
     Koalitionsvereinbarungen und Koalitionsgremien, in: HStR III, ebd., § 49 Rn. 6f.

53   Art. 38 Abs. 1 S. 1 GG.

54   Art. 21 Abs. 1 S. 1 GG.

55   *H. Mommsen,* Ist die Weimarer Republik an Fehlkonstruktionen der Reichsverfassung
     gescheitert? Chancen und Scheitern der ersten deutschen Republik, in: M. Schult-
     heiß/J. Roßberg (Hrsg.), Weimar und die Republik, 2009, 112, 118.

56   § 2 Abs. 1 S. 1 PartG v. 31.1.1994, BGBl. I, 149, zul. geänd. durch Gesetz
     v. 18.7.2017, BGBl. I, 2730.

57   Vgl. Deutscher Bundestag (Hrsg.), Schlussbericht der Enquete-Kommission »Verfas-
     sungsreform des Deutschen Bundestages«, in BT-Drucksache 7/5924, 25 unter 3.3;
     H. H. Klein, Status des Abgeordneten, in: J. Isensee/P. Kirchhof, HStR III, ³2005,
     § 51 Rn. 6.

58   Art. 38 Abs. 1 S. 1 GG.

59   *H. H. Klein,* a.a.O., § 51 Rn. 6; *P. Kunig,* Parteien, in: J. Isensee/P. Kirchhof (Hrsg.),
     HStR II, ³2005, § 40 Rn. 85; *H. Sendler,* Abhängigkeiten der unabhängigen Abgeord-
     neten, in: NJW 1985, 1425f.

60 S. *Magiera*, Parlament und Staatsleitung in der Verfassungsordnung des Grundgesetzes, 1979, 109; *H. H. Klein*, ebd., § 51 Rn. 6.

61 *K. Hesse*, Grundzüge des Verfassungsrechts der Bundesrepublik Deutschland, [20]1975, Rn. 600; *H. H. Klein*, ebd., § 51 Rn. 6.

62 Zu dieser »organschaftlichen Freiheit« vgl. BVerfGE 6, 445 (447 f.) – Mandatsverlust durch Parteiverbot.

63 Zur Situation in Weimar vgl. *H.-A. Winkler*, Weimar 1918–1933. Die Geschichte der ersten deutschen Demokratie, [4]2005, 601f.; *S. Haffner*, Von Bismarck zu Hitler, 1987, 151f.. 601.

64 *J-C. Juncker*, Rede zur Lage der Union 2017, abrufbar unter: http://europa.eu/rapid/press-release_SPEECH-17-3165_de.htm (Stand: 18.2.2018) – »Union der Werte«; *M. Nettesheim*, It's about legitimacy: Stärkung der EU-Governance in der europäischen Währungsunion, in: H. Kube/E. Reimer (Hrsg.), Europäisches Finanzrecht, Stand – Methoden – Perspektiven (HfSt 6), 2017, 37 (46f., 60f.); zum Demokratiedefizit und zur Rolle der nationalen und des europäischen Parlaments vgl. *C. Franzius*, Demokratisierung der Europäischen Union, in: EuR 2013, 655f.

65 *V. F. Hendricks/M. Vestergaard*, Verlorene Wirklichkeit? An der Schwelle zur postfaktischen Demokratie, in: APuZ 13/2017; 4f.; *S. Marschall*, Lügen und Politik im »postfaktischen Zeitalter«, in: APuZ 13/2017, 17f.

66 BVerfGE 68, 1 (86f.) – Pershing 2; BVerfGE 98, 218 (251) – Rechtschreibreform; BVerfGE 89, 155 (187) – Maastricht; BVerfGE 123, 267 (606f.) – Lissabon, st.Rspr.

67 57. Änderungsgesetz zur Änderung des Grundgesetzes v. 29.7.2009, BGBl. I, 2248, dort die Änderung des Art. 10 Abs. 2-5 und Art. 115 Abs. 1 u. 2.

68 Vgl. Art. 143d GG.

69 Zu den geplanten Staatsanleihen Pressemitteilung der EZB v. 26.10.2017, Abschnitt (2), abrufbar unter: https://www.ecb.europa.eu/press/pr/date/2017/html/ecb.mp171026.en.html (Stand: 18.2.2018).

70 Zur autonomen Haushaltsverantwortung der Mitgliedstaaten der EU vgl. Art. 123 des Vertrages über die Arbeitsweise der Europäischen Union v. 7.2.1992, BGBl. 1992 II, 1252, zul. geänd. durch den Vertrag v. Lissabon v. 13.12.2007 zur Änderung des Vertrags über die Europäische Union und des Vertrags zur Gründung der Europäischen Gemeinschaft, BGBl. 2008 II, 1038; BVerfG, Beschl. d. Zweiten Senats v. 18.7.2017 – 2 BvR 859/17; BVerfGE 135, 317 (399f.) – ESM-Vertrag; BVerfGE 142, 123, Rn. 174 – OMT-Programm.

71 Vgl. *K. Lenaerts*, Rechtliche Herausforderungen der Wirtschafts- und Währungsunion, in: H. Kube/E. Reimer (Hrsg.), Europäisches Finanzrecht, Stand – Methoden – Perspektiven (HFSt 6), 2017, 105f.; *A. v. Bogdandy*, Jenseits der Rechtsgemeinschaft – Begriffsarbeit in der europäischen Sinn- und Rechtsstaatlichkeitskrise, in: EuR 2017, 487f.

XII. Neue Freiheitsräume in einer technisch veränderten Welt

1 *M. Heidegger*, Gelassenheit, Heideggers Meßkircher Rede von 1955, [2]2015, 7 (13f.).

2 *M. Heidegger*, ebd., 22, 17f.

3 *M. Heidegger*, ebd., 23f.

4   *M. Heidegger,* ebd., 25; zu Heideggers Denken, auch nach Veröffentlichung der »Schwarzen Hefte« im Frühjahr 2014: *H. Zaborowski,* Unterwegs zur Gelassenheit. Überlegungen zur Bedeutung von Heideggers Denken, in: M. Heidegger, ebd., 71 (72f.).

5   *D. Kehlmann,* Tyll, 2017, 29.

6   *M. Heidegger,* Der Feldweg, 1953, in: F.-W. v. Herrmann (Hrsg.), Aus der Erfahrung des Denkens (1910–1976), ¹³2002, 88f.

7   *M. Heidegger,* 700 Jahre Meßkirch, Ansprache zum Heimatabend am 22.07.1961, in: ders., Reden und andere Zeugnisse eines Lebensweges, 1910–1976, H. Heidegger (Hrsg.), Gesamtausgabe, Bd. 16, 574.

8   *H. Zaborowski,* Unterwegs zur Gelassenheit. Überlegungen zur Bedeutung von Heideggers Denken, in: M. Heidegger, Gelassenheit, Heideggers Meßkircher Rede v. 1955, ²2015, 82f.

9   *H. Zaborowski,* ebd., 85f.

10   *C. Lauer/J. Pacyna,* Zählen und Erzählen – mittelalterliche Literatur und Geschichtswissenschaft im methodischen Dialog, in: M. Schweiker/J. Hass/A. Novokhatko/R. Halbleib (Hrsg.), Messen und Verstehen in der Wissenschaft, 2017, 23 (30, 38).

11   Vgl. *M. Valta,* Quantifizierung und Operationalisierung der Verhältnismäßigkeit von internationalen Wirtschaftssanktionen, in: M. Schweiker/J. Hass/A. Novokhatko/R. Halbleib (Hrsg.), ebd., 97 (100f.).

12   *M. Valta,* ebd., 100f.

13   *P. Bell/B. Ommer,* Kunst messen, Pixel zählen? – Die Zusammenarbeit zwischen Kunstgeschichte und Computervision, oszilliert zwischen quantitativen und hermeneutischen Methoden, in: M. Schweiker/J. Hass/A. Novokhatko/R. Halbleib (Hrsg.),ebd., 229; *U. Eco,* Kunst und Schönheit im Mittelalter, ⁹2016, 58f.

14   *P. Bell/B. Ommer,* ebd., 226 (228f.).

15   *H. Hamann/F. Vogel,* Die kritische Masse – Aspekte einer quantitativ orientierten Hermeneutik am Beispiel der computergestützten Rechtslinguistik, in: M. Schweiker/J. Hass/A. Novokhatko/R. Halbleib (Hrsg.), ebd., 80 (85); *M. Valta,* ebd., 97 (99f.).

16   Vgl. BVerfGE 45, 187 (227f.) – Lebenslange Freiheitsstrafe; BVerfGE 115, 118 (153) – Luftsicherheitsgesetz I (Bundeswehreinsatz im Inneren).

17   BVerfGE 30, 1 (26) – Abhör-Urteil; BVerfGE 87, 209 (228) – »Tanz der Teufel«; BVerfGE 96, 375 (399) – »Kind als Schaden«; BVerfGE 115, 118 (153) – Luftsicherheitsgesetz I (Bundeswehreinsatz im Inneren).

18   *F. v. Schirach,* Terror – ein Theaterstück und eine Rede, 2015.

19   A.A. BVerfGE 115, 118 (153) – Luftsicherheitsgesetz I.

20   Vgl. aber *J. Kuhlenkampff,* Grenze des Wissens: Das Objektive und das Subjektive, in: ders./G. Wanke (Hrsg.), Über die Grenzen von Wissenschaft und Forschung, 2005, 26f.

21   *A. Winnacker,* Nanotechnologie – die technische Beherrschung der Welt des Kleinsten und ihre Folgen, in: J. Kuhlenkampff/G. Wanke (Hrsg.), ebd., 103.

22   *A. Winnacker,* ebd.,103f.

23   Vgl. *A. Winnacker,* ebd.,116f.; vgl. auch *H. J. Münk,* Schöpfung, Theologie und Wissenschaft, 2006, 40f.

24 Dazu: *B. Großfeld,* Zeichen und Zahlen, ²1995, 87f.

25 Vgl. zum Folgenden: *U. Eco,* Kunst und Schönheit im Mittelalter, ⁹2016, 58f; *B. Großfeld,* Zeichen und Zahlen, ²1995, 101f.

26 Frühe Antike: Mäßigung, Gerechtigkeit, Glaube, Tapferkeit; Platon: Mäßigung, Gerechtigkeit, Weisheit, Tapferkeit; Aufklärung: Tapferkeit, Freiheit, Güte, Gerechtigkeit; Moderne: Klugheit, Gerechtigkeit, Tapferkeit, Mäßigung.

27 *U. Eco,* a.a.O., 39; *B. Großfeld,* a.a.O., 115f.

28 Vgl. oben IX, 3b.

Abkürzungsverzeichnis

a. A.	anderer Ansicht
a.a.O.	am angegebenen Ort
ABGB	Allgemeines bürgerliches Gesetzbuch
Abl.	Amtsblatt der Europäischen Union
Abs.	Absatz
AfNS	Amt für Nationale Sicherheit
AktG	Aktiengesetz
AöR	Archiv des öffentlichen Rechts
APuZ	Aus Politik und Zeitgeschichte
ArbeitN	Arbeitnehmer
Art.	Artikel
Aufl.	Auflage
BBG	Bundesbeamtengesetz
Bd.	Band
BeamtStG	Beamtenstatusgesetz
Bearb.	Bearbeitung
Beschl.	Beschluss
betr.	betreffend
BetrVG	Betriebsverfassungsgesetz
BFH	Bundesfinanzhof
BFHE	Bundesfinanzhof, amtliche Entscheidungssammlung
BGB	Bürgerliches Gesetzbuch
BGBl.	Bundesgesetzblatt
BGH	Bundesgerichtshof
BGHZ	Amtliche Sammlung der Entscheidungen des BGH in Zivilsachen
BStBl.	Bundessteuerblatt
BT-Drucks.	Bundestagsdrucksache
BVerfG	Bundesverfassungsgericht
BVerfGE	Bundesverfassungsgericht, amtliche Entscheidungssammlung
BVerfGG	Bundesverfassungsgerichtsgesetz
ca.	circa
Chap.	chapitre

d.	durch
das.	daselbst
ders.	derselbe
DesignG	Designgesetz
DIW	Deutsches Institut für Wirtschaftsforschung
Doc.	Document
DÖV	Die öffentliche Verwaltung, Zeitschrift
dpa	Deutsche Presse-Agentur
DVBl	Deutsches Verwaltungsblatt
ebd.	ebenda
EFS	Europäische Finanzstabilisierung
EG	Europäische Gemeinschaft
Einl.	Einleitung
EStG	Einkommensteuergesetz
EU	Europäische Union
EuGH	Europäischer Gerichtshof
EuR	Europarecht, Zeitschrift
f.	folgende
f.	für
FR	Finanz-Rundschau
FS	Festschrift
GAOR	The General Assembly Official Records
gem.	gemäß
GewO	Gewerbeordnung
GG	Grundgesetz
GPS	Global Positioning System
Halbbd	Halbband
HdbFW	Handbuch für Finanzwirtschaft
HFSt	Heidelberger Beiträge zum Finanz- und Steuerrecht
HGB	Handelsgesetzbuch
Hrsg.	Herausgeber
Hs.	Halbsatz
HStR	Handbuch des Staatsrechts
i.d.F.	in der Fassung
insbes.	Insbesondere
Jahrg.	Jahrgang

JGG	Jugendgerichtsgesetz
JöR, NF	Jahrbuch des öffentlichen Rechts der Gegenwart, neue Folge
JuS	Juristische Schulung, Zeitschrift
JZ	Juristenzeitung
Kap.	Kapitel
KHM	Sammlung Kinder- und Hausmärchen
KSchG	Kündigungsschutzgesetz
Lfg.	Lieferung
m. N.	mit Nachweisen
m. w. N.	mit weiteren Nachweisen
MarkenG	Markengesetz
MFCG	Mitteilungen und Forschungsbeiträge der Cusanus-Gesellschaft
MfS	Ministerium für Staatssicherheit
MinPräs	Ministerpräsident
nachgedr.	Nachgedruckt
Neudr.	Neudruck
NJW	Neue Juristische Wochenschrift
Nr.	Nummer
NZA	Neue Zeitschrift für Arbeitsrecht
OECD	Organisation für wirtschaftliche Zusammenarbeit und Entwicklung
PatG	Patentgesetz
PWP	Perspektiven der Wirtschaftspolitik
RGZ	Amtliche Sammlung der Entscheidungen des Reichsgerichts in Zivilsachen
Rn.	Randnummer
S.	Satz
S.	Seite
Sl.	Sammlung
sog.	sogenannt
Sp.	Spalte
StabG	Gesetz zur Förderung der Stabilität und des Wachstums der Wirtschaft
StGB	Strafgesetzbuch

StRspr	ständige Rechtsprechung
StuW	Steuer und Wirtschaft
u.	und
u. a.	und andere
Übers.	Übersetzer
UMTS	Universal Mobile Telecommunications System
Urt.	Urteil
USt	Umsatzsteuer
v.	von, vom
v. Chr.	vor Christus
vgl.	vergleiche
VO	Verordnung
VVDStRL	Veröffentlichungen der Vereinigung der Deutschen Staatsrechtslehrer
WA	Weimarer Ausgabe
ZaöRV	Zeitschrift für ausländisches öffentliches Recht und Völkerrecht
zit.	zitiert
ZK	Zentralkomitee
ZRP	Zeitschrift für Rechtspolitik
ZRPh, NF	Zeitschrift für Rechtsphilosophie, neue Folge
ZThK	Zeitschrift für Theologie und Kirche
zul.	zuletzt
zusf.	zusammenfassend